Couvertures supérieure et inférieure manquantes

HISTOIRE
LA CHARITÉ

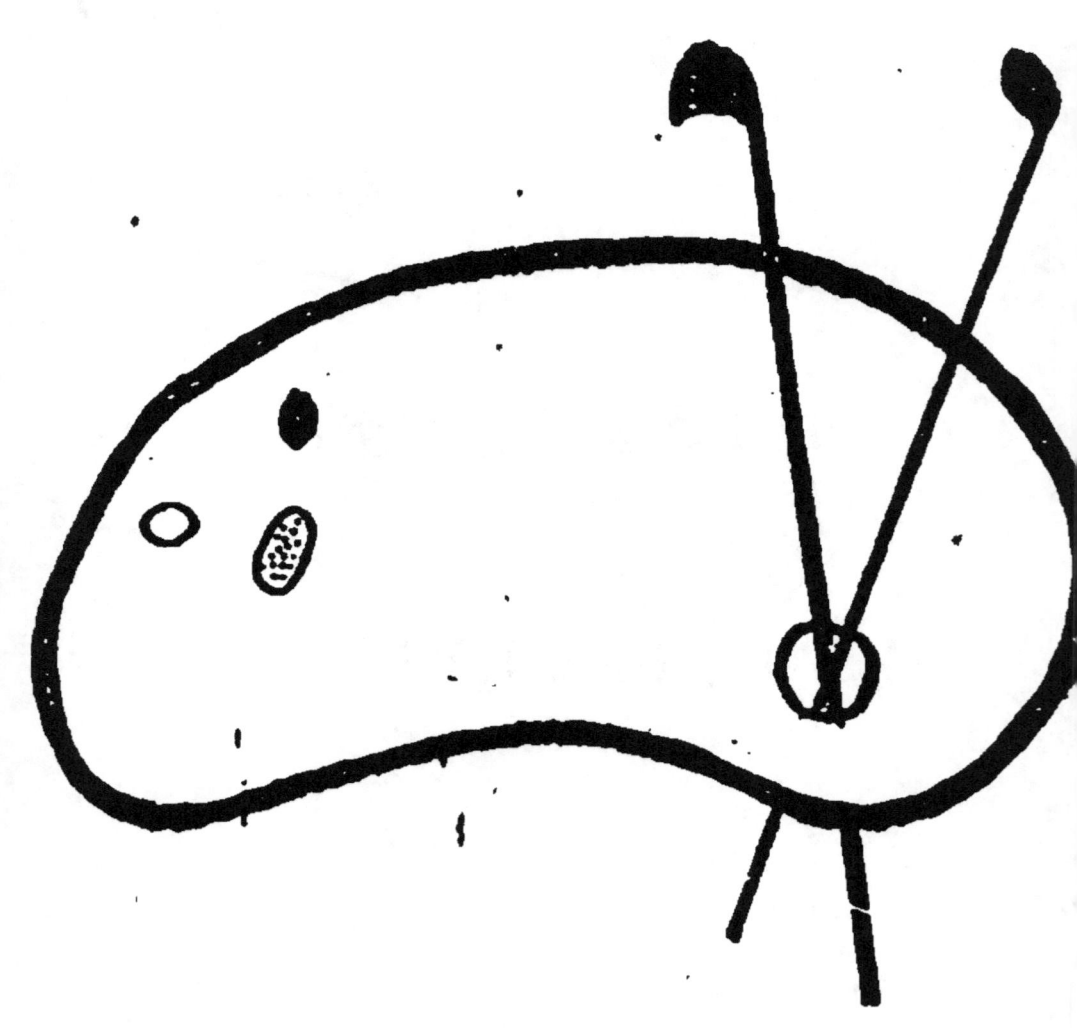

ORIGINAL EN COULEUR
NF Z 43-120-8

La Charité. — Imprimerie H. Taureau.

HISTOIRE

DE

LA CHARITÉ

PAR

Louis LEBŒUF

LA CHARITÉ
IMPRIMERIE H. TAUREAU
1897

HISTOIRE DE LA CHARITÉ

PAR

Louis LEBOEUF

PREMIÈRE PARTIE

CHAPITRE PREMIER

Son origine. — Fondation de la Ville et du Prieuré.

Située sur la rive droite de la Loire, étagée sur le flanc d'un côteau dont le pied baigne dans ses eaux, *La Charité* qui s'appelait autrefois *Seyr*, est redevable du beau nom qu'elle porte aujourd'hui au Prieuré célèbre fondé dans ses murs, et qui, après avoir pendant tant de siècles présidé à ses destinées, fut supprimé par le décret de la Constituante du 13 février 1790 qui abolissait les ordres religieux et les vœux monastiques.

Par sa nature, son sol appartient aux terrains tertiaires ou supercrétacés (calcaire, marneux, marne argileuse).

La fondation de Seyr, nom auquel GRASSET AÎNÉ donne une origine celtique et BERNOT DE CHARANT dans son « Abrégé historique du Prieuré » une origine arabe, est incertaine; il semble acquis toutefois, d'après une vieille chronique, que sa situation était un peu plus à l'Est de son enceinte actuelle et presque complètement sur le plateau.

A l'époque de la conquête des Gaules, elle ne devait avoir qu'une bien faible importance car CÉSAR n'en fait point mention malgré qu'une voie romaine se dirigeant de *Noviodunum* (Nevers) sur *Condate* (Cosne) en passant par *Messava* (Mesves), c'est-à-dire en suivant dans la direction du Nord la rive droite de la Loire, passât par ou proche Seyr.(1)

---

(1) En 1840, on retrouva à La Marche des traces de cette voie.

Jusque vers l'an 700, Seyr n'a point d'histoire qui lui soit propre ou du moins la chronique est muette sur les évènements dont elle a pu être le théâtre ; ce n'est qu'à partir de cette époque que les faits s'affirment et s'enchaînent, son histoire s'encadre alors dans l'histoire même de la France.

C'était déjà un gros bourg, entouré de murailles dont quelques débris subsistaient il y a à peine deux siècles ; plus récemment encore, lors de la construction de la ligne du chemin de fer en 1860, on retrouva de faibles traces de fortifications.

Les habitants furent convertis au christianisme par un saint diacre nommé Loup, et le seigneur du lieu, Rollon ou Rolland de Roussillon fit construire une église sur un terrain occupé plus tard par le cimetière de l'église St-Pierre, depuis converti en square, et aujourd'hui couvert de maisons.

Dédiée à St-André,(1) cette église a laissé son nom à l'un des faubourgs de la ville. Rollon fondait en même temps au bord de la Loire, un monastère, où il appelait des religieux soumis à la règle de St-Basile.

Mais l'invasion musulmane que l'Espagne venait de subir, n'était pas arrêtée par les Pyrénées. Maîtres de la péninsule en 711, les Arabes ayant fait irruption dans les Gaules par la Septimanie, pris et saccagé plusieurs grandes villes sur leur passage, arrivèrent en 731 en vue de Seyr, passèrent la Loire et après s'être rendus maîtres du bourg, le détruisirent et massacrèrent les habitants.

Le monastère qui avait eu aussi beaucoup à souffrir, resta abandonné jusqu'en 756, époque du passage à Seyr du roi de France Pépin le Bref qui revenait d'Italie où il était allé au secours du pape Etienne II sur qui les Lombards avaient usurpé des terres. Le roi ayant vu avec peine cette abbaye ruinée et inhabitée entreprit de la restaurer. Il en fit réparer les bâtiments et après l'avoir dotée de grands biens, la donna à des religieux de l'ordre de St-Benoît qui y fondèrent une colonie.

Le monastère recouvra bientôt sa première splendeur ; mais en 771, à la suite d'une nouvelle incursion des barbares, la ville et le couvent furent détruits à nouveau de fond

---

(1) Les voûtes intérieures furent comblées en 1660.

en comble. Les habitants qui avaient pu échapper au massacre cherchèrent un refuge dans les villes fortifiées de la province.

Les guerres presque continuelles qui signalèrent le règne de Charlemagne, le démembrement de son vaste empire sous ses successeurs, les invasions des Northmans, enfin les désordres qui marquèrent les dernières années des Carolingiens empêchèrent pendant plus de deux cents ans son rétablissement. Le sol qui appartenait — en partie du moins — au diocèse d'Auxerre, resta sa propriété, puis, elle fut inféodée sans doute par les évêques de cette ville aux Comtes de Nevers qui la cédèrent à leur tour aux seigneurs de la Marche.

La Marche avait à cette époque une certaine importance. C'était un gros bourg fortifié. Son nom qui signifie *limite* marquait en effet, sous l'occupation romaine, la ligne sépative entre les Eduens et les Senons.

Dans ses murs résidait un noble étranger nommé Bernard de Chalent qui avait épousé la fille du seigneur du lieu. Celle-ci avait apporté en dot la terre où s'élève aujourd'hui l'église paroissiale de La Charité. L'évêque d'Auxerre, Geoffroy de Champallement qui, par les annales du diocèse, avait appris l'état florissant dans lequel ses prédécesseurs avaient trouvé ce monastère, conçut le projet de le restaurer. Il s'en ouvrit au comte de Nevers, Guillaume 1er et à Bernard de Chalent, qui, sur ses instances lui firent don en 1052 de tout ce qu'ils possédaient à Seyr, sans aucune réserve. Cette donation fut ratifiée plus tard par des lettres patentes du roi Louis le Gros, octroyées en 1119.

Par suite de la haute influence que, dès l'époque romaine, ses dignitaires possédaient sur les affaires intérieures, l'Eglise, seule, pouvait prendre l'initiative de cette reprise du mouvement et du progrès. « Une abbaye n'était pas seulement un lieu de prière et de méditation, c'était encore un asile ouvert contre l'envahissement de la barbarie sous toutes ses formes. » (Aug. Thierry).

L'évêque d'Auxerre ayant donné à son tour tous ses biens à l'abbaye de Cluny(1) (1059), St-Hugues s'empressa d'y envoyer une colonie de religieux sous la conduite d'un

---

(1) Cette donation fut consentie par Guillaume comte de Nevers et par les seigneurs feudataires du comte.

prieur nommé Gérard, qu'il choisit lui-même, et qui était d'origine nivernaise.

Ce fut, assure-t-on, ce prieur qui, doué d'une érudition profonde et d'une intelligence peu commune, conçut le plan du dernier monastère et de l'église grandiose dont il jeta les premiers fondements.

L'architecture de même que les autres arts, avait cherché un refuge dans les couvents ; les moines coopéraient aux travaux de toutes espèces. Tous les monuments religieux du XIe siècle ont été édifiés par les premières associations de constructeurs composées alors d'hommes liés par un vœu religieux ; ce n'est qu'au XIIe siècle que l'architecture sort des monastères pour passer aux mains des architectes organisés en confréries laïques.

Commencée en 1056, l'église ne fut achevée qu'en 1107, par le prieur Vuilencus qui avait succédé à Gérard en 1084.

Grâce aux libéralités de plusieurs grands seigneurs, le prieuré devint en peu de temps possesseur de biens territoriaux considérables avec droit de haute, moyenne et basse justice. Il en avait encore dans plusieurs autres diocèses, ainsi qu'en Italie, en Espagne et à Constantinople. Après la conquête de l'Angleterre, la royauté anglo-normande était à peine constituée, que Guillaume le Conquérant appelait aux principaux sièges et bénéfices du royaume des Français pour remplacer le clergé anglo-saxon qu'il en avait chassé. Le Prieuré de Narenthon fut ainsi fondé en 1070 par des religieux de La Charité appelés par le gendre de Guillaume, Simon de Senlis, comte de Northampton. Guillaume leur donna celui de Venelot. Ces monastères étaient sous la dépendance de celui de La Charité où les prieurs se rendirent toujours aux chapitres généraux, sauf pendant les années 1225, 1249 et 1379, à cause de l'état de guerre entre les deux nations.

Administrateur aussi habile qu'architecte expert, le prieur Gérard créa en obédiences ou petits prieurés la plus grande partie des terres qui lui avaient été données, et des religieux, des prêtres séculiers ayant rang de vicaires, allaient régulièrement y célébrer les actes de leur ministère et en même temps gouverner le temporel. Le monastère prit ainsi rapidement un développement considérable.

Tous ces travaux avaient attiré quantité d'ouvriers et

de marchands qui se fixèrent à Seyr; plusieurs grands seigneurs de la maison de Bourbon, l'archevêque de Bourges, les évêques d'Auxerre, de Nevers et de Nyons y firent construire des maisons; d'autres seigneurs de la province voulurent aussi avoir la leur, de sorte, que Seyr qui, comme nous l'avons dit plus haut, n'était primitivement qu'un gros bourg, devint en quelques années une ville d'une certaine importance.

Le monastère fut d'abord habité par deux cents religieux. St-Hugues qui vint le visiter reçut lui-même en un jour soixante novices parmi lesquels — dit la légende — un hérétique que, par une inspiration divine, il aurait reconnu comme tel. St-Hugues lui fit quitter l'habit de l'ordre et se contenta de le chasser.(1) Plus tard le nombre en fut ramené à cent, plus dix-huit novices et huit frères convers; ensuite à quatre-vingt-dix et à quatre-vingts par les statuts de 1343, et enfin à soixante. Le cardinal Robert de Lenoncourt le réduisit à trente à son avènement au Prieuré en 1537. Enfin, après l'incendie du couvent en 1559, le cardinal Philippe de Lenoncourt « prenant prétexte du rétablissement des bâtiments de l'église en lieux réguliers et des grandes pertes que l'on avait faites pendant la guerre, réduisit le nombre à dix-huit religieux. »(2) Ils conservèrent cette organisation jusqu'à leur dispersion en 1790.

Les nombreuses aumônes que faisaient ces religieux, leur attirèrent bientôt tous les pauvres des environs qui se disaient entr'eux : « *Allons à La Charité* ». Il y venait aussi des gens de toutes les conditions dont plusieurs prirent l'habit en cette maison qu'ils appelaient « *L'Echelle du Ciel* ».

A partir de cette époque, la ville ne fut plus connue que sous ce nom : *La Charité* que lui avaient donné les pauvres en témoignage de reconnaissance pour une vertu qui y était si pratiquée.(3)

Les armes du Prieuré étaient : Trois bourses ouvertes d'or en champ d'azur, lissées et empandantées de même, avec une fleur de lys d'or posée en chef qui y fut ajoutée plus tard pour marquer les libéralités royales. A sa devise

---

(1) Bernot de Charant ; *Abrégé historique du Prieuré*.
(2) *Histoire du Prieuré*.
(3) G. Coquille, *Histoire du Nivernais*.

première : *In varietate securitas,*(1) on ajouta aussi les deux mots *sub lilio* pour indiquer avec la fleur de lys d'or posée en chef sur l'écusson que le couvent était désormais sous la protection royale.

CHAPITRE II

Contestation entre l'Evêque et le Prieur. — Consécration de l'Eglise. — Concessions aux habitants. - Les moines seigneurs temporels.

En 1071, Geoffroy de Champallement donna une nouvelle preuve de l'intérêt qu'il portait aux religieux de La Charité en les exemptant de sa juridiction ; il enrichit en même temps leur église d'une châsse magnifique contenant la tête et le bras de St-Juvinian.

L'abandon de ces reliques ne souleva plus tard aucune contestation de la part de ces successeurs ; il n'en fut pas de même de celui qu'il avait fait de ses droits temporels dans les affaires du couvent qu'ils revendiquèrent dans plusieurs circonstances, notamment en 1176, ce qui donna lieu à un incident assez vif entre l'évêque de Troyes, Haton, que le prieur avait appelé pour régler différentes affaires de la communauté et Hugues, évêque d'Auxerre, qui revendiquait le droit d'en connaître.

Le différend fut porté devant l'abbé de Cluny, Pierre le Vénérable, qui se prononça en faveur de la Communauté.

L'évêque Geoffroy mourût en 1076 dans les bras de son ami Gérard près de qui il s'était fait transporter. Son corps fut déposé dans l'église au pied de l'autel et sur la pierre Gérard y fit graver cette simple épitaphe : « *Hic jacet Gaufridus Œpiscopus Altissimus prebuit hic sacra pignora Juviniam.* »

Geoffroy avait assisté au sacre de Philippe Ier. Il avait fait construire en 1071 de ses propres deniers, les cloitres et le grand réfectoire du couvent.(2)

(1) Devise que l'on peut interpréter ainsi : Dans le silence du cloitre on jouit du calme et de la tranquillité quelles que soient les occupations auxquelles on se livre ; on en jouit d'autant mieux qu'on y est sous la protection royale.

(2) Dans son *Histoire du diocèse d'Auxerre*, Lebeuf considère Geoffroy de Champallement, comme originaire de cette localité, il était donc aussi d'origine nivernaise.

Gérard ne lui survécut que de quelques années. Il s'éteignit doucement le 6 décembre 1102. Sa dépouille mortelle fut mise dans un tombeau en pierre et déposée derrière le chœur. Depuis 1084, St-Hugues, sur ses instances, lui avait donné pour successeur Vuilencus, un de ses disciples, qui eût la gloire d'achever la magnifique église dont s'énorgueillit encore la ville de La Charité, quoiqu'il ne reste aujourd'hui qu'une partie de ce monument grandiose.

Gérard avait laissé le monastère en pleine prospérité. Il avait ajouté à ses revenus ceux des abbayes de St-Etienne à Cluny et de St-Victor à Nevers que le comte de Nevers qui la tenait lui-même par inféodation du roi Henri Ier, lui donna en 1085 ; de ceux du Prieuré de Sancoins que lui avait abandonné le seigneur de Bourbon ; de ceux de Menetou-Ratel et de St-Céols(1) donnés par Humbault et par Sancelin, chevalier de Jésus-Christ.

Pour mettre ces biens immenses à l'abri des brigandages de l'époque, l'Eglise avait recours au bras séculier. Elle choisissait des laïques à qui elle en remettait la défense, et là, où son autorité était toute puissante, comme à La Charité, le Prieur, au moyen de concessions habiles, s'était assuré le concours des habitants. C'est ce qui explique les quelques privilèges dont ils jouissaient bien avant que Louis le Gros ne portât les premiers coups à la féodalité en cherchant dans l'affranchissement des communes le plus solide appui de la Couronne. A l'instigation des religieux, et dans un but de défense commune, ils avaient obtenu du roi Philippe Ier en 1081 la permission de clore leur ville.

Ils eurent toutefois à lutter contre l'opposition des comtes de Sancerre, de Donzy et d'Auxerre qui n'y voulaient point consentir ; opposition que les religieux firent fléchir.

La ville avait donc déjà à cette époque des bourgeois appelés dans certains cas à donner leur avis dans les affaires de la cité, et Hervé, comte de Donzy, nous en fournit la preuve l'année suivante. Par ses lettres « *aux Religieux, Prieur et couvent, Bourgeois et Habitants,* » il confirme, « *la closture qu'ils ont faiste de leur ville et qu'ils pourront faire à l'avenir, reconnaissant n'avoir aucun droit sur la diste closture de La Charité.* »(2)

(1) Canton des Aix, Arrondissement de Bourges.
(2) Ancien Inventaire général.

Les couvents trouvèrent une nouvelle source de richesses avec les croisades, car, quoique l'Église eût mis les croisés sous la protection de la Trêve de Dieu et accordé pour leurs biens pendant la durée de ces expéditions plusieurs privilèges, beaucoup de seigneurs au moment de partir, en firent don aux églises. Ils espéraient ramener un peu de calme dans leur conscience et sauver leur âme de la damnation éternelle en abandonnant ces biens qui, pour la plupart, n'avaient d'autre origine que le meurtre et la spoliation des premiers possesseurs.

D'autres, pour pouvoir aller en pélérinage, les avaient déjà précédés dans cette voie préparée par l'Église et si bien exploitée par elle. Ainsi en 1084 Ancel, fils de Hubert avait donné aux religieux avec le consentement de sa mère et de ses frères la moitié qui lui revenait sur les droits divers (justice) de Pouilly et sur plusieurs hommes: en 1088, Hugues de Lurcy sa terre de Charly.(1) L'année suivante, Rodolphe Duboys leur donna la moitié de l'église de Mesves qui était dédiée à St-Julien, avec quelques dépendances dont une grange où ils percevaient leurs dîmes. Guillaume de Châtillon sa terre de Maltaverne; enfin le chevalier Archambault, seigneur de Lamenay, dont le frère avait pris l'habit de moine à La Charité, fit don au monastère de l'église de Lamenay avec les offrandes, baptistère, dîmes diverses et sépulture dans le cimetière, un champ pour y construire un prieuré avec tous droits de justice et de seigneurie, l'usage dans ses bois et un terrain pour y bâtir une grange ; dons auxquels il ajouta peu après un moulin situé à Mirebeau et la moitié d'un autre sur la Loire, le droit de pêche avec la dîme aux saumons et tous autres gros poissons que les filets prendraient à son barrage dans cette rivière.(2)

Gauthier le Fort, seigneur de Bisches, donna de son côté le prieuré de St-Victor de Bisches et ses dépendances, la pêche dans la rivière d'Aron, l'usage dans ses bois, l'église de St-Laurent de Limanton, des serfs nombreux et plusieurs terres qu'il affranchit de tout hommage envers lui.

Sous l'administration de Vuilencus, le Prieuré s'enrichit encore d'une partie des terres des seigneuries de Pouilly et

(1) Près Chaulgnes.
(2) *Le Nivernais.* Morellet.

de Charenton, que Humbault Le Blanc lui céda en 1095 contre une somme de 1300 sols et un marc d'argent, avec faculté pour lui de les racheter, s'il revenait de la croisade.

Il mourut dans cette expédition. Le reste de cette terre, avec des serfs hommes et femmes, fut abandonné peu après au monastère par les frères de Hendacq.

En 1106, le pape Pascal II qui était allé en Allemagne après la mort d'Henri IV, pour aplanir les difficultés de l'Église au sujet des Investitures ecclésiastiques, — querelle fameuse qui ne se termina qu'en 1122 par le *Concordat de Worms* entre Calixte II et l'Empereur — vint en France à la prière de Philippe Ier. Il passa les fêtes de Noël à Cluny où il avait pris l'habit de moine et s'en fut à La Charité dans les premiers jours de janvier 1107, pour y consacrer l'église qui venait d'être terminée.

Le pape fut reçu dans cette ville par le comte de Rochefort, Grand Maître de France, envoyé extraordinaire de sa Majesté, qui accompagna sa Sainteté à Tours, puis à Saint-Denis où Suger était alors simple moine.

La consécration de l'église se fit en grand apparat, au milieu d'un concours immense de population, accourue de tous les environs. Pascal II, revêtu de ses habits pontificaux, entouré des princes de l'Église et des seigneurs de la région, la mit sous l'invocation de la Vierge Marie et de tous les saints.

Pour faciliter l'agrandissement de la nouvelle cité, il affranchit en même temps une certaine étendue de terrain autour de la ville, et de l'autre côté de la Loire ; et pour assurer la tranquillité publique sur ces terres, par sa bulle du 16 mars 1106, il prescrivit certaines mesures d'ordre, sous peine d'excommunication pour les auteurs des délits et leurs complices.

Les terres de La Charité, désignées dans la bulle, s'étendaient sur la rive droite de la Loire depuis Tronsanges et Champvoux au Nord, jusqu'aux rives du Mazou et à Mesves au Sud, et sur la rive gauche elles prenaient une partie de la vallée de la Loire, jusqu'à St-Léger, en face de Tronsanges.(1)

« Conçue sur un plan gigantesque, l'Église devait être magnifique, si l'on en juge par ce qui reste d'entier : la nef

---

(1) *Cartulaire de La Charité*

transversale, le chœur et les sept hémicycles dont il est accompagné. Sa forme, croix latine, avait de l'Ouest à l'Est cinq nefs parallèles.

« Le frontispice se présentait flanqué de deux énormes tours carrées, ornées sur toutes leurs faces de sculptures relatives à l'Orient et aux Croisades, et sur le côté principal d'arcades où figuraient des représentations pieuses sous des archivoltes byzantines d'une prodigieuse richesse d'ornements.(1) Il ne reste plus que la tour du Nord.

« Quand on avait franchi le narthex et le portail romain qui ont fait place à un porche du XVᵉ siècle, on pénétrait dans l'église. La nef principale, longue, étroite, et éclairée seulement par des fenêtres haut placées, communiquait avec les nefs latérales par des travées dessinées en ogive. Rien n'était religieux comme le demi-jour des bas-côtés où selon l'usage de l'époque, n'était aucun autel.

Au dessus des ogives, des travées, se développaient tour à tour des arcatures quintolobées et des galeries cintrées dont le contour était orné d'élégants feuillages à la manière byzantine. La nef transversale, qui est encore debout, étonne par l'élévation hardie des voûtes. Le chœur s'allonge et s'arrondit ensuite sous une voûte légèrement ogivée et dont les retombées reposent sur des piliers ronds. Il est difficile de dire l'élégance et la richesse des sculptures variées qui ornent les chapiteaux. La plupart des signes du Zodiaque brillent au-dessus des arcades cintrées du chœur. » (2)

C'est en effet un des plus beaux monuments que l'architecture romane nous ait laissés ; monument où le goût oriental s'harmonise le mieux avec le style roman, grandiose dans son austérité, recueilli dans ses plus riches fantaisies et qui, selon l'expression heureuse d'un auteur célèbre, avec ses arcs en plein cintre « mariant la douce ampleur de ses courbes aux simples profils des colonnes, robustes même dans leur légèreté, semblaient caractériser à la fois le calme élevé de l'espérance et l'humble gravité de la Foi. »

Les deux tours carrées étaient surmontées à l'origine d'un

---

(1) M. Grasset a sauvé un de ces bas-reliefs d'une destruction certaine. Il lui a consacré du reste une notice spéciale à laquelle nous renvoyons le lecteur.

(2) *Le Nivernais.* Morellet.

clocher principal avec un toit pyramidal. Quatre petits clochetons en pierre étaient placés en saillie aux angles de ces tours.

Le clocher de la nef transversale existe encore. C'est une tour octogonale, à base carrée, avec une toiture pyramidale à lanterne de même forme que la tour. Chacune de ses faces est ornée de statues en pierre, abritées dans des niches ménagées dans l'épaisseur des murs. Au-dessus, des arcs superposés relient entr'elles les huit faces de cette tour.

Cette partie de l'Eglise, si intéressante pour l'archéologue et l'architecte, par la variété et la richesse de son ornementation, est encore intacte ; mais cachée en partie aux regards du visiteur, elle ne peut guère être admirée dans tous ses détails que des maisons qui l'avoisinent, ou des jardins dans lesquels elle est enserrée.

Le Prieur Vuilencus eût pour successeur Odes Arpin, vicomte de Bourges, de la maison de Montfaucon en Berry, qui agrandit les possessions du monastère de la seigneurie de Champfraud, près Bourges, qu'il reçût en donation de son ancien compagnon d'armes, Barthélemy du Mur, et de la terre de Narcy, que Hugues du Lys, et Ermengarde, sa femme, lui abandonnèrent en 1121, (août 15) à charge de deux anniversaires. Les religieux étaient traités ces jours-là sur les revenus de Narcy. Ils exceptèrent toutefois, de cette donation, leurs *serfs casats* ; aussi Rainault du bourg neuf, son frère André, Josbert marchand, son frère Payen et tous leurs droits sur la femme d'Etienne de Narcy.

Divers arrangements furent pris avec le comte de Nevers et d'autres seigneurs du voisinage au sujet du moulin, arrangements que Philippe le Bel ratifia par ses lettres patentes, en 1296. (1)

Sous Imarus qui avait succédé à Odes Arpin en 1130, le roi de France Louis VII, donna au Prieuré (1138 et 1146) une rente de seize muids ras de froment, à prendre pendant le Carême, sur les moulins bannaux de la ville de Bourges, appelés communément les moulins du Roi, à charge aussi de deux anniversaires. En 1138, Pierre de Paule succéda à Imarus. Par sa bulle du 14 avril 1144 Luce II, (2) confirma

---

(1) *Cart. Prioratus beatœ de Charitate supra ligerim.*
(2) *Lucius episcopus, servus servorum Dei, dilecto filio Petro priori monasterii Sanctœ Mariœ, quod de Karitate, etc., etc.* Cartulaire du prieuré de La Charité.

toutes les possessions du Prieuré, biens, prieurés, églises et chapelles ; les revenus et droits de nomination, et les immunités épiscopales et seigneuriales.

Dans une visite que le comte de Nevers, Guillaume III fit à La Charité (1143) avant de se faire chartreux, il permit aux religieux d'acquérir des biens dans le Comté et abandonna ses droits de péage et d'hôtellerie dans leurs habitations, et toute suzeraineté sur le monastère et ses dépendances. Son fils, Guillaume IV, du consentement de la comtesse Ida, sa mère, de Eléonore, sa femme, et de Guy, son frère, confirma cet abandon en 1166 et donna de son côté les Halles de Nevers avec plusieurs maisons, situées sur le Marché, à charge d'une messe tous les jours et de deux anniversaires. (1)

Il permit en même temps « *aux religieux, bourgeois et habitans de closre leur ville de murs,* » autorisation que Henri, comte du Palatin, et Etienne, comte de Sancerre, avaient accordée deux ans avant (1164), (2) et qui leur fut confirmée en 1182, par Renault, fils de Guillaume IV.

De cette époque datent les remparts et les tours du château qui subsistent encore ; les murailles de la ville qui vont s'écroulant peu à peu ont été faites pour la plupart aux XIV, XV et XVIes siècles.

Les comtes de Nevers n'en continuèrent pas moins à percevoir des taxes et à se faire rendre hommage du fief de La Charité jusqu'en 1174, où le prieur Geoffroy le leur acheta.

Guillaume ou Guy, élu Prieur en remplacement de Pierre de Paule, (1143) eût en 1148, un différend assez grave avec Adam, seigneur de La Marche, qui voulait faire construire une forteresse sur le terrain concédé au monastère par le pape Pascal II, lors de la consécration de l'Eglise. Les religieux en référèrent au pape Eugène III qui, par son Bref du 15 mai 1153 à l'archevêque de Sens et à l'évêque d'Auxerre, leur prescrivit d'interdire à Adam, sous les censures écclésiastiques, la continuation des travaux. (3)

L'année suivante, Thurdart, quoique déjà fort âgé, fut

(1) *Nécrologe du Prieuré.*
(2) *Cartulaire du Prieuré.*
(3) *Cartulaire du Prieuré.*

appelé à la tête du Prieuré où il ne resta que quatre ans. Le couvent s'était enrichi, en 1151, d'une nouvelle rente de 40 sous que lui avait léguée Hugues de la Ferté, sur le château d'Ouche, (1) qui appartenait à Geoffroy de Donzy, son petit-fils.

Raynaud, que Pierre le Vénérable avait institué Prieur en 1154, reçut en 1156 la terre de St-Bonnot-les-Forges avec toutes ses dépendances, de Humbault de Bonne, fils de Mathieu de Hubento. Il fut remplacé, en 1162, par Humbaud qui eut à rétablir la paix entre les habitants et les religieux de Venelot, en Angleterre. De nouvelles contestations s'élevèrent encore par la suite, qu'apaisa Henri II, roi d'Angleterre, par ses lettres patentes de 1170, où il signifiait aux prélats de son royaume, qu'il entendait « que les religieux de ses états relevant du Prieuré de La Charité ou de celui de Longueville, ne fussent plus à l'avenir troublés dans leur possession. »

A Humbaud, succéda en 1165, Rodolphe de Sully, de l'illustre maison de ce nom, qui en 1173, fut élu abbé de Cluny. Mais après avoir administré pendant trois ans cette abbaye, il revint à La Charité où il mourut.

Rodolphe de Sully avait été remplacé au Prieuré en 1173, par Geoffroy Ier. C'est ce prieur qui acheta au comte de Nevers, Guy, la mouvance féodale de La Charité pour la somme de 500 marcs d'argent. La comtesse Mahaut reçut pour épingles dix vases d'argent et un cheval de prix. Renaud de Druye et Raoul de Patinges y avaient aussi quelques droits : la part de Renaud fut achetée mille sols, plus dix livres pour son épouse, et celle de Raoul 100 livres. De plus ce dernier était tenu de rendre hommage désormais au prieur Geoffroy et à ses successeurs. Dès ce moment, la justice fut rendue au nom des Pères qui devinrent ainsi *Seigneurs temporels de La Charité*.

Odes II fut nommé Prieur deux ans après. En 1179 il était remplacé à son tour par Guy, qui était originaire de La Charité.

Les armes du nouveau Prieur : *Echiquier d'Argent et de Geules au chef d'azur, chargé de trois tours d'argent crenelées et maçonnées de sable* » devinrent par la suite les armes de la ville.

(1) La Maison-Fort. *Nécrologe du Prieuré.*

CHAPITRE III

Rivalité entre les maisons de Nevers et de Donzy. — Création du bailliage royal de St-Pierre. — Incendie de l'Eglise et du Prieuré. — Le prieur Geoffroy. — Procès avec les habitants.

Les immunités des religieux, les privilèges des bourgeois et habitants leur avaient été confirmés une première fois par Philippe Auguste en 1182, deux ans après son avènement au trône. En 1184, il les confirme à nouveau et accorde aux habitants la remise des droits qui lui étaient dûs. Le pape Luce III, par sa bulle du 6 mars 1181, avait pris aussi les religieux sous sa protection et les avait reconnus aptes à acquérir et à recevoir des dons et des legs, à la condition de servir aux seigneurs des lieux les revenus dont ils étaient grevés.

Ceux-ci s'étaient fort bien passés jusqu'alors de cette autorisation, qui ne faisait en somme que consacrer leurs agissements antérieurs.

En 1190, Raynaud de Nevers, comte de Tonnerre, donna au couvent six muids de froment et quatre parties de rente perpétuelle sur son grenier de Cuffy,(1) à charge d'une messe tous les jours.(2)

Guy se démit de ses fonctions en 1191, en faveur de Savary. Celui-ci eut à rétablir la paix dans plusieurs monastères qui avaient cherché à s'affranchir de la dépendance de celui de La Charité. La même année, Yolande, comtesse de Nevers et Impératrice de Constantinople, femme de Pierre de Courtenay, demanda à être inhumée dans l'église de Notre-Dame. Elle légua à cette intention deux disains (20 deniers) de rente au couvent. Yolande était la sœur de Baudoin, comte des Flandres qui avait conquis sur les Grecs l'empire de Constantinople dont elle hérita.

Quand Pierre de Courtenay l'épousa, il était veuf en premières noces de Agnès, fille du comte Guy et de Mahaut de Bourgogne, et héritière des Comtés de Nevers et

---

(1) Cuffy, près La Guerche (Cher) châtellenie du comte de Nevers.
(2) *Nécrologe du Prieuré.*

d'Auxerre. C'est le roi Philippe Auguste qui avait négocié cette alliance en 1184, et en avait été récompensé par la cession que lui fit le nouveau duc de la ville de Montargis, qui fut dès lors réunie à la couronne.

De ce premier mariage, était née une fille, nommée Mahaut, qui après la mort de sa mère, devint comtesse de Nevers sous la garde-noble de Pierre de Courtenay.

Une maison puissante, celle des barons de Donzy était alors en guerre avec les Comtes de Nevers au sujet de la terre de Gien, rentrée depuis peu dans la maison de Donzy, et que Pierre de Courtenay qui s'en trouvait dépossédé, réclamait en vertu d'un traité fait avec Geoffroy, père d'Hervé IV, le baron actuel.

Dans un combat livré le 3 août 1199 près de St-Laurent l'Abbaye, Hervé défit Pierre de Courtenay et le fit prisonnier. Philippe Auguste intervint encore une fois, et par sa médiation habile autant qu'intéressée, rétablit l'accord entre les deux maisons en préparant le mariage de la jeune comtesse Mahaut avec Hervé. Il obtint en toute propriété, pour prix de son intervention, cette même terre de Gien, cause de tant de contestations entre les deux familles.

Cette cession fut opérée au mois d'octobre de la même année (1199).

L'affranchissement des premières communes avait commencé sous le roi Louis le Gros, mais les chartes se multiplièrent surtout au 13° siècle.

Dans son cours d'Histoire moderne, Guizot attribue aux anciennes communes trois origines diverses : « quelques unes ne furent que la continuation et le complément des municipalités romaines qui avaient survécu à l'Empire et qui se perpétuèrent comme la féodalité se forma au milieu de la nuit et de l'anarchie universelle. D'autres se créèrent des agglomérations de population formées naturellement sur les terres de beaucoup de seigneurs dont elles obtinrent successivement des concessions de privilèges. D'autres enfin, et c'est le plus grand nombre, sont sorties de la lutte violente des bourgeois contre les seigneurs. Ces dernières sont les communes proprement dites, c'est-à-dire les bourgs et les villes qui, à main armée, ont arraché aux seigneurs une portion notable de leur souveraineté. » Mais les anciennes franchises et privilèges que les premières possédaient sous les Romains et sous nos premiers rois n'avaient-elles pas disparu sous la féodalité qui bravait l'autorité royale elle-même ?

La charte qui conférait à la communauté de La Charité son affranchissement est perdue, mais elle devait être antérieure à 1213, puisque déjà à cette époque le Prieur pas plus que le comte de Nevers n'avaient le droit d'introduire des hommes armés dans la ville dont la garde appartenait exclusivement aux bourgeois. Par contre, l'autorité des Pères était toute puissante, et pour les causes criminelles, la justice se rendait en leur nom ; le prévôt n'avait que les causes civiles. Contrôleur des deniers communs, le cellérier du couvent était plus redouté que le Prieur lui-même, et les échevins ne pouvaient disposer d'aucune somme sans son consentement, malgré que le péage par terre et par eau appartînt à la Communauté, ainsi que le produit du quartelage des grains dont le seigneur de La Marche avait fait l'objet d'une donation particulière. (1)

Guillaume de Gaucourt (Guillaume II) (2) avait succédé à Savary en 1198.

La même année, Sadon de Patinges, et Agnès, sa femme lui accordèrent le fief d'Argenvières sur lequel Jean Lepic avait emprunté aux religieux la somme de cinq cents livres ; ils lui cédèrent également pour cinq ans leur fief situé dans la ville de La Charité, à la condition de pouvoir le reprendre au bout de ce temps ; le tout moyennant cinq mille sous de Gien et quinze livres pour son épouse.

En 1208, Sadon céda son droit sur le même fief d'Argenvières à Geoffroy de Pougues, sénéchal de Nevers, et à ses héritiers.

Celui-ci l'abandonna aux religieux l'année suivante, à son départ pour la croisade des Albigeois, moyennant quatre cents livres de Gien. (3)

L'autorité royale qui commençait à s'affirmer voulut se faire sentir aussi dans le Nivernais, en établissant un bailli à St-Pierre-le-Moutier qui fut l'un des quatre premiers bailliages créés par Philippe Auguste. (4) Les baillis

(1) *Histoire du Nivernais.*
(2) *Prieur de Saint-Julien de Sézanne.*
(3) *Cartulaire de La Charité.* De Lespinasse.
(4) Les autres étaient Mâcon, Sens et Vermandois.

représentants directs du roi, étaient placés comme surveillants à côté des seigneurs. Celui de St-Pierre était chargé de vider les cas royaux qui s'élèveraient dans l'Auvergne et le Nivernais. Cette dernière province, franc-alleu noble jusqu'en 1184, avait été convertie en fief, et mise sous la dépendance de la Tour du Louvre, c'est-à-dire qu'elle relevait directement du roi de France.

L'accroissement de la population nécessita en 1202, l'érection d'une deuxième paroisse, celle de St-Pierre, dont l'église existe encore sur la place de ce nom. Vendue comme bien national, elle servit longtemps à des usages divers, et fut transformée définitivement en maison de commerce.

En 1204, une partie des bâtiments du prieuré et la nef presque entière de l'église Notre-Dame devinrent la proie des flammes, désastre que la crédulité publique attribua à une punition divine, à cause de la conduite relâchée des religieux. Les mœurs austères des premiers temps avaient fait place à un libertinage effréné, et l'on menait, paraît-il, joyeuse vie au couvent, avec « force ripailles et œuvres de chair. »

Les parties atteintes par le feu, furent réparées promptement par les soins de Philippe-Auguste. Les salles magnifiques attenantes à l'église et qui servaient de sacristie, datent de cette époque; elles sont utilisées aujourd'hui comme écuries et magasins.

En juin 1216, la ville fut fort éprouvée à son tour par un violent incendie qui consuma un grand nombre de maisons, et avec d'autant plus de facilité, qu'on était à cette époque sans moyens d'action, pour combattre un pareil fléau. De quel secours pouvaient être les quelques seaux d'eau jetés sur un pareil brasier, et les crochets en fer avec lesquels on essayait d'arracher quelques épaves du sinistre? Le feu n'en continuait pas moins son œuvre dévastatrice, jusqu'à ce qu'il trouvât devant lui un obstacle naturel, ou qu'il s'éteignît de lui-même, faute d'aliments.

Geoffroy de Donzy, (Geoffroy II) fut nommé prieur en 1209. Il avait, par ses dilapidations, tellement endetté le monastère, que l'Abbé de Cluny, Guillaume II, dût intervenir. Menacé des foudres de l'Église, Geoffroy ne tint aucun compte des objurgations de l'abbé, qui vint à La Charité, pour le mettre à la raison. Le prieur appela à son aide son frère Hervé, comte de Nevers, et fit mettre des gardes aux portes du monastère, avec défense de laisser entrer l'abbé. Celui-ci se retira chez un bourgeois de la ville, où Geoffroy le fit arrêter.

Guilaume avait convoqué à La Charité les Pères du chapitre général de Cluny, mais ils ne purent entrer dans la ville, le prieur en ayant fait fermer les portes. Ils se réunirent à La Marche, déposèrent Geoffroy et nommèrent à sa place Guillaume, prieur de Cluny. (Guillaume III.)

Le pape Innocent III excommunia Geoffroy, et par sa bulle du 28 juin 1212, prescrivit aux évêques de Troyes et de Meaux, et à l'abbé de Lagny, de faire exécuter sa sentence, provoquée par les nombreux crimes dont Geoffroy s'était rendu coupable : révolte contre les ordres de l'abbé de Cluny ; refus de lui ouvrir les portes de son monastère ; résistance offensive dans l'enceinte du couvent ; blessures, vols et pillages de la part de ses partisans contre l'abbé et les gens de sa suite, et enfin usurpation des pouvoirs civil et religieux. (1)

Hugues de Bourbon, alors sous-prieur, succéda à Guillaume III en 1216. Il fut remplacé lui-même, en 1218, par Elie.

En 1220, l'évêque d'Auxerre créa une nouvelle paroisse, celle de Saint-Jacques,(2) supprimée à la Révolution. Vendue comme bien national en 1792, l'église fut démolie peu de temps après.

« Tournée de l'Est à l'Ouest, elle avait deux nefs parallèles, séparées par un seul rang de piliers, ornés sur chaque face d'une colonne engagée. Le clocher s'élevait à l'est, en dehors de l'église, et abritait une espèce de porche. Le développement extraordinaire des ogives du clocher, donnait à cette construction une assez grande importance(3). »

Le clocher servait en même temps de beffroi, et une des

(1) *Cartulaire de La Charité.* A. de Lespinasse.
(2) Origine des trois paroisses de La Charité :
Guillelmus Dei gratia Autissiodorensis episcopus..... De assensu et voluntate dilecti filii Gaufridi prioris et conventus ibidem constituimus tres parrochiales ecclesias scilicet beate Marie, Sancti Petri et sancti Jacobi, salvo jure monacorum, videlicet ut ii juris habebant in una. Actum anno M°CC° nono. Cartulaire du Prieuré.
(3) *Histoire du Nivernais.*

cloches appartenait aux habitants. On la sonnait pour les convoquer aux assemblées générales, et pour signaler les incendies. Quant au beffroi, il était considéré, dans la plupart des villes, comme une sorte de *palladium*, à l'ombre duquel s'abritaient les droits sacrés de la commune.

En 1224, Etienne fut nommé prieur ; Landry, prieur de Notre-Dame de Donzy-le-Pré, lui succéda en 1233, et fut remplacé lui-même en 1237, par Thibault qui donna au couvent, cette même année, plusieurs maisons qu'il avait acquises dans la rue de la Corderie, à charge d'un anniversaire tous les ans au jour de son décès.(1)

Guillaume IV, de Pontoise, lui succéda en 1240. Quatre ans après il fut nommé abbé de Cluny, puis évêque d'Agen. En quittant le monastère, Guillaume lui donna (1244) deux moulins, situés à la porte de La Marche, « lesquels il avait fait édifier *a fundamentis*, à charge de deux anniversaires pour lui et ses parents, »(2) à la condition d'en affecter les revenus aux usages particuliers des moines et spécialement à un repas général le jour de l'anniversaire.(3)

Il avait été remplacé en 1244, par Jean de Rivière. Il eut à réprimer, en 1259, une révolte fomentée par le comte de Nevers qui, pour se faire rendre la jouissance des droits aliénés par Guy, avait soulevé les notables contre le prieur, en leur promettant des privilèges plus étendus.

Prévenu à temps, Jean de Rivière en fit arrêter quelques-uns par ses gardes. Le comte ayant réclamé en vain leur élargissement, s'empara de plusieurs terres du prieuré ; Jean de Rivière implora le secours du roi Saint-Louis, qui ordonna que La Charité, et ses dépendances, relèveraient dorénavant de la couronne, et les mit dans le ressort de Bourges où elles restèrent jusqu'en 1366. Charles V les plaça alors dans celui de Saint-Pierre-le-Moûtier.

C'est, sans doute, à partir de cette époque, qu'une fleur de lys d'or fut posée en chef, sur l'écusson du monastère, et les mots *sub lilio*, ajoutés à sa devise, comme étant désormais sous la juridiction royale.

(1) *Nécrologe du prieuré.*
(2) *Nécrologe du prieuré.*
(3) *Cartulaire de La Charité.*

Milon de Vergy,(1) qui avait remplacé Jean de Rivière en 1262, augmenta encore les possessions du prieuré de la seigneurie de Murlin, qu'il acheta en 1269, de Guillaume de Thianges. Il lui donna, en 1274, le four de Vèvres, avec une rente de 10 livres sur le cens de Carcot, et un tonneau de raisins contenant deux muids, à prendre dans son clos, proche La Charité.(2)

Simon d'Armentières,(3) prieur de Coincy (Aisne) et chambrier de Cluny, nommé par l'abbé sur une liste de trois noms, lui succéda en 1274. Il acheta en 1282, de Raynaud, écuyer, seigneur de Chasnay, et de ses frères, Robert et Jean, la terre du même nom, et donna aux religieux en 1292, (19 juillet), une maison, sise à La Charité, rue des Chapelains, en se réservant seulement la Justice qu'il avait sur toute la ville.(4)

Créé cardinal la même année, par Célestin V, l'abbé de Cluny le remplaça par Bertrand de Colombiers, ce qui causa un grand différend avec les religieux qui persistaient à vouloir lui présenter trois noms, parmi lesquels il choisirait le prieur. On en référa au pape, et, à la suite de plusieurs enquêtes, Bertrand fut maintenu. L'abbé étant venu à mourir l'année suivante, les religieux de Cluny élirent le prieur Bertrand et lui en firent porter la nouvelle à La Charité,(5) (27 septembre 1295). Celui-ci tint à régler définitivement le mode de nomination de son successeur. Aux termes d'un accord arrêté entr'eux, les religieux s'engageaient à ne plus intervenir à l'avenir dans cette nomination, et l'abbé, devait choisir le prieur, sur une liste de trois noms, dont un au moins, de La Charité.(6)

En 1294, le roi Philippe le Bel avait accordé des lettres d'amortissement aux religieux pour toutes les possessions du prieuré, « *mesme de six mille arpents du bois appelé la*

---

(1) Prieur de Saint-Martin des-Champs, près Sancergues.
(2) *Nécrologe du prieuré.*
(3) Il tirait son nom du pays où il était né, Armentières, dans le département de l'Aisne.
(4) *Nécrologe du prieuré.*
(5) *Cartulaire du prieuré.*
(6) Les religieux affirmaient avec raison, qu'à chaque vacance, ils présentaient trois noms, et qu'ils avaient toujours exercé ce droit; l'abbé soutenait au contraire que la nomination lui appartenait, comme pour tous les autres prieurés placés sous sa dépendance. *Cartulaire de La Charité* (7 septembre 1293). De Lespinasse.

forest de la Bertrange, acheptée d'Estienne de Blancafort, et d'Agnès, sa femme. »(1) Les religieux qui en possédaient déjà les deux tiers leur en avaient acheté en effet, en 1253, l'autre tiers pour le prix de trente livres, en monnaie de Nevers, une fois payées, et à la charge de payer tous les ans aux vendeurs, une rente de quatre livres tournois sur leur taille de Raveau, le jour de Saint-Remi.

Pierre de Beaujeu succéda à Bertrand de Colombiers à la fin de 1296. Il légua au prieuré, en 1329, une vigne située au Coupe-Gorge, près de Saint-Lazare, et en 1330, (13 avril) 60 sols de rente sur sa terre de Morteaque, *(mortua aqua, eau morte)* achetée de ses propres deniers, à charge de célébrer la fête de la Nativité, le jour de Saint-Jean-Baptiste.(2)

Dans leurs tentatives pour s'affranchir de la tutelle de Cluny, les religieux avaient, par contre coup, surexcité l'esprit des habitants, qui cherchaient eux aussi, à étendre par tous les moyens, leurs privilèges. Depuis l'avortement du complot combiné avec le comte de Nevers, il régnait une hostilité sourde entre les bourgeois et les moines, et particulièrement au sujet de la justice.

En effet, comme vassaux du couvent, les bourgeois étaient justiciables de ses officiers judiciaires. Livrés, pieds et poings liés, à leurs jugements arbitraires, ils ne cessaient de protester et de revendiquer le droit de connaître eux-mêmes de leurs affaires, de nommer leurs magistrats, de se réunir, de délibérer, d'exercer enfin dans l'intérieur de la cité, tous les actes de souveraineté.

C'est, qu'avec la création des *Bourgeois de villes*, il s'était constitué avec le clergé et la noblesse, une troisième classe d'hommes libres, le *Tiers Etat* qui, sur bien des points, avaient déjà amené les maîtres du sol à transiger avec eux.

La première assemblée des *Etats généraux*, réunis à Paris par Philippe le Bel, le 10 avril 1302, et où, pour la première fois, les députés des universités et des communes furent admis, n'avait fait qu'accroître la résistance des habitants de La Charité contre les exactions dont ils étaient victimes. Enfin, parmi des alternatives diverses, une transaction intervint en 1303, entre les bourgeois et les pères,

(1) *Histoire du prieuré.*
(2) *Nécrologe du prieuré.*

portant qu'à l'avenir, « le juge du Seigneur ne pourra juger les causes des habitants de partie à partie, au civil et au criminel *qu'avec les bourgeois, dont les jugements feront mention.* »(1) Malgré cet engagement formel, le prieur ne voulut jamais souffrir que l'on touchât à ce qu'il considérait comme une de ses prérogatives les plus chères, et aucune autorité, si puissante fut-elle, ne put jamais le contraindre à ce qu'une juridiction autre que la sienne, s'exerçât dans la ville, sans son consentement.

Aussi les griefs des habitants subsistaient-ils encore en entier, cinq cents ans après, à la veille de la Révolution de 1789.

En 1302, de nouvelles constestations s'élevèrent entre le prieur et l'abbé de Cluny, auquel le premier contestait le droit de visiter le monastère. Le pape, Jean XXII, nomma des commissaires qui, non seulement, maintinrent les prétentions de l'abbé, mais obligèrent encore les religieux à lui payer des droits de visite. Il est vrai que, comme fiche de consolation, le pape voulut bien ensuite autoriser le prieur à rentrer dans les biens que ses prédécesseurs avaient aliénés.

Appelé en 1325 (13 juillet) par les religieux, pour réconcilier leur église souillée par un meurtre, l évêque d'Auxerre dut leur donner acte qu'il n était venu, que sur leur demande, afin de ne pas s'attribuer plus tard quelque droit de juridiction, Cluny, et ses dépendances, en étant exemptés. Ils prirent les mêmes précautions en 1415. en 1426, et en 1439, en un mot, toutes les fois que les évêques vinrent visiter le prieuré.(2)

Nommé prieur en 1333, Jean de Mazieres mourut trois ans après. Il eut pour successeur (1336) Guillaume V, de Poitiers,(3) fils du duc de Valentinois, qui, appelé à l'évêché de Langres en 1342, céda alors le prieuré à son neveu Othon.

(1) Bernot de Charant. *Abrégé Historique,* Authog. reg. f° 70.
(2) *Archives du prieuré.*
(3) L'an 1339, Guillaume de Poitiers, prieur. emprunta au sous-prieur du couvent de La Charité la somme de 1.261 livres cinq sols, des épargnes que les religieux avaient faites pour acheter une croix et un calice d'or.—Pour garantie et jusqu'au remboursement, il donna la jouissance de la terre et seigneurie de Dompierre, avec le cens dû par les prieurs de Joigny et de Saint-Moré, au diocèse de Séns. *Cartulaire du prieuré.* R. de Lespinasse.

Celui-ci mourut en 1350, et Pierre du Puy-Icher qui le remplaça, échangea en 1364 ce bénéfice, contre celui de Bernard du Puy-Cendrat, prieur de Bonny.

CHAPITRE IV

Prise de la ville par les capitaines du roi de Navarre. — Arrivée des troupes royales. — Nouveau procès entre le prieur et les habitants.

En 1356, après la malheureuse journée de Poitiers, si désastreuse pour nos armes, un capitaine anglais nommé Robert Lanelle, d'après quelques historiens, Knowles, selon d'autres, arrivant par l'Auxerrois, surprit La Charité qu'il pilla entièrement.

Après son départ, on eut les plus grandes difficultés pour labourer et ensemencer les terres ; il en résulta une grande disette, et une mortalité effroyable.

Afin de mettre la ville à l'abri d'une nouvelle surprise, les habitants se concertèrent avec le prieur pour réparer les murailles, qui étaient en fort mauvais état.

La communauté prit à sa charge les réparations du mur d'enceinte de la ville ; les religieux, celles de la clôture du prieuré.

Les travaux furent menés avec la plus grande activité. A toutes les portes de la ville, on dressa des herses, garnies de pointes aiguës, et tous les soirs, on tendait des chaînes dans les rues. La garnison se composait uniquement de quelques hommes d'armes recrutés pour la garde du prieuré, et des bourgeois, organisés en milice.

Malgré toutes ces précautions, dans la nuit du 18 octobre 1364,(1), deux capitaines du roi de Navarre, Bernard de la Salle, et Hortingo, réussirent à s'en approcher avec un corps de 3.000 hommes. Ils escaladèrent les murailles avec des échelles, surprirent les sentinelles endormies, et firent irruption dans la ville qui fut mise à sac.

A la première alerte, le prieur s'enfuit précipitamment à Nevers, où les principaux habitants allèrent bientôt le retrouver pour traiter de la rançon de la ville, avec les

(1) Bernot de Charant dit dans la nuit du 11.

Navarrais, qui, moyennant 24.000 livres, somme énorme pour l'époque, consentiraient à l'évacuer. La difficulté était de trouver cette somme. Le prieur la demanda au roi Charles V, qui ne pût lui avancer que 10.500 livres, remboursables à la St-Jean prochaine, et garanties par les habitants et les procureurs des religieux.

7.000 livres furent remboursées en 1365, par ordre de Sa Majesté, et versées entre les mains de M. Le Bugue de Vilaines, grand chambellan.

Mais au lieu de quitter la ville, comme ils s'y étaient engagés, les Navarrais qui s'y trouvaient fort bien, en firent au contraire leur centre d'action, et se mirent à ravager les environs, respectant toutefois le peu qui restait aux habitants.

Quoiqu'un peu tardivement, Charles V avait résolu d'agir. Il envoya la même année, pour les en déloger, son frère, Philippe le Hardi, duc de Bourgogne qui, à la tête d'une armée de 20.000 hommes, investit complètement la ville. Devant un tel déploiement de forces, les Navarrais qui n'espéraient aucun secours du dehors, isolés qu'ils étaient du gros des troupes de Charles-le-Mauvais, demandèrent à capituler ; ils obtinrent de sortir de la ville, après avoir pris l'engagement de ne point porter les armes de trois ans, pour le roi de Navarre.

Après leur départ, les troupes royales accusèrent les habitants du crime de lèse-majesté et de félonie à cause des intelligences qu'ils avaient eues avec les Navarrais à qui ils avaient fourni des vivres. D'aucuns, même, s'étaient enrôlés avec ces malandrins. Charles V, pour faire un exemple avait ordonné le démantèlement de la place, dont, seule, l'enceinte du prieuré était exceptée. Le prieur Bernard du Puy-Cendrat obtint du roi par ses prières, (1372) la grâce des habitants les plus compromis et la conservation des murailles de la ville.(1)

En 1383, Charles VI ordonna de les réparer. Par ses

(1) Le prieur obtint l'abolition de cette accusation pour La Charité, Bonny, Sainte-Montaine, Aubigny-sur-Loire, Beffes, La Celle, Dompierre, Saint-Bonnot, Saint-Léger-le-Petit, Argenvières, La Chapelle Montlinard, Parizy, La Cordille-sous-Herry, Pouilly, Tracy, Maltaverne, Varennes, Narcy, Garchy, Sully, Vesvre, Bulcy, Raveau, Munot, Lory, Murlin et Chasnay, soit sur toutes les terres et justices du prieuré. (*Histoire du prieuré*).

lettres patentes du 15 novembre, « *les habitans des villes voisines, ayant des propriétés à La Charité et confins, seront tenus de contribuer à l'entretien des fortifications, des tours, murs et fossés, suivant le roille qui sera fait par les habitans.* »(1).

Bernard du Puy-Cendrat se démit en 1394,(2) en faveur de son neveu Valentin du Puy, prieur de Reuil. Bernard avait donné au monastère, en 1386, la dîme de Ville, paroisse de Narcy, qu'il avait achetée de Pierre de St-Révérien ; l'étang des Bruyères, qu'il tenait de Louis de Beaune, bourgeois de La Charité, et une maison, sise, rue des Hostes (*Hostelleries*), appelée la maison de *La Corne du Cerf*, « à charge de deux anniversaires solennels pour chacun an, et de jeter de l'eau bénite sur son tombeau tous les jours après les Litanies de Complies, par le célébrant assisté de l'un des six enfants. » (3)

Les bourgeois croyaient enfin pouvoir jouir en paix des quelques concessions arrachées au seigneur et voir se terminer leurs nombreux procès ; mais ils furent vite déçus, car Valentin du Puy suscita au contraire un nouveau conflit qui donna lieu à un débat judiciaire qui dura plusieurs années. Le prieur contestait aux habitants le droit de s'assembler pour les affaires communes sans sa permission ; il la leur refusa autant de fois qu'ils la demandèrent. Ne pouvant se réunir pour donner procuration et aviser aux moyens de soutenir leurs procès qui, commencés devant le cellerier du couvent, s'étaient traînés péniblement à la prévôté de Sançoins, ils réclamèrent auprès de Charles VI qui, par ses lettres patentes du 25 septembre 1398, ordonna au prieur, « *de permettre aux habitans de s'assembler toutes et quantes fois que les nécessités publiques l'exigeraient ; en cas de refus, le bailli de St-Pierre devait donner la permission, à la charge de présider la réunion ou d'y déléguer quelqu'un.* »(4)

(1) Chartrier de la Ville.
(2) Il mourut la même année à La Charité.
(3) *Nécrologe du prieuré.*
(4) Charles V, avait affranchi (avril 1366) le couvent de La Charité de la juridiction ordinaire, Cluny et ses dépendances étant sous la sauvegarde de la couronne, et ordonné que les causes seraient portées devant le bailli de St-Pierre comme elles l'avaient été avant devant le bailli de Bourges.

Dès lors, les bourgeois purent agir avec vigueur. Le procès passa de la prévôté de Sancoins au Parlement de Paris, et comme la justice ne se rendait alors (comme maintenant du reste) qu'avec une désespérante lenteur, les arbitres ne prononcèrent leur arrêt que le 13 mai 1419, au lieu de Béard, où les plaids se tenaient d'ordinaire. Il y avait dix-neuf contestations entre le prieur et les habitants ; elles furent réglées par la sentence arbitrale de deux commissaires, malgré l'opposition du Parlement qui ne voulait pas se dessaisir de l'affaire. L'accord fut homologué par lettres de Sa Majesté.

La sentence réglait à la satisfaction des parties, ce qui les divisait depuis si longtemps : les droits de mesurage, et les aides que le prieur levait sur les grains et marchandises vendus dans la ville ; l'administration de la justice ;(1) les assemblées communales, l'élection des échevins et la reddition du compte des deniers communs. En ce qui concernait les mesures,(2) l'accord portait que le cartel devait contenir deux bichets, le bichet vingt coupes, et par chaque setier de froment, orge ou seigle, les religieux devaient avoir deux coupes combles et deux coupes rases, et quatre coupes combles pour chaque setier d'avoine. Le prieur devait entretenir deux fours dans la ville, pour lesquels les habitants paieraient douze deniers par setier. Quant aux marchands de sel, ils en devaient une manée aux religieux tous les jours de foire ou de marché.

Le compromis arrêtait aussi l'aide sur toutes les marchandises, pain, viande, draps, étoffes, cuirs, etc., et réglait tout ce qui concernait les cordonniers, pelletiers, tanneurs, bouchers, pannetiers, et autres corps de métiers.

Quelques articles élargissaient les libertés communales : ainsi le prieur ne pourra plus refuser aux habitants la permission de s'assembler au lieu accoutumé, et d'y prendre *« en sa présence ou celle de son délégué, »* toutes mesures utiles à leurs affaires ; enfin le compte des deniers communs continuera de se rendre au prieur, mais ce ne sera *« qu'en présence des habitants, ou de leurs délégués, préalablement convoqués. »*

---

(1) La coutume obéie à La Charité était celle de Lorris-Montargis.

(2) A l'époque, les mesures étaient celles de Saint-Pourçain, un peu moins grandes que les anciennes.

Charles VI intervint encore dans les affaires de la cité, en 1402. Sur les plaintes des religieux et des bourgeois contre les ouvriers laboureurs et vignerons, dont certains perdaient beaucoup de temps, et d'autres ne consacraient pas toute leur journée à celui qui les employait, le roi ordonna qu'ils seraient tenus de travailler aux champs « *jusqu'au coucher du soleil, sans aller ouvrer autre part et sans revenir à la Ville, ne yssir, ne partir de la besogne.* » Ils ne devaient se reposer qu'aux heures des repas.

Le contrevenant était passible d'une amende de 60 sous tournois ; c'était douze fois le prix de sa journée.(1)

En 1410, en pleine guerre civile, le bailli de St-Pierre vint, sur l'ordre du roi, s'assurer de l'état de défense de la ville et ordonna diverses réparations qui furent mises d'office à la charge des habitants. Ne pouvant les payer avec leurs ressources disponibles, ils empruntèrent 300 livres au prieur, et lui donnèrent en garantie le péage de la ville, pour une durée de trois ans.

CHAPITRE V.

La Charité tombe au pouvoir du duc de Bourgogne. — Jeanne d'Arc essaie de la reprendre. — Perrinet-Grasset, gouverneur

Pendant une grande partie du règne de Charles VI, la guerre contre les Anglais avait continué sans grand succès de part ni d'autre, et les discordes civiles qui étaient quelque peu apaisées, reprirent avec plus de fureur encore entre les Bourguignons et les Armagnacs, après l'assassinat de Jean-sans-Peur sur le pont de Montereau, le 10 septembre 1419.

Pour venger son père, le duc de Bourgogne, Philippe dit le Bon, d'accord avec la reine Isabeau de Bavière, femme de Charles VI, contracta une alliance avec le roi d'Angleterre, et signa en 1420 le honteux traité de Troyes, traité où le père — dément, il est vrai — répudiait son fils, « soi-disant Dauphin », et faisait le roi d'Angleterre, qui venait d'épouser sa fille, héritier et régent de la couronne de France au détriment de son fils que, pour comble d'infortune, le

(1) *Histoire du Nivernais.*

Parlement condamnait par défaut le 3 janvier 1421, au bannissement, et déboutait de tout droit à la couronne de France.

Au début de sa campagne, le duc de Bourgogne chercha à s'assurer la possession de La Charité.

Les hostilités à peine commencées, il s'en emparait sans coup férir et y laissait une forte garnison sous les ordres d'un capitaine, nommé Perrinet-Grasset, seigneur de la Motte-Josserand, qu'il nomma Gouverneur.

La première visite de Perrinet fut pour le monastère qu'il livra au pillage, et fit transporter dans le château de Dompierre qui appartenait au prieuré, et dont il s'était aussi emparé, les objets les plus précieux. La position de ce château-fort, au bord de l'eau, en faisait un poste militaire important. Bien à l'abri derrière ses murs, au milieu de son butin, Perrinet-Grasset brava les excommunications prononcées contre lui par les Pères du Concile de Constance.

Dans le courant de l'année 1421, le Dauphin Charles, soutenu par les Français restés fidèles à l'héritier légitime du trône, essaya de reprendre La Charité. Parti de Sancerre à la tête d'une armée de 20.000 hommes, il investit complètement la ville et s'en rendit maître après quelques jours de siège.

A l'approche des troupes royales, Perrinet-Grasset s'était réfugié dans le château de Dompierre, d'où il rançonnait les environs.

Le Dauphin laissa le sieur de La Féal comme gouverneur et se dirigea sur Cosne. Il avait déjà commencé le siège de cette ville quand les troupes du duc de Bourgogne survenant inopinément, le forcèrent à rétrograder sur La Charité, pour se diriger sur Bourges.

Il avait à peine quitté la place que Perrinet-Grasset y rentrait en maître et s'y maintenait malgré la comtesse de Nevers, Bonne d'Artois, veuve de Philippe II, qui, après que le Dauphin eût été proclamé roi à Mehun en Berry, sous le nom de Charles VII, avait donné l'ordre aux capitaines étrangers d'évacuer le pays.

Perrinet avait refusé tout d'abord et menacé d'abandonner la ville aux Anglais. Il s'était ravisé depuis et avait consenti à négocier et à rester fidèle au parti bourguignon, mais à condition d'y rester comme gouverneur.

D'Albret, comte de Dreux, vint l'y assiéger en 1429. Mais Perrinet qui avait fait remettre en état de défense les fortifications du château et du donjon, l'obligea bientôt à lever le siège. Elle fut investie peu après par Jeanne d'Arc qui après son échec devant Paris, était revenue en toute hâte sur la Loire pour remettre sous l'obéissance du roi les villes qui en étaient sorties.

Pendant l'hiver de 1429, la Pucelle réussit à emporter d'assaut St-Pierre-le-Moûtier malgré la défection des siens; elle ne fut pas aussi heureuse devant La Charité où, dans l'impossibilité de pouvoir se procurer des échelles, elle dut lever le siège après un mois d'investissement.

Aux termes du traité d'Arras (1435), le duc de Bourgogne s'était engagé à remettre la ville au roi. Perrinet-Grasset qui s'en était fait instituer gouverneur à vie aux gages de 100 livres par an, à prendre sur les aides et deniers communs de la ville, refusa net de l'évacuer. Le roi étant venu en 1440 pour en prendre possession, n'y réussit pas davantage. Il la lui acheta 7.800 livres.

Valentin du Puy-Cendrat avait été remplacé au prieuré en 1420 par Jehan de Vinzelles qui, après le pillage du couvent ayant exprimé le désir de se retirer, l'abbé de Cluny en pourvut en 1426, Thibault de Doye de Grivelles. Celui-ci donna au prieuré en 1438, le « moulin qu'il avait fait construire sous les ponts, proche la chapelle de St-Nicolas, avec une vigne appelée *Le Râble*, au-dessous du clos du prieuré. »(1)

Il eut pour successeur en 1439 Jean Chambellan,(2) ce dernier, remplacé lui-même en 1470, par Philibert de Marafin, fils d'un gentilhomme des environs de La Charité. La ville fut mise à cette époque par le roi en demeure de réparer ses murailles ; ses revenus ne pouvant y suffire, elle fut autorisée à lever un nouveau droit sur toutes les marchandises qui descendaient la Loire.(3)

(1) *Nécrologe du prieuré.*
(2) « En 1454, le prieur Chambellan donna à ferme pour 29 années à Pierre Rudequelle et Philippe de Milly les fossés de la pescherie et place forte de Dompierre, et un jardin situé sur la rivière de Nièvre, pour 13 livres par an, et à la charge d'y faire une forge, qui retournerait au prieuré au bout des 29 années. » *Histoire du prieuré.*
(3) Archives de la ville.

Treize ans plus tard, Charles VIII par ses lettres patentes du 6 mai 1483, permit « *aux religieux, bourgeois et habitans* » de fournir comme marchands le grenier à sel de la ville pendant huit ans, et de prélever « *vingt deniers pour chacun minot de sel* » pour les réparations des murs et fortifications. Cette imposition fut prorogée une première fois le 20 juin 1491; une seconde fois par Louis XII le 2 juin 1498 ; enfin une troisième fois par lettres patentes d'Henri II, du 12 Janvier 1553.(1)

Philibert de Marafin mourut en 1486. Il eut pour successeur le cardinal Charles de Bourbon.

Sous Charles VII, la guerre de Cent ans terminée, la royauté en était sortie plus forte que jamais. « Le temps de la France féodale était passé, celui de la France *monarchique* commençait. » (*Lavisse*)

CHAPITRE VI.

Le premier prieur commendataire. Incendie du quartier St.-Jacques. Construction du pont de pierre. Incendie du couvent et de l'Eglise N. D.

Avec Charles de Bourbon, la dignité de prieur cesse d'appartenir aux simples moines, pour devenir l'apanage de quelques grands seigneurs au moyen de la *commende*, système nouveau autant qu'ingénieux, et qui avait entre autres avantages, celui de dispenser le bénéficiaire des ennuis de la vie monastique.

C'était un des mille procédés dus à l'ingéniosité du clergé régulier : « l'abbé commendataire était considéré comme un vrai prélat; il jouissait des mêmes honneurs que les abbés titulaires, mais il ne portait ni la croix pectorale, ni le costume monastique. Un *petit collet* et une robe noire indiquaient seuls qu'il appartenait à l'Eglise : or, au point de vue de la possession des biens ecclésiastiques, l'abbé commendataire avait le droit de profiter des bénéfices de son abbaye de la même façon que les abbés titulaires, et aussi longtemps qu'il conservait la commende. En général, les abbés titulaires ou non, partageaient le revenu de

(1) Archives de la ville.

l'abbaye en deux parts, dont ils gardaient la plus grosse ; ils abandonnaient généreusement l'autre aux moines.

« En principe, la commende était temporaire. Le séculier ou le laïque qui en était investi, ne pouvait devenir abbé titulaire qu'en embrassant la vie monastique. Les commendataires se gardaient bien de cette extrémité. D'autre part, suivant de vieux règlements, le commendataire devait se faire promouvoir à l'ordre de prêtrise dans les deux ans qui suivaient sa nomination ; mais il obtenait facilement des dispenses de la cour romaine et pouvait vivre toute sa vie des bénéfices ecclésiastiques sans être astreint aux fonctions de l'Église. Ainsi une partie des biens du clergé fut détournée de l'emploi pour lequel ils avaient été constitués : *Ce qui devait être l'aumône du pauvre, fut destiné au luxe du mauvais riche.* »(1)

Aussi les bénéfices étaient-ils de plus en plus recherchés.

Certaines congrégations étaient extrêmement riches : en 1789, le revenu des 298 bénédictins de Cluny était évalué à la somme énorme de 1.800.000 livres ; d'autres ordres au contraire, tels que les Minimes, les Récollets, vivaient dans l'indigence, et pour le clergé régulier, les dix-neuf vingtièmes des abbés et abbesses étaient des personnes nobles.

Il en était de même du clergé séculier : sur 174 évêchés ou archevêchés, cinq à peine étaient occupés par des roturiers. C'étaient les évêchés *crottés*, dédaignés par les nobles, qui auraient craint de déroger. Tout le haut clergé était donc exclusivement recruté dans les familles nobles, sans fortune, et dont les cadets ne pouvant acheter de charge à la Cour devenaient gens d'Église, tandis que d'humbles paysans, obéissant ceux-là à leurs convictions religieuses, devenaient curés de campagne et desservants à portion congrue, ou moines, astreints aux règles les plus rigoureuses et vivant des aumônes de leur abbé.

Tel fut le sort de cette partie du clergé jusqu'à la Révolution.

Le cardinal Charles de Bourbon ne garda que deux ans le prieuré de La Charité. En 1488, il échut à Antoine des Roches. Sous ce prieur, Louis XII donna en 1498 une garni-

(1) *La France avant 1789.* A. Pizard.

son à la ville, et en Janvier 1504 il concéda aux habitants le droit de *Courte-Pinte*.

L'année d'avant, le quartier St-Jacques avait été très éprouvé par un incendie qui détruisit les halles, les maisons avoisinant l'église, ainsi que le clocher.

Les cloches furent fondues. Celle qui appartenait à la communauté ne fut remplacée qu'en 1535; elle reçut à cette occasion l'inscription suivante : « *j'ai été coulée et fondue à la requeste d'honorables hommes Jean Barron, Jean Mosnier, Nicolas Delafaye et F^{ois} de Lespinasse eschevins, Jehan Portier receveur et Jehan Tixier procureur du fait commun de cette ville de La Charité aux dépens et deniers communs de ladite Ville.* » Et plus bas : « *J'ai été baptisée.* »

Dom Jean de la Magdelaine de Ragny qui avait succédé à Antoine de Roches en 1504, a laissé les meilleurs souvenirs de son passage au prieuré. Par son administration aussi sage que prévoyante, il en augmenta considérablement les revenus qu'il affecta pour la plupart à la réparation des anciens bâtiments et à la construction de nouveaux. Il fit refaire entre autres le dortoir ainsi que le clocher de la Bertrange qui s'élevait au-dessus de l'arc triomphal et qui, atteints par l'incendie de 1204, n'avaient été réparés qu'en partie. On lui doit encore les infirmeries, le pressoir commun dans la rue des Chapelains, la maison de l'Aumônerie(1) qui était affectée au logement des pauvres prêtres, des paysans et des écoliers, et la reconstruction des halles de la ville qui avaient été détruites par le feu en 1503.

Il fit aussi remettre en état de défense la forteresse féodale de Dompierre-sur-Nièvre qui avait eu fort à souffrir pendant les dernières guerres. Ses armes, « *d'hermines à trois bandes de gueules, chargées de douze coquilles d'or,* » étaient apposées sur le portail d'entrée du logis prieural qu'il avait fait restaurer.

En 1520, les habitants décidèrent la démolition du pont de bois sur la Loire qu'ils voulaient remplacer par un autre plus solide en pierre ; mais les religieux qui possédaient sous ce pont un moulin que Thibault de Doye leur avait donné en 1438, s'opposèrent à la réalisation de ce projet.

Après plusieurs tentatives, un accord intervint le 26 octobre

(1) Au fond de la première cour du château. Transformée depuis.

de la même année(1) avec le prieur qui voulut bien consentir à échanger ce moulin contre vingt arpents de terres à prendre dans les communaux près Passy.(2)

Les travaux commencèrent immédiatement et furent menés avec la plus grande activité.

Jean de la Magdelaine qui avait été nommé en 1518 abbé de Cluny, prévoyant le sort qui attendait le prieuré déjà en proie aux luttes intestines, prononçait sur son lit de mort en 1537, ces paroles attristées : « *O Domus antiqua et nobilia, veniunt canes qui te corrodent ad ossa et medullas usque.* »(3)

Le Chapitre de Cluny avait désigné Jacques Dépinay pour lui succéder ; mais François Ier refusa de ratifier ce choix et fit pourvoir Robert de Lenoncourt (1538).

Le règlement que le nouveau prieur imposa aux religieux nous fait pénétrer dans les détails de la vie monastique : « chaque prébende de religieux vaut trois setiers de froment et quatre poinçons de vin par an ; huit poinçons doivent être donnés aux officiers avec un tonneau de vinaigre, un tonneau de verjus, 200 charriots de bois, 500 fagots, 12 minots de sel et huit pourceaux valant huit écus pièce. Le prieur s'obligeait aussi à nourrir les religieux la veille et les jours de fête portant vigile ; il devait fournir dix écus pour le festin du jour de l'Assomption, la somme de cinq cents livres par an, la prébende et les gages des cuisiniers, les prébendes des rogations, les gages et la prébende du chirurgien. » Autrement dit, il s'emparait des revenus du monastère, pour en faire l'usage qui lui conviendrait.

La pitance d'un religieux se composait de 2 pintes de vin, deux pains de réfectoire et trois œufs, du poisson et des

---

(1) « L'an 1520 commencèrent à faire bastir un pont de pierre, n'y en ayant auparavant qu'un de bois, qui avait été ruiné et rompu en plusieurs endroits. » *Histoire du prieuré.*

(2) Les Isles de Parzy (Passy) contenant vingt arpents, qu'ils tenaient des religieux à charge de 60 sols de rente. « Ils leur donnèrent encore les gours de Parzy, depuis la planche par où l'on passe pour aller à Parzy, en montant jusques à la souche blanche, avec plusieurs terres contiguës ! » *Histoire du prieuré.*

(3) O maison aussi ancienne que noble, je vois venir les chiens qui te rongeront les os jusqu'à la moelle.

tartes. Ils ne mangeaient de viande qu'à l'infirmerie et chacun y allait une fois tous les quinze jours.

Au cours d'une mission à Rome, Robert de Lenoncourt fut fait cardinal par Paul III ; il fut aussi évêque de Metz et d'Auxerre. Avec le prieuré de La Charité il avait encore en commende l'archevêché d'Arles et celui de Toulouse ; les revenus énormes qu'il tirait de ces bénéfices ne suffisaient pas encore à satisfaire ses passions, car toujours à court d'argent, il vendit à vil prix plusieurs terres du prieuré, et mutila la forêt de Bretagne qui était couverte d'arbres énormes de toute beauté.

Quant à Jacques Dépinay qu'il avait supplanté, il fut fait par compensation, le malheureux homme !... Archevêque de Bourges.

Le prieuré fut frappé en 1558, par Henri II, d'une contribution de 1098 écus, pour subvenir aux dépenses de la campagne qu'il se disposait à entreprendre contre les protestants.

Le 31 juillet 1559, un nouvel incendie causa dans la ville et dans le prieuré des dégâts considérables.

Le feu prit au dortoir des novices et se propagea dans tout le monastère avec la plus grande rapidité. Les grands et les petits cloîtres, le logis des officiers et la cuisine, devinrent la proie des flammes ; elles gagnèrent ensuite l'église dont la grande nef fut détruite. « Mais bien que l'incendie consumât la toiture du chœur, des transepts et du clocher, les parties murales furent heureusement épargnées. On considéra leur conservation presque comme un miracle, puisqu'en outre des vitraux brisés les cloches furent fondues. »(1) Plus de deux cents maisons avoisinant l'église furent réduites en cendres.

Les catholiques soupçonnèrent les protestants qui étaient en assez grand nombre à La Charité, d'avoir mis le feu au monastère, parce qu'au lieu de le combattre, ils s'étaient répandus dans les cloîtres en chantant des psaumes de Clément Marot. Mais il est plutôt à supposer qu'il prit accidentellement, attendu que leurs maisons étaient aussi exposées que celles des catholiques.

Les parties de l'église qui avaient le moins souffert et la

(1) Grasset aîné.

chapelle verte dite *de Jésus* furent réparées assez promptement, et le chœur fut alors recouvert en bois. Pour d'autres, le mal, hélas! était irréparable... l'église de Gérard en resta à jamais mutilée.

CHAPITRE VII

Guerres civiles. — Pillage du monastère. — Capitulation de la ville prise tour à tour par les catholiques et par les protestants.

La Charité apparaît de nouveau dans l'Histoire au milieu des guerres de religion qui ensanglantèrent la France pendant si longtemps. Sa possession était d'une importance extrême pour les catholiques et pour les protestants à cause de son pont qui établissait les communications avec le Berry, et permettait d'en faire un centre de ravitaillement. Aussi, les deux partis se la disputèrent-ils avec la plus grande fureur.

En 1560, comme les protestants y étaient en majorité, les habitants, pour préserver la cité des horreurs de la guerre civile, en remirent d'un commun accord la garde à deux gentilshommes protestants du Berry, Amédée de La Porte d'Yssertieux, et de Jaucourt de Deux-Lions, qui s'adjoignirent en sous-ordre, quelques gentilshommes catholiques du Nivernais.

Après avoir reçu leur serment de maintenir la liberté de conscience, les bourgeois députèrent auprès du roi Charles IX un des leurs, nommé Etienne Lejay, pour assurer Sa Majesté de leur fidélité et la prier de ratifier les choix qu'ils avaient faits de leurs gouverneurs. Mais Lejay, qui était protestant, au lieu d'accomplir sa mission, s'en fut trouver à son camp le sieur de Mouy de St-Phal, un des principaux lieutenants de Coligny, et offrit de lui livrer la ville.

Au jour convenu, un dimanche matin, cependant que les catholiques sans défiance étaient à la messe, trois compagnies commandées par de Mouy en personne, se présentèrent à la porte que Lejay leur avait indiquée et qu'on leur ouvrit aussitôt.

Grâce aux intelligences que celui-ci lui avait ménagées, de Mouy s'empare facilement des tours et du château qu'il fait occuper solidement, et quand les catholiques sortirent de la messe, la ville était déjà en son pouvoir. Son premier soin fut de faire publier par toutes les rues, défense sous peine de mort d'entrer dans les églises pour les piller. Ses trompettes sonnaient encore que, transgressant ses ordres, la soldatesque faisait irruption dans les églises et dans le monastère qu'ils fouillèrent dans leurs moindres recoins. Les autels furent renversés, les tombeaux, profanés et pillés, et tous les vases et ornements sacrés dispersés. Les religieux avaient pu en sauver quelques uns, des plus précieux. De Mouy l'ayant appris, se les fit remettre sous prétexte de les soustraire à de nouvelles recherches, et après avoir promis de les rendre dès que l'ordre serait rétabli. Il s'empressa de n'en rien faire.

Comme place de guerre, La Charité laissait beaucoup à désirer. Adossée à un côteau descendant à la Loire par une pente assez rapide, elle communiquait au Berry par un pont en pierre de onze arches, avec corps de garde aux deux extrémités, aboutissant à un foubourg de cinquante à soixante maisons entourées de jardins et de vergers. Au delà, des bancs de sable joignaient les communaux.

« Sa ceinture était de forme presque carrée. Les murailles étaient nues, simples, peu épaisses et faites avec des matériaux légers ; celles dont le pied était lavé par la Loire étaient plus simples encore et moins défendues que les autres. Le marchepied en était si étroit qu'un arquebusier avait grand'peine à recharger son arme derrière le parapet mal percé.

« Les tours en petit nombre — et par conséquent éloignées les unes des autres — rendaient les courtines qui les reliaient trop longues pour permettre une défense en courtine.

« L'enceinte laissait voir, par suite de la déclivité du terrain, tout ce qui se passait à l'intérieur : de certains points, l'œil pouvait plonger jusqu'au pied des murailles.

« Les fossés qui régnaient sur les trois côtés, quoique profonds et d'une largeur convenable, étaient loin de compenser l'insuffisance des murailles : allant vers la Loire en se retroussant en dos d'âne, ils étaient secs !

« Malgré la défectuosité de ses fortifications, La Charité, pourvue d'une garnison déterminée et bien dirigée, pouvait résister à de véritables armées commandées par de vieux capitaines. »(1)

Le monastère était un peu mieux défendu. Formant une autre enceinte dans l'enceinte même de la ville, il tenait encore pendant plusieurs jours quand celle-ci était déjà prise.

Du côté du nord, il était protégé par des fossés plus profonds, des murs plus solidement construits, des tours plus nombreuses et plus rapprochées. A l'est et à l'ouest par deux lignes de murailles presque parallèles ; au midi par le pavillon de la première cour du château, l'église Notre-Dame et un autre mur en prolongement qui joignait la muraille du côté de l'est.

Les gentilshommes catholiques qui avaient quitté la ville à l'arrivée du lieutenant de Coligny, essayèrent d'y rentrer par force l'année suivante. Une première tentative eut lieu le 29 avril, elle échoua contre la vigilance d'Yssertieux.(2) La ruse ne leur réussit pas davantage.

Ils revinrent à la charge le 17 Juin. Ce jour-là, les troupes de Chevenon auxquelles étaient venues se joindre celles du capitaine Launay de Donzy attaquèrent la porte St-Pierre dont elles ne purent s'emparer. Le lendemain, la place était investie par 4.000 hommes de pied et 500 cavaliers commandés par le sieur de Castres, grand prieur d'Auvergne, qui avait reçu du roi l'ordre de s'emparer de la ville.

« Ils sommèrent, mais inutilement, le gouverneur de leur remettre la place au nom du maréchal de La Fayette, lieutenant du roi dans le Nivernais. L'armée prit aussitôt ses dispositions pour l'attaque qui commença dans la nuit.

« Les assaillants sont reçus à coups de pierre et d'arquebuse, et repoussés de partout ; mais la division s'était mise dans la ville et un tailleur d'habits, nommé Romorantin, était à la tête des mécontents. La sédition allant toujours croissant, les assiégés, après trois jours de siège, demandèrent à capituler. On arrêta les termes de la capitulation : aucun habitant ne doit être offensé ni dans sa personne ni dans ses biens ; la commission de La Fayette sera exhibée, et ceux de la religion réformée vivront en liberté de conscience ou se retireront à leur gré avec armes et bagages ;

(1) *Etudes sur La Charité.* Presne.
(2) *Le Nivernais.* Duvivier.

enfin il ne devait entrer ce jour-là dans la ville que quarante gentilshommes pour empêcher l'infanterie de s'y introduire pendant la nuit. Mais les soldats, dès le soir même, en forcèrent les portes et se répandirent dans les maisons qu'ils se mirent à piller. Quelques protestants se sauvèrent par-dessus les murailles. Le reste de l'armée catholique fit son entrée le lendemain.

« A midi arrivèrent Pierre Favardin, lieutenant criminel, et Claude Bourdoison, avocat du roi au bailliage de Saint-Pierre-le-Moûtier qui firent annoncer par la ville que la capitulation n'engageait en rien les catholiques. Les protestants épouvantés se sauvèrent pour la plupart. On ne se borna sans doute pas seulement à « *emprisonner et à sermonner sur leur rébellion et sur leur hérésie ceux qui ne purent s'échapper* » comme le rapporte un chroniqueur de La Charité car le lendemain il quittait lui aussi la ville en toute hâte à l'occasion des troubles que ces gens y avaient excités. »(1)

La Fayette fit son entrée le 23. Il livra les maisons suspectes au pillage, et au mépris de la capitulation, fit emprisonner le gouverneur protestant qui parvint à s'évader et se réfugia à Bourges.

Les biens des absents furent confisqués.

En quittant La Charité, La Fayette laissa une garnison de cinquante hommes avec le sieur de Lingendes comme gouverneur. Celui-ci ayant reçu l'ordre quelques jours après de rejoindre l'armée, remit sa commission à un homme du pays nommé Léchenault, sieur de Bois-Renault, qui prit comme lieutenant un ancien curé de Moraches, nommé des Guerres.

Lingendes avait établi une discipline sévère et faisait bonne garde. Moins esclave de son devoir, Bois-Renault s'était relâché quelque peu de sa surveillance. Aussi les calvinistes qui étaient restés dans la ville, témoins journaliers de la négligence qu'il apportait dans son service, se mirent-ils en rapport avec leurs coreligionnaires qui, après la capitulation de Bourges, s'étaient réfugiés à Entrains sous la conduite du capitaine Louis Blosset, sieur de Fleury.

(1) *Le Nivernais.* Duvivier.

Mis au courant de la situation, Blosset, qui était homme d'action, résolut d'agir aussitôt.

Il envoya en toute hâte un de ses meilleurs lieutenants, Dubois de Mérille qui, parti d'Entrains dans la matinée à la tête de 50 chevaux et de 100 arquebusiers, arriva dans la nuit du 2 mars 1563 devant La Charité. Avec la connivence de quelques habitants, des échelles furent dressées le long des murs entre la porte de Paris et la porte de St-Pierre sans que l'éveil eût été donné. Les premiers, arrivés surprirent les sentinelles endormies et aidèrent à l'escalade de leurs camarades ; un détachement s'empara après une faible résistance de la porte-St-Pierre qu'il ouvrit à la cavalerie.

Surprise au milieu de son sommeil, la garnison qui du reste était peu nombreuse, parvint à rallier la place. Elle y fut bientôt attaquée par les soldats de de Mérille qui, au premier choc, leur mirent quatorze hommes hors de combat. Le reste se dispersa à la faveur de la nuit.

Avec le jour, l'œuvre de pillage commença. Maîtres de la ville, les protestants exercèrent des représailles terribles. Dix bourgeois qui avaient voulu s'opposer au pillage de leurs maisons, furent massacrés sur le seuil. Une autre bande qui avait envahi le prieuré, égorgea six religieux ; de Mérille parvint à grand'peine à sauver les trente autres qui, en échange de leur liberté, durent prendre l'engagement de ne plus jamais dire la messe. Ils quittèrent aussitôt la ville avec les novices et les six enfants de chœur, par cette même porte de St-Pierre qui avait donné passage aux assiégeants.

De Mérille fit enlever du monastère tous les objets précieux qui avaient pu échapper aux recherches de de Mouy.

A la nouvelle de ces événements, le duc de Guise qui, à ce même moment assiégeait Entrains, envoya trois compagnies pour déloger de Mérille. Cette troupe pas assez nombreuse dut se retirer. Elle revint deux jours après avec des renforts auxquels se joignirent les troupes amenées de son côté par le sieur Chevenon qui s'était mis résolument à la tête de la noblesse du pays.

Leur ensemble formait un effectif de 3.000 hommes de pied et 500 chevaux. De Mérille qui ne disposait que d'un très petit nombre de soldats tint cependant en échec les troupes royales pendant huit jours, leur tuant 80 hommes sans en perdre un seul.

Chevenon avait demandé quelques canons que le duc de Guise allait lui envoyer, quand sur ces entrefaites, les troupes catholiques reçurent l'ordre de lever le siège pour se porter en Normandie au devant de l'amiral Coligny. De Mérille resta donc maître de La Charité.

D'après le traité d'Amboise, la ville et le château devaient être remis au roi, mais les huguenots ayant refusé de les rendre, Charles IX donna l'ordre à Louis de Gonzague, duc de Nevers, de s'en emparer coûte que coûte. S'étant donc présenté à la porte de La Marche avec sa compagnie d'ordonnance pour en prendre possession au nom de Sa Majesté, le gouverneur ne voulut pas les laisser entrer. Le duc se retira de quelques cents mètres en arrière et fit mander le lieutenant de la justice Le Mesnyer qui, après avoir exprimé tout d'abord au duc les regrets des catholiques de ne pouvoir lui livrer la ville, lui procura cependant le moyen de s'y introduire par ruse.

En effet, à peine rentré, Le Mesnyer sous prétexte de communiquer aux habitants les ordres du roi, les fait assembler et autorise en même temps quelques hommes du duc à entrer dans la ville, soi-disant pour y acheter des provisions. Il leur avait été bien recommandé de ne se présenter qu'isolément pour ne pas donner l'éveil, et de revenir de même, chargés de vivres, près la porte de La Marche où le duc se trouvait prêt à tout événement. Lorsqu'ils se trouvèrent en nombre suffisant, cinquante environ, ils firent mine de sortir, jetèrent là leurs provisions et s'emparèrent de la porte cependant que l'assemblée continuait à discuter l'ordre de Sa Majesté.

Le duc fit entrer une partie de ses troupes qui se répandirent par la ville dont ils prirent possession. Les huguenots, surpris, quittèrent précipitamment la réunion pour essayer de résister; les catholiques restés seuls mirent cet instant à profit pour s'emparer du château. Le duc fit alors son entrée avec le restant de ses troupes, et dans la bagarre qui suivit, 22 huguenots furent tués. Les autres s'empressèrent de faire leur soumission, mais elle ne put empêcher le pillage de leurs maisons.

C'est donc ainsi, par surprise, que la ville retomba sous l'obéissance du roi.

En 1568 (9 février), la communauté emprunta 5.000 livres pour remettre les fortifications en état. Enfin, le 23 mars suivant, fut signée à Longjumeau par le seigneur de Malassis et le claudicant Biron pour la Cour et par le cardinal de Châtillon pour les calvinistes, la paix qui suspendit un moment la guerre civile.

CHAPITRE VIII

Paix conclue à Longjumeau. — Reprise des hostilités. — Siège et prise de La Charité par les protestants et les troupes allemandes du Duc des Deux-Ponts. — Nouveaux massacres. Pillage de la Ville et du Monastère.

La paix conclue à Longjumeau fut de très courte durée après avoir été de part et d'autre mal observée ; de là et des personnages qui y apposèrent leur signature, le nom qu'on lui donna par dérision et sous lequel elle est plus particulièrement connue dans l'Histoire : « *paix boîteuse et mal assise.* »

Pour la troisième fois, la guerre civile se rallumait et voici à quelle occasion. Catherine de Médicis ayant essayé pendant la paix de faire enlever les chefs protestants, puis fait fortifier des villes et levé de nouvelles troupes, les hostilités recommencèrent dès le mois d'avril.

C'est contre La Rochelle que se portèrent les premiers efforts des catholiques.

Le prince de Condé qui était à la tête des protestants entra immédiatement en campagne ; il passa la Loire à gué près de Bonny et se dirigea en toute hâte vers le Poitou où il fit sa jonction avec les troupes amenées par la reine de Navarre, Jeanne d'Albret, et son fils.

Pour se ménager une retraite en cas d'échec, il avait mis en passant une garnison à Sancerre qui fut presque aussitôt investi par les catholiques ; mais les rigueurs de l'hiver les forcèrent à retirer leurs troupes après avoir assiégé cette ville pendant cinq semaines (Janvier 1569).

Les protestants en profitèrent pour se fortifier encore davantage. A Saint-Thibault au-dessous de Sancerre, ils avaient élevé une sorte de fortin qui les rendant maîtres du cours de la Loire, leur permettait d'arrêter tous les bateaux.

Menacés d'une ruine complète, les marchands de La Charité qui recevaient et expédiaient la plus grande partie de leurs marchandises par eau, s'avisèrent d'un stratagème ingénieux pour les en déloger. « Ils accomodèrent quelques longs vaisseaux comme pour marchandises, et les ayant percez à propos et demy couverts de gros madriers, esquels ils avoyent fait nombre de trous pour l'aide de l'arquebuse, envoyèrent par terre plusieurs gens de cheval qu'ils avoyent amassez tant à Nevers, La Charité que des environs qui s'embusquèrent derrière quelques arbres et noyers assez près, lesquels devoyent sortir sur ces gardes après la première saluée de ces nautonniers en cas que les protestants se missent en défense. »(1)

Ce stratagème réussit à merveille. Quand les bateaux furent arrivés près du fortin, les protestants ayant voulu s'en saisir, ils furent reçus par une telle décharge de mousqueterie qu'ils s'enfuirent dans le plus grand désordre.

Ils essayèrent bien de se reformer un peu plus loin, mais les cavaliers se démasquant à leur tour en même temps que les arquebusiers sortaient des bateaux pour les poursuivre, cinquante des leurs restèrent sur le terrain. Le reste put échapper à la faveur des vignes qui arrêtèrent la poursuite des cavaliers et regagner Sancerre.

Le succès des Charitois s'arrêta là, car le duc des Deux-Ponts, Wolfgang de Bavière, comte du Palatinat, accourait par la Bourgogne avec ses Allemands au secours des protestants de France.

Suivis de près par le duc d'Aumale qui les joint et les attaque à Chagny, et les harcèle jusqu'à Arnay-le-Duc pour les abandonner ensuite, ils arrivent jusqu'au cœur du Nivernais.

Le 12 Mai 1569, La Charité se trouva investie par 6.000 lansquenets, et 4.000 reitres ayant avec eux vingt pièces de canon.

Le siège commença aussitôt.

Les ducs d'Aumale et de Nemours y avaient laissé une

---

(1) *Etudes sur La Charité*. Presnc.

garnison insuffisante. La ville toutefois, se défendait vigoureusement, lorsqu'un jour des protestants français passant près des terres de François de Marafin, seigneur de Guarchy (*Garchy*) (1) celui-ci se joignit à eux et leur indiqua un gué près de Pouilly.

Guarchy, était enseigne de l'amiral Coligny, et avait été blessé et fait prisonnier à la bataille de Bassac, où périt le prince de Condé. De Mouy, qui était dans les environs avec ses troupes, passa la Loire à la hâte et guidé par des paysans, vint occuper le faubourg à l'extrémité du pont.

Avec quelques coulevrines qu'ils ont avancées, Guarchy et de Mouy battent les courtines qui sont en face et les tours qui les flanquent, empêchant la garnison de défendre ce côté de la place dont ils indiquent au duc des Deux-Ponts, les points faibles, les deux tours d'encoignure du mur battu par la Loire.

Le duc prend ses dispositions pour l'attaque. Il masse ses troupes sur les pentes des côteaux couverts de vignes du côté de la porte de Nevers ;(2) son artillerie prend position sur le point le plus élevé. De là part un feu nourri, dirigé contre la tour de Nevers et sa courtine qui s'étend jusqu'à la porte de St-Pierre, située presque au sommet du côteau.

La Charité était donc attaquée à la fois par l'ouest et par le sud et battue énergiquement par l'artillerie depuis plusieurs jours, quand le gouverneur un nommé du Châtel-Chigy profita d'une nuit sombre pour en sortir sous prétexte d'aller chercher des secours auprès du duc d'Anjou. Sa fuite démoralisa complètement les habitants qui, ne se sentant pas soutenus, envoyèrent le huitième jour du siège des parlementaires aux assiégeants. Pendant que se débattait le sort de leur ville, quelques protestants ayant remarqué que la porte du pont était mal gardée, jetèrent des cordes aux soldats de de Mouy qui escaladèrent la muraille, et se répandirent dans tout le quartier bas qu'ils avaient

---

(1) Contrairement à l'opinion émise par M. Presne dans ses Études sur La Charité, nous inclinons à croire que François de Marafin était bien seigneur de Garchy (Guarchy), et non Guerchy; car un membre de cette même famille, Philibert de Marafin, fils d'un gentilhomme voisin de La Charité, avait été prieur en 1470. Bernot de Charant dit aussi de Guarchy.

(2) Porte de La Marche.

commencé à piller quand ils furent arrêtés à grand'peine par leurs chefs qui avaient promis le sac de la ville au duc des Deux-Ponts.

Aussi, à peine entrées, ces troupes mercenaires à demi-sauvages se précipitent dans les maisons des catholiques qui leur sont plus spécialement désignées. Ceux-ci ne cherchent plus qu'à sauver leur vie. Ces brutes les pourchassent partout et ceux dont ils peuvent se saisir sont immédiatement pendus, passés au fil de l'épée ou précipités par les fenêtres du haut des maisons. D'autres sont jetés à la Loire par-dessus les parapets et ceux qui reviennent sur l'eau, tirés à coups d'arquebuse. Ces barbares, dignes ascendants de ceux que nous avons vus à l'œuvre pendant la campagne néfaste de 1870, usèrent de tous les genres de supplices qu'ils purent imaginer : « des prêtres et des religieux furent écorchés vifs ; d'autres traînés dans un endroit appelé les Petits-Prés entre la porte de Paris et la chapelle de St-Lazare, furent enterrés jusqu'au cou et on joua aux quilles avec leurs têtes. Puis cette soldatesque, lasse de ce jeu, brisa la tête de ces victimes à coups de pierre ou à coups de crosse. »(1)

La rage de ces bourreaux alla encore plus loin. Las de piller et de massacrer les vivants, ils s'en prirent aux morts dont ils profanèrent les tombes et dispersèrent les cendres. Le corps du cardinal Robert de Lenoncourt fut traîné par les rues, puis jeté à la rivière.

Le château qui tenait encore ne se rendit que trois jours après. Les laïques seuls, eurent la vie sauve et la liberté. Les protestants se saisirent de tous les religieux et aussi de plusieurs laïques qu'ils soupçonnaient d'être des prêtres déguisés. Les uns furent passés par les armes, les autres jetés en prison. Dix-huit réussirent à s'évader et parmi eux le sous-prieur Noël Coquille, cousin du célèbre Guy Coquille, qui a fait la relation des divers événements dont il avait été témoin.

« La Charité pendant trois jours offrit un horrible spectacle. Les maisons lugubres, ensanglantées, les rues jonchées de cadavres. De partout on entendait que cris, lamentations, gémissements et râles des mourants. »(2) Certains historiens

---

(1) *Histoire du Nivernais*. Duvivier.
(2) *Histoire du Nivernais*. Duvivier.

évaluent à neuf cents le nombre des victimes qui périrent dans ce massacre.

En quittant La Charité pour gagner le Berry, les huguenots laissèrent une garnison de cinq compagnies de gens de pied, un détachement de cavalerie, trois coulevrines et ce qu'ils avaient de mortiers avec François de Marafin et Briquemault, baron de Renty, comme gouverneurs. Ce Briquemault fut pendu trois ans après avec son ami de Cavagne le 27 octobre 1752, en place de Grève à Paris.

Les protestants avaient fait des pertes sérieuses. Du Chastellet, seigneur Dully, gendre du maréchal de Vieille-Ville tué par un boulet tiré de la ville, et de Paz, seigneur de Feuguières qui mourut d'un accès de fièvre chaude. Quand au duc des Deux-Ponts, il tomba malade à La Charité des suites d'excès de table, laissant le commandement de son armée au comte de Mansfeld.

Cette armée fut anéantie peu après dans la Vienne par le duc d'Anjou, à la bataille de Moncontour.

CHAPITRE IX

Siège de la ville par le maréchal de Sansac. — Son échec. — Elle est concédée pour deux ans aux protestants en garantie de la paix. A l'expiration, elle est remise au roi.

La Charité était d'une trop grande importance, pour que le roi n'essayât pas de la reprendre aux protestants à qui elle procurait un abri sûr et un ravitaillement facile par ses communications avec les provinces du centre ; aussi les familles protestantes des environs venaient-elles y chercher un refuge chaque fois que les troupes royales étaient signalées.

Environ six semaines après le départ des Allemands le duc d'Anjou la fait assiéger à son tour par le comte Anne de Sansac, maréchal de France, qui arriva sous ses murs le 6 Juillet 1569 avec 7.000 hommes de pied, 600 chevaux et 15 pièces de canon.

Il attaqua d'abord par la porte de Paris où son artillerie ouvrit une large brèche, mais d'un accès fort difficile. Voyant l'inutilité de ses efforts de ce côté, il disposa son infanterie aux deux extrémités basses de l'enceinte, une partie en face de la porte de Nevers, dans ces mêmes vallons où le duc des Deux-Ponts avait masqué ses lansquenets, le reste prit position à l'opposé, en face de la tour de Barby qui faisait l'encoignure.

Du côté du pont le faubourg était occupé par François Balzac d'Entragues, gouverneur d'Orléans, qui, avec son artillerie, tirait de biais contre les fortifications.

De Sansac prononça alors son attaque du côté de la porte St-Pierre, couvrant les murailles de projectiles ; mais les décombres n'étant pas suffisants pour combler le fossé, il changea sa batterie de place et se mit à battre la tour d'angle de la porte de Nevers dont la courtine fut bientôt réduite en poussière. Quand la brèche fut assez ouverte pour laisser passer les chevaux, il ordonna l'assaut.

Le premier choc fut des plus meurtriers pour les assiégeants qui, forcés de se présenter à découvert et pour ainsi dire à la file, vinrent se faire tuer contre les retranchements. De cent hommes il n'en revint que cinq au camp. L'assaut avait été poussé avec tant de vigueur que pour ramener leurs troupes à la charge et ranimer leur courage, les officiers se mirent à la tête et se précipitèrent à la brèche où ils trouvèrent pour la plupart une mort glorieuse.

De Sansac ne fut pas plus heureux de l'autre côté où ses troupes subirent un échec sérieux ; il perdit aussi là une trentaine d'officiers.

Il venait de donner l'ordre à l'artillerie de concentrer son feu sur une partie des fortifications qu'il voulait raser davantage et élargir la brèche qu'il avait ouverte, quand on vint lui apprendre à ce moment que des troupes s'avançaient à marches forcées pour secourir la place. Craignant d'être pris entre deux feux et d'avoir sur le dos toute l'armée de l'amiral de Coligny, il se retira précipitamment.

Le siège avait duré un mois.

Les assiégés n'avaient perdu que cent hommes, tant habitants que soldats ; les pertes des troupes royales furent relativement énormes, de 11 à 1.200.

Le comte de Sansac s'était dirigé sur Vézelay dont il avait déjà commencé le siège, quand cette ville fut secourue à temps. Sansac dut encore une fois se retirer après avoir tiré contre cette place plus de 3.000 coups de canon.

A peine avait-il levé le siège de La Charité que Blosset, puis le capitaine Bois avec 400 cavaliers, arrivaient pour renforcer la garnison. Les parties des murs qui avaient le plus souffert furent promptement réparées et la ville se trouva bientôt à l'abri d'une surprise. La cavalerie ne restait pas non plus inactive, elle se mit à fouiller toute la province et poussa une pointe jusqu'à Corbigny, dévastant tout sur son passage. Elle s'empara en revenant, d'Entrains, de Pouilly et de Donzy. Le capitaine Bois resta dans cette dernière ville comme gouverneur.

Sur ces entrefaites, Coligny obligeait le roi de France à signer la paix. Elle fut homologuée le 11 Août 1570 et notifiée le 21 à l'armée protestante qui déjà s'acheminait vers les frontières de la Bourgogne, et cinq ou six jours après à l'armée catholique qui se dirigeait vers la Lorraine.

Cette paix accordait aux protestants beaucoup plus d'avantages que la précédente. Le roi leur donnait pour garantie du traité quatre villes fortes : *La Rochelle, Cognac, Montauban et La Charité* que les Princes devaient garder pendant deux ans. Ils mirent dans cette dernière ville, une garnison de deux cents hommes, avec le sieur de La Bruyère comme gouverneur.

A l'expiration de ces deux années, les protestants remirent la place au roi qui en donna la garde au sieur de La Grange-Montigny, duc et pair de France.

Pendant ces deux années de tranquillité relative, les religieux qui avaient survécu aux massacres, étaient revenus au monastère, auquel Philippe de Lenoncourt qui avait succédé à son oncle en 1564, fit faire des travaux assez considérables pour réparer les dégâts causés aux bâtiments par le dernier siège.

CHAPITRE X

Les suites de la St-Barthélemy. Episode du siège de Sancerre. La Charité remise à nouveau aux Protestants

La sinistre journée de la Saint-Barthélemy (*nuit du 24 au 25 août 1572*) ordonnée par Charles IX à l'instigation de sa mère et des ducs de Guise, eut son contre-coup à La Charité.

En effet, deux jours après, la compagnie d'hommes d'armes du duc de Nevers, Ludovico de Gonzague, l'un des principaux organisateurs des massacres à Paris, composée d'un ramassis d'aventuriers italiens, firent leur entrée en ville sous prétexte d'y vouloir « *faire moustre* », c'est-à-dire passer une revue.

Ils étaient à peine entrés, que déjà la basse populace s'emparait d'eux, les guidant par les rues pour leur indiquer les bonnes maisons, qu'ils pillèrent de fond en comble et tuant tous ceux qui cherchaient à s'y opposer.

Dix-huit à vingt huguenots furent massacrés par ces bandits. L'histoire a conservé les noms de quelques unes de ces malheureuses victimes : le capitaine Landas, d'Orléans, tué dans sa maison, Pierre Guichard, Bailly Pierre, Maître Paul, Etienne de Vyon qui fut égorgé dans sa prison ; Maître Jacques, malade, tué dans son lit ; le capitaine Corse qui habitait La Charité depuis deux ans et s'y était marié, fut tué la nuit sous les yeux de sa femme par un aventurier italien nommé Menotti, son ancien compagnon d'armes sous le sieur de La Bruyère ; Jean Sarrazin, vieillard de soixante-dix ans, s'était caché sous son lit, il y reçut de son filleul qui était son voisin, un coup d'épée dans le ventre dont il mourut quelques jours après. Jérôme Jogant, échevin, dont la femme enceinte à ce moment appartenait à la religion catholique et qui avait voulu le protéger, furent tués tous les deux sous les yeux de leurs enfants. Les assassins dévalisèrent ensuite la maison où ils trouvèrent quelques milliers d'écus et forcèrent l'une des filles « *à contracter mariage avec l'un des meurtriers, italien fort âgé.* » Quelques protestants réussirent cependant à s'échapper. Les ministres Jehan de Léry et Pierre Meletin, protégés par les capitaines Paquelon, Lafleur et Taby et quelques arquebusiers gagnèrent Sancerre où ils prirent une part glorieuse au siège mémorable que soutint cette ville contre l'armée royale, commandée en personne par M. de La Châtre, gouverneur du Berry.

D'autres n'échappèrent à la mort que parcequ'ils se trouvaient fort heureusement pour eux à la campagne ce jour-là, ils en furent quittes pour la ruine de leurs maisons. Ils revinrent à La Charité après les troubles, mais peu y conservèrent leur domicile, car en 1685, à la révocation de l'Edi de Nantes, il ne s'en trouva plus que quinze familles.

Pour en revenir à Sancerre qui avait refusé de recevoir le sieur de Fontaines comme gouverneur, le siège commencé au mois de Janvier 1573, ne prit fin que le 19 août par la capitulation de la ville.

Sa garnison composée pour la plus grande partie de refugiés, n'était que de 800 hommes commandés par André Johanneau gouverneur de la ville, le capitaine Lafleur et Taby que les habitants avaient adjoint au gouverneur.

Pendant les deux premiers mois, il fut tiré plus de 7.000 coups de canon. Investis de toutes parts, les assiégés ne pouvant plus se ravitailler, en furent réduits à manger les chevaux, les chats, les rats et les souris, et quand ces animaux manquèrent, on eut recours aux parchemins, aux vieux titres, aux harnais, aux peaux de tambours, en un mot à tous les objets en cuir que l'on fit détremper pour les cuire et les manger.

Dans son « Abrégé historique du prieuré de La Charité, » Bernot de Charant raconte qu' « *un vigneron de la ville*(1)*ayant esté surpris mangeant une de ses filles, âgée de trois ans, morte en langueur, la justice en fut avertie, et fut condamné à être pendu,*(2) *attendu que ce jour-là on leur avoit donné des herbes et du vin, dont il y avoit grande provision dans la ville* »; et pour donner plus de créance à son affirmation, il ajoute que lorsqu'il fut nommé bailli de la ville et du Comté de Sancerre en 1685 par Louis de Bourbon, prince de Condé, il vit la minute de cette sentence qui était déposée au greffe.

Le siège coûta la vie à 94 personnes qui furent tuées ; plus de 500 autres moururent de privations.

La garnison obtint de sortir avec les honneurs de la guerre. M. de La Châtre frappa la ville d'une imposition de 40.000 livres et la fit démanteler. Il enleva l'horloge et les cloches qu'il fit transporter en son château de Nancay.

Les échevins se multiplièrent pour assurer la subsistance des habitants ; ce n'était pas chose facile, car tout le pays

---

(1) Nommé Simon Potard.

(2) Le 21 juillet avec sa femme. Il fut condamné à être brûlé vif et sa femme à la strangulation.

La sentence fut exécutée le 23 juillet (Gourdel, siège de Sancerre).

environnant Sancerre se trouvait complètement ruiné par les nombreuses réquisitions des troupes royales. Pour comble de malheur, il y avait eu cette année-là une grande disette de blé. A La Charité, le boisseau de froment valait six francs ; beaucoup de personnes moururent de faim.

Au commencement de 1575, M. de Montigny fit nommer à sa place son fils, gouverneur et bailli de La Charité. Celui-ci en prit possession le 24 février, et fut reçu à la porte de la ville par les habitants en armes, puis conduit en grande cérémonie dans la salle du chapitre du monastère où, en présence des religieux assemblés, il prêta serment entre les mains du prieur claustral Noël Coquille, remplaçant M. de Lenoncourt.

« Par l'un des articles d'une trêve conclue entre la Cour et les Malcontents le 21 novembre 1575, La Charité fut de nouveau accordée aux protestants avec quatre autres places fortes (*Bourges, Saumur, Angoulême et Niort*), pour toute la durée de cette trêve. Mais trois mois après, les hostilités recommencèrent. Le prince de Condé et Jean Casimir étaient entrés en France à la tête de 18.000 hommes. Ils passèrent à La Charité, y séjournèrent et en repartirent le lendemain sans commettre aucun désordre. »(1)

CHAPITRE XI

Jacques de Morogues, sieur des Landes, est nommé Gouverneur par le duc d'Anjou. — Il refuse ensuite de lui remettre la ville. Siège et capitulation. — Vengeance du duc de Nevers. — Hélyot; ses agissements, sa fin.

A la nouvelle de la mort de Charles IX, son frère Henri, duc d'Anjou, qui avait été élu roi de Pologne, s'enfuit de son royaume et revint en France pour se faire couronner roi.

La situation était toujours aussi tendue entre les catholiques et les protestants ; les deux partis demeuraient en armes.

(1) *Histoire du Nivernais*. Duvivier.

Henri qui craignait l'influence toujours croissante des Guise et qui prenait ombrage de son frère le duc d'Alençon, s'empressa de faire la paix avec les protestants que venait de battre à Dormans Henri de Guise qui y fut blessé à la figure, et ne fût plus connu depuis que sous le nom de *Balafré*.

La paix qu'Henri III accorda aux protestants leur était si avantageuse que les catholiques s'alarmèrent et formèrent une *Ligue* pour la défense de leurs intérêts qu'ils trouvaient compromis.

Le nouveau duc d'Anjou qui avait eu pour apanage les duchés d'Anjou, la Touraine, le Berry et à qui la ville de La Charité avait été donnée pour deux ans, y vint pour la première fois dans le courant de juin 1576. Les échevins lui en présentèrent les clefs sur un plateau, et il fut reçu par les habitants des deux partis en armes et harangué par tous les corps.

Catholiques et protestants se flattaient chacun de son côté que le duc agirait dans l'intérêt de leur parti, mais les premiers furent vite déçus quand, malgré leurs prières, il nomma Gouverneur de la Ville et du Château à la place de Montigny, un bourgeois de La Charité, nommé Jacques de Morogues, sieur des Landes, seigneur de Sauvage, qui appartenait à la religion réformée.

Jacques de Morogues prêta serment de fidélité au prince et prit possession de son commandement le 12 Juillet avec l'engagement d'assurer le libre exercice des cultes. Quelques mois après il attirait secrètement dans la ville des protestants de Sancerre et des environs et recevait les sieurs Tauvenay, La Nocle, Le Molle et quelques autres officiers envoyés par le prince de Condé.

Lorsqu'il se trouva suffisamment en forces, il donna l'ordre le 3 novembre de désarmer les catholiques et de remplacer par des protestants ceux qui faisaient partie de la garnison qui n'était alors que de douze hommes. Ces diverses mesures provoquèrent une bagarre où quelques catholiques furent tués. Ce fut une nouvelle occasion pour leurs adversaires de piller leurs maisons ainsi que le monastère.

Le duc en fut aussitôt informé. Il se dirigea immédiatement vers La Charité pour y rétablir l'ordre; mais le gouverneur lui en refusa l'entrée.

Le roi cédant enfin aux vœux exprimés par les Etats Généraux convoqués à Blois en 1576, demandant que la religion catholique fut seule reconnue comme religion d'Etat, avait décidé d'agir contre les protestants. Il fit rassembler des troupes pour l'attaque de La Charité et en donna le commandement au duc d'Anjou, qu'il nomma en même temps lieutenant général de ses armées.

Avant de prendre cette résolution, le roi avait tenu à consulter les princes et les principaux membres du Conseil à l'effet de savoir, s'il était utile pour le bien de l'Etat, que l'on fît la guerre aux protestants ou s'il devait traiter avec eux.

Tous furent d'avis d'agir, et qu'il était surtout urgent de se rendre maître de La Charité avant qu'elle n'eût reçu des renforts.

« En Nivernois, » disait le cardinal de Bourbon, « il faut tenir La Charité de près afin de ne pas laisser ce passage-là libre ; et il faut rompre le pont du costé de deça et y faire quelque petit fort, et à cet effet accepter l'offre des habitants d'Orléans. »(1).

Le prieur, Philippe de Lenoncourt, concluait de même : « Il sera bon aussi, s'il plaît à votre Majesté, que le premier exploit d'armes qu'Elle fera, soit l'attaque de la ville de La Charité, tant pour empescher les passages des huguenots des provinces de Normandie, Picardie, Bourgogne, Champagne et Isle-de-France, pour aller en Languedoc ou en Guyenne, comme aussi pour oster aux étrangers l'espérance que les huguenots leur pourroient donner de joindre facilement leurs forces ensemble par la communication des passages. »(2)

Le duc d'Anjou avait aussi été d'avis d'une action immédiate. « Il seroit aussi fort nécessaire d'envoyer le plus tôt que l'on pourra à La Charité ; car il est à craindre que, si on leur donne du loisir, ils ne fortifient l'autre costé du pont, ce qui les serviroit beaucoup, tant pour la forteresse de la ville que pour la commodité du passage. »(3)

(1) Mémoires du Duc de Nevers. — *Etudes sur La Charité* Presne (1881).
(2) Mémoires du Duc de Nevers. — *Etudes sur La Charité*. Presne (1881).
(3) Mémoires du Duc de Nevers. — *Etudes sur La Charité*. Presne (1881).

Quant au duc de Nevers, pour donner au roi le temps de réunir des troupes en assez grand nombre pour réduire la ville en peu de temps, il avait conseillé à Sa Majesté « de rechef enjoindre à des Landes et aussi à la Nocle de licentier les forces qu'ils y ont fait entrer outre les douze soldats qui y devoient seulement estre. Que s'ils n'obéissent pas, Vous pourrez y envoyer au plus tôt, pendant que Vous estes icy, une partie de vos gardes pour fermer et fortifier le faux-bourg de la dite ville au bout du pont du costé du Berry ; et que vous pourrez à l'instant faire rompre le dit pont en sorte qu'on leur oste l'espérance de la pouvoir racoutrer. »(1)

La possession de cette place était en effet d'une extrême importance pour les catholiques et les protestants ; elle pesait d'un poids considérable sur la situation respective des partis. Son attaque fut donc résolue.

Au commencement d'avril 1577, l'armée royale quitta Romorantin où elle était cantonnée et se dirigea vers La Charité, divisée en trois corps qui devaient l'attaquer par trois côtés à la fois.

Le duc d'Anjou qui en avait le commandement en chef, passa la Loire à gué à Pouilly le 18 avril, et gagna La Chapelle-Montlinard où le comte Sciarra Martinengue, — noble italien, venu à la cour à la suite de Catherine de Médicis — qui commandait le 3º corps, avait déjà établi son quartier général.

Les autres corps avaient à leur tête : le premier, le duc d'Aumale ; le second, le duc de Guise. Ces deux corps d'armée opéraient sur la rive droite de la Loire.

Le sieur de Biron commandait l'artillerie.

A l'arrivée du duc d'Anjou, les travaux du siège étaient déjà commencés, et le soir même il y eut une légère escarmouche.

La journée du lendemain fut fatale au comte de Martinengue, qui s'étant avancé au-devant du pont dans un endroit découvert pour reconnaître de plus près la place, fut atteint grièvement à l'épaule droite d'un coup de coulevrine tiré de la tour ronde qui faisait partie du château.

(1) Mémoires du Duc de Nevers. — *Etudes sur La Charité*. Presno (1881).

Il mourut quelques jours après à La Chapelle des suites de cette blessure. La reine-mère qui l'aimait beaucoup, fit transporter son corps à Paris.

La Charité n'était pas en état de soutenir un long siège, car Jacques de Morogues ne pensant pas que le duc d'Anjou qui l'y avait mis, pût songer à l'attaquer sérieusement, n'avait pris aucunes mesures de défense, manquant même de vivres et de munitions.

Le nombre des combattants était des plus restreint : 150 hommes au plus, dont cinq enseignes, et une vingtaine de gentilshommes ; mais le sieur des Landes comptait beaucoup sur les secours qu'au dernier moment il avait demandés au prince de Condé et au gouverneur de La Rochelle, et qui n'arrivèrent pas.

Le 20 avril, une batterie de trois canons appartenant au deuxième corps détruisit les défenses de la tour de Confain ; dans la nuit du 26, le duc de Guise soutenu par une batterie du duc d'Aumale s'empara de la contrescarpe du fossé protégé par cette tour.

Le lendemain, au matin, on fit avancer le reste de l'artillerie. Quatre pièces, mises en batterie sur la rive gauche de la Loire, commencèrent à battre le pont, cependant que le duc de Guise sur l'autre rive dirigeait le feu de ses trois pièces sur la tour du côté de Nevers.

Le duc de Nevers, avec cinq pièces, attaqua de front la porte du même nom ;(1) quatre autres pièces étaient braquées sur la partie basse, proche la Loire.

Enfin, sur le derrière, la batterie du duc d'Aumale dirigeait son feu contre une grosse tour couverte en ardoises qu'il réussit à incendier ; de Beauvilliers profitait du trouble de l'incendie pour enlever avec son régiment le retranchement élevé à la tête du pont qui resta isolé du reste de la place.

La Charité était donc attaquée par quatre côtés à la fois ; le 30 avril trois brèches étaient déjà ouvertes, deux près de la Loire, et la troisième au sommet sud-est du côteau.

« Chaque brèche n'était défendue que par quinze hommes armés et trente-cinq arquebusiers auxquels se mêlèrent les bourgeois de la ville. D'après Mézeray, malgré leur petit

---

(1) Porte de La Marche.

nombre, ils repoussèrent trois assauts qui se produisirent deux fois. »(1)

Battue de toute part, sous cette pluie de fer, la position n'était plus tenable; des Landes demanda à parlementer. Après un premier essai infructueux, les pourparlers reprirent sur de nouvelles bases, directement avec le duc d'Anjou, qui envoya comme otages MM. de la Bordezière et de La Ferté.

Des Landes, de Beauvoir et La Nocle le jeune, sortirent alors de la ville pour aller trouver le duc, auquel des Landes « en ses excuses, dit au dit seigneur, qu'il luy vouloit rendre sa ville de La Charité en sa propre personne pour le serment qu'il luy avoit faicte de la luy garder et de ne la rendre à aultre qu'à luy ou à celuy que le dit seigneur luy nommerait, que c'étoit la cause principalle pourquoy il s'estoit fortifié en icelle et y avoit retiré gens. »(2) Il demandait au duc à sortir avec les honneurs de la guerre.

La capitulation fut signée le 1er Mai 1577. La garnison sortit avec armes et bagages, tambours battant, mèches allumées; elle se retira sous escorte au château de Sauvage qui appartenait à des Landes. Il ne resta dans la place que les cinq enseignes.

Le siège avait duré près d'un mois. Il coûta aux assiégés trente hommes tués, et près de soixante blessés; le duc en perdit à peu près le double.

C'est à l'intervention du duc de Guise que la ville dût d'échapper au pillage commencé déjà par les Italiens du comte de Martinengue qui voulaient venger la mort de leur chef; quelques maisons seulement eurent à en souffrir, et parmi celle du gouverneur, sorte de maison forte qui existe encore en partie et qui est connue encore aujourd'hui sous le nom *de maison des Landes*.(3)

Le duc fit son entrée par la brèche faite par le duc d'Aumale, au sommet du côteau. Cette brèche ne fut jamais fermée, et fut convertie plus tard en une porte qui reçût le nom de *Porte de la Brèche*, qu'elle a conservé depuis.

Le duc d'Anjou partit quelques jours après pour l'Auver-

(1) *Etudes sur La Charité*. Presne.
(2) *Mémoires* de Claude Haton.
(3) Dans la Grande-Rue.

gne avec son armée, laissant au duc de Nevers la responsabilité des mesures à prendre pour la conservation de la place.

Ludovico qui gardait profondément rancune aux Charitois de l'injure qu'un jour de mauvais drôles lui avaient faite en jetant du haut du pont des pierres sur son bateau qui descendait la Loire, fit démolir les deux arches les plus rapprochées de la ville et abattre une des trois tours carrées du château. Il fit aussi enlever et transporter à Nevers dans les églises de St-Victor et de St-Arigle, les trois grosses cloches du prieuré qui lui avaient été restituées en 1572.

Sa vengeance enfin satisfaite, Ludovico quitta La Charité après lui avoir donné comme gouverneur un gentilhomme du Berry, nommé de Doye, et une garnison de soixante hommes commandés par un nommé Hélyot.

Véritable type d'aventurier, officier de fortune de la plus basse extraction, Hélyot avait, par ses défauts mêmes, beaucoup d'ascendant sur ses hommes dont il encourageait les méfaits. Le gouverneur ayant voulu le mettre à la raison, Hélyot souleva la garnison contre lui, le chassa de la ville et prit tout simplement sa place. Seul maître désormais, le pillage est organisé sur une grande échelle et la ville bientôt ne suffisant plus aux exploits de sa bande, elle se met à dévaliser les environs. Les meurtres, les vols à main armée, les incendies se succèdent : La Charité n'est plus qu'un repaire de brigands.

Après s'être épuisé en vains efforts pour l'en faire sortir, le duc de Nevers a recours au roi qui institue gouverneur, le sieur de Giry, avec l'ordre d'en chasser Hélyot. Mais lorsque le nouveau gouverneur vint pour lui notifier les instructions de Sa Majesté, Hélyot le fit chasser avec les principaux notables, et se proclama *Seigneur de La Charité*.

Le roi envoie alors contre lui Lambthe-Fénelon qui, même avec l'aide des troupes des sieurs de St-Germain, de Montigny et de la Rivière n'y réussît pas davantage.

Ce fut un habitant de La Charité qui se chargea de débarrasser la ville de ce malandrin. Un jour que Hélyot avait commis l'imprudence de se promener seul, l'habitant en question, un nommé Roblin, homme énergique et d'une force musculaire peu commune et qui, depuis longtemps, guettait une occasion propice, se jeta sur lui à l'improviste et l'emporta dans ses bras jusqu'à la prison, dont il referma la porte sur ce nouvel hôte.

Les échevins en avisèrent aussitôt le bailli de Bourges qui, — peut-être ce magistrat en avait-il peur? — se contenta de l'expulser avec sa bande.

Assuré de l'impunité, Hélyot continua ses ravages dans les environs, mettant tout à feu et à sang, depuis Pouilly jusqu'à Dompierre.

Traqué enfin comme une bête fauve par quelques gentilshommes des environs, on le trouva en 1758, par une belle matinée de mai, étendu en travers de la route entre Mesves et La Charité, mort assassiné par ses hommes.

La bande s'était dispersée.

Les arches du pont ne furent rétablies qu'à la fin de cette année. Pour y parvenir, Henri III, par ses lettres patentes du 20 octobre, permit au prieur de lever un droit de passage sur les habitants et les étrangers. La levée du faubourg qui servait à faire refluer l'eau du côté de la ville et qui avait été fort endommagée par les travaux du dernier siège, fut réparée aussi à cette époque par le prieur de Lenoncourt.

Une ordonnance du 15 août de la même année, avait restitué aux habitants « *la jouissance de leurs usages, pâtures, franchises et autres droits saisis et mis en la main du roi à la requête du procureur et du seigneur.* »(1)

Les mois qui suivirent furent employés à réparer les murs, et le pont était à peine rendu à la circulation que, à l'instigation du duc de Nevers qui avait réussi à persuader au roi « qu'il n'avait d'autre utilité que de faciliter le passage des hérétiques », Sa Majesté nomma, le 14 septembre 1579 le sieur de Rochefort gouverneur, avec ordre « de le faire rompre. »

Le prieur, Philippe de Lenoncourt, qui était conseiller d'Etat et en ce moment à la Cour, obtint heureusement la révocation de cet ordre insensé.

La reine-mère passa cette année à La Charité, et visita longuement le prieuré.

(1) *Archives de la ville.*

Le roi y séjourna l'année suivante (25 novembre 1580) en revenant de Poitiers, et passa la nuit au château. Sa Majesté fut reçue à l'entrée de la ville, avec tout le cérémonial accoutumé, et haranguée par tous les corps constitués.

En mai 1582, M. de Lenoncourt vint à son tour visiter le prieuré et en percevoir les énormes revenus. Il profita de son voyage pour procéder à la bénédiction de l'église et des chapelles qu'il avait fait réparer provisoirement et qui restèrent en cet état jusqu'en 1695, où le prieur Jacques-Nicolas Colbert entreprit la reconstruction entière de la nef, telle qu'elle existe encore aujourd'hui.

Les Charitois en voulaient toujours au duc de Nevers du mal qu'il leur avait fait, et ils ne laissaient échapper aucune occasion de lui manifester leur mécontentement.

Ainsi Ludovico étant venu un jour pour mettre sa compagnie en garnison, les habitants dans la crainte de quelque nouveau méfait ne voulurent pas les laisser entrer. D'une nature vindicative et violente, le duc en conserva un profond ressentiment. M. de Lenoncourt dut encore une fois prendre la défense des habitants auprès de Henri III qui voulait d'abord faire un exemple, puis se laissa fléchir. Sa Majesté décida que la ville ne recevrait point de garnison, mais que pour laver l'injure faite au duc, sa compagnie y entrerait pour y passer la nuit et se retirerait le lendemain.

CHAPITRE XII

Investissement de la ville. — Retraite des troupes allemandes. Le Béarnais. — Fondation du couvent des Récollets. — Démêlés entre le Cardinal de Guise et le duc de Nevers. — Fondation du couvent des Bénédictines. Fondation de l'Hôpital.

La mort du duc d'Alençon survenue le 10 Juin 1584, causa une grande émotion dans le parti catholique, car Henri III n'ayant point d'enfants, l'héritier présomptif du trône était désormais Henri de Bourbon, un protestant!

Pour parer à ce danger, les chefs ligueurs soulevèrent les provinces pendant qu'Henri, de son côté, sollicitait le secours de ses coreligionnaires d'Allemagne.

A son appel, une véritable armée pénétra jusqu'au cœur de la France et, sans être trop inquiétée, arriva bientôt sous les murs de La Charité pour s'assurer du passage.

L'armée royale était cantonnée à Léré, sur la rive gauche de la Loire, surveillant tous les gués, depuis Pouilly jusqu'à Gien.

La Charité avait été mise en état de défense. Voyant qu'une attaque de vive force l'arrêterait trop longtemps, le commandant des troupes allemandes essaya de l'enlever par surprise en y introduisant des soldats par le ruisseau (*La Douceline*) qui alimentait les moulins de la porte de La Marche en passant sous les remparts. La tentative avorta. Rochefort qui commandait, tomba à l'improviste sur les assaillants et les fit rebrousser chemin en leur faisant essuyer des pertes considérables.

Poursuivie dans sa retraite sur la Beauce par les troupes royales, cette armée fut battue d'abord près de Montargis, puis défaite complètement à Auneau, près de Chartres, par le duc de Guise. Le gouverneur de La Charité, le sieur de Rochefort, qui s'était tout particulièrement distingué dans cette dernière affaire par son courage et par sa décision, fut appelé à un poste plus important dans les armées du roi.

L'entretien des fortifications avait épuisé complètement les revenus de la ville. A la demande des habitants, Henri III, par ses lettres patentes du 6 août 1587 établit alors pour une durée de six ans, un double droit de « *5 sols sur chaque minot de sel vendu ou qui se vendra au grenier à sel de La Charité pour estre employés aux réparations, refections et entretien du pont, bastions et murailles de la ville ainsy quilz sont destinés.* »(1)

La tour ronde, — dite depuis des Espagnols, à cause des prisonniers espagnols qui y furent enfermés après la bataille de Rocroi, — qui avait beaucoup souffert du siège de 1577, fut réparée l'année suivante avec le produit de cette nouvelle taxe.

(1) *Archives de la Ville.*

Prorogée une première fois en octobre 1599 par Henri IV, pour une nouvelle période de six années, elle le fut une seconde fois en 1605, pour la même durée.(1)

A la nouvelle de l'assassinat du duc de Guise (1588), le duc de Nevers quitta précipitamment le Dauphiné où il commandait, pour se rendre à Paris, et passa à La Charité dont les habitants voulurent bien cette fois lui en ouvrir les portes. Le duc témoigna sa satisfaction en leur accordant le droit de nommer le gouverneur.

Leur choix ne fut pas heureux. Ils prirent M. de Carouge, ancien écuyer de M. de Lenoncourt, « *homme de bien, mais plus propre à dire son chapelet qu'à manier l'épée.* » et quoiqu'ils fussent aussi avec lui du parti de la ligue, ils le chassèrent bientôt parce qu'il avait eu la faiblesse de recevoir les fourriers du roi de Navarre, venus pour demander des logements, ce qui fait que le Béarnais qui se rendait en ce moment à Paris pour faire la paix avec le roi, ne pût entrer à La Charité, les échevins ayant refusé de lui en ouvrir les portes. Il alla passer la Loire à Orléans.

A ces Charitois intraitables, le duc de Nevers envoya alors comme gouverneur le sieur de Langeron avec une garnison de 100 hommes.

Langeron, par son habileté et sa tolérance, réussit à apaiser les haines entre catholiques et protestants. Il resta dix ans à La Charité, à la satisfaction générale.

Le 11 octobre 1591, « noble Gilbert Andrault, seigneur de Langeron et gouverneur du pays et de la ville de La Charité » donnait son prénom « Gilbert » au fils d'un roturier de la paroisse St-Jacques nommé Linard, à qui il faisait l'insigne honneur de servir de parrain. »(2)

Après la mort du cardinal de Guise, Philippe de Lenoncourt avait été nommé archevêque de Reims, puis cardinal par Sixte V. Il mourut en 1592.

Dom Benoist Jacquis qui lui succéda au prieuré, résigna au bout de quelques années en faveur de Louis de Clèves à qui ce bénéfice avait été promis par l'abbé de Cluny, Mgr de Guise. Le pape Clément VIII voulut bien ratifier cet arrangement par sa bulle du mois d'août 1595, à la

(1) *Archives de la Ville.*
(2) *Registre de la paroisse St-Jacques.*

condition que Louis de Clèves qui était laïque, entrerait dans les ordres, ce qu'il fit du reste trois ans plus tard.

C'est ce prieur qui, à la demande des échevins et des habitants, et du consentement de l'abbé de Cluny, appela en 1602, des Pères Recollets. Il leur donna l'emplacement de leur monastère et en fit construire l'église à ses frais. Cet établissement avait été autorisé par lettres patentes de Henri IV, du 26 octobre 1602.

Appelé peu de temps après à l'évêché de Bethléem, Louis de Clèves mourut à Bonny. Son corps fut transporté à La Charité et déposé dans le chœur de l'église du prieuré où il avait fait nommer à sa place en 1605, son neveu Jean de Clèves, alors abbé de Toussaint, près Châlon.

Le 20 avril 1614, l'assemblée générale des habitants demanda la prorogation pour une nouvelle période de six années du droit sur le sel établi en 1587 par Henri III, pour gager un emprunt de 3.000 livres à affecter aux réparations des tours et brèches, et à la démolition d'un pavillon qui appartenait au roi, près le vieux château.

Cette décision avait été ratifiée la même année par un arrêt du Conseil d'Etat en date du 21 juillet, mais la Cour des Aydes ayant voulu s'opposer à son exécution, les échevins, MM. Sebastien Cuvillier, Gilbert Chappus, Louis Bernot et Estienne Delafaye, obtinrent les 15 février et 24 juin 1615 des lettres de Jussion, que la dite Cour se décida enfin à enregistrer.

La fonction de Gouverneur fut supprimée par des lettres de cachet du roi en date du 1ᵉʳ septembre 1617, par lesquelles Sa Majesté informe les échevins et habitants « *qu'elle est si satisfaite de leurs services, qu'Elle ne veut plus qu'il y ait de gouverneur en la dite Ville, et que dorénavant elle sera au gouvernement des habitants pour en user comme ils ont fait par le passé.* »(1)

Le prieur Jean de Clèves qui avait été nommé évêque de Bethléem en 1615, mourut le 9 octobre 1619. Il légua au prieuré « 700 livres en fonds qui furent converties en rentes. »(2)

Sa succession fut disputée à la fois par trois concurrents:

(1) *Archives de la Ville.*
(2) *Nécrologe du prieuré.*

le fils du duc de Nevers, Charles de Gonzague de Clèves, en prit possession le premier, en vertu d'une bulle de la Cour de Rome ; quelques jours après, dom Jean Emery qui en avait été pourvu par l'un des grands vicaires de l'abbé de Cluny, le cardinal de Guise, se présentait à son tour. Enfin le 28 décembre, dom Jean Michel qui, lui, avait été désigné par le second abbé de Cluny, vint aussi pour faire valoir ses droits.

Sans perdre de temps, le duc de Nevers en fit prendre possession à nouveau par son fils qui, comme nous venons de le dire, y avait été autorisé par le pape, du vivant de Jean de Clèves. L'abbé de Cluny, qui n'était autre que le cardinal de Guise, cousin germain du duc de Nevers, avait paru tout d'abord acquiescer à cet arrangement et avait même donné un brevet de réserve. Mais quand le duc de Nevers lui fit demander par M. de Langeron des lettres de provision pour son fils, le cardinal qui était en ce moment à Romorantin, occupé à faire sa cour à la belle Madame des Essarts, s'excusa de ne pouvoir les lui donner sous prétexte que son secrétaire était absent et qu'il n'avait pas non plus son sceau. Il les faisait expédier en même temps, par courrier, au nom de dom Michel, qui fit son entrée à La Charité le 27 février 1620.

Il en résulta un procès au Conseil, entre les maisons de Guise et de Nevers : procès qui causa une si grande haine entre ces deux familles, que le roi dût leur ordonner « *de n'aller jamais avec plus forte escorte que de six personnes dans un même carrosse de part et d'autre.* »(1)

Ce procès se termina au mois de mars 1622, à l'avantage de Charles de Gonzague, qui prit définitivement possession du prieuré.

Trois ans après, ayant hérité de son père le duché de Nevers, et comme il n'était pas encore entré dans les ordres, il se démit (1625) de son bénéfice en faveur d'une de ses créatures, dom Jean de Passelaigue, son prieur claustral, avec qui il avait conclu un arrangement secret qui remettait en ses mains la justice du prieuré.

Et, en effet, Passelaigue était à peine installé qu'il vendait au nouveau duc les droits de haute, moyenne, et basse

(1) *Abrégé Historique.* Bernot de Charant.

justice, greffe et tabellionage de La Charité, Pouilly et dépendances situées dans le duché,(1) moyennant 2.000 livres de rente.

Cette cession n'obtint pas l'agrément des religieux qui s'y opposèrent de toutes leurs forces, et fut la cause d'un long procès. Doutant de sa réussite, le duc en arriva à se persuader que c'était le prieur lui-même qui excitait les pères à résister pour ne pas tenir ses engagements ; il révoqua donc la cession qu'il lui avait faite et investit Pierre Cottant ; mais comme il venait d'épouser, quand il fit ce transport, la princesse de Mantoue et que, par le fait de son mariage, il n'avait plus aucun droit sur le prieuré. surgit alors un autre candidat, nommé dom Edeline, qui profita habilement de cette vacance momentanée pour se faire pourvoir en cour de Rome, et prit possession du prieuré le 4 juillet 1628.

Nouveaux procès entre Passelaigue qui, étant dans la place, jouissait comme par le passé des revenus du prieuré et n'en voulait point sortir, et Cottant et Edeline qui n'étant pas en état de pouvoir en supporter les frais vendirent alors tous leurs droits à M. Pierre Payen-Deslandes, conseiller de la Grande-Chambre du Parlement de Paris, qui les fit valoir en cour de Rome le 7 octobre, et fit prendre possession du prieuré le 9 janvier 1629.

Passelaigue, de son côté, n'était pas plus tranquille et doutait aussi de l'issue du procès. Il prit une sage résolution en se démettant en faveur de l'archevêque de Lyon, frère du cardinal de Richelieu, qui en prit possession le 22 juillet suivant.

Le cardinal fit donner à Passelaigue, en échange de son désistement, l'évêché de Belley, et une abbaye dans le diocèse de Coutances.

Alors qu'il était prieur claustral, Passelaigue avait appelé en 1618 de St-Pierre-le-Moûtier, dom Robert Mauvielle qui était originaire de La Charité, pour établir la réforme dans le monastère. Il l'avait pris ensuite comme prieur claustral quand lui-même en fût nommé titulaire. Mauvielle fit bien quelques tentatives, mais atteint de la peste en 1628 en prodiguant ses soins aux malades, il

(1) L'enclos du couvent était réservé.

mourut victime de son dévouement, le 4 novembre de la même année, à peine âgé de trente-trois ans.

Son corps fut déposé dans la chapelle de Jésus.

Sous Charles de Gonzague, et sur la demande de MM. Delafaye, Etienne Jouily, Louis Bernot et Jean Roussel, échevins, fut fondé le couvent des Religieuses Bénédictines. Mgr de Donadieu, évêque d'Auxerre, du consentement de l'abbé de Cluny et du prieur de La Charité, donna l'autorisation nécessaire (16 novembre 1624). C'est la révérende mère d'Arbourse qui jeta les premiers fondements de cet établissement auquel le sieur du Broc du Nozet donna une vaste maison dont Magdeleine de Rochechouart, religieuse de Charly, prit possession le 9 décembre suivant. Le pape Urbain VIII, approuva cette création, par ses bulles du 7 juillet 1625.

Magdeleine de Rochechouart demanda à l'archevêque de Paris de lui envoyer des religieuses du Val-de-Grâce. Il en envoya quatre, dont la révérende mère d'Arbourse qui en avait été abbesse, et qui le devint encore dans le nouveau couvent. Ces dames arrivèrent à La Charité le 4 mai 1626. Elles furent reçues par les échevins et le clergé des trois paroisses, qui les conduisirent processionnellement chez elles en chantant le *Te Deum*.

La reine Anne d'Autriche qui avait pris ces religieuses sous sa protection, les combla de libéralités. Ce vaste établissement vendu comme bien national après la dispersion de ses membres en 1792, sert aujourd'hui d hôpital civil. Après la fermeture du couvent, la municipalité avait loué les bâtiments pour y installer un collège qui a laissé son nom à la rue. Il fut acquis sous la deuxième restauration par des sœurs Visitandines qui, avec le concours de l'Etat et de la Commune y fondèrent un nouveau couvent. La chapelle qui a son entrée principale sur la rue des Hôtelleries a été construite en 1821.

Le manque d'entretien du pont occasionna d'importants travaux de réparations qui ne furent effectués qu'en 1627, à la suite d'un arrêt du Conseil, en date du 7 juin 1625, qui en ordonnait l'exécution. La dépense totale s'éleva à la somme de 32.000 livres, répartie sur les Généralités de Riom, Bourges, Orléans et Moulins.

Pour en revenir au prieur, quand Passelaigue délaissa le

monastère, M. Payen-Deslandes était alors dans les Flandres à la suite de Marie de Médicis. Son absence et le crédit du cardinal de Richelieu permirent à l'archevêque de Lyon d'obtenir plusieurs jugements en sa faveur, quoique Deslandes lui eût fait signifier le 13 mars 1630, des conclusions en nullité contre tout ce qui pourrait être fait à son préjudice. Commencé à cette date, ce procès ne se termina qu'en 1644 en faveur de Deslandes, et après que les deux adversaires eurent épuisé toute la procédure et les juridictions de l'époque.

Jusqu'au jour où il en fut dépossédé légalement, le cardinal de Lyon avait joui des revenus du prieuré. Il y était venu pour la première fois au mois d'août 1632 pour recevoir le roi, la reine, et le célèbre ministre d'Etat, le cardinal de Richelieu, son frère, qui passèrent la nuit au monastère.

L'année suivante, Dominique Séguier, évêque d'Auxerre, consacra l'église du couvent des Recollets,(1) ordre que la constituante supprima en 1790.

En 1637, La Charité eut encore à souffrir des ravages du feu qui détruisit une grande partie du faubourg.

Le feu avait déjà presque tout dévoré, quand, sur le lieu du sinistre, arriva en procession le curé de Sté-Croix, portant le St-Sacrement qu'il laissa exposé. Plusieurs maisons, par leur situation même, avaient échappé au désastre : des âmes crédules en attribuèrent pas moins leur préservation à la protection divine.

Sous le cardinal de Richelieu, le prieuré donna l'hospitalité à plusieurs personnages marquants. Le 4 juillet 1639, la comtesse de Nevers, Marie de Gonzague, était reçue sous le dais par les échevins, à son entrée dans la ville. Le 4 septembre suivant, le prince Casimir qui devint plus tard roi de Pologne sous le nom de Casimir V, y séjourna avec l'évêque de Cracovie.

La même année, *les habitants*, sur la proposition de l'évêque d'Auxerre, Pierre du Broc, fondèrent dans la rue des Chapelains un Hôtel-Dieu où l'évêque appela des sœurs hospitalières de St-Augustin. L'institut de cet ordre les oblige à quatre vœux : *perpétuelle pauvreté ; chasteté ;*

---

(1) Ce couvent était situé en façade sur la place du Pilori, place du marché actuel. La rue qui longeait ses bâtiments à l'ouest portait le nom de Rue des Recollets.

obéissance conformément aux canons de l'église et servir les pauvres malades sous l'obéissance de l'évêque diocésain.

Cette fondation fut consacrée par un acte passé entre les échevins et la sœur Médard Varlet, le 26 février 1639, devant Leroy et son confrère, notaires à Paris, et confirmée plus tard par des lettres patentes du roi Louis XIV, données à Paris au mois de juillet 1643, sur le vu de l'approbation du cardinal de Lyon, seigneur et prieur de La Charité, et de celle de l'archevêque de Sens.(1)

M. Payen-Deslandes, qu'un arrêt définitif du Parlement reconnaissait comme seul bénéficiaire du prieuré, y vint pour la première fois en 1646. En sa qualité de seigneur de la ville, il fut reçu à la porte de Paris par les échevins et les habitants en armes.

CHAPITRE XIII

Le Siège présidial de St-Pierre-le-Moûtier. — Son transfert à La Charité; puis à Nevers. — Sa réinstallation à St-Pierre

Nous avons dit précédemment qu'à la création des sièges présidiaux en 1551, la ville de St-Pierre-le-Moûtier avait eu la bonne fortune d'être choisie comme siège de l'un d'eux.

Le séjour de cette petite ville ne paraissait plaire que médiocrement à messieurs de la justice dont les préférences allaient à La Charité ; aussi intriguaient-ils depuis longtemps pour en obtenir le transfert dans cette dernière ville.

Cédant enfin à de puissantes sollicitations, le roi autorisa ce changement au mois d'octobre 1650.

La Communauté des habitants avait consacré 6.000 livres pour installer convenablement ce tribunal royal qui, placé à côté de la justice seigneuriale, ne pouvait qu'accroître encore la prospérité de la ville. Mais il n'y resta, hélas! que fort peu de temps, car sur l'opposition de Charles II, duc de Mantoue et de Nivernois, de l'évêque de Nevers, de plusieurs villes de la province, et surtout de celle du prieur Deslandes qui ne voyait pas sans appréhension les officiers judiciaires royaux en contact journalier avec les officiers

---

(1) *Archives de l'Hôtel-Dieu.*

de sa justice, dont ils pouvaient contrôler les agissements ; le roi, par de nouvelles lettres patentes du mois de mars 1651, le transféra à Nevers où les mêmes oppositions se produisirent.

Enfin, pour en finir une bonne fois avec ce tribunal ambulant, un arrêt du Conseil d'Etat du 24 novembre de la même année, le réinstalla définitivement à St-Pierre-le-Moûtier, avec défense formelle à ces magistrats de poursuivre de nouvelles tentatives, à peine de 3.000 livres d'amende et aux frais du procès.

Ils n'en persistèrent que de plus belle dans leur projet et s'en ouvrirent à nouveau le 10 février 1666, où, à la suite d'une délibération prise entre eux, et se croyant à l'avance assurés du concours du prieur, frère du ministre Colbert,(1) ils députèrent les sieurs Lespinasse président, et Bourdoiseau conseiller, tenter une démarche auprès des membres du Conseil d'Etat pour faire annuler leur arrêt de novembre 1651.

Le ministre Colbert, qui était tuteur du duc de Nevers, résista à toutes les sollicitations, si pressantes qu'elles fussent. Les magistrats de St-Pierre ne se tinrent pas encore pour battus. L'affaire revint de nouveau au Conseil en 1695, avec le consentement, cette fois, du duc de Nevers, à qui ils avaient promis en échange une forte somme d'argent.

L'opposition vint alors, des officiers de la pairie, et surtout du lieutenant général de Nevers, M. Rapine de Ste-Marie, qui réussit à faire repousser une mesure qui aurait affaibli et à la fin annihilé l'autorité du duc.

CHAPITRE XIV

La Charité prend parti pour la Fronde. — Elle est remise sous l'autorité du roi par Bussy-Rabutin qui commandait dans le Nivernois.

Reprenons la suite de notre récit en revenant de quelques années en arrière.

---

(1) Ils lui avaient fait offrir la somme énorme de 30.000 livres pour le prieuré, avec d'autres avantages pour lui personnellement et pour ses officiers.

Sous l'administration de Mazarin, l'ingérence du Parlement dans le domaine politique, amena des troubles qui dégénérèrent bientôt en une nouvelle guerre civile qui dura quatre années. Cette campagne, connue sous le nom de *La Fronde,* fut très onéreuse pour la ville qui reçut une garnison et eut à répondre à de nombreuses réquisitions. Son gouverneur, Andrault de Langeron, appartenait au parti du duc d'Orléans ; aussi la Cour craignait-elle que cette place ne favorisât l'entreprise des Princes.

Dans le courant de l'année 1652, le comte Roger de Bussy-Rabutin, — le propre cousin et le correspondant de Mme de Sévigné — qui commandait pour le roi dans le Nivernais, intima l'ordre à Langeron d'avoir à quitter la ville avec la garnison. Les Charitois, frondeurs par tempérament plutôt que par conviction, ne voulurent pas les laisser partir, et ne cédèrent ni aux sollicitations, ni aux menaces de Bussy. Il ne put en obtenir que la promesse d'abattre deux arches de leur pont, pour empêcher les communications avec le Berry.

L'annonce de l'arrivée prochaine des troupes royales venant de la Bourgogne, leur donna toutefois à réfléchir. Ils prièrent alors Langeron de se retirer avec la garnison, ce qu'ils firent aussitôt. Après leur départ, Bussy ayant voulu faire loger ses troupes aux habitants, cette prétention contraire aux franchises communales exaspéra les échevins de telle sorte, que au lieu de faire préparer les logements, ils firent prendre les armes aux habitants.

Bussy, furieux, sort de la mairie, remonte à cheval avec les officiers de son escorte, et suivi de la compagnie des quarante maîtres pour le sel en résidence habituelle à La Charité, traverse la ville au galop jusqu'à la porte de Paris par où devaient entrer les troupes.

La porte était fermée et gardée par sept à huit cents hommes en armes qui ne voulurent rien entendre.

Après avoir employé inutilement la menace et la persuasion, Bussy laisse à La Charité la compagnie du grenier à sel, se porte à la rencontre des troupes royales qu'il joint bientôt et à qui il fait prendre immédiatement des dispositions comme pour faire le siège de la ville.

Cette simple démonstration suffit à calmer l'ardeur belliqueuse des habitants qui se décidèrent, quoiqu'un peu tardivement, à ouvrir les portes.

Bussy, comme le roi d'Angleterre à Calais, « exigea qu'ils lui livrassent six des plus mutins pour être pendus ; » à peine étaient-ils arrivés au camp, qu'il les gracia aussitôt.

Il traita toutefois assez durement la ville en exigeant des habitants une contribution de guerre de cinquante pistoles pour les officiers, à verser sur le champ, et confisqua dix mille boisseaux de blé trouvés dans les greniers. Les bourgeois furent désarmés, et l'armée vécut chez eux à discrétion pendant trois jours.

La ville eut encore à lui fournir une somme de 2.000 livres pour sa part contributive aux dépenses occasionnées par le siège de Mouron ;(1) plus 20.000 rations de pain aux troupes de Turenne.

Les échevins en furent réduits à la triste extrémité de vendre le 18 mars 1652, soixante-deux arpents de leurs pâtureaux, pour retirer une obligation de la somme de 4.300 livres qu'ils avaient souscrite au comte de Bussy, lors de son entrée, et pour acquitter d'autres charges pour la subsistance des troupes.

On fit dix lots de ces soixante-deux arpents(2), sur lesquels la communauté s'était réservé formellement la seconde herbe et qui furent vendus en moyenne 100 livres l'arpent, ce qui produisit environ 6.000 livres. Les acquéreurs, les sieurs Bertot, seigneur de Carcot ; Philippe Bertot, marchand ; Jean Léveillé, marchand ; Me Pierre Destrappes, notaire royal ; François Pluvinet ; Etienne Radureau ; Paul Triboudet ; de Lespinasse, lieutenant de l'élection ; David et Dargent, payèrent comptant.(3)

Ce fut le dernier épisode des guerres et sièges de La Charité.

Les chroniqueurs de l'époque ajoutent malicieusement que M. de Bussy venait souvent à La Charité, mais moins pour le service du roi qu'attiré par les charmes d'une belle et tendre dame qui voulait bien lui accorder quelques faveurs.

Que n'a-t-elle usé de son empire sur lui en faveur de ses malheureux compatriotes !

---

(1) Près de Corbigny.
(2) L'arpent avait 100 perches, et la perche 24 pieds.
(3) *Archives de la Mairie.*

CHAPITRE XV

Le prieur Jacques-Nicolas Colbert. — La communauté de La Charité. Les échevins. Attributions des Intendants.

A part quelques contestations inévitables avec le seigneur, c'est presque une ère de prospérité qui s'ouvre pour les habitants dans les années qui suivent ; pour eux qui, pendant plus d'un siècle, ont été sans cesse victimes des partis qui se sont disputé la possession de leur ville.

Avec la paix intérieure, la confiance renaît; le commerce reprend son essor, de même que les communications avec les provinces du centre, se rétablissent.

La Charité perd peu à peu de son aspect farouche. Ses murailles qui, pendant si longtemps, ont retenti de clameurs guerrières, ne seront plus utilisées que pour une œuvre de paix : beaucoup de constructions nouvelles qui s'élèvent de terre comme par enchantement, viennent sur elles chercher leur point d'appui, comme si elles avaient encore besoin d'être protégées. Ses fossés, que la mort a fécondés, sont convertis en jardins et en vergers verdoyants.

Après avoir résigné en faveur de son neveu Jacques Martineau, qui avait obtenu de la Cour de Rome des bulles consacrant cet arrangement, M. Payen-Deslandes avait, sans l'en prévenir, annulé depuis ses premières dispositions. Aussi quand Martineau vint dans le courant de septembre 1663, pour prendre possession du prieuré, le prieur des Chartreux de Bellary y mit opposition en vertu de la révocation de son oncle qu'il avait entre les mains.

Déjà un procès était sur le point de s'engager entre le neveu et l'oncle, quand ce dernier mourût.

L'évêque de Luçon, Nicolas Colbert, dans l'ignorance où il était des droits de M. Martineau, s'était aussitôt fait pourvoir de ce bénéfice par l'abbé de Cluny ; de son côté, Martineau ne pouvant se résoudre à embrasser la vie monastique, comme ses bulles l'y obligeaient, céda alors tous ses droits (1664) à l'évêque de Luçon, qui lui abandonna en échange l'abbaye de Vertus, et le prieuré de St-Vincent.

Nicolas Colbert se démit peu après en faveur de son neveu, Jacques Nicolas, fils du célèbre ministre contrôleur des finances qui en fit prendre possession en janvier 1665. Il trouva les affaires du prieuré en si mauvais état par la faute de son oncle qui en avait mal administré les revenus, que, l'année suivante, il dût faire réparer à ses frais le clocher de pierre du prieuré endommagé par la foudre au cours d'un orage épouvantable qui s'était déchaîné sur la ville le 4 février 1666, et y avait causé des dégâts considérables.

Malgré ses exigences, Jacques Nicolas Colbert peut être considéré comme l'un des bons génies de la ville de La Charité qui lui doit beaucoup surtout pour son école laïque que, jusqu'à sa mort, il subventionna de ses deniers.

Comme la plupart des villes du Berry, La Charité était administrée par quatre échevins et un procureur du fait commun nommés tous les ans au mois de décembre *par les habitants*. Nous insistons à dessein sur ce point, parceque nous verrons cent ans après, à la veille du bouleversement général qui devait l'emporter, le dernier prieur revendiquer hautement comme une des prérogatives du seigneur, la nomination des échevins.(1)

La communauté n'était pas riche alors, et elle avait à soutenir depuis deux ans contre « la demoiselle Anne Grasset, veuve de Louis de Cotignon, dame de La Charnaye, » un procès au sujet de biens sis aux Pâtureaux, « terre dite la Chaume aux Oies et du buisson-Gouron » dont cette dame s'était emparée au détriment de la communauté, procès qui était toujours en suspens.

Les échevins étaient sous la dépendance immédiate de l'intendant de la province qui établissait le budget des communautés. Les propositions émanant de leur initiative, étaient soumises en premier à la ratification de l'assemblée générale des habitants convoqués au son du tambour, puis à l'approbation de l'intendant.

En fait, les échevins n'avaient aucune indépendance.

Institués par Richelieu en 1635, les intendants, par contre, étaient omnipotents, ayant à peu près accaparé tous les pouvoirs dans les provinces. Ils ne dépendaient que du pouvoir central.

Aucune loi ne détermine ses attributions : l'intendant est

(1) En 1665, les sieurs Jouily et Destrappes étaient échevins, et Pinot, procureur du fait commun.

le mandataire du roi qui étend ou restreint son pouvoir comme bon lui semble ; il est à la fois « Intendant de Justice, Police et Finances, et Commissaire départi dans les généralités du royaume pour l'exécution des ordres du roi. »

Comme officier de justice, son pouvoir est judiciaire, et sa juridiction limitée aux cas qui n'appartiennent pas aux juges déjà en fonctions, c'est-à-dire, qu'elle s'exerce dans toutes les branches de l'administration.

Officier de police, il a les attributions les plus diverses et un pouvoir absolu. Enfin, comme officier de finances, il est le véritable répartiteur de l'impôt direct, taxant d'office ceux qui ont échappé aux collecteurs, statuant sans appel sur toutes les réclamations.

Telle était l'autorité énorme et abusive donnée aux commissaires départis. Quels étaient en regard, les pouvoirs de la communauté ? Nuls... l'intendant les ayant tous accaparés !

En dehors de leurs échevins, certaines villes avaient encore un receveur des deniers communs, appelé aujourd'hui receveur municipal. Malgré les ordonnances des intendants, ces fonctionnaires rendaient le plus souvent leurs comptes d'une façon très irrégulière ; ainsi en 1681, l'assemblée des habitants n'avait pas encore pu apurer les comptes de son receveur, pour les années 1653, 1654 et 1655.

La Charité dépendait à cette époque de l'Election de Gien, et de la Généralité d'Orléans, et pour le service de la guerre, de la province du Berry dont le comte d'Aubigné, chevalier des ordres du roi, était gouverneur. A la tête de chaque élection se trouvait un subdélégué, chargé d'en instruire en premier les affaires ; c'est à peu de chose près le rôle du sous-préfet de nos jours, avec cette différence que, nommé par l'intendant et pouvant être révoqué par lui, le subdélégué était sans indépendance comme sans initiative.

CHAPITRE XVI

Fêtes en l'honneur de la naissance du duc de Bourgogne.

La naissance du duc de Bourgogne donna lieu à de grandes réjouissances publiques, organisées « par ordre » de

Monseigneur l'intendant de la Généralité de Moulins, faisant fonctions de Gouverneur de la province du Nivernais.

Suivant le programme arrêté la veille, le dimanche 30 août 1682, au matin, les trois compagnies de milice en armes, après une revue passée devant le logis de leurs capitaines, parcoururent les principales rues de la ville, puis revinrent à la mairie prendre les échevins et les officiers de justice qu'ils conduisirent à l'église Notre-Dame assister au *Te Deum* en l'honneur de la naissance du fils du roi.

Après la cérémonie religieuse, le cortège se reforma dans le même ordre qu'à l'arrivée, et après avoir traversé dans toute sa longueur le cloître du prieuré et la cour du château, fit halte sur le pont où un feu de joie énorme avait été préparé et auquel le premier échevin mit le feu comme le voulait la coutume locale, cependant que trente pièces de canon en fonte, placées en batterie dans le faubourg, envoyaient leurs décharges les plus bruyantes que répercutaient au loin tous les échos des environs.

Les révérends pères bénédictins s'associèrent avec la plus grande cordialité à l'allégresse générale, aussi quand le cortège revint dans la cour, trouva-t-il des tonneaux de vin défoncés à l'avance qui attendaient les miliciens et, auxquels, comme bien l'on pense, ils firent le plus grand honneur.

Leurs officiers, les échevins et les officiers de justice étaient invités en même temps à prendre part à une collation servie dans le grand réfectoire du couvent.

Mais lorsqu'il fallut partir, ce fut une autre affaire : les officiers eurent les plus grandes peines à rassembler leurs hommes. Les compagnies se reformèrent, tant bien que mal, pour parcourir les rues qu'elles n'avaient pas encore visitées. Leur départ fut salué par une nouvelle décharge d'artillerie et par l'embrasement de deux autres feux de joie que les bénédictins avaient disposés, l'un au pied, et l'autre au sommet de la grosse tour, dite « des Espagnols. »

L'arrivée du cortège devant la cure St-Jacques où le curé, M. Ligon, faisait distribuer du vin aux pauvres, fut annoncée par une salve de mousqueterie et l'embrasement d'un quatrième feu de joie.

Les révérends pères Récollets avaient tenu aussi, malgré leur pauvreté, à manifester leur joie. Ils avaient préparé le long des murs de leur couvent plusieurs pièces d'artifice qui parurent beaucoup divertir le populaire.

Sur la place de la mairie, avait été élevée par les soins des échevins, une fontaine alimentée par des tonnes de vin rouge, et qui coula sans discontinuer de midi à 5 heures du soir, à la plus grande joie des ivrognes de la localité.

Le soir, un grand banquet réunit à l'Hôtel de Ville les principaux fonctionnaires. La soirée se termina ce jour-là par un beau feu d'artifice, le premier qu'on eût jamais vu à La Charité et qui fut tiré du haut du pont.

La joie était telle, que chacun s'ingéniait à la manifester à sa façon ; heureusement que les celliers et les caves étaient bondés de vin, car les fêtes durèrent tout le mois.

Après deux jours d'un repos bien gagné, elles recommençaient le 2 septembre par la rue des « Hôtelleries », où dans toutes les maisons, les habitants sur le seuil de leur porte, offraient gracieusement des rafraîchissements à tous les passants.

Le lendemain, ce fut au tour du quartier de la Revenderie. Les fêtes reprirent le dimanche 6, sous les auspices de la Compagnie de « la Jeunesse », qui s'amusa follement « aux frais de son capitaine, » M. de Charant.

Le 8, jour de la fête patronale, ce furent la rue des Eaux, avec les quartiers de la Halle et de St-Jacques, qui organisèrent les réjouissances ; et comme il fallait bien un jour de repos pour cuver son vin, elles ne reprirent que le jeudi, par la Grande-Rue.

Ces fêtes mémorables se continuèrent, le dimanche 13, dans la rue du Filet et le quartier des Remparts ; elles ne prirent fin que le 27 par le quartier du Rivage et le Faubourg.

Il eût été impossible d'évaluer, même approximativement, le nombre de coups de fusil et de pièces d'artifice qui furent tirés pendant ce mois, pas plus que la quantité de vin et de victuailles de toute sorte qui furent consommés. On ne voyait dans les rues que tonneaux défoncés et débris de toute nature.

Aussi, pour perpétuer à jamais cette date mémorable, l'assemblée des habitants fit fondre une cloche avec l'inscription suivante : *Du reigne de Louis Le Grand après les feux de joye faits en cette Ville de La Charité pour la naissance de Monseigneur le duc de Bourgogne et par l'agréement de Monseigneur l'Illustrissime et Révérandissime Père en Dieu Messire Jacques-Nicolas Colbert, Conseiller du Roy en ses conseils, Archevesque de Rouen, Primat de Normandie, Prieur Seigneur Spirituel et Temporel du Prieuré de cette ditte Ville, Jay esté faite pour servir de timbre à l'horloge de l'Hôtel de Ville, à diligence de MM. Jacques Jousselin, Jacques Petibon, Michel Marquis, Pierre Goyre, eschevins et Louis Taupin, receveur des deniers communs de cette Ville, au mois de septembre mil six-cent-quatre-vingt-deux.* »

Depuis, la royauté a sombré, mais la cloche existe toujours ; c'est sur elle que tombe le marteau des heures de l'horloge de l'Hôtel de Ville.

La seule que possédât la communauté était placée dans le clocher de l'église St-Jacques et frappait sur une cloche qui, comme nous l'avons dit précédemment, appartenait aussi aux habitants.

Un arrêt du Conseil d'Etat, en date du 23 avril 1683, règle pour la première fois, le budget de la ville. Aucun crédit n'y figure pour l'entretien de la promenade de la Saulaye qui était plantée, à l'époque, d'ormes et de tilleuls de toute beauté.

CHAPITRE XVII
Réception de l'archevêque de Rouen, prieur de La Charité. — Nouvelles contestations avec les officiers du bailliage seigneurial; avec le receveur des Tailles de Gien. — Fêtes en l'honneur des victoires de l'armée française.

L'archevêque de Rouen honora le prieuré de sa visite au mois d'octobre 1686. L'évêque d'Auxerre l'accompagnait.

Les échevins avaient préparé une réception enthousiaste. Tous les chevaux de selle avaient été réquisitionnés pour former un peloton de cavaliers qui se porta à la rencontre de Monseigneur qu'ils joignirent au delà de Donzy. Sa voiture, précédée des cavaliers sabre au clair, et suivie de la milice bourgeoise qui s'était portée en armes à sa rencontre à plus de deux lieues de la ville, arriva bientôt en vue de La Charité où une première réception fut faite à Monseigneur par tous les curés de la ville auxquels s'étaient joints ceux des paroisses voisines. M. Destrappes, prêtre, docteur en droit canon, curé de Ste-Croix, prononça au nom du clergé, un discours de circonstance

Le corps de ville, en robe, attendait à la porte de Paris. A l'arrivée de Monseigneur, M. Joully, premier échevin, s'avança pour lui présenter les souhaits de la Communauté, et l'invita avec l'évêque d'Auxerre à prendre place sous le dais porté par les quatre échevins.

Le cortège parcourut ainsi les principales rues de la ville. Au pied du grand escalier du cimetière, le prieur claustral avec tous les religieux après avoir présenté leurs souhaits de bienvenue à Monseigneur, le conduisirent dans le chœur de Notre-Dame pour y entendre le *Te Deum*.

A l'issue de la cérémonie, le cortège le ramena dans le même ordre dans son château, au milieu des salves de mousqueterie.

Les échevins s'avancèrent alors pour lui offrir des présents au nom de la Communauté, présents que M. de Colbert accepta de très bonne grâce.

Il quitta La Charité au bout de quelques jours pour rejoindre la Cour qui était à Fontainebleau. L'infanterie l'accompagna jusque dans la plaine de Mesves, et le salua d'une dernière décharge de mousqueterie : la cavalerie le conduisit jusqu'à Pouilly où Monseigneur prit la poste.

M. de Colbert revint une seconde fois dans son prieuré, le 25 novembre 1694, et fut reçu avec le même cérémonial.

Placée à l'intersection de deux grandes routes, La Charité était sillonnée par des passages continuels de troupes qui se montraient de plus en plus exigeantes. Aussi les plaintes affluaient-elles à l'Hôtel de Ville, sans grand espoir, hélas ! de les faire cesser ; quand un jour, que la mesure était comble, les échevins s'armèrent de résolution et firent sommation à un sieur Daubechies, commandant une compagnie de cavalerie arrivée depuis plus de quinze jours, d'avoir à quitter la ville, ce à quoi il se refusa formellement tant qu'il n'en aurait point reçu l'ordre de l'Intendant.

L'ordre arriva fort heureusement le surlendemain.

Entre les échevins et le représentant du seigneur, la situation était toujours aussi tendue et le 15 août 1688, jour de la fête de l'Assomption, un conflit éclata entre eux. Les échevins s'étant rendus ce jour-là à l'église Notre-Dame pour assister au *Te Deum*, trouvèrent la première place des chaises attachée par une barre de fer, fermée d'un cadenas.

Outrés d'un tel procédé, les notables revinrent immédiatement à l'Hôtel de Ville, et après une courte discussion, ils envoyèrent deux d'entre eux, au prieur claustral, pour l'inviter à restituer la première place qui, de temps immémorial, avait toujours été occupée par le premier échevin, autrement qu'ils considéreraient son refus comme « attentatoire à l'autorité de Sa Majesté. »

Des conflits de ce genre se produisaient journellement dans toutes les villes de France, soit avec les officiers du roi, soit avec ceux du seigneur.

Les querelles religieuses, les persécutions, n'étaient pas non plus apaisées, car les Jésuites après avoir arraché à la faiblesse du roi la révocation odieuse de l'*Edit de Nantes*, poursuivaient encore de leur haine tous ceux qui, par un lien quelconque, avaient appartenu à la religion réformée. Ainsi, le 16 octobre, on publia une ordonnance royale prise à leur instigation, enjoignant à ceux « qui ont professé la religion prétendue réformée, » autrement dit aux protestants qui après la révocation de l'édit avaient été contraints d'abjurer, d'avoir à déposer à l'Hôtel de Ville les armes et munitions dont ils étaient détenteurs, sous peine d'arrestation. Estienne Quillin, horloger, en son nom et au nom de Judith du Chesne, épouse de David de La Barre ; Pierre Musson, aussi marchand horloger ; Jean Dargent, marchand de nouveautés ; Alexandre Jallet, marchand ; Isaac Droyes et Pierre Tabar marchand, vinrent faire la remise de quelques vieilles armes, rapières, arquebuses, épées et pistolets hors de service.

Avant même la révocation de cet édit, en 1682, ces mêmes Jésuites déjà tout puissants à la Cour par la grâce de Mme de Maintenon, avaient amené le roi à interdire l'entrée dans les fermes de Sa Majesté « à ceux de la religion prétendue réformée » ; et en exécution de ces ordres, Jean Decombes, marchand en cette ville, et Gaultron

Jeanne Girard, sa femme et associée au péage et barrage de La Charité avaient été mis incontinent en demeure de se désister de leur emploi.

A la révocation, le temple protestant du Crot Guillot fut confisqué par le roi, et sa démolition ordonnée. C'est avec une partie des matériaux en provenant qu'on construisit le nouvel hôpital, dans la rue des Hôtelleries.(1)

Taillable et corvéable à merci, le malheureux contribuable ne savait même pas seulement où ni à qui verser son argent. Au commencement de 1690, le receveur des tailles de Gien, M. de Raucourt, conseiller du roi, n'avait-il pas émis la prétention de percevoir comme deniers d'octroi les droits de passage sur terre et sur eau qui appartenaient à la Communauté.

Les notables déléguèrent MM. Maillard premier échevin, et Théveneau procureur du fait commun, qui partirent pour Gien le 6 avril suivant, porteurs de deux arrêts du Conseil d'Etat, en date des 23 mars 1664 et 27 avril 1683, autorisant la Communauté à percevoir elle-même ces droits et à en employer le produit au payement de ses dettes.

M. de Raucourt ne voulut rien entendre et porta l'affaire devant l'intendant de la Généralité d'Orléans, le marquis de Creil, qui sur la production des titres de la Communauté, rendit l'ordonnance suivante.

« *Vu les titres rapportés qui sont des lettres patentes du Roy données à Paris le 22 octobre 1565, signées par le Roy et son conseil Le Camus, accordant aux habitans et eschevins de la Ville de La Charité le droit de péage comme patrimonial ;*

Un arrest du conseil du 23 mars 1664, signé pour collation Bossuet, maintenant ce droit de jouissance et possession ;

Autre arrest du conseil du 23 mars 1664, collationné par laquelle ; lettre du bailly de St-Pierre-le-Moûtier en date du 22 mars 1586 qui règle les dits droits sur les marchandises, etc. etc.

Confirme la jouissance, possession et propriété aux habitans de droits à eux conférés et les déclare non deniers

(1) Dans les archives de l'Hôtel-Dieu existe un autographe sur parchemin, signé Louis XIV, et contresigné Colbert, faisant don de l'emplacement du Temple et cimetière de la R. P. R du Crocq Guillot pour l'Hôtel-Dieu de La Charité, du 18 décembre 1686.

d'octroi ni commungs *et condamne le sieur de Raucourt aux dépens.* »

Déjà en août 1685, les échevins avaient eu à répondre à une autre assignation des Aydes de l'élection de Gien avec lesquels ils étaient en désaccord sur la capacité des poinçons et tonneaux à vin en usage à La Charité, et dont plusieurs avaient été saisis à leur requête.

Les échevins avaient délégué Jean Picardeau tonnelier, pour aller à Gien assister au procès-verbal de mesurage. La Communauté avait également sur ce point obtenu gain de cause.

Des réjouissances publiques organisées *par ordre*, signalaient chaque fois les victoires de l'armée française. Une entre autres, celle du 25 juillet 1690, avait été arrêtée l'avant-veille dans une réunion tenue dans le cloître du prieuré « devant le grand pilier » et à laquelle assistaient les échevins, le père dom Charles de La Motte, prieur claustral, les curés des trois paroisses, le père gardien des Récollets, les lieutenant et procureur de Monseigneur et son substitut, et les capitaines de quartier de la milice bourgeoise.

Au jour et à l'heure indiqués, les miliciens se rassemblèrent en armes, devant le logis de leurs capitaines.

A trois heures, les compagnies vinrent prendre à l'Hôtel de Ville les échevins et le procureur du fait commun, qui les attendaient revêtus de leur robe.

Les violons, musettes et hautbois, prirent la tête du cortège ; ensuite, venaient les échevins et les huit notables, les corps constitués, et les trois compagnies qui se rendirent dans cet ordre à l'église Notre-Dame, pour assister au *Te Deum* que le prieur claustral chanta lui-même, suivi du *Domine salvum* par les musiciens.

La cérémonie religieuse terminée, le cortège se reforma comme à l'arrivée, et en passant devant l'entrée du cloître, les moines offrirent des rafraîchissements aux hommes de la milice qui se dirigeaient sur les pâtureaux communaux où les échevins passèrent la revue des trois compagnies formées en bataillon.

En revenant, le cortège s'arrêta sur le pont où un immense feu de joie avait été préparé et auquel, selon l'usage, le premier échevin mit le feu.

Un brillant feu d'artifice tiré le soir à la lueur des torches, devant l'Hôtel de Ville, clôtura cette belle journée. Les compagnies de milice saluèrent d'une nouvelle salve de mousqueterie les autorités, puis défilèrent devant elles aux sons des tambours, des fifres, hautbois, violons et musettes pour rompre leurs rangs un peu plus loin.

A l'issue d'une cérémonie de ce genre en l'honneur de la prise de Mons, (1691), Maître Jacques Ogier, sieur de la Prée, fit don à la Communauté du portrait du roi qui fut placé le jour même dans la salle de réunion.

Le 12 octobre 1691, l'assemblée générale des habitants avait décidé de se libérer de la servitude du four banal appartenant au prieur, moyennant une redevance annuelle de trois cents livres. Renouvelée le 5 juillet 1700, c'est-à-dire plus de huit ans après, cette proposition reçut cette fois l'approbation de l'intendant.

CHAPITRE XVIII

Création d'offices de Procureur du Roi et de Secrétaire-greffier. — Budget de la Communauté.

L'édit de juillet 1690 créait dans toutes les villes qui n'en avaient point encore été pourvues par les édits antérieurs de juillet 1622, mai 1633, mai 1634 et Juin 1635, un office de *Conseiller Procureur du roi*, et un de *Secrétaire Greffier*, offices héréditaires.

Le procureur en question représentait le roi auprès des villes et communautés; il remplaçait les procureurs, syndics ou autres nommés précédemment par les villes elles-mêmes. Ses fonctions consistaient à assister aux assemblées et à y être entendu.

Ce n'était encore là pour le roi qu'un expédient pour se procurer de nouvelles ressources par la vénalité qu'il attacha à ces charges; c'était de plus une mainmise sur les droits des Communautés.

Le greffier avait les mêmes attributions que ses prédécesseurs, avec cet avantage particulier, qu'il était ainsi que le procureur, exempté désormais de la taille personnelle, du logement des gens de guerre, tutelle, curatelle et autres charges publiques. Ils entraient ainsi, par la petite porte, dans la classe si enviée des privilégiés.

Les procureurs et greffiers prêtaient serment devant les cours du parlement, et, dans les autres villes, par devant les officiers des bailliages et sénéchaussées. Dans toutes les assemblées et cérémonies publiques, le greffier avait rang et séance immédiatement après les procureurs de Sa Majesté et de la ville, *avant les anciens maires, échevins, consuls et officiers.*(1) On imposa en outre à chaque Communauté l'obligation d'avoir deux clefs pour les archives : une pour le procureur et l'autre pour le greffier.

La charge de procureur fut acquise par un nommé Pierre Durand, qui pour la finance du dit office, versa à la Généralité d'Orléans la somme de 1.800 livres pour le principal, plus 100 livres d'enchère, 190 livres pour les 2 sols par livre et encore 50 livres pour le droit de marc d'or.

Ses gages étaient de 100 livres par an, à prendre sur les deniers communs.

Messire Jacques-Nicolas Colbert se prévalant alors de ses titre et qualité de « *Prieur, seigneur spirituel et temporel de la ville de La Charité, haut, moyen et bas justicier aux bailliages de cette ville, chastellenie et aux treize juridictions dépendant du prieuré* », se pourvut en Conseil d'Etat contre cette nomination faite au mépris des droits qui lui appartenaient de nommer à tous les offices de la juridiction.

Sa requête fut admise par le Conseil d'Etat. Par son arrêt du 11 août 1691, confirmé par un autre arrêt contradictoire du 18 décembre de la même année, il reconnaissait formellement au « Seigneur de cette ville et à ses successeurs *le droit de pourvoir au dit emploi*, à charge toutefois d'indemniser le titulaire. »

M. de Colbert nomma alors une de ses créatures, un nommé Edme Bouziat de Chasnay, son procureur général fiscal, qui par l'influence de son maître, obtint facilement ses lettres de provision de Sa Majesté. Bouziat les fit enregistrer le 5 mars 1692 au bailliage et siège présidial de St-Pierre-le-Moûtier. Deux jours après il se faisait installer dans ses nouvelles fonctions qu'il cumula avec celles qu'il tenait de Monseigneur.

Le 3 mai suivant, Jean Raisonnier, notaire et procureur au bailliage de cette ville, fut installé à son tour comme

(1) Arrêt du Conseil d'Etat du 14 juillet 1091.

Secrétaire-Greffier. Il avait acheté sa charge 1.800 livres et elle lui en rapportait 100 par an, à prendre sur les deniers communs.

Voici quelle était à cette époque la situation financière de la Communauté.

Déclaration des revenus :

« 1° Elle possède de temps immémorial l'Hôtel de Ville, sis dans cette ville, dans la Grande-Rue, proche le Couvent des Révérends Pères Récollets, duquel on ne tire aucun revenu, au contraire on paye 15 sols de cens par an à Monseigneur de cette ville et 20 livres de rente à la cure St-Jacques ;

« 2° appartiennent aussi de temps immémorial des terres et vaine pâture appelées les Pâtureaux communs de La Charité sis vis-à-vis cette ville, au bord d'au delà la Loire, desquels on ne paye aucune redevance et qui étaient anciennement de l'étendue de 4 à 500 arpents ; qu'il en fut aliéné en 1652 la quantité de cent six vingts arpents(1) et plus pour faire subsister les troupes du Roy que M. de Bussy, lors lieutenant du Roy de cette province tenoit garnison en cette ville ; plus en fut délaissée au Seigneur de cette ville cinquante arpents pour son triage ; plus la dame de la Charnaye s'est emparée de soixante à quatre-vingts arpents qu'elle a prétendu lui appartenir, et la rivière de Loire ayant étendu son lit du dit côté a emporté plus de cent arpents, si vrai que Sa Majesté pour conserver le reste et empêcher que la rivière ne s'étendît davantage a fait faire des travaux du dit côté, et ensuite un pont de pierres de six grandes arches(2) et une levée de pareille étendue au bout, au lieu qu'anciennement les dits pâtureaux joignaient le faux bourg, et comme le terrain est bas et que la rivière l'inondait à la moindre crue, il a été fait une chaussée par ordre du Roy qui les traverse par le milieu pour rendre le passage praticable en hiver, si bien qu'il ne reste plus des dits pâtureaux que cent et six vingts arpents lesquels furent presque entièrement sablés il y a deux ans par une grande crue qui emporta même la levée que depuis Sa Majesté a fait rétablir, et desquels cette Communauté

---

(1) Soixante-deux arpents seulement.

(2) Pont du faubourg.

ne retire aucun avantage si ce n'est quelque pâturage pour les bestiaux du faux bourg et environs de la Ville;

« 3° appartient également la seconde moitié du droit de la *Courte Pinte*, — la première moitié appartenant à Sa Majesté, — de laquelle seconde moitié bail à ferme fut fait par MM. les officiers de l'Election et Grenier à sel de Gien le six décembre 1691, pour six années commencées au 1er janvier dernier, à M. Jacques Meslant, moyennant la somme de 445 livres par an ; cet octroi appartient à la ville de temps immémorial ;

« 4° appartient également d'ancien patrimoine les *droits de péage par terre et par eau* sur les marchandises passant par Icelle et sur la rivière de Loire, loués à François Chastignier, moyennant la somme de 2.700 livres par an payables ès mains du receveur de cette ville ;

« lesquels revenus de la Courte pinte et péage seront affectés par préférence à toutes autres charges (selon arrêt du Conseil d'État du Roy du 27 avril 1683) :

1° pour le maître d'école . . . . . . 180 livres.
2° pour le prédicateur de l'Avent et du Carême . . . . 200 —
3° pour l'horloge . . . . 25 —
4° pour le greffier de Ville . . . . . 15 —
5° pour les 2 sergents de police . . . 60 —
6° pour les dépenses de la fête du St-Sacrement 45 —
7° pour l'entretien du beffroi . . . . . 15 —
8° pour l'entretien de l'hostel de ville . . 15 —
9° pour l'entretien des puits publics . . . 60 —
10° pour la rente foncière au curé de St-Jacques . . . . 20 —
11° pour l'aumône aux Révérends Pères Récollets . . . . 50 —
12° pour l'entretien des quatre corps de garde, feux de joie, et dépenses imprévues. . 500 —
Plus la somme de . . . . 1665 —
par an pour le payement des rentes dues par la ville.

« Outre quoi autres dépenses :

« pour le prédicateur de l'octave et l'entretien des ponts-levis des quatre portes de la ville, et d'un autre pont qui est au milieu de l'ancien pont de pierres ; dépenses de papier pour les routes, billets, bois, feux et chandelles à la

Maison de Ville pour logement des gens de guerre, soit en recettes : 3.145 livres, et en dépenses 2.850 livres. »

CHAPITRE XIX
Création de charges de Maires perpétuels et d'Assesseurs. Compromis avec le prieur pour la nomination des échevins. — Reconstruction de la Nef de l'église Notre-Dame

En août 1692 fut publié un nouvel édit portant création de *Maires perpétuels et d'Assesseurs.*

Tous les maires établis précédemment dans quelques villes furent supprimés, avec défense aux Communautés d'en nommer d'autres. En même temps qu'il établissait la vénalité de ces offices, le roi y ajoutait certaines prérogatives, qui en flattant la vanité des gens, devaient les faire rechercher.

Certaines villes, des provinces, rachetèrent l'ensemble de ces charges afin de conserver leurs droits. La chose en elle-même était indifférente au roi, dont l'unique but était de se procurer de nouvelles ressources au détriment des Communautés qui avaient à supporter encore en plus les gages de ces fonctionnaires.

La charge de Maire fut achetée par Pierre Bernot de la Pointe,(1) avocat en Parlement, seigneur de Passy et Varennes, au prix principal de 6.000 livres. D'après l'ordonnance royale du 7 mars 1693, elle lui en rapportait 240 par an.

Les échevins l'installèrent dans ses fontions le 31 mars 1693, « *malgré les réserves et protestations du procureur fiscal au nom de Monseigneur Colbert à qui appartenait le droit de nomination,* » et qui se pourvut en conséquence devant le Conseil d'État pour le faire reconnaître. Quelques jours après, (14 mai 1693), Pierre Bernot fut nommé Conseiller au siège présidial de St-Pierre-le-Moûtier. — —

(1) Né à La Charité, le 11 février 1605.

Le pourvoi du seigneur fut admis encore une fois par cette assemblée. L'arrêt porte : « *Il sera nommé à ces fonctions par Sa Majesté sur la nomination de Monseigneur ou celle de ses successeurs, prieurs de La Charité,* » arrêt qui fut confirmé depuis par un autre arrêt rendu contradictoirement le 1ᵉʳ septembre 1693.

Monseigneur fixa son choix sur un autre membre de la même famille, Louis-Joseph Bernot, sieur de Charant,(1) qui était aussi avocat en Parlement et lieutenant particulier au bailliage de cette ville.

Sa nomination fut confirmée par une ordonnance royale en date du 8 mai 1694.(2)

L'édit de 1692 allait jusqu'à conférer le titre et les privilèges de la noblesse à ceux qui rempliraient les fonctions de maire pendant vingt ans ; de même à ceux qui viendraient à décéder en exercice sans que leurs héritiers fussent tenus à payer aucune redevance pour confirmer leurs titre et privilèges.

Les *Assesseurs* étaient choisis parmi les bourgeois notables les plus capables de remplir les charges et les fonctions d'échevins. Ils assistaient le maire, le remplaçaient au besoin. Ils avaient en un mot, à peu de chose près, les mêmes attributions que les adjoints aujourd'hui.

Le premier assesseur, un nommé Durand Pierre, Substitut du procureur général en la Cour des aides du grenier à sel de La Charité,(3) fut installé dans ses fonctions le 20 janvier 1693.

Le second, Pierre Caullet,(4) ne fut nommé que le 22 avril 1694 ; mais comme il n'était âgé à l'époque que de 23 ans et demi et qu'il en fallait 25, il obtint assez facilement contre espèces, une dispense d'âge de Sa Majesté.

Ils avaient acheté leur charge 1.200 livres. Comme la plupart de ceux qui pouvaient y prétendre ne les recherchaient pas assez, une ordonnance du roi attribua alors des gages proportionnels à la somme déboursée pour les acquérir. Ici, ils étaient de 48 livres, qui de même que ceux

---

(1) Né à La Charité, paroisse St-Pierre, le 27 mai 1663.
(2) Le maire portait la robe rouge (ordonnance de mars 1693).
(3) Né à La Charité, le 20 novembre 1639.
(4) Né aussi à La Charité, le 28 octobre 1669.

des maires, étaient payés *sur les deniers communs patrimoniaux* et avant toutes autres dépenses.

Les franchises communales disparaissaient ainsi les unes après les autres. La nomination des échevins, qui de tout temps, avait appartenu à la Communauté, — seule chose qui lui restât du reste de ses anciens privilèges — était revendiquée de son côté par le prieur. Que pouvait une ville d'aussi peu d'importance que La Charité contre les exigences d'un seigneur si puissant que la Cour elle-même préférait entrer en composition avec lui ?... renouveler la lutte, vieille comme le monde, du pot de terre contre le pot de fer ?... Aussi pour ne pas tout perdre, elle préféra accepter un compromis aux termes duquel les échevins seraient nommés à l'avenir moitié par le prieur, moitié par la Communauté, et que leurs fonctions seraient de deux ans.

Usant alors du droit qu'il venait d'extorquer à la Communauté, Monseigneur nomma le 10 octobre François Resmon marchand, échevin. Cette nomination souleva les plus vives protestations de la part de Pierre Caullet, conseiller assesseur, qui revendiquait cette charge comme lui ayant été concédée par l'édit de création des maires et assesseurs d'août 1692.

La vente de ces offices avait donné un si beau résultat, que le roi toujours à court d'argent pour entretenir ses nombreuses maîtresses et ses plus nombreux bâtards, songea à employer le même moyen pour se procurer de nouvelles ressources en créant par son édit de mars 1694, des offices héréditaires de colonels majors, de capitaines et de lieutenants des milices bourgeoises dont la nomination appartenait pour la majeure partie aux villes.

En échange de leur argent, Sa Majesté voulait bien conférer quelques avantages aux acquéreurs, tels que l'exemption du service, du ban et arrière-ban, du logement des gens de guerre et de toutes autres charges des villes de leur résidence. Seuls, les enseignes et les sergents continueraient à être nommés d'après les usages de chaque localité.

La Charité était parmi les villes qui, jusqu'alors, avaient joui du privilège de nommer leurs officiers. Elle se pourvut devant le Conseil d'État, qui par son arrêt du 21 décembre, « *maintint pour toujours les maire, échevins et habitans dans la faculté et possession de nommer les dits officiers comme ils l'avaient toujours fait avant le dit édit.* » Ce ne leur fut toutefois qu'une vaine satisfaction, car le 17 septembre 1696, Pierre Maillard, sieur du Chandillon ; François Resmon ; Claude Bourcier et Antoine Grasset, qui avaient acheté : les deux premiers, une charge de capitaine pour 450 livres ; les deux autres, une de lieutenant pour 300, prêtaient serment devant l'assemblée des notables.

L'édit de mars créait en même temps d'autres charges héréditaires, vénales comme bien l'on pense, puisque c'était leur seule raison d'être : charges de contrôleurs des deniers patrimoniaux et d'octrois des villes et Communautés ; de substituts des procureurs du roi, en un mot l'Etat mettait toutes les fonctions publiques à l'encan.

Le 26 mai 1695, eut lieu en grande cérémonie, la pose et la bénédiction de la première pierre de la nef de l'église Notre-Dame qui avait été détruite par l'incendie du 31 juillet 1559.

Le devis des réparations à faire dressé par Claude Mathieu, architecte, s'élevait à la somme de 38.600 livres.

Un arrêt du Parlement, en date du 29 août 1693, avait autorisé la vente et la coupe des 3/4 des bois de la forêt de la Bertrange, pour en employer le produit aux dites réparations.(1)

Au jour dit, tous les corps constitués, encadrés par la milice bourgeoise se rendirent « en procession en suivant la croix en la place du quatrième pilier qui doit terminer la dite nef à établir et où doit être placé le portail, et dans le fondement préparé pour celui-ci a été placée la première pierre destinée à cet ouvrage par le révérend père prieur, et en laquelle le dessus est entaillé pour recevoir une plaque de cuivre qui y a été posée en laquelle sont empreintes, d'un côté : les armes de Monseigneur l'Archevêque de Rouen, Prieur Seigneur de La Charité : *Champ d'or à la couleuvre d'azur* et la devise *Ad perpetuam Dei memoriam.*

« De l'autre côté, les armes du prieuré *Trois bourses ouvertes d'or en champ d'azur, liées et empandantées de même,*

---

(1) C'est un nommé Pierre Guillemmeau qui s'était rendu adjudicataire des travaux, le 17 décembre 1694, au prix de 30.400 livres.

Du consentement du prieur et des religieux, il rétrocéda le 10 avril 1695 cette adjudication au sieur Philbert Convert, architecte. *Cartulaire de La Charité,* de Lespinasse.

et une fleur de lys d'or en chef, avec les noms des religieux qui composaient la communauté. »(1)

Après la cérémonie religieuse, et sur l'invitation du prieur, tous les corps de ville ainsi que les notables se rendirent dans le réfectoire contigu au château où trois grandes tables de quarante couverts chacune avaient été dressées, « ornées de tout ce que l'abondance pouvait offrir » ; la milice bourgeoise reçut de même l'hospitalité dans le grand réfectoire du couvent, pendant qu'à la porte des religieux faisaient une abondante distribution de pain à plus de trois cents pauvres de la ville et des environs.

Nous devons pour être juste dire aussi que l'archevêque de Rouen exerça largement son influence à la Cour en faveur de la ville qui devint en février 1696, siège d'Election et bureau de recettes de taille en chef. Elle dépendit dès lors de la Généralité de Bourges.

Les disettes se succédaient d'année en année et la misère était grande. En 1692, la situation avait encore empiré ; le blé était rare, les vendanges avaient été nulles et le vin de basse qualité. Voici d'ailleurs à cet égard, l'opinion d'un échevin consignée par lui à l'époque, sur le registre des délibérations : « *Il est remarquable qu'en l'année 1693, le vin cueilly en l'année 1691 s'est vendu en cette ville jusqu'à 350 livres ce qui procédait tant de sa bonne qualité que de la mauvaise de celuy cueilly en 1692.*(2) »

Les échevins, le procureur du roi et le lieutenant général du bailliage firent la visite des greniers où ils trouvèrent une si petite quantité de grains que le lendemain les notables se réunissaient d'urgence pour prendre des mesures propres à assurer la subsistance des habitants.

Ils firent acheter à Orléans cent muids de froment et autant de méteil qu'ils cédèrent aux habitants aux prix d'achat.(3)

En 1694, le blé manqua encore une fois à La Charité et dans les environs, et il devint pour ainsi dire impossible de s'en procurer. La population était menacée de mourir

---

(1) *Archives de la ville.*
(2) *Archives de la ville.*
(3) Blé acheté à Orleans 23 livres 10 sols le muid, 21 livres 10 le méteil, plus 5 livres 14 sols par muid pour transport par bateau.

de faim, quand, dans le courant de décembre, Sa Majesté fit envoyer 1,400 livres de riz, qui permirent aux habitants de se nourrir pendant quelques jours. Les échevins en répartirent d'abord une certaine quantité entre les plus nécessiteux, à raison de 4 sols et 1 liard la livre ; quant aux autres habitants, ils furent contraints à prendre *au prix du pain* et suivant le nombre des personnes dans chaque famille, ce qui restait en magasin.

CHAPITRE XX

Acquisition d'une maison pour servir d'Hôtel de Ville. Séjour du duc de Bourgogne et du duc de Berry. Arrivée du roi et de la reine d'Angleterre.

Pour s'affranchir de la dépendance du Seigneur, l'assemblée des notables décida, le 3 novembre, l'acquisition, au prix principal de 3,000 livres, d'un immeuble sis sur la place du Pilori, provenant de la succession d'un nommé Guillaume Cuvelier, docteur en médecine, pour le convertir en Maison de Ville. Monseigneur ayant bien voulu donner un avis favorable et accordé l'autorisation d'aliéner l'ancien Hôtel qui lui appartenait et dont le prix de vente devait venir en déduction du prix d'acquisition du nouveau, l'acte fut passé le 12 avril 1698, par Debard, notaire en cette ville (1).

M. de Colbert exigea de la Communauté, en échange de son consentement, la remise d'une médaille en argent du poids de deux écus, à ses armes, comme reconnaissance de l'hommage que les habitants lui devaient en sa qualité de *seul seigneur spirituel et temporel*, et pour la conservation des droits qui lui appartenaient dans l'ancienne maison seigneuriale où se tenaient la justice, le bureau de police, les prisons, la geôle, les greffes et les archives que l'on transférait dans le nouvel Hôtel.

(1) Les frais d'acquisition (non compris les honoraires du notaire) s'élevaient à 512 livres 12 sols, rien que pour les droits d'amortissement et de nouvel acquêt.

Tous ces services étaient en effet bien à l'étroit dans l'ancien bâtiment qui ne comportait que deux salles : une grande, en entrant, qui servait de chambre du conseil au tribunal ; l'autre, beaucoup plus petite, donnant sur la cour de la prison, servait de cabinet. Il y avait encore à gauche du corps de garde deux pièces voûtées ; une cave, une cuisine et un caveau également voûtés, qui étaient sous la grande salle et le cabinet.

La médaille consacrant les droits du Seigneur et qui devait être renouvelée à l'avènement de tout nouveau prieur, lui était remise solennellement ou à son délégué. La première fut frappée à Paris, à l'Hôtel des Monnaies, où les coins restèrent en dépôt. Elle portait, comme nous l'avons dit plus haut, d'un côté, les armes du Seigneur ; de l'autre, celles du Prieuré : *Trois bourses ouvertes d'or en champ d'azur avec une fleur de lys d'or posée en chef avec l'inscription* : PRŒFECTUS ET ŒDILES ILLUST. DOMINO. D. SUO. URBIS CHARIT. (1).

Avec ses charges qui allaient toujours en augmentant, la Communauté était de plus en plus obérée. Les travaux d'entretien les plus urgents restaient en suspens faute de fonds à leur consacrer, et l'intendant refusait toute autorisation de contracter un emprunt qui lui eût permis de les faire exécuter et de se libérer en même temps de ses anciennes dettes.

Il se départit cependant une fois de sa rigueur, en mettant tout simplement la ville *en demeure*, le 24 février 1701, d'en contracter un de 2,000 livres, destiné uniquement à recevoir les ducs de Bourgogne et de Berry, qui voulaient bien faire à la ville de La Charité le coûteux honneur de séjourner dans ses murs.

Deux mois après, jour pour jour, eut lieu une réception tout aussi onéreuse, du roi et de la reine d'Angleterre qui se rendaient à Bourbon. Leurs Majestés furent reçues à la porte de Paris qui était décorée d'écussons aux armes de la Cour et de la Ville, par le maire et les échevins, qui leur offrirent les présents d'usage : des bassins de confitures sèches pour la Reine, et cinq bouteilles de vin pour le

(1) A leur illustre Seigneur, le maire et les échevins de la ville de La Charité.

Roi. Ensuite, Leurs Majestés furent conduites dans les appartements qui leur avaient été préparés à l'hôtel de la Croix d'Or, où pendant toute la durée de leur séjour, un piquet de milice bourgeoise, commandé par un officier, fit le service d'honneur. La Maison de Ville avait été ornée aussi d'écussons et de faisceaux de drapeaux fleurdelysés, au milieu desquels on avait placé le portrait du Roi et ceux des Princes.

CHAPITRE XXI

La Charité, siège de subdélégation. Mort de l'archevêque de Rouen. — Remboursement des charges de Maire et de Lieutenant de Maire. — Situation financière de la Communauté.

En 1705, le Roi ayant voulu faire rembourser par les villes les charges instituées par les édits précédents et qui n'avaient pas trouvé preneurs, Jacques Joully, bourgeois de Nevers, d'une ancienne famille originaire de La Charité, dans le but d'atténuer autant que possible les charges de cette Communauté à laquelle l'État demandait le remboursement de l'office de Lieutenant de Maire, en fit l'acquisition.

Deux ans après, Me Claude Bourcier, notaire royal, achetait à son tour la charge de *Lieutenant de Maire alternatif*, qui venait d'être créée par l'édit de 1707.

Cette même année, le maire, Louis-Joseph Bernot de Charant, fut nommé subdélégué de l'intendant et commissaire départi en la Généralité de Bourges pour la ville de La Charité et étendue de la délégation, emploi créé par l'édit du mois d'avril 1704. La subdélégation de La Charité comprenait soixante paroisses, dont les villes de Donzy, Pouilly et Saint-Vérain. Nous avons dit plus haut quelles étaient les attributions des subdélégués.

Dans le courant de juin, la ville reçut un convoi de cent cinquante prisonniers de guerre faits à la bataille d'Almanza, en Espagne; à la fin de la campagne, plusieurs d'entre eux s'établirent définitivement à La Charité. Placés sous la garde des habitants, ces prisonniers furent internés dans la Tour Ronde, dite des Espagnols, parce qu'en 1643, après la bataille de Rocroi, elle en avait déjà reçu 160. Comme ils s'y trouvaient trop à l'étroit, on en mit un certain nombre dans la Tour Carrée, qui était en face, malgré l'opposition des bénédictins qui prétendaient à tort que cette tour leur appartenait.

Le prieur, l'archevêque de Rouen, mourut le 10 décembre 1707 dans son château de Gaillon, fastueuse demeure construite par Philibert Delorme pour le cardinal d'Amboise, et dont le portail (1), chef-d'œuvre du XVIe siècle, sauvé heureusement de la destruction pendant la tourmente révolutionnaire, orne aujourd'hui une des cours de l'école des Beaux-Arts à Paris.

Les échevins firent célébrer le 18, un service solennel dans l'église Notre-Dame et adressèrent à M. le marquis de Segnelay, chef de la famille, une lettre de condoléances au nom des habitants qui ne voulurent plus se souvenir en cette circonstance que des bienfaits dont le prieur Colbert les avait comblés, et que nous allons rappeler le plus brièvement possible.

Peu de temps après son avènement au prieuré, Monseigneur avait obtenu par le crédit de son père, le célèbre ministre d'Etat, la construction d'un pont de pierres (2) reliant le faubourg à la rive gauche de la Loire, abandonnant sans compensation aucune les 1,500 livres de revenus qu'il retirait auparavant du droit de pontonage. Pendant toutes les guerres et jusques en 1688, il avait garanti la ville du passage des troupes ce qui constituait alors une charge des plus écrasantes. De plus, il avait fait réduire et fixer définitivement à 6,000 livres par le Conseil d'Etat, le rôle des tailles qui, précédemment, montait à la somme énorme de 14,000 livres.

Il avait consacré plus de 10,000 livres à la construction du nouvel hôpital (3), établissement que jusqu'à sa mort, il subventionna de 300 livres par an, et après avoir pris à sa charge le traitement du chirurgien. Le prieur Colbert avait encore institué un maître d'école qui, en échange de

(1) Arc de Gaillon.
(2) Pont de 10 arches.
(3) Rue des Hôtelleries, maison Jarre, distillateur.

ses libéralités, était tenu de recevoir gratuitement les orphelins nécessiteux. En outre des aumônes qu'il faisait tous les ans aux Récollets, Monseigneur avait pris aussi à sa charge les frais d'apprentissage des enfants dont les parents n'étaient pas en état de les supporter et consacré des sommes importantes à la subsistance des vieillards ; enfin, contrairement à ce que faisait Sa Majesté, il ne voulut jamais vendre aucune charge de judicature, quoiqu'il eût attaché à chacune d'elles des gages fort honorables.

A l'archevêque de Rouen succéda (décembre 1707), Monseigneur le prince Frédéric-Constantin de la Tour-d'Auvergne, chanoine des églises de Strasbourg et de Liège, qui prit possession du prieuré le 1er février 1708.

En juillet 1710, la ville fut mise en demeure d'avoir à payer de suite la somme de 2,500 livres pour le rachat des charges de *maire et de lieutenant de maire alternatif* que Sa Majesté avait restituées aux Communautés, — moyennant finances, bien entendu. — Elles ne pouvaient toutefois exercer leurs droits de nomination « *que sous le bon plaisir de M. l'Intendant.* »

En d'autres termes, c'était ce dernier qui nommait.

L'assemblée générale des habitants avait décidé de faire ce remboursement en deux annuités avec ses propres ressources et d'user de son droit dès que le premier versement aurait été effectué, mais l'ordonnance royale du 14 octobre 1710 étant venue aggraver encore les charges des Communautés par l'établissement d'une nouvelle taxe dite *du denier dix* (dixième denier), l'assemblée générale contracta un emprunt de 2500 livres qui fut réalisé dans le cours de l'année.

Pour la perception des nouveaux droits qui commençait à partir du 1er mars 1711, la ville avait établi comme suit l'état de ses recettes et dépenses.

Les revenus consistaient en :

1° Un Hôtel de Ville dont la plus grande partie appartenait au Seigneur prieur. La partie appartenant à la Communauté évaluée à.................. 1500 livres

2° Le péage patrimonial sur terre et sur eau, produisant bail à ferme.. 2400 —

3° Le droit de courte-pinte dont 1/2 au roi et 1/2 à la communauté...... 540 —

4° Une maison, servant de collège, acquise le 26 mars 1707, à la charge de 20 livres de rente., pour mémoire ....

5° Cinquante arpents de terre dans les Pâtureaux, servant au pacage des bestiaux, mais devenus inutiles à cause du débordement de la Loire qui les a sablés..... pour mémoire.   4440 livres

CHARGES

Les charges étaient ainsi réparties :

Pour gages du maître d'école (*arrêt du Conseil d'Etat du 27 avril 1683*).............................	180	—
Augmentation......................	260	—
Rétribution du prédicateur de l'Avent...........................	210	—
Octave du St-Sacrement.........	30	—
Gages du greffier de l'hôtel de ville (*arrêt du Conseil d'Etat précité*)	15	—
Augmentation ordonnée par Monseigneur l'Intendant...............	45	—
Pour l'horloger (1)..............	25	—
Gages des deux sergents de police	30	—
Dépenses de torches et autres pour les fêtes du St-Sacrement.........	45	—
Entretien du beffroi.............	15	—
— de l'hostel de ville.....	15	—
— des puits publics.......	60	—
Aumône aux Révérends Pères Récollets...........................	50	—
Entretien et réparation des corps de garde, feux de joie, et dépenses imprévues.......................	500	—
Toutes ces dépenses fixées par l'arrêt précité. Dû annuellement au Seigneur prieur pour rachat de la « *banalité* » du four (*autorisation de l'Intendant)*.	300	—

(1) La taille de l'horloger était réduite à 10 livres par an. Il était exempté en plus du logement des gens de guerre.

Rente constituée au profit de M. Bagnayt (1)............................	73 livres	11 sols
Rente constituée au profit de l'Hostel-Dieu.............................	100	—
Rente constituée au profit de Edme Vachin..............................	60	—
Sommes prétendues par les sieurs receveurs des tailles pour les taxations et frais des comptes des octrois à la Chambre des Comptes.........	180	—
Pour droits du Contrôleur des deniers patrimoniaux.................	45 —	16 sols
Gages du sieur Caullet, assesseur de l'Hôtel de Ville..................	48	—
Gages de six sergents de quartier et quatre tambours.................	90	—
Attribué à (*un mot illisible*)......	200	—
Rente annuelle aux sieurs Dougny et Théveneau sur la maison servant de collège, acquise par la Communauté en 1707.....................	30 —	4 sols
Sol par livre des deniers patrimoniaux attribué aux receveurs par l'édit de création de mars 1704.....	135	—
Moitié des 37 livres 10 sols de gages attribués à Jean Foubert pour son office de Commissaire aux revues et logement des gens de guerre (2)..	18 —	5 sols

Parmi les dépenses obligatoires ne sont pas comprises celles pour rachats effectués au moyen d'emprunts, tel, par exemple, celui de 2,500 livres réalisé en 1710 pour le remboursement des charges de maire et de lieutenant de mai-

---

(1) Sur toutes les délibérations ayant trait aux finances de la Communauté, il signait toujours avec cette réserve : « *sans que cela puisse me nuire n'y préjudicier à mes exemptions* » ou bien encore : « *sans préjudice à mes avances* ».

(2) Il y avait deux brigades de maréchaussée dont le logement coûtait à la ville 230 livres ; plus 50 livres pour le loyer d'un magasin appartenant aux religieuses du Mont de Piété où étaient remisés les couchettes et les bancs servant aux troupes qui venaient en garnison.

re. Il convient aussi d'ajouter que la Communauté pouvait se procurer certaines ressources extraordinaires par l'aliénation de tout ou partie de ses pâtureaux dont elle évaluait la contenance à cinquante arpents, tandis qu'elle était bien supérieure.

CHAPITRE XXII

Incendie dans le quartier St-Jacques. Edit d'août 1722 créant de nouveaux offices vénaux. — Reconstruction du pont du Faubourg. — Le prieur de Roye de La Rochefoucault, archevêque de Bourges. — Reconnaissance que les échevins lui consentent.

M. Marpon, sieur du Chazeau, avocat en Parlement, s'était fait pourvoir de la charge de maire, vacante par suite de la démission du titulaire, M. Bernot de Charant, nommé subdélégué de l'Intendant, et comme la ville n'en avait pas encore remboursé l'Etat, M. Marpon se fit installer dans sa charge le 9 février 1711.

Une inondation de la Loire survenue à cette époque, avait emporté sur une assez grande étendue la levée en pierres contiguë au pont du faubourg, interceptant les communications avec le Berry. Le sieur Grasset, fermier du prieuré, ayant de sa propre autorité, voulu établir un pontonage avec *droit de bac* pour le passage de la brèche, le nouveau maire s'opposa à l'établissement d'une taxe, en vertu des « *actes patrimoniaux qui assurent aux habitants leur passage et celui de leur bestiaux pour les mener paccager dans les pâtureaux* ».

En mai 1713 (1), la Communauté dut contracter un nouvel emprunt de 3000 livres pour le remboursement de deux charges, une, d'avocat du roi, et l'autre, d'échevin alternatif.

Le quartier St-Jacques, déjà si éprouvé en 1503, fut dévasté à nouveau par un incendie qui éclata dans la nuit du

---

(1) Le marché qui, jusqu'alors, s'était tenu sur la place de la Revenderie, fut transporté à cette époque sur la place de l'Hôtel de Ville, où il tient toujours.

10 août 1719. Cent dix maisons, des granges, des magasins avec une quantité considérable de marchandises qui y étaient enfermées devinrent la proie des flammes. Le feu s'était propagé avec une telle rapidité qu'on ne pût rien sauver. De malheureux sinistrés perdirent cette nuit-là tout leur avoir.

La charge de Maire avait été supprimée encore une fois par l'édit de juin 1717, mais comme la Communauté n'en avait point encore indemnisé le titulaire, celui-ci avait obtenu le 21 juillet 1719 un arrêt suivi bientôt de lettres patentes qui le rétablissaient dans sa charge jusqu'au jour où la ville serait en mesure d'en effectuer le remboursement *avec les gages et les arrérages dus*. Il fallut une nouvelle ordonnance de l'Intendant pour que M. Pierre Marpon pût être réintégré dans ses fonctions de maire, dans lesquelles il fut installé le 28 août 1721 par le greffier, M. François Hotte, sur le refus des échevins d'y procéder.

Le rétablissement des anciennes charges électives ne fut pas de longue durée : ce n'avait été encore qu'un prétexte pour le gouvernement de Louis XV de remplir à nouveau ses coffres. En effet, par son édit du mois d'août 1723, il créait de nouveaux offices vénaux qu'il vendit fort cher.

Me Rodolphe Jolly, avocat en la Cour, acheta alors celui de Maire dans lequel il fut installé le 10 août 1723 en qualité de *Conseiller du roi, Maire entier et mytriennal de la ville de La Charité*.

Cette fantaisie lui coûta la modeste somme de 18,000 livres en principal, 20,000 avec le décime ; elle lui en rapportait 360 qui étaient prélevées d'office sur les revenus de la Communauté. Il jouissait avec cela des mêmes exemptions que ses prédécesseurs.

Ce maire, — sans doute parce qu'il était *entier* — ne se donnait même pas la peine de prendre l'avis des échevins. Ces derniers ne voulant pas se contenter de ce rôle passif, protestèrent auprès de l'Intendant, qui par son ordonnance du 28 octobre 1723, enjoignit au Maire *de convenir avec les échevins du jour et des affaires qui devaient être traitées en Assemblée communale*. (1).

(1) Archives de la Ville.

La défectuosité du service de la guerre soulevait toujours les mêmes plaintes des habitants. Pendant les mois d'octobre et de novembre, il ne passa pas moins de cinq régiments de cavalerie (régiments d'Orléans ; de Saint-Simon ; Maître de camp général ; Royal-Etranger et Carabiniers), qui séjournèrent à La Charité sans que le Maire ni les échevins eussent été avisés de leur arrivée. Et ce n'était pas une petite affaire que de pourvoir au logement et à la subsistance d'une telle quantité d'hommes et de chevaux arrivant parfois le même jour de deux directions différentes. La ville était obligée de faire l'avance du montant des fournitures qu'elle ne se procurait dans ces cas là qu'avec les plus grandes difficultés, et qui ne lui était remboursé que longtemps après par l'Intendant.

C'était un nommé Léger demeurant à Paris, rue Neuve, paroisse de St-Roch, qui à l'époque, avait l'entreprise générale des fournitures de la Généralité de Bourges. Ses soumissionnaires pour La Charité et Donzy, étaient les sieurs Nicolas Saget marchand, et François Laurent aubergiste, qui devaient fournir les troupes en pain, vin, viande, foin et avoine aux prix suivants :

Chaque ration de bouche de fantassin à raison de.......................... 7 sols 6 deniers

Chaque ration de bouche de cavalier à raison de.......................... 13 —

Chaque ration de bouche de dragon aussi à pied, à raison de............. 9 — 3 —

Chaque ration de bouche d'homme de la maison du Roy en gens d'armure.... 16 — 9 —

Et pour chaque ration de cheval.... 15 —

Il leur était fait sur le produit de ces sommes une retenue de 4 deniers par livre pour la caisse des Invalides.

La crue de 1711 avait causé des dégâts autrement considérables qu'on ne les avait vus tout d'abord. En effet, en outre de la levée qu'elle avait emportée sur une assez grande étendue, la solidité du pont de pierre du faubourg était elle-même si compromise qu'en 1723 la nécessité s'imposa de le reconstruire.

Les travaux venaient d'être donnés en adjudication en

même temps qu'un service de bateaux ou charrières qui assurerait les communications entre les deux rives.

Ce projet n'avait pas eu l'agrément de la municipalité qui, dans le courant du mois de mars 1724, délégua le maire et M° Michel Bagnayt, procureur fiscal auprès de l'Intendant pour protester contre son exécution, en représentant que l'adjudication en était très onéreuse pour la Communauté et qu'au surplus sur les dix arches de ce pont, trois seulement avaient besoin d'être refaites.

Il faut croire que de prime abord les Charitois ne s'étaient pas bien rendu compte de l'état de ce pont, car trois mois après, l'assemblée des mêmes habitants *remerciait M. l'Intendant de ce que, sur ses instances, le Roy veut bien nous gratifier d'un nouveau pont en remplacement de l'ancien qui est prêt à tomber.* (1).

Commencée seulement en 1731, la reconstruction du pont ne fut terminée qu'en 1763. Ce travail fut exécuté en partie par le régiment de Royal-marine qui avait été envoyé en garnison à La Charité et dont la dépense de casernement à la charge de la ville s'éleva pour cette année-là à la somme de 2,450 livres ; et pour 1732, à 3.227 livres 16 sols.

En 1732, « l'Illustrissime et Révérendissime Monseigneur Frédéric-Jérôme de Roye de La Rochefoucault, patriarche, archevêque de Bourges, Primat des Aquitaines, Conseiller du Roy en tous ses conseils », succéda au prieuré au prince de la Tour d'Auvergne.

La médaille commémorative de son avènement, frappée à Paris et dont les coins furent déposés au cabinet des médailles du roi au Louvre, fut remise le 23 novembre par les échevins, au nom de la Communauté de La Charité, à « Messire François Bernot de Charant, écuyer général provincial des monnoyes, lieutenant général au bailliage de La Charité et subdélégué à l'Intendance du Berry en l'Election de cette ville, fondé de procuration générale de Monseigneur. »

Le 1ᵉʳ février 1734 eut lieu le tirage au sort pour la mili-

---

(1) Ce pont avait été construit en 1673, en remplacement d'un mauvais pont en bois Archives de la ville.

ce des jeunes gens de la ville, en présence des échevins et de M. Le Bel Commissaire des guerres au département du Berry. Le contingent avait été fixé à 12 sur 60 conscrits, plus un 13ᵉ qui fut pris pour en remplacer un de l'année précédente. Le sort tomba sur les nommés : Simon Bigot ; Edme Baudelin ; Dupuis ; Lesueur ; Mignon ; Jean Leclerc ; Paultre ; Jean Mellot ; Henri Gaucher ; Thomas Niot ; Pineau ; Claude Mignolle et Poulain, domestique à La Pointe.

L'attitude arrogante et tracassière des officiers du bailliage seigneurial ne faisait que rendre plus profonde encore l'aversion des habitants contre le régime de compression dont ces agents trop zélés usaient à leur égard. Ils leur en voulaient surtout de la dépendance servile en laquelle ils prétendaient tenir la Communauté, en suscitant chaque jour sous les prétextes les plus futiles de nouveaux conflits, qui ne tendaient rien moins qu'à la suppression des quelques franchises qu'ils avaient pu sauvegarder jusqu'ici.

Et c'est à la suite d'un de ces nombreux incidents d'attributions qu'ils faisaient naître intentionnellement, que le nouveau prieur envoya comme don de joyeux avènement aux échevins en septembre 1740, une assignation pour la reconnaissance formelle de ses droits.

Ceux-ci essayèrent bien d'éluder la réponse, mais après plusieurs mois de pourparlers infructueux, ils furent contraints de lui signer la reconnaissance suivante :

« *Reconnaissance consentie au profit du Prieuré de cette Ville, par les habitants d'Icelle le 17 Juillet 1741, passée par devant Antoine Bataille, notaire royal en Berry et Bourbonnais à la résidence de Nérondes, commis pour les confection et renouvellement des terriers au Prieuré de La Charité ;*

« Est comparu Monseigneur l'Illustrissime et Révérendissime Seigneur Frédéric-Jérôme de La Rochefoucault, Patriarche, Archevêque de Bourges, Primat des Acquitaines, Conseiller du Roy en ses Conseils, Prieur Seigneur Spirituel et Temporel de cette dite Ville de La Charité, par Mᵉ Pierre Joully, avocat en Parlement, lieutenant général civil et criminel au bailliage de cette dite ville de La Charité, y demeurant paroisse de Ste-Croix, au nom et comme fondé de la procuration de mon dit Seigneur ;

« les habitants par actes des 4 décembre 1740 et 6 janvier présent, ils ont unanimement donné pouvoirs aux sieurs Chastignier, Courtois et Jolly, échevins, de consentir la reconnaissance demandée par Monseigneur ;

« ont dit, déclaré et reconnu qu'au mon dit Seigneur le Prieur de La Charité, appartient la Ville et Seigneurie de La Charité en laquelle il a toute justice haute, moyenne et basse, qui s'étend tant sur la dite ville et fauxbourgs, qu'au delà de la rivière de Loire du côté du Berry sur les habitants des lieux et paroisses de La Chapelle-Montlinard, Passy-Patouillat, Argenvières et St-Léger-le-Petit ; et du côté de deçà la rivière, sur les habitants de Raveau. Charly, y comprenant les usages de la Petite-Bertranges appelés de Chaulgnes ; Villatte ; Narcy ; en partie Bulcy ; lesquelles justices de Raveau, Charly, Chaulgnes, en partie Villatte, Narcy et Bulcy, ont été réunies à celles de La Charité du consentement des habitants des dits lieux par sentence rendue au baâge (1) de St-Pierre-le-Moutier le 23 février 1680 ; pour l'exercice de laquelle justice le dit Seigneur a droit d'instituer un lieutenant général premier magistrat civil, criminel et de police ; un lieutenant particulier ; un assesseur ; un procureur fiscal ; un substitut ; un greffier ; des notaires procureurs ; postulants ; huissiers audienciers ; sergents ; geôliers et tous autres officiers de judicature, au dit droit de défauts, amendes, confiscations, aubaines, mains et déshérences, lesquels droits il peut affermer ; que, pour l'exécution des jugements rendus par les dits officiers, il aura en cette ville de La Charité prisons criminelles, ordinaires et extraordinaires, auxquelles il y a gardes et concierges ; appartenant au dit Seigneur le droit de geôle, ainsi qu'il paraît par une sentence de MM. les Commissaires généraux au profit de Monseigneur le prieur de La Charité contre Abraham Pignogier qui prétendait que le droit de geôle lui appartenait comme lui ayant été concédé par le Roy, ainsi que tous les autres du royaume ; cette sentence est du 4 décembre 1610 ; pour marque de laquelle justice de mon dit il a signes patibulaires, pilori et scel aux contrats et sentences, et généralement tout ce qui dénote et appartient à un Seigneur haut justicier. Les appels des sentences et jugements rendus par

---

(1) Pour bailliage.

les dits officiers de La Charité se relèvent immédiatement au siège présidial de St-Pierre-le-Moutier, ainsi qu'il a été accordé par les *lettres patentes de Charles, Roy de France, en mil trois cent soixante-et-quatre* ; et, pour les condamnations et peines afflictives, les appels se relèvent par devant nos Seigneurs de la Cour souveraine du Parlement ;

« qu'il appartient à mon dit Seigneur prieur de La Charité pour les bois dépendant du dit Prieuré, la *juridiction de Grûrie* en l'étendue des justices du dit prieuré, pourquoi il a droit pour l'exercice d'icelle d'établir un maître particulier ; un lieutenant ; un procureur fiscal ; un greffier, et des forestiers pour tous les eaux et forêts et bois dépendant du dit prieuré, auxquels toute connaissance appartient des délits fournis dans les bois, forêts et pêches, les eaux et rivières, suivant qu'il paraît par les *lettres patentes octroyées par Henry IV aux prieur et religieux de La Charité confirmatives du dit droit du 27 août mil six cent cinq, enregistrées au siège de la Table de Marbre à Paris le 11 may 1606*; *autres lettres patentes octroyées par Louis treize le 15 juillet 1610, registrées au Par'ement le 25 février 1611 ; autres lettres octroyées par le Roy à messire Jacques-Nicolas Colbert, Prieur de La Charité, confirmatives du droit de Grûrie, du mois de janvier 1691, enregistrées au Parlement le 8 mars du dit an, et au siège de la Table de Marbre du 5 novembre aussi du dit an* ;

« que dans les justices et seigneuries de La Charité mon dit Seigneur a *Droit de Censive*, qui se paie par chacun an à sa recette ordinaire les jours de festes de Notre-Dame d'aoust sous le portail du château de cette dite ville les cens portant lods et ventes, défauts et amendes de recélée ; il est dû pour les dits lods et ventes, 28 *deniers par livre* du prix de l'acquisition ou valeur des dits biens ; et, pour l'amende de recette, faute de déclarer la mutation dans les quarante jours après le contrat, *trois livres* ; et pour le défaut de payer le dit cens à chacun jour d'Assomption de Notre-Dame ou dans l'octave d'icelle, *sept sols six deniers par chacun article* ;

« qu'il appartient à mon dit Seigneur pareil droit *de 28 deniers par livre* des biens changés entre particuliers suivant la déclaration du Roy du 23 mars 1673 et la vente du dit droit faite par MM. les Commissaires Généraux, députés par Sa Majesté, à Messire Jacques-Nicolas Colbert, *du 22 mai 1680* ;

« qu'il appartient à mon dit Seigneur la halle assise à cette dite ville, où se vendent et s'étalent plusieurs denrées, marchandises de draperies, quincaillerie, clouterie, et les bleds qui viennent en foires et marchés : laquelle halle est assise dans la rue qui tend à celle des Eaux et à la rue du Filet à laquelle elle jouxte du septentrion ; du mydi à la place commune de l'Orme, autrement appelée *La Chaume aux moutons* ; d'autre côté du levant une petite ruelle et d'autre du couchant à une rue tendante de la rue première déclarée à la Chaume aux moutons ; que les marchés ordinaires de la dite ville de La Charité se tiennent le samedy de chaque semaine et les marchands sont tenus à porter les denrées en la dite halle ou au-devant d'icelle et ne les peuvent vendre ailleurs, même les bleds, ce qui regarde les marchands forains. Les foires qui ont accoutumées d'être tenues tant en la dité ville que faubourg sont de temps immémorial vigiles des cinq festes de Notre-Dame, savoir : la Nativité ; la Conception ; la Purification ; l'Annonciation et l'Assomption ; qu'aux jours de foires et marchés, mon dit Seigneur a *droit de lever hallage* sur toutes personnes vendant en la dite halle et les environs suivant que le dit droit est énoncé dans une ancienne pancarte, savoir :

Les *tanneurs*, à jour de foire, doivent *4 deniers*, et à jour de marché, *1 denier* ;

Ceux qui *vendent sel* en détail les jours de foire ou marché *une mannée de sel* ;

Ceux qui *vendent chandelle* : à jour de marché, 8 *deniers*, et à jour de foire, *12 deniers*, et de chacune denrée selon le plus ou le moins ; les *drapiers*, à jour de foire, doivent 12 *deniers*, et à jour de marché, 8 *deniers*, et ceux qui *portent drap et le vendent à terre sans étal* doivent *4 deniers*, et si quelques drapiers se logent hors de la halle à jour de foire doivent, *4 deniers*, et à jour de marché, *3 deniers*.

« Toutes personnes vendant *faucilles ou quincaillerie* doivent *4 deniers* ; les *cordonniers* à jour de foire doivent *4 deniers*, et à jour de marché *3 deniers* ou sont abonnés à l'année suivant les *compromis et sentences arbitrales* rendus entre Monseigneur de Lenoncourt, prieur de La Charité et les habitants de la dite ville *par laquelle le dit Seigneur est maintenu à la possession de prendre et percevoir par chacun an, quatre sols deux deniers* de chacun marchand apportant marchandises en la dite halle, et de quelques marchands en la dite ville, en leurs maisons sises et proche la dite halle, *en date du 9 septembre et premier décembre 1639 ;*

« que mon dit Seigneur a *droit de mesures et d'étallonnage* ; l'autorité de visiter ceux qui vendent ou achètent à autre mesure ; les faire confisquer par authorité de sa justice et condamner en l'amende arbitraire ; laquelle visite se fait par le procureur de Monseigneur et les sieurs échevins ; qu'il a pareillement *droit de prendre et lever quartelage* sur tous les bleds et grains qui se vendent et se débitent au détail, tant pour les marchands forains que pour les habitants de La Charité aux halles publiques et sur les ports de la Loire, sur les bateaux seulement, et le tout sans fraude ni collusion, sans que le dit droit se puisse étendre sur les bleds et grains qui se vendent en maisons et greniers des habitants *conformément à la transaction passée entre feu Monseigneur le Cardinal de Rouen, prieur de La Charité et les dits habitants, devant Guerreau et Parque, notaires au Chatellet de Paris, le 20 août* 1635, et se paye le dit droit de quartelage *de 48 boisseaux l'un, et de chacun boisseau une coupe comble, les 48 coupes faisant le boisseau ;*

« qu'il appartient à mon dit Seigneur *droit de minage ou hallage* sur tous les bateaux chargés de sel et qui se déchargent au port de la dite ville de La Charité et ailleurs en la dite seigneurie ; lequel droit était anciennement de 48 *minots, un minot de sel* revenant au dit Seigneur pour son usage et celuy des religieux sans payer aucun droit, *ainsi qu'il résulte d'une sentence du Chatellet de Paris du 30 janvier* 1405, *portant mandement aux fermiers des Aydes de délivrer le sel ordinaire au prieuré de La Charité sans gabelle ;* où, depuis, le dit droit a été réduit à 21 *sols 4 deniers pour chacun muid de sel descendu au grenier à sel, suivant les certificats des receveurs du dit grenier à sel donnés en* 1672 ;

« que mon dit Seigneur *a droit de dîme* en les dites terres, justices et Seigneuries, savoir : des bleds de 13 *gerbes l'une ;* des dîmes de fruits de vignes de 13 *tinnes l'une, payables aux ports et entrées de la dite ville de La Charité* pour les vins, fruits de vignes seulement ; des dîmes de chanvre, *de 13 poignées, l'une* ; des dîmes d'agneaux, *de treize, l'un* ; duquel droit l'enclos de la ville, faubourg et vieille ville jusqu'aux anciens fossés, vulgairement appelés *les Basses Cours, en sont exempts*, les limites et circonscriptions desquelles dîmes seront cy-après insérées :

« que toutes les vignes dans l'étendue de la dite Justice de La Charité, à l'exception des Basses Cours, sont sujettes à *la Bannie*, et n'est permis à aucunes personnes de vendanger que la dite bannie ne soit ouverte par Monseigneur après visites faites par experts ; et auparavant l'ouverture de la dite bannie mon dit Seigneur *a trois jours francs pour faire vendanger son enclos de vignes* ; et de ceux qui vendangeront avant la dite bannie, la vendange est confisquée et outre se font amendables de la somme de *trois livres, ainsi qu'il paraît par transaction passée entre le Seigneur, prieur de La Charité, sur la demande formée à sa requête contre le sieur de La Pointe*, par laquelle le dit Seigneur prieur est maintenu et gardé *au droit de possession paisible et immémoriale de bannalité et de la dîmerie du vignoble et territoire de La Charité*, uniforme et circonscript, et que le dit Seigneur ou ses fermiers ont par préférence à lui et à tout autre *trois jours francs pour faire vendanger son clos de vignes à peine d'amende et confiscation, du 12 mars 1701*, signé Marchand et Beauvais, notaires à Paris.

« Que mon dit Seigneur a le *droit de laugayage des porcs* qui se vendent et se débitent en la dite ville de La Charité ; lequel état et office de laugayeur a été étably par S. M. et dont François Chaillet était pourvu, duquel Chaillet Monseigneur Jacques-Nicolas Colbert, prieur de La Charité, l'a accepté et réuni au dit prieuré de La Charité *ainsi qu'il paraît par sa quittance du 30 décembre 1650* (1) ; lequel droit s'afferme avec les autres appartenant à mon dit Seigneur ; qu'anciennement mon dit Seigneur *avait droit de four bannal* en la dite ville de La Charité où tous les habitants de la dite ville et faubourgs étaient tenus venir cuire leur pain, tant pour le ménage que pour

(1) Moyennant le remboursement par le prieur de la somme de 606 livres.

vendre, sans qu'ils puissent aller cuire ailleurs, sinon en payant le droit et avertissant ; ny tenir aucun four à cuire pain sans le consentement de mon dit Seigneur ou de ses officiers, *pour lequel droit de cuisson ils payeront pour chacun boisseau quatre deniers* ;

« qu'aucuns des dits habitants ne pouvaient au préjudice de Monseigneur faire construire et édifier aucun four à faire pain, *mais seulement des petits fours à faire de la pâtisserie*. A l'égard de la permission accordée aux boulangers pour ceux qu'ils avaient en leur maison, ils étaient tenus payer pour chacune gueule de four *dix sols* par chacun an à mon dit Seigneur au jour de St-Jean-Baptiste, et les dits habitants de La Charité pour se redimer de la bannalité du dit four, se sont obligés à payer à mon dit Seigneur, prieur de La Charité, la somme de *trois cents livres par an* sur les deniers patrimoniaux de la ville, *par acte de 28 janvier 1696, et arrêt du Grand Conseil, qui confirme la propriété du droit de bannalité et abonnement de celui du 7 juillet 1731* ;

« qu'à cause de la suppression du four bannal, il est dû à mon dit Seigneur par chacun des boulangers de la dite ville de La Charité, *la somme de 40 sols par an, suivant l'acte reçu par Bourcier, notaire, le 21 décembre 1691* ;

« que mon dit Seigneur a *Droit, puissance et liberté d'instituer autant de boulangers et pâtissiers* en la dite ville de La Charité qu'il le juge à propos ; de les destituer ; leur faire faire chef-d'œuvre ; y assister en son Procureur avec les dits sieurs échevins ; corriger et chastier s'ils abusent et ne tiennent poids du pain, par confiscation d'iceluy et amendes arbitraires, *ainsi que le dit droit se justifie être dû au dit Seigneur par plusieurs actes et différentes procédures, faites tant au bailliage de La Charité, qu'en celui de St-Pierre-le-Moutier*, à la requête du Procureur fiscal de La Charité à l'encontre des Maîtres boulangers et pâtissiers de la dite ville ; que le dit Seigneur prieur *a pareillement droit d'instituer et établir* en la dite ville de La Charité *un corps de taillandiers* ; faire faire chef-d'œuvre à ceux qui seront reçus en iceluy, *suivant l'établissement qui en a été fait par Monseigneur Jacques-Nicolas Colbert, prieur de La Charité, le 12 octobre 1689*, auquel est joint l'acte d'enregistrement des dites lettres au dit bailliage et les statuts de la dite maîtrise du 17 *juillet* 1690, signé Merlan greffier.

« Que mon dit Seigneur *a droit de créer et instituer* en la dite ville de La Charité *tant et autant de bouchers que bon lui semble* sans que nul autre n'ait pouvoir d'en commettre ni créer aucun ; lesquels bouchers auparavant que d'en faire l'exercice doivent faire chef-d'œuvre sur requête présentée et qui se communique au Procureur de Monseigneur et sieurs échevins pour être reçus en leur présence par M. le lieutenant général de cette ville ; lesquels bouchers *doivent et sont tenus de payer à chacun an* à mon dit Seigneur la *somme de quarante-cinq sols* chacun en deux payements et par moitié, les jours de Nativité de Notre-Dame et premier dimanche de Carême, pour le *droit de ban de boucherie* ;

« *qu'il appartient* à mon dit Seigneur les *deux parties basses de la boucherie* de chaque côté et contre la grande porte d'icelle du côté de la Revenderie, lesquelles il a affermé aux plus offrants et derniers enchérisseurs aux bouchers de la ville, ainsy que bon luy semble et pour le temps qu'il luy plaît ; que les dits bouchers doivent vendre leur chair en la dite boucherie, et icelle fournir et garnir en sorte qu'il n'arrive aucune plainte, et *ne peuvent les dits bouchers vendre leurs chairs que suivant le prix qui en est fait par les officiers de mon dit Seigneur avec les échevins, qui doivent faire choix des chairs trois fois dans l'année*, ainsi qu'il a été réglé par Monseigneur de Lenoncourt, prieur de La Charité, et autre règlement fait en conséquence qui sont aux registres du greffe de police de la dite ville ; que *les eaux et rivières qui sont au dedans de la dite Justice appartiennent à mon dit Seigneur*, dans lesquelles personne ne peut pêcher sans son consentement, *sinon les habitants de la ville et faubourg qui ont droit de pêcher dans la rivière de Loire* en ce qui est de l'étendue de la dite Justice, pour lequel droit ils *sont tenus de donner* à Monseigneur la *hûre* du plus beau poisson de mer qui est pesché en Icelle par chacun an.

« Que mon dit Seigneur est en possession *du droit de passage sur la fausse rivière* (1), conformément aux arrêts du Conseil rendus entre feu M. Payen-Deslandes, prieur

---

(1) Du faubourg à la rive du Berry.

Seigneur de la dite ville et Pierre Berthault, et le dit sieur Payen et les échevins de la dite ville, *des 25 janvier 1653 et 14 octobre 1659*, pour lequel droit est dû, suivant la même pancarte, pour passer et repasser, savoir :

Pour chaque charrette chargée ou non chargée, tirée par un cheval et conduite par un homme. 1 sol

Pour une charrette tirée par six bœufs. 2 sols

Pour une charrette tirée par deux bœufs ou deux chevaux.................... 1 sol. 6 deniers

Pour une charrette tirée par trois et quatre chevaux........................ 3 sols

Pour une bête chevaline............ — 3 deniers

Pour une bête à cornes............. — 3 deniers

Pour chacun pourceau ou chèvre..... — 2 deniers

Pour une bête à laine.............. — 1 denier.

« Et, à l'égard des foins, ils payeront le double du dit droit, duquel *les habitants de cette ville sont exempts, eux et leurs domestiques, chevaux et autres bestiaux nourris en leurs maisons, suivant le concordat et traité fait entre le sieur Payen et les habitants, inscrit sur le registre de la Maison de Ville, le 5 novembre 1654*, et lequel droit de passage ne subsiste plus au moyen de la construction du pont de pierre, et ont les échevins protesté que le présent article doit être entièrement bâtonné, en ce que si le Seigneur en jouissait, n'était qu'en conséquence de la concession qui lui en a été faite par les dits habitants en 1649, pour sa vie seulement ; et de la part du dit sieur Joully, a été dit que le dit Seigneur était en possession avant l'acte de 1649 qui ne peut pas préjudicier à ses droits, *suivant qu'il paraît par le règlement fait par M. de Lenoncourt en 1581 ; reconnaissance faite par les habitants en 1667 et baux subséquents ;* et, par les dits échevins, a été dit qu'en 1667 la concession en avait été faite aux *habitants*, et non *au Seigneur de La Charité*, et de la part du sieur Joully, acte fait protestations contraires.

BIENS DOMANIAUX

« Ont aussi les dits sieurs échevins déclaré et reconnu qu'il appartient à mon dit Seigneur une Maison forte, fermée de hautes murailles hors d'échelle, en laquelle il y a une grande cour, jardins, granges, corps de logis, étables, écuries, magasins et pressoir ; le tout tenant : du levant, au *monastère des Religieux Bénédictins* ; du midy, *l'église, Ste-Croix ;* du couchant, *la rue des Chapelains ;* et du septentrion, *le champ Barathé.*

« *La maison de la boucherie* dont le bas d'icelle est tenu à rente et cens du dit Seigneur par les baux qui ont été faits par les précédents Seigneurs à plusieurs particuliers qui en jouissent ; le milieu d'icelle étant la boucherie bannale assise en la Revenderie de la dite ville ; d'autre part, par derrière, au *Cimetière de l'église Ste-Croix, la muraille entre deux ;* d'autre, *à une petite rue par laquelle on va de la Grande-Rue au cimetière ;* et d'autre, *à la rue par laquelle on va de la maison seigneuriale à la Revenderie et au Pilori* ; *la place où les bouchers doivent faire leurs écorchures,* ainsi qu'elle se comporte, assise *en la rue de la tour de Cuffy qui jouxte du levant la dite rue ;* au midy, *la maison et jardin de Léonard* ; *l'école ;* du couchant, *les murs de la ville du costé de la Loire ;* et, du septentrion, *le jardin de la dame Caulet, veuve Sordet ;* pour laquelle place chacun boucher doit payer par an à mon dit Seigneur au jour de la Nativité de Notre Seigneur, 18 *sols.*

« Item. — Un clos de vignes, assis proche la dite ville de La Charité, appelé le *Clos de Monseigneur,* contenant l'œuvre de 100 hommes, ou environ, au milieu de laquelle pièce de vigne est une pièce de terre de la contenüe de 24 boisselées, qui jouxte du levant, d'un long, les vignes du Clos, appartenant à plusieurs particuliers ; du midy, les vignes du sieur Marpon et autres ; du couchant, les vignes de la Robe, une rue entre deux ; d'autre, la dite rue, et du septentrion, les vignes du Désert ; lequel clos de vignes mon dit Seigneur a droit de vendanger le premier, et, pour cet effet, prendre trois jours francs, comme il est dit cy-dessus, avant les habitants ;

« *qu'il appartient* aussy au dit Seigneur une pièce de terre où il y a une perrière, appelée la *Perrière St-Pierre,* ainsi qu'elle se comporte, tenant d'une part à un chemin tendant de La Charité à Chazué ;

« Item. — Une pièce de terre contenant 80 boisselées, ou environ, appelée *la Grande Boulaise du Croc Vailloux* (1), qui

---

(1) Croz-Villoux.

jouxte : du levant, la terre du sieur Charron, une ancienne rue entre deux ; du midy, la rue tendante de St-Lazare à la Grange-Goudat (1) ; du couchant, les vignes du Croc-Vailloux ; et du septentrion, la rue tendante de La Charité à Raveau.

« It. — Une pièce de terre contenant 35 boisselées, ou environ, appelée *les Petites Boulaises,* qui jouxte : du couchant, la rue tendante de St-Lazare à la Grange-Goudat ; du septentrion, le chemin de Chazué à La Charité ; et des autres parts, les terres de la dame veuve Leblanc qui jouit de cette terre par accense des fermiers de La Charité ;

« It. — Une pièce de terre contenant 130 boisselées, ou environ, appelée *Le Virlay,* qui jouxte : du soleil levant, la terre de Virlay, appartenant à la dame veuve du sieur Leblanc ; du midy, le Champ-Fontaine, appartenant à la dite dame ; du couchant, la terre des Boulaises, appartenant à la dite dame ; et du septentrion, la rue tendante de Chazué à La Charité, lesquelles trois dernières pièces de terre ont été réunies au dit prieuré par *arrêt rendu par le Grand Conseil, le 29 août 1680, contre Isaac de Fougières,* qui était détenteur des dits héritages ;

« plus une pièce de terre, située en *Vauvrillis,* contenant 50 boisselées, ou environ, qui jouxte : du soleil levant, le grand chemin de La Charité à Mesves ; du midy, les vignes de Michaut et Comaille, les terres du Puits-Charles et de la Pointe ; du couchant, les terres du domaine de la Pointe ; et au septentrion, une terre du domaine du Puits-Charles et la rue qui descend du grand chemin à la rivière passant le long des vignes de la Pointe ;

« plus une pièce de terre, appelée *la Sauiaye,* contenant 40 boisselées, ou environ, qui jouxte : du levant, la rivière de Loire ; du midy, la levée du Pont-Neuf ; du couchant, les Pâtureaux et les terres de mon dit Seigneur ; et au septentrion, une terre appartenant au sieur de Lespinasse ;

« It. — Un pré, appelé *le Pré de l'Abatte,* qui jouxte : du levant, la rivière de Loire, la terre du sieur de Lespinasse et celle du sieur Paul Jolly ; au couchant, les prés du sieur de Marpon et les terres du dit Seigneur cy-après ; et du septentrion, les prés du sieur Grasset, dépendant du lieu de La Plauderie ;

---

(1) La Grange-Jouadat.

« plus une pièce de terre de la contenance de 200 boisselées, ou environ, appelée *les Terres du Pont de l'Abatte*, qui jouxte : du levant, les prés du Seigneur cy-dessus déclarés ; du midy, les Pâtureaux de La Charité et les terres de Paul Jolly ; du couchant, les prés et terres du Seigneur, appelés *les Grandes Noües* et les terres du domaine de Nambault ; et au septentrion, le pré du sieur Marpon et les terres du domaine de Nambault ;

« plus une pièce de terre et pré, appelée *la Grande Noüe*, contenant en tout six arpents, au moins, qui jouxte : du levant, les prés et terres du dit Seigneur, appelés la *Petite Noüe* ; et du septentrion, les terres de Nambault et celles du Seigneur ;

« plus une pièce et pré, appelée la *Petite Noüe*, de la contenance de 30 boisseaux, et le pré à amasser douze charriots de foin, qui jouxte : du levant, la terre et pré de la Grande Noüe ; du midy, les Pâtureaux ; du couchant, les terres du sieur de Lespinasse et le bois et les prés Nambault ; et du septentrion, le pré de François Pinault ;

« plus une pièce à pré appelée le *Pré Nambault*, contenant à croître 20 charriots de foin, ou environ, qui jouxte : du levant, les prés de la Noüe, appartenant au dit Seigneur ; du midy, les prés des sieurs Deslandes et Cramain et celui du dit bois ; du couchant, le pré du sieur Beaufils et celui de MM. les Bénédictins ; et du septentrion, les terres du domaine de Nambault ;

« plus un pré, appelé le *Pré du Clocher*, sis en la dite prairie Nambault, à amasser trois charriots de foin, ou environ, qui jouxte : du levant et septentrion, le pré de MM. les Religieux Bénédictins ; du midy, le pré du sieur Beaufils ; et au couchant, les prés du sieur du Pavillon ;

« que si dans les susdites terres, prés et vignes cy-dessus énoncés, sont prises bêtes en jours de saison défendue qui sont depuis Notre-Dame de mars jusqu'après la tondue de la première herbe pour les prés ; pour les terres, pendant tout le temps qu'elles sont emblavées ; et pour les vignes, pendant toute l'année, l'amende, pour échappée, est de 20 *deniers pour chacun chef* quand elles sont prises à garde faite, et jours susdits ; l'amende est de *sept sols dix deniers* quand elles sont prises de nuit, à garde faite, et outre le dommage, tel qu'il sera estimé, et tous les frais de procédure.

« De laquelle déclaration et reconnaissance des dits droits appartenant à mon dit Seigneur de la ville de La Charité et les biens domaniaux cy-dessus énoncés que les dits échevins, tant pour eux que pour les dits habitants desquels, ils reconnaissent que Mon dit Seigneur est en pleine possession paisible et immémoriale, de même que les biens et héritages cy-dessus énoncés.

« Le dit sieur Joully, au dit nom, m'a requis acte que je lui ai octroyé, pour servir et valoir à Mon dit Seigneur ce que de raison, et en temps et lieu ce qu'il appartiendra, les dits jour et an que dessus, en présence de Me Jean François Bataille, procureur au bâage de La Charité, et Jean Porcher, praticien, demeurant en la dite ville de La Charité,.

« La minute est signée : Chastignier, Joully, Courtois, Jolly, Bataille, Porcher et Bataille, notaire soussigné, et contrôlé à La Charité, le 23 février suivant, par Rafiat, qui a reçu 18 sols ;

« Au bas de l'expédition, est écrit : « Collationné à l'expédition étant au terrier du prieuré de la dite ville de La Charité, aux archives d'iceluy, représentée par Me Thomas Desrots, avocat en Parlement, lieutenant général au bâage de la dite ville, et par luy retirée après s'être trouvée conforme par les notaires royaux résidant en la dite ville de La Charité qui ont signé avec le dit sieur Desrots, l'an mil sept cent soixante-trois, le 27 janvier, avant midy » (1).

Nous avons tenu, malgré sa longueur, à donner ce document *in extenso*. Ces biens, terres et prés, appartenaient en propre au prieur qui en avait usurpé une partie — cinquante arpents au moins — sur les biens communaux, en vertu de ce prétendu *droit de triage* que les seigneurs s'étaient arrogé.

(1) Archives de la Ville.

CHAPITRE XXIII

**Offices non rachetés.
La Taille. — Fabrique de boutons en métal. — La corporation des bouchers. — Contestations avec le nouveau prieur, le cardinal de Bernis**

Tous les offices de la Généralité de Bourges qui n'avaient pas trouvé preneur furent, par arrêt du Conseil d'Etat, réunis au corps des Villes et Communautés. Le montant total des offices invendus s'élevait à la somme de 262,583 livres que les dites Villes et Communautés furent forcées de racheter, et, pour leur faciliter, le Conseil d'Etat, par son arrêt du 8 mai 1731, avait établi dans plusieurs villes des droits dont la perception ne commença toutefois à se faire qu'à partir du 1er mai 1747.

Sur les plaintes unanimes des habitants de la Généralité, le Conseil, par un autre arrêt du 22 décembre 1744, avait modéré ce que son premier avait d'excessif, en réduisant aux 2/5 le montant du remboursement des dits offices, et établi en même temps pour la ville de La Charité, de nouvelles taxes qui portaient sur les objets suivants :

1° par chaque poinçon de vin entrant ou sujet aux inventaires.................................... 2 sols 6 deniers

2° par chaque poinçon de vin passant sur les ponts................................. 2 sols

3° par charroi, tant par eau que par terre, de foin, de bois à brûler, à bâtir, et à merrain......................... 8 sols

4° par poinçon consommé............. 8 sols

Au cours de l'année 1750, les échevins prirent quelques mesures utiles, telle, par exemple, celle de l'enlèvement des boues et immondices qui fut concédé pour la première fois à un nommé Pierre Besançon, à charge, par lui, de les enlever deux fois par semaine et de les déposer hors des murs de la ville. Ces boues restaient sa propriété ; il bénéficiait en outre d'une réduction de son taux de taille que l'on fixa à 5 sols, et de l'exemption du logement des gens de guerre, corvées et autres charges publiques.

On rechercha aussi les moyens de combattre les incendies qui devenaient de plus en plus fréquents. A cet effet, la Communauté acheta à Pierre Mathieu Douard, marchand, deux cents seaux d'osier goudronnés qu'il lui livra dans le courant de décembre et dont il prit l'entretien à sa charge moyennant la réduction de son taux de taille, de 18 à 6 livres, et celle de sa capitation à proportion ; il jouissait en plus de l'exemption du logement des gens de guerre, collecte, corvées et généralement de toutes autres charges publiques.

C'est que le rôle des tailles donnait lieu à de fréquentes réclamations, l'arbitraire, seul, présidant à sa confection. C'était de plus un impôt payé exclusivement par les roturiers, réparti d'une façon inégale entre les provinces, frappant, dans les unes, les personnes : dans les autres, les propriétés. Hâtons-nous d'ajouter, par crainte de l'oublier, que les terres et les domaines appartenant au Clergé et à la Noblesse en étaient exemptés, de même que ses membres, à qui cette exemption appartenait de droit.

Certaines villes qui avaient rendu des services militaires bénéficièrent aussi de la même exemption qui s'étendit peu à peu à la plupart des capitales de provinces.

La Taille et la Corvée étaient les impôts humiliants par excellence ; impôts roturiers, viciés par les privilèges et les exemptions. De là, le désir du plus grand nombre de s'en affranchir pour ne plus être confondus avec la tourbe des manants, *taillables et corvéables à merci*.

C'était surtout dans les pays de taille personnelle qu'existaient — et cela se comprend — les cas d'exemption les plus nombreux ; car, en dehors des membres du Clergé et de la Noblesse, exemptés de droit, beaucoup de catégories de fonctionnaires jouissaient aussi de ce privilège. Dans les pays de taille réelle, l'exemption était limitée seulement aux terres exploitées par les privilégiés.

Le Roi, en son Conseil, arrêtait chaque année le *Brevet général de la taille,* et la répartition en était faite dans chaque province des pays d'élection. La plupart des *Pays d'État*, administrant eux-mêmes leurs propres finances, étaient en dehors de cette répartition.

L'Intendant recevait en même temps pour sa Généralité, un brevet particulier qui était décomposé en *Commissions* pour chaque élection ; ensuite par le subdélégué en *man-*

dements par paroisse, et enfin en *rôles* par les commissaires nommés par l'Intendant et par les collecteurs élus par les Communautés.

Le rôle de ces derniers était on ne peut plus ingrat ; ils étaient chargés non seulement de recouvrer les fonds, mais encore responsables du montant de la recette. A La Charité, cette corvée avait été remplie jusqu'en 1708 par les échevins eux-mêmes, malgré leurs protestations. Mais cette année-là aucun notable n'ayant voulu accepter la charge d'échevin, à moins d'être affranchi du rôle de collecteur, l'Intendant voulut bien les autoriser à en charger une autre personne, *mais sous leur responsabilité*.

L'exemption de taille était une des principales prérogatives attachées aux nombreux offices créés par la vénalité de nos rois, une de celles qui les faisaient les plus rechercher, car elle rapprochait ainsi le simple bourgeois de cette noblesse tant convoitée par les nombreux privilèges dont elle jouissait.

« Cet impôt frappait inégalement ceux-là mêmes qui y étaient assujettis. Les chiffres suivants, fournis par Moreau de Beaumont, nous révèlent cette inégalité :

La Généralité de Riom payait une moyenne de..................	9 livres par habitant
Les Généralités de Rouen et Montauban en payaient une de...	8 livres id.
Les Généralités d'Alençon, Caen, Poitiers, une de................	7 livres id.
La Généralité de Bourges payait une moyenne de................	3 livres id.

« La même disproportion existe, si l'on considère l'impôt par rapport à l'étendue du sol :

« La Généralité de Bourges paye...	667 livres par quart de lieue carrée
« La Généralité de Grenoble.......	802 livres id.
« La Généralité d'Alençon	2183 livres id.
« La Généralité de Rouen	2697 livres id.

« Enfin, malgré les très récentes améliorations de la *taille d'exploitation* et de la *taille proportionnelle*, cet impôt restait l'asile des privilégiés de la naissance ou de la situation sociale ; il frappait tous les petits sans frapper tous les grands. Il soulevait donc des récriminations légitimes et nécessitait d'inévitables réformes ». (1).

Une nouvelle industrie pour notre ville, — trop tôt disparue malheureusement pour le bien du pays où l'invasion des machines laisse tant de bras inoccupés aujourd'hui, — s'implanta en France. Nous voulons parler de ces nombreuses fabriques de boutons, de limes, de fayences et autres industries similaires qu'un anglais, Michel Alcock, créa sur plusieurs points de la France, avec l'autorisation de Sa Majesté. L'heureuse situation de notre ville au bord d'un grand et large fleuve qui établissait les communications avec l'Océan ; sa proximité des terrains houillers du centre ; les usines métallurgiques multipliées dans ses environs ; tous ces avantages réunis avaient déterminé Alcock à fixer à La Charité le siège d'un de ses établissements.

Il vint à La Charité dans les premiers jours de février 1757, pour faire enregistrer les lettres patentes (2) qu'il

(1) La France en 1789. Alf. Pizard

(2) « Teneur des dites lettres patentes. — Le Roy, en son Conseil, authorise le sieur Michel Alcock,

ARTICLE PREMIER

A établir à Vierzon une manufacture de quincaillerie, de taillanderies et bijouterie, façon d'Angleterre, et à former dans la suite de pareilles manufactures aux lieux voisins des mines de charbon de terre pourvu cependant que les dits établissements soient à quinze lieues des frontières et du rivage de la mer.

ART. II

Permet au dit entrepreneur d'établir et faire travailler la machine à tailler les limes qu'il a inventée et débiter les limes de toute espèce qui en proviendront nonobstant tout privilège précédemment accordé.

ART. III

L'authorise à faire fabriquer des poteries blanches, façon d'Angleterre, et toutes sortes de fayenceries, excepté les porcelaines peintes ou dorées, qui seront réservées aux entrepreneurs de la manufacture de Vincennes aux termes de l'arrêt du 20 août 1743.

avait obtenues de Sa Majesté, et choisir, de concert avec la Communauté, un emplacement convenable pour y installer son établissement.

Les échevins lui assignèrent les deux parties amont et

Art. IV

Permet Sa Majesté aux dits entrepreneurs d'établir des entrepôts et magasins de marchandises de leur fabrique, tant dans Paris, que dans les autres villes du Royaume, Voullant que les dites marchandises soient exemptes de tous droits lorsqu'elles sortiront du Royaume pour aller à l'étranger ou aux colonies.

Art. V

Permet aux entrepreneurs d'engager des ouvriers pour six années sans que les ouvriers puissent quitter la manufacture pour travailler ailleurs aux mesmes ouvrages avant l'expiration des six années à moins qu'ils nayent un congé signé du dit entrepreneur ou une permission par l'avis de l'Intendant de la province.

Art. VI

Veut et Ordonne Sa Majesté que le sieur Michel Alcock soit réputé *Regnicolle*, exempt de droit d'aubaine, de logement des gens de guerre et de toutes impositions personnelles de pendant sa vie, accordant les mesmes avantages et exemptions aux ouvriers étrangers qui auront travaillé pendant trois ans dans les fabriques, Voullant qu'ils ne puissent être sujets à aucune imposition pour leur industrie ni à la milice eux n'y leurs enfants. Faisant deffenses de les imposer et comprendre dans les rolles de tailles et autres impositions ordinaires et extraordinaires à moins qu'ils ne fassent quelque commerce ou exploitation autre que celuy des dites manufactures.

Art. VII

Deffend Sa Majesté à toutes personnes de troubler n'y inquiéter sous quelque prétexte que ce puisse estre le dit entrepreneur et ses ouvriers tant dans la fabrication que dans la vente et débit des dites marchandises partout le Royaume : Dérogeant en tant que besoin seroit à l'arrest du 0 aoust 1723 concernant l'établissement des fourneaux et martinets et seront sur le présent arrest toutes lettres nécessaires expédiées ; fait au Conseil d'Etat du Roy, Sa Majesté y étant, tenu à Versailles le onze may mil sept cent cinquante-six ;

Signé : PHELIPEAUX.

Enregistré à La Charité aujourd'huy deux février mil sept cent cinquante-sept, ce requérant le dit sieur Alcock le bureau, devant Bourgeois, Dargent, Roger, Bagnayt de Presle.»

Signé : BAUDOT, greffier-secrétaire — (*Gratis.*)

aval de *La Chevrette*, appelée communément la *Chevrette aux fagots*, pour y monter un moulin sur des bateaux qui seraient arrêtés par des ancres à une seule oreille, et qu'il devait conduire au cas où les eaux deviendraient trop basses, au-dessus ou au-dessous des deux premières arches du côté du faubourg ou du Berry, ou dans tout autre endroit qu'il jugerait plus convenable, pourvu qu'il n'en résultât aucune gêne pour la navigation.

Cette fabrique fut transportée plus tard dans les beaux bâtiments qu'il avait fait construire sur la rive droite de la Loire, et qui, après la Révolution, furent acquis par le département pour servir de dépôt de mendicité.

Lors de la suppression de cet établissement, ils furent encore considérablement agrandis en vue de sa dernière destination : la création d'un asile pour recevoir les malheureux déments du département de la Nièvre et le trop plein de celui de la Seine.

Les échevins avaient aussi fort à faire avec certaines corporations ; mais de toutes, c'était, sans contredit, celle des bouchers, qui soulevait le plus de plaintes de la part de la population qui leur reprochait, non sans raison, d'abattre davantage de vaches que de bœufs, et, le plus souvent, des bêtes de basse qualité, impropres à la consommation.

On les accusait de plus de majorer sensiblement les prix, qui étaient fixés trois fois par an. Ainsi, ils vendaient le bœuf, 3 sols la livre au lieu de 2 sols 6 deniers : le mouton 3 sols et demi, au lieu de 3 ; et le veau 4 sols, au lieu de 3 et demi que portait le tarif.

Les échevins intervenaient bien chaque fois, infligeant amendes sur amendes aux plus récalcitrants, qui n'en persistaient que de plus belle à ne vouloir tenir aucun compte de leur règlement.

Cette situation durait depuis près d'un demi-siècle, car déjà en avril 1702, les notables, pour essayer d'y mettre un terme avaient supplié vainement le prieur de vouloir bien les autoriser à faire abattre eux-mêmes, moyennant une redevance annuelle de 90 livres, montant des droits qu'il percevait des bouchers.

Mais Monseigneur qui louait ses boutiques aux bouchers, avait fait la sourde oreille et les choses étaient restées en l'état.

Les protestations étaient devenues plus vives encore en octobre 1757, parce que, forts de l'appui du Seigneur qui, ostensiblement, les protégeait, les membres de cette corporation avaient refusé de se soumettre à une récente ordonnance du bureau de police qui fixait le prix de la viande à 4 sols la livre. Deux d'entre eux, les sieurs Antoine Duminy (1) et Ragon, avaient encore aggravé leur cas en laissant, pendant plusieurs jours, leurs « étals » sans viande, de sorte que beaucoup de personnes n'avaient pu s'en procurer.

Traduits devant le tribunal de police, ils avaient été condamnés à 20 livres d'amende ; déchus en plus de leur maîtrise avec interdiction formelle d'abattre à l'avenir, et remplacés par des bouchers des environs. Mais quand ceux-ci voulurent étaler leur viande, les bouchers qui se trouvaient dépossédés se jetèrent sur eux pour les en empêcher. Il s'ensuivit une bagarre que les échevins ne purent réprimer qu'à grand'peine, même avec le concours de la maréchaussée.

La corporation se pourvut en Conseil d'État. Par son arrêt du 6 septembre 1758, le Conseil rétablit provisoirement dans leur maîtrise ceux qui avaient été déchus, en attendant qu'il fût statué au fond sur l'opposition de la Communauté.

Le prieuré étant devenu vacant la même année par suite du décès du titulaire, le roi le donna alors au cardinal de Bernis qui en a été le dernier prieur.

Le 18 mars, M. Jacques Bagnayt de Presle, avocat en Parlement et lieutenant particulier, échevin muni des pouvoirs de la Communauté, remit à Monseigneur, au Palais-Bourbon, sa résidence à Paris, la médaille commémorative de son avènement.

Les finances de la Ville étaient toujours en aussi fâcheux état, et, pour se procurer de nouvelles ressources, les échevins prirent la sage résolution d'affermer la plus grande partie des tours et fossés du mur d'enceinte. Ainsi, la tour de Cuffy, près de la Sabotée, fut donnée à bail à Eloi Lounet bourrelier, moyennant 3 livres par an, et la tour carrée, un peu plus rapprochée de la porte de Paris du côté des Bénédictins, avec la partie du fossé y attenant, à Jean Gardet,

---

(1) Le 10 mars 1715, un nommé Jean Duminy, boucher, comparant devant le tribunal de police pour avoir insulté un échevin, avait sollicité humblement le pardon de sa faute.

cuisinier, pour 4 livres par an. (1) La Chaume aux moutons, avec la tour du Prévôt, fut cédée à Léonard Pinot, vigneron, par un bail à rente non rachetable de 5 livres de rente au profit de la Communauté, et un cens de 30 sols de rente au seigneur de cette ville. (2). La Corderie, qui était dans les Pâtureaux, fut aussi affermée; de même les fossés de la porte de Paris — jusques et y compris la tour d'angle qui les séparait de ceux de la porte de St-Pierre — qui furent donnés à bail, partie à Michel Roblin, maitre tonnelier, moyennant 20 livres de rente, et le restant, à Mathieu Ogier, maître boulanger, contre une rente de 50 sols. (3).

L'ère des difficultés se rouvrit avec le nouveau prieur. Furieux qu'on ne l'eût pas consulté sur le choix des échevins que venait de nommer la Communauté, le cardinal de Bernis, « l'un des quarante », envoya à Me Claude Joseph Bourcier, son procureur fiscal au bailliage de cette ville, la curieuse lettre autographe suivante, où, en termes quelque peu dédaigneux pour les personnes et le plus profond mépris des règles de la grammaire, il exhale son mécontentement.

A Veissé, (mot illisible) ce 30 décembre 1758.

« *Il me semble, Monsieur, que les échevins de la Ville de La Charité auroit deu m'écrire pour sçavoir de moy quy que je vais nomé pour échevin suivant le droit que j'en ai, marqué moy d'ouvient ce retard je n'ay pas besoin de vous prévenir que sy lont voulez préjudier à ce droit ou a touts autres de mon prieuré vous ne deves pas hésitée à former en mon nom toutles actions nécessaires pour la conservation de mes droits que je deffendres toujours contre toutles atteintes, vous poures compté toujours Monsieur sur mes sentiments pour vous.* » (4).

Signé : Le Cardinal DE BERNIS. »

---

(1) Bail du 15 Juin 1758.
(2) Bail du 20 Juillet 1758. Hotte, notaire royal.
(3) Bail du 10 août 1758. Hotte, notaire royal.
(4) Archives de la Ville.

CHAPITRE XXIV

Nouvelle imposition dite du « don gratuit extraordinaire. » — Nouveau conflit au sujet de la nomination des échevins. — Règlement spécial à la Ville de La Charité pour la composition des assemblées communales. — Origine du Conseil municipal.

Un nouvel impôt avait été créé par édit du mois d'août 1758 sous le nom de « *don gratuit extraordinaire.* » Il était établi, en principe, pour six années, et devait entrer en vigueur à partir du 1er janvier 1759. La Ville de La Charité avait été taxée à la somme de 4.000 livres et un délai d'un mois accordé à toutes les villes et bourgs pour qu'elles fissent connaître par leurs délibérations sur quelles denrées ou marchandises elles étaient d'avis qu'on établît de préférence de nouveaux droits.

La plupart se prononcèrent pour l'établissement de taxes de consommation. C'était en réalité un *octroi* que ce nouvel édit imposait d'office aux villes qui n'en avaient pas encore et qui ne portait pas sur l'universalité des contribuables, car le roi, qui n'avait rien à refuser au clergé, l'avait exempté de cette nouvelle imposition par ses lettres patentes du 3 décembre 1758.

Comme nous l'avons dit plus haut, ces nouveaux droits n'avaient été établis que pour une durée de six ans, et son produit devait être employé intégralement au payement de ce prétendu « *don gratuit.* » Ils étaient perçus de la même manière que ceux établis antérieurement par les édits de février 1704 et octobre 1705 sur les boucheries et les boissons. Les Communautés assez riches pour se libérer avant, conservaient la faculté de les supprimer. Plusieurs villes les rachetèrent ainsi en partie ou en totalité.

Le tarif élaboré par la Ville de La Charité et arrêté définitivement par un arrêt du Conseil en date du 3 janvier 1759, portait sur les objets suivants :

« *Par muid de vin, mesure de Paris, entrant ou façonné, pour y être consommé*................ *30 sols*

par muid de bière ou cidre, mesure de Paris, entrant ou fabriqué..........	15 sols
par muid de poiré................	7 sols 6 deniers
par velte(1) d'eau-de-vie ou de liqueurs composées d'eau-de-vie............	8 sols
par muid de vin de liqueur, jauge de Paris...........................	6 livres
et pour les autres vaisseaux à proportion de la contenance et des droits ci-dessus :	
par bœuf ou vache entrant pour la consommation des habitants........	40 sols
par veau, génisse ou porc...........	13 sols 4 deniers
par mouton, brebis ou chèvre.......	5 sols
et pour les pièces et morceaux de viande en proportion.	
plus par voiture de foin ou de bois ouvré ou à brûler, attelée de trois chevaux(2).....................	10 sols
plus par voiture de foin ou de bois ouvré ou à brûler, attelée de deux chevaux......................a.....	7 sols 6 deniers
plus par voiture de foin ou de bois ouvré ou à brûler, attelée d'un cheval.............................	5 sols
et pour les autres sommes et charges en proportion. »	

La Communauté entendant régir et percevoir pour son propre compte avait, dans sa réunion du 24 novembre 1758, commis pour la perception de ces droits l'adjudicataire des octrois, M. Jean-Baptiste-Etienne Beaufils du Pavillon et lui avait attribué 120 livres de gages, et avait créé deux emplois de commis, gagés chacun de 200 livres par an. M. Courtois-Dubuisson avait été nommé en même temps Secrétaire-Greffier de la Ville aux gages de 50 livres.

Ces nominations n'avaient pas eu l'heur de plaire à l'un

---

(1) Ancienne mesure de capacité pour les liquides, variant suivant les localités.

(2) Les droits sur le bois et le foin furent supprimés le 20 décembre 1761 et remplacés alors par une taxe sur la « boitte ou demi-vin, » qui était de moitié que sur le vin,

des échevins, le sieur Bagnayt de Presle, qui tenant sa nomination du prieur, était en désaccord continuel avec ses collègues nommés par l'assemblée des habitants. Il introduisit contre Beaufils et Courtois-Dubuisson un pourvoi basé sur de fausses accusations, et obtint du Conseil le 11 février 1759 un arrêt qui annulait ces nominations, et qui reproduisait presque mot pour mot ses dires. Ainsi, en ce qui concernait Beaufils « déclaré adjudicataire des octrois depuis le 1er janvier 1757 », l'arrêt déclarait qu' « il n'avait encore rien payé de son bail et qu'en outre ses affaires étaient en assez mauvais état, et puis que la recette des deniers de la Ville était incompatible avec la qualité d'adjudicataire des octrois parcequ'il serait ainsi toujours à l'abri des poursuites que le receveur doit faire pour le paiement du prix de son bail ; et que quant au sieur Courtois-Dubuisson, il avait été pendant dix-huit ans receveur et secrétaire de la Ville, envers laquelle il se trouve débiteur de sommes considérables dont depuis douze ans il éludait le paiement sous différents prétextes. »

Jean Lesfilles-Jolly s'offrit alors pour tenir ces deux emplois, sans autre rétribution que le remboursement de ses frais et déboursés. La Communauté persista à vouloir garder Beaufils qu'elle dût destituer toutefois le 10 mars 1760, sur son refus de faire connaître ses états de recettes et de communiquer ses registres. Il fallut presque les lui enlever de force pour les donner à son successeur.

Beaufils introduisit à son tour un pourvoi à la Cour des Aides qui l'autorisa à présenter ses comptes et à les faire apurer par les échevins assistés de quatre notables ; en cas de désaccord, les parties étaient renvoyées devant les officiers du Grenier à sel.

Beaufils parvint à justifier sa gestion et conserva ses fonctions. Il donna sa démission le 5 avril 1761 et fut remplacé par Jean-Adrien Regnard, bourgeois, à qui on imposa alors l'obligation de présenter tous les mois ses états de recettes et dépenses.

Quant aux deux commis, ils furent révoqués le 14 décembre de la même année à cause « de leur tolérance envers plusieurs particuliers, et notamment les bouchers, qui fraudent impunément les dits droits. »

Le 25 février 1759, la Ville avait eu l'insigne honneur de

recevoir dans ses murs la comtesse de La Marche, fille du duc de Modène et de Mme Aglaé d'Orléans, petite-fille de feu le duc d'Orléans, qui se rendait à Paris pour la célébration de son mariage avec Louis-François-Joseph de la maison de Conti, comte de La Marche.

Les échevins, en robe, escortés par un détachement de la milice bourgeoise et suivis des valets de ville en casaque, se rendirent dans cet ordre à l'hôtel du Grand-Monarque offrir à son Altesse, avec les hommages de la Communauté, les présents dus aux princes du sang : douze pains mollets et douze bouteilles de vin.

Une garde d'honneur de 60 hommes, commandée par un lieutenant, resta à l'hôtel pendant toute la durée de son séjour ; et, au départ de son Altesse les deux compagnies de milice, enseignes déployées et tambours battant, accompagnèrent sa voiture jusqu'à la porte de Paris(1) où elle prit congé.

En vertu des lettres patentes accordées par le roi et qui rétablissaient la liberté des élections pour les charges municipales rachetées par la Communauté, l'assemblée des notables avait, dans sa séance du 9 mars 1759, nommé Maire pour trois années M. Jean-Etienne Joly, premier échevin, qui, cinq jours après, prêta serment par devant le lieutenant général du bailliage royal du Nivernois et siège présidial de St-Pierre-le-Moûtier.

Celà ne faisait pas l'affaire du prieur qui, au mépris des dites lettres, persistait à vouloir nommer le premier échevin. Il avait, dans cette intention, introduit deux pourvois devant le Conseil d'Etat : l'un, pour la reconnaissance formelle de ce droit qu'il prétendait lui appartenir comme Seigneur de La Charité ; l'autre, tendant à interdire à la Communauté toute nouvelle nomination jusqu'à la décision du Conseil.

L'assemblée des notables passa outre.

Réunie le 18 mars pour la nomination de ses échevins, elle fut d'avis d'y procéder sans avoir égard aux dites oppositions, en insistant surtout sur ce point que, par différents édits et déclarations, le roi avait « *supprimé les droits des Seigneurs aux dites nominations comme n'y étant pas*

---

(1) Cette réception occasionna une dépense de 30 livres.

fondés », ce qui était le cas pour le prieur à qui la Communauté avait bien voulu accorder, *par pure déférence pour la personne du Seigneur,* la faveur de désigner un échevin, mais sans faire pour cela abandon des droits de la Communauté ; que Monseigneur de Bernis avait même quelque peu abusé de cette faculté l'année d'avant en ne voulant faire choix d'aucun nom parmi les quatre qui lui avaient été présentés, et en prorogeant les pouvoirs de M. Jacques-Michel Bagnayt de Presle, second juge de son bailliage qui, pendant tout le temps de l'exercice de ses fonctions, s'était déclaré ouvertement contre les droits de la Communauté et en opposition constante avec ses collègues.

Celui-ci, pour se venger, fit signifier le lendemain aux échevins un arrêt du Conseil d'Etat, en date du 13 mars, statuant sur les oppositions du prieur ; arrêt qui fut enregistré le 22 sur les registres de l'Hôtel de Ville, à la diligence et en présence de M. Jacques-François Bernot de Charant, subdélégué de l'Intendant, et de M. Bagnayt de Presle, premier échevin.

Nous donnons *in extenso* ce document qui, avec les pièces qui y font suite, établissent clairement la duplicité de ce vilain personnage.

« Le Roy étant informé qu'il règne depuis quelque temps beaucoup de troubles et de divisions dans les Assemblées de l'Hôtel de Ville de La Charité-sur-Loire, Sa Majesté se seroit fait rendre compte de la cause la plus apparente d'un pareil désordre, et, Elle a appris, non sans beaucoup de mécontentement, que les sieurs Jolly, Duranger et Chastaignier, échevins de la dite Ville, en étoient les principaux auteurs.

« Sa Majesté a d'ailleurs appris que, sous prétexte de l'arrest du Conseil du 11 avril 1747, portant réunion aux Corps des Villes et Communautés de la Généralité de Bourges des offices municipaux qui restoient alors à vendre dans la dite Généralité, de ceux créés par édit du mois de novembre 1733 ; plusieurs particuliers qui ne cherchoient que s'acquérir de l'autorité dans les assemblées du dit Hôtel de Ville de La Charité pour y entretenir la dissension et se rendre les maîtres de toutes les affaires de la Communauté ont *déjà formé le projet* d'élire en conséquence du dit arrest et des lettres patentes obtenues par celui-cy :

un Maire, quatre échevins et un procureur du Roy, quoiqu'il n'ait jamais été élu dans la dite Ville de Maire, ni de procureur du Roy, Sa Majesté a considéré qu'une si grande quantité d'officiers municipaux, inutile dans une Ville, comme celle de La Charité ne feroit que multiplier le nombre des privilégiés, ce qui est directement contraire aux vües que le Roy s'est proposé en faisant cette réunion, puisque l'intention de Sa Majesté a principalement été de remettre les Villes de la Généralité de Bourges dans le même état qu'elles étaient avant la création des officiers municipaux, c'est-à-dire de leur rendre seulement la liberté d'élire des officiers dans le même nombre et sous les mêmes dénominations que ceux qu'il étoit d'usage de nommer anciennement, et le Roy désirant rétablir au plus tôt par tous les moyens possibles dans la dite Ville de La Charité le calme et la tranquillité si nécessaires au Bien public et à l'avantage particulier du service de Sa Majesté, à quoy voulant pourvoir : Ouy le rapport du sieur Sillivet, Conseiller ordinaire du Conseil royal, contrôleur général des finances, Le Roy, étant en son Conseil, a Ordonné et Ordonne que les sieurs Jolly, Duranger et Chastaignier, échevins actuels de la Ville de La Charité, cesseront dès à présent d'en faire les fonctions, Sa Majesté autorisant, pour cette fois seulement, le sieur Intendant et Commissaire départi dans la Généralité de Bourges à choisir et nommer trois autres échevins ; fait Sa Majesté très expresses inhibitions et défenses aux dits Jolly, Duranger et Chastaignier de s'immiscer à l'avenir en quelque sorte et manière que ce soit dans l'administration des affaires de la dite Communauté, et à Eux, aussi, quant aux sieurs Beaufils et Courtois, de se trouver aux assemblées de la dite Ville sous peine de désobéissance, Veut Sa Majesté que le nombre des échevins de la Ville soit et demeure fixé à quatre comme par le passé, sans qu'il puisse être élu aux places de Maire, lieutenant de maire, avocat ou procureur du Roy n'y autres offices municipaux à peine de nullité, et sera présent arrest, lu, publié et affiché partout où besoin sera, et enregistré sur les registres de délibérations du dit Hôtel de Ville ; Enjoint Sa Majesté au dit sieur Intendant et Commissaire départi dans la Généralité de Bourges d'y tenir la main nonobstant toutes oppositions ou autres empêchements généralement quelconques par lesquels ne sera différé ; et dont, si aucuns interviennent, Elle s'est réservée la connaissance, et, à son Conseil, qu'il interdise à toutes ses Cours et juges.

Fait au Conseil d'Etat du Roy, Sa Majesté y étant, tenu à Versailles le treizième jour de mars mil sept cent cinquante-neuf. »(1)

Par ordonnance du 24 mars, prise en exécution du dit arrêt, l'Intendant nomma les sieurs Loizon, Bourgeot et Lesfilles-Héron marchands, échevins, en remplacement des trois qui étaient révoqués.

Quant à Bagnayt de Presle dont les pouvoirs étaient expirés, il avait aussi été remplacé, le 7 du même mois, par Pierre Baudot, docteur en médecine, qui avait obtenu de Sa Majesté des lettres de provision de la charge de « Conseiller du Roy, premier échevin. »

L'arrêt du 13 mars avait été pris par surprise et reposait uniquement sur les imputations mensongères de ce Bagnayt de Presle, âme damnée du prieur, qui les avait exposées tout au long dans son assignation. Il n'avait cherché, par ce moyen peu honnête, qu'à se débarrasser de collègues gênants qui, par leur origine, représentaient plus sincèrement l'opinion de la Communauté et contre lesquels il nourrissait une haine d'autant plus vive qu'ils l'avaient surpris un jour que se croyant seul à l'Hôtel de Ville, il brûlait des pièces qu'il venait de soustraire des archives, d'une importance extrême pour la Communauté, car elles avaient toutes trait précisément à ses droits et prérogatives.(1)

Cet odieux personnage, voué au mépris public, avait, comme on le sait déjà, usé des mêmes procédés pour faire révoquer injustement les sieurs Beaufils du Pavillon et Courtois-Dubuisson de leur emploi, parcequ'il avait trouvé aussi en eux des adversaires, au lieu d'amis complaisants sur lesquels il comptait.

L'arrêt du 11 février 1759 concernant ces derniers, et celui du 13 mars, furent réformés heureusement par un autre arrêt du 7 juillet 1760, rendu cette fois en faveur de la Communauté. Sa Majesté ordonnait que les édits et règlements antérieurs concernant les officiers municipaux

(1) *Archives de la Ville.*
(2) *Archives de la Ville.*

seraient exécutés selon leur forme et teneur, et qu'à l'avenir les offices de la Ville et Communauté de La Charité seraient régis par le Maire et les échevins, et que les assemblées ordinaires et extraordinaires et générales se tiendraient dans l'Hôtel de Ville.

Défense était faite en même temps « *au Lieutenant général, au procureur fiscal et à tous autres officiers du bailliage seigneurial,* ainsi qu'à tous les autres officiers des autres sièges de juridiction, de prendre en leur dites qualités aucune part aux réunions de l'Hôtel de Ville ; de n'y exercer aucunes fonctions, même indirectement, et de troubler le Maire et les échevins dans les droits, prérogations, fonctions et privilèges qui leur sont attribués par les édits précités. » Quant aux différends nés à l'occasion du droit que la Ville contestait au seigneur prieur de nommer un échevin, l'arrêt stipulait que « par provision, *et sans préjudice du droit au principal,* la Ville continuerait de lui envoyer une liste de quatre sujets entre lesquels *et non autrement,* il en choisirait un; et, en ce qui touchait l'office d'échevin en titre, Sa Majesté ayant égard à la requête des notables, ordonna que l'office d'échevin acquis le 2 novembre 1759 par le sieur Baudot, et dont il était pourvu, serait réuni à perpétuité au Corps de Ville et que les fonctions en seraient exercées par les élus de la Communauté, à charge toutefois de rembourser au sieur Baudot la finance de son office. »(1)

Puis « Sa Majesté jugeant nécessaire pour le bien de la paix que les sujets qui rempliront les charges municipales après de si grandes divisions y soient appelés par les suffrages libres de leurs concitoyens, Ordonne que les échevins nommés en conséquence du dit arrêt du 13 mars 1759 cesseront dès à présent d'en faire les fonctions, et, au surplus, Sa Majesté Ordonne, Veut et Entend ce qui suit :

ARTICLE PREMIER.

« Le Corps de Ville de La Charité-sur-Loire sera et demeurera composé à l'avenir d'un Maire, de quatre échevins, d'un procureur-syndic faisant les fontions de procureur du Roy, d'un greffier-secrétaire, lesquels composeront le Conseil ordinaire de la Ville, et d'un receveur. Ces trois

---

(1) *Archives de la Ville.*

derniers n'auront pas voix délibérative dans les assemblées, tant ordinaires que générales et extraordinaires de l'Hôtel de Ville.

Art. II.

« A l'avenir, le Maire et les quatre échevins exerceront et rempliront leurs charges pendant quatre ans sans qu'ils puissent être continués au delà ; mais après quatre autres années d'interstice, ils pourront être élus de nouveau. Le temps de l'exercice du procureur-syndic, du secrétaire-greffier et du receveur sera de six années.

Art. III

« Sa Majesté étant informée que les assemblées générales des habitants, quoique convoquées pour y traiter les affaires les plus importantes, sont communément ou tumultueuses ou peu éclairées sur les véritables intérêts des Communautés, Elle en a interdit pour toujours l'usage dans la Ville de La Charité, et pour y tenir lieu des dittes assemblées, Ordonne qu'il sera établi *douze prudhommes* pour, avec les Maire et échevins, et autres qui seront désignés par l'art. 15 ci-après, tenir lieu des dittes assemblées générales. Le temps et l'exercice des dits prudhommes sera de trois ans sans pouvoir être continués au delà, mais ils deviendront de nouveau éligibles aux dittes places de prudhommes après trois années d'interstice, Entend néanmoins Sa Majesté que ceux qui auront été élus ainsi qu'il sera dit en l'art. 24 du présent règlement. »

Art. IV, V, VI, VII, VIII, IX, X, XI, XII, XIII, XIV.

Tous ces articles concernaient les notables qui devaient nommer les prudhommes ; en fixaient le nombre à cinquante, et réglaient leur mode de nomination.

Art. XV.

« Les assemblées générales et extraordinaires, soit pour les élections, soit pour les autres affaires de la Communauté, se tiendront à l'Hôtel de Ville et seront à l'avenir composées, savoir : depuis la première élection qui sera faite en vertu du présent arrêté exclusivement jusques et y compris les élections qui se feront comme il sera dit cy-après les jours de Saint-Martin 1762, 1764 et 1766, du

Conseil de Ville, des douze prudhommes et des six premiers suivant l'ordre du tableau d'entre les quinze notables auxquels dans la prochaine assemblée génèralle il sera échu de nommer les dits douze prudhommes, et d'autant qu'après la dite élection de 1766 il se trouvera suffisamment d'anciens officiers municipaux, les dits six notables cesseront d'être appelés aux assemblées génèralles qui demeureront alors et à perpétuité composées du Conseil ordinaire de la Ville, des douze prudhommes, du Maire, et des quatre échevins derniers sortis de charges et du procureur-syndic, aussy dernier sorti de charge, lequel aura pour lors voix délibérative dans les dittes assemblées génèralles et séance avant les quatre anciens échevins, ce qui formera le *Conseil municipal*, Défend et Abroge Sa Majesté, etc. »

Le règlement contenait en tout 38 articles ; ceux que nous n'avons pas jugé à propos de mentionner ont trait uniquement aux réunions du Conseil ainsi qu'à ses attributions qui différaient de peu de l'organisation actuelle.

Les dépens de cet arrêt liquidés à la somme de 2.865 livres, 14 sols, 9 deniers, furent mis à la charge de la Communauté qui, pour se libérer, l'emprunta à des particuliers qui n'en furent remboursés qu'en 1765.

Avant même qu'il n'entrât en vigueur, le règlement fût modifié à la demande du cardinal de Bernis qui avait exposé à Sa Majesté que dans l'ordre des élections des officiers municipaux (art. 21), deux échevins devant sortir de charge tous les deux ans et être remplacés par deux autres élus suivant l'ordre du tableau, et, par l'art 10 du même règlement, le choix de l'échevin laissé au prieur ne pouvant retarder l'installation et l'exercice des trois autres, attendu la nécessité du service, il s'ensuivait que l'échevin choisi par le seigneur ne serait toujours installé que le dernier et ne pourrait en aucun temps arriver à son tour à la place de premier échevin comme ceux qui étaient nommés par le Corps de la Communauté, le Roi rendit, le 20 novembre 1760, l'ordonnance suivante : « Sa Majesté, interprétant en tant que de besoin les art 10 et 21 du règlement du 7 juillet 1760, A Ordonné et Ordonne, pour le présent et pour l'avenir, que, *sans distinction du temps de l'installation et sans y avoir égard*, l'échevin qui aura été nommé conformément au dit règlement par le prieur seigneur de la Ville de La Charité sera admis après sa réception à remplir la place de troisième échevin pendant les deux premières années de son exercice, et prendra celle de premier échevin pendant les deux dernières. »

Voici les noms des cinquante notables nommés par Sa Majesté sur la proposition de l'Intendant : les sieurs Gascoing, écuyer, sieur de Berthun, chevalier de St-Louis ; Berger de Montigny, président de l'Election ; Brotot, lieutenant ; Charron ; Le Bon ; Jolly de Martou, ancien maire, conseillers élus, et Paichereau, procureur du Roy en la dite Election ; les sieurs Taupin, président du Grenier à sel et médecin ; Beaufils, juge grenetier ; Bagnayt de La Chaume, procureur du roi, et Gérin, receveur au dit grenier à sel ; les sieurs Dubois de Champdillon, assesseur au bailliage ; Bourcier, procureur fiscal ; Gandat, commis-greffier de l'Election du grenier à sel et du bailliage ; Louault, notaire et procureur du bailliage ; Jousselin, notaire et procureur ; Bouvet de Bronville, contrôleur des actes ; le sieur Sylvain Denis, receveur des tailles ; le sieur Charles Duplessis, ancien directeur des Aides ; le sieur Lesfilles, receveur actuel des revenus de la Ville ; le sieur Marpon, ancien maire ; les sieurs Chasteignier père, maître de forges ; Joully, ancien contrôleur de la marque des fers ; Lafaye ; Hotte, notaire royal ; Garnier ; Guillerault l'aîné ; Marcou Roger ; Jacques Roger ; Chair, marchand de drap ; Bourgeois ; Fiteau et Lajoye père ; Jean-Etienne Joly ; Guillaume Duranger et Jacques Chastignier, tous anciens échevins ; le sieur Grasset, général provincial des monnoyes ; Duranger, directeur des postes ; Massüe-Durie, fermier général du prieuré de La Charité ; Lafosse de La Chasseigne, entrepreneur de la fourniture du bois pour la marine ; Beaufils de Gérigny, entrepreneur des ouvrages du Roi ; Duranger, receveur de l'Hôtel-Dieu ; Duminy le jeune, délégué des marchands fréquentant la Loire ; Chateignier de Chamon ; les sieurs François Sordet et Berger, bourgeois ; les sieurs Paillard l'aîné, marchand de drap ; Maugue, ancien chirurgien des hôpitaux du roi ; Guillobel, marchand quincaillier ; et les sieurs Bourgoin et Beaufils, marchands tanneurs.

Convoqués pour le 20 août, trente-neuf seulement se rendirent à la réunion ; les cinquante noms furent mis dans une urne, et on tira au sort les quinze qui devaient procéder immédiatement après à l'élection des douze prudhommes.

Furent désignés : Claude Duranger, directeur de la poste; Pierre Paillard, marchand; Louis Hotte, notaire royal; André Chateignier de Chamon; Jean Bourgeois; Charles Gérin; François-Philbert Berger de Montigny; Jean-Baptiste Louault; Pierre Lajoye père; Etienne Beaufils l'aîné de Gérigny; Jacques Chastignier fils l'aîné; Jean Lesfilles-Jolly; Pierre Bernard Dubois de Champdillon; Jean Fiteau et Louis Garnier.

Ces quinze notables nommèrent ensuite au bulletin secret les douze prudhommes. En voici le tableau par ordre de suffrages : MM. Jolly de Martou; Massüe-Durie; Bouvet de Bronville; Guillaume Duranger, ancien échevin; Charron; Duminy; Marcou Roger; Joully; Beaufils, tanneur; Chair; Delafosse et Guillerault l'aîné. Après que les élus eurent prêté serment, les notables se retirèrent. Les prudhommes procédèrent alors à l'élection du maire, des trois échevins, du procureur du roi syndic et du secrétaire-greffier.

Furent élus à l'unanimité; *Maire*, le sieur Jean-Etienne Jolly, pour en exercer les fonctions pendant quatre ans; *échevins pour deux ans*, Chastignier père et Duranger, receveur de l'Hôtel-Dieu ; et, *pour quatre ans*, le sieur Lebon. Ensuite les sieurs Beaufils, juge grenetier et Berger furent nommés : le premier, *procureur syndic*, et le second, *secrétaire, tous deux pour six ans*.

Les prudhommes désignèrent ensuite, à l'unanimité, les sieurs Taupin, président du Grenier à sel; Brotot, lieutenant de l'Election; de Lafaye, bourgeois, et Bourgeois, marchand, notables, pour que le prieur voulût bien en choisir un parmi eux pour remplir une charge d'échevin.

Ces diverses opérations s'étaient faites sous la présidence du Commissaire délégué qui, après avoir reçu la prestation de serment de tous les élus, procédait à leur installation.

Telle fut l'origine du Conseil municipal de La Charité.

L'art. 33 du règlement du 7 juillet prescrivait au receveur de la Ville de rendre compte dans les trois premiers mois de l'année du compte de l'année précédente, comme cela se fait encore de nos jours. On n'y réussit qu'à grand peine, et quelquefois le receveur venait à décéder avant

---

(1) La robe du procureur syndic fournie par les sieurs Paillard frères marchands en cette ville, coûta à La Communauté la modeste somme de 200 livres.

qu'on eût pu contrôler ses comptes de plusieurs années. Ce cas se présenta, malgré le règlement. Ainsi, le 3 janvier 1761, la veuve de Toussaint Baudot, ancien receveur des deniers d'octroi et patrimoniaux, *à la réquisition du Procureur du roi*, présentait pour les faire apurer les comptes de son mari pour les années 1748 à 1758 inclus. Les sieurs Duranger et Lebon échevins, furent chargés de les examiner et conclurent à ce que le sieur Baudot et ses héritiers restaient débiteurs de la somme de 520 livres 8 deniers envers la Communauté.

CHAPITRE XXV.

Réception de l'évêque d'Auxerre. Réception du Prieur et Seigneur de La Charité, le cardinal de Bernis.

Le 17 septembre 1760, la Ville était en liesse en l'honneur de « Messire l'Illustrissime et Révérendissime Père en Dieu, Jacques Marie de Caritat de Condorcet, évêque d'Auxerre, en tournée de visite dans son diocèse.

Les deux compagnies de milice bourgeoise(1) sous le commandement de leurs capitaines les sieurs Jean Fiteau et Jacques Chastignier fils aîné, précédées des huit tambours de Ville, des deux fifres et du tambour-major Judeau, tous en habit bleu uniforme et chapeau brodé d'or, allèrent à la porte de Paris, au devant de Monseigneur.

Un peloton de cinquante cavaliers volontaires et un trompette, cocarde au chapeau, placés pour la circonstance sous les ordres de François-Etienne Beaufils de Gérigny, entouraient le guidon de la Ville que portait le sieur Brotot, fils du lieutenant de l'Election. Le peloton se porta au galop jusqu'à Mesves où il attendit au dela du pont — vis-à-vis de l'endroit où était autrefois la chapelle St-Cléophas, englobée depuis dans le jardin du sieur Bernot de Charant — l'arrivée de Monseigneur.

Quand sa voiture fut en vue la cavalerie mit sabre au clair et l'accompagna ainsi jusqu'à la porte de Paris où le maire vint à la portière présenter à Monseigneur ses souhaits de bienvenue au nom de la Ville de La Charité.

L'évêque y parut très sensible et répondit au Maire

(1) Chaque compagnie était composée de 80 hommes.

d'une façon fort aimable. Il prit place ensuite sous le dais, cependant que les cloches de toutes les paroisses et des chapelles des communautés de religieux envoyaient dans les airs leurs plus joyeux carillons en signe d'allégresse.

La cavalerie se mit en tête du cortège, puis venait le dais, et immédiatement après, précédés des deux valets de ville en casaque et de l'huissier de ville en robe, le Maire, les échevins et le secrétaire-greffier tous aussi en robe; ensuite le Corps de Ville et les autres Corps constitués, placés selon l'ordre des préséances. Le cortège encadré par les compagnies de milice et fermé par un groupe de cavaliers fut conduit dans cet ordre à l'église Notre-Dame où le clergé des trois paroisses entonna en chœur le *Te Deum*.

Après la cérémonie, le cortège se reforma dans le même ordre qu'à l'arrivée pour accompagner Monseigneur « par la grande porte de l'église qui donne dans les cloîtres » jusqu'au bas du grand escalier du monastère où des appartements lui avaient été préparés.

Le Maire offrit un vin d'honneur qui coûta 35 livres à la Communauté et pendant toute la durée de son séjour, la cloche de la Communauté qui était placée dans le beffroi de l'église St-Jacques, fut sonnée à toute volée tous les soirs jusqu'à neuf heures.

Le 21, à son départ, Monseigneur, fut reconduit en procession jusqu'à la porte de la Ville avec le même cérémonial qu'à l'arrivée, et là, après avoir pris congé du Maire qu'il tint à remercier à nouveau de sa chaleureuse réception, il prit avec sa suite la direction de Donzy. La cavalerie l'accompagna jusqu'à Narcy.

L'année suivante, ce fut au tour du cardinal de Bernis d'honorer de sa visite le prieuré où il arriva le 23 avril.

A peine descendu de carrosse, le Maire et les échevins en robe, précédés de l'huissier et des valets de ville, s'empressèrent de se rendre auprès de lui pour lui offrir un vin d'honneur porté par quatre tambours. Monseigneur qui avait la goutte à un pied, s'excusa en termes bienveillants de les recevoir assis et accepta de fort bonne grâce le vin que lui offrait la Communauté.

A trois heures, les sergents de quartier, le tambour-major, les fifres et les tambours vinrent à leur tour saluer son Eminence, et à la tombée de la nuit, aux sons de ces

mêmes fifres et tambours, qui constituaient alors la seule
« musique » de la ville, on illumina les croisées et la rampe
de l'Hôtel de Ville ainsi qu'un écusson aux armes du
cardinal que le maire avait fait placer au-dessus de la
principale porte d'entrée en signe d'hommage de la Communauté.

La Ville dépensa de ce chef une somme de 83 livres
3 sols dont 31 livres 5 sols pour le vin d'honneur, et 51 livres 18 sols payés à Guillerault le jeune pour les illuminations.

Déjà en 1758, quand Mr de Bernis avait été élevé au
Cardinalat, la Ville avait fêté sa nomination par une réjouissance publique qui n'avait pas coûté moins de
64 livres 7 sols 6 deniers.

Les finances ne lui permettaient cependant pas de se
livrer à de pareilles prodigalités, car le 3 mai 1761 elle dut
contracter un nouvel emprunt de 1480 livres 6 sols 8 deniers
pour lui permettre d'acquitter l'annuel de ses charges
municipales.

CHAPITRE XXVI

Nouvelles contestations au sujet de la Police. — Les gardes-vignes. Prorogation des droits dits du « don gratuit ».

Le séjour du cardinal n'avait pas contribué à modérer
l'ardeur de ses agents, peut-être n'avait-il servi au contraire
qu'à l'exciter davantage, car peu après son départ, l'ère
des conflits avec la Communauté se rouvrit avec plus
d'intensité encore que le passé.

Un premier incident fut soulevé le 9 mai 1761, toujours
par le même personnage, le sieur Bagnayt de Presle, second
juge du bailliage seigneurial qui, tenant ce jour-là le bureau
de police, dressa procès-verbal contre le maire et les
échevins pour avoir rendu plusieurs jugements de police
en l'absence d'un des juges du bailliage qui, *selon l'usage*,
devait présider.

Les échevins ripostèrent par un autre procès-verbal
repoussant comme non fondées ses protestations.

Le 21, du même mois, nouvel incident dans l'église

Notre-Dame à l'occasion des fêtes du St-Sacrement. Les officiers municipaux avaient à peine pris leurs places habituelles dans le chœur, que ceux du bailliage se retirèrent et refusèrent d'assister à la procession.

Le maire fit dresser le lendemain un acte de notoriété publique, signé par tous les anciens maires et échevins, attestant que dans toutes les cérémonies publiques, le Corps municipal avait toujours eu le pas et la préséance sur les officiers du bailliage seigneurial et occupé la droite dans les hautes stalles de l'église des révérends pères Bénédictins du prieuré de La Charité et dans les églises paroissiales.

Les mêmes faits se reproduisirent encore l'année suivante, provoqués cette fois, par le sieur Thomas Desrots qui, en même que premier juge du bailliage seigneurial, avait la procuration générale du cardinal de Bernis. A deux fois différentes, les 10 et 17 juin, il se présenta escorté par trois gardes-chasse de Monseigneur, en armes, pour occuper la première place dans l'église que le maire et les échevins ne voulurent point lui céder. Desrots se retira avec ses estafiers.

Il leur en garda un profond ressentiment et chercha à faire naître une occasion de le leur manifester Un beau jour de décembre 1761 ne s'avisa-t-il pas d'exiger contrairement à l'usage établi depuis longtemps entre le prieur et la Communauté, que les autres juges du bailliage assistassent avec voix délibérative aux audiences qu'il tenait conjointement avec le maire et les échevins. Ceux-ci s'y opposèrent formellement et pour que le sieur Desrots n'en ignorât point plus tard, ils lui firent signifier l'acte de notoriété suivant, passé par devant notaires.

« Aujourd'hui, sont comparus devant les notaires royaux du bailliage de St-Pierre-le-Moûtier, résidant en la Ville de La Charité-sur-Loire, soussignés : sieurs Marpon, ancien maire et ancien officier chez le Roy ; Jolly de Martou, ancien maire de cette ditte Ville de La Charité ; Berger de Montigny, président en l'Election de cette dite Ville ; Joully, bourgeois ; Duranget ; Chastignier fils aîné ; Guillerault ; Chair ; Bagnayt de La Chaume ancien échevin et procureur du Roy au grenier à sel ; Roger l'aîné ; Roger le jeune ; Brotot ancien échevin et Lajoye père.

Tous anciens maires, échevins et notables de la dite

Ville, y demeurant paroisses Ste-Croix, St-Jacques et St-Pierre, aussy soussignés, lesquels ont certifié et attesté pour Vérité à tous qu'il appartiendra être de notoriété publique qu'un seul des officiers de la Justice seigneurialle de la dite ville, *et non plusieurs, d'eux ensemble*, a assisté aux bureaux et jugements de la police où les maires et échevins ont toujours assisté ensemble et *jugé conjointement* avec le dit officier de justice dans toutes les causes qui s'y sont présentées, soit pour contravention aux règlements, soit pour fixation du pain et de la viande, soit pour réception de Maistres de métiers et autres causes ; attestent aussi les dits sieurs anciens maires et échevins que lors de leurs exercices dans les dites charges ils ont en leurs qualités d'officiers de police fait la dite police et jugé les causes qui y ont été portées comme dit est cy-dessus avec un seul des officiers de la Justice seigneurialle de la dite Ville de La Charité, c'est-à-dire avec le premier officier de la Justice, et, en son absence, avec le second ou troisième, et que les dits officiers de la Justice ne se sont jamais trouvés plusieurs ensemble aux bureaux de la dite police, ce que les dits sieurs anciens maires et échevins n'auroient jamais souffert comme étant contraire à l'usage constant et de temps immémorial. Dont et de tout ce que dessus ils ont requis acte à eux octroyé pour servir et valoir quand et ainsy qu'il appartiendra.

« Fait et passé en l'étude de l'un des dits notaires royaux, l'autre présent, le dix-huitième jour du mois de décembre après midy de l'année mil sept cent soixante-un. »

La minute est signée de tous les noms ci-dessus, et de Courtois, notaire royal ; Hotte, notaire royal. Au bas est écrit : « Controllé à La Charité, le deux janvier mil sept cent soixante-deux et scellé ; reçu dix-huit sols six deniers, signé Bouvet de Bronville. »(1)

Ce n'était pas fini. Le 7 mars, le Maire, à la réquisition du procureur syndic du roi, donna l'ordre d'enlever des murs des affiches imprimées publiant une ordonnance de police du 28 février, signée Desrots lieutenant général, qui les avait fait placarder de son chef et que le Maire considérait comme « attentatoire aux droits du Corps municipal qui

---

(1) *Archives de la Ville.*

n'avait pas été consulté. » Il faisait signifier en même temps au sieur Desrots défense de se qualifier ainsi qu'il le faisait à tort dans les jugements et procès-verbaux des titres de « premier magistrat et lieutenant général » et de n'employer à l'avenir d'autre qualité que celle de « bailly du bailliage seigneurial de La Charité. »(1)

Pour se faire une idée de cette justice seigneuriale tant décriée par les abus les plus monstrueux auxquels elle se prêtait — justice en quelque sorte domestiquée, puisque tous ses officiers étaient asservis au seigneur maître du fief — voyez le tableau saisissant qu'en traçait au milieu du dix-septième siècle un des esprits les plus éclairés de cette époque, l'une de nos grandes figures du Parlement de Paris, Loyseau de Mauléon, le défenseur de la mémoire de Calas, dans sa vigoureuse apostrophe sur l'abus des justices seigneuriales: « Si le seigneur veut mal à quelque homme de bien, quel est l'officier qui, pour faire le bon valet, ne fera contre lui du pis qu'il pourra, *même s'il est accusé à tort* ; » et un peu plus loin..... « au village, pour avoir un méchant appointement d'audience, il faut *saouler* le juge, le greffier et les procureurs de la cause, en belle taverne qui est le lieu d'honneur — *locus majorum* — où les actes sont composés, et où bien souvent les causes sont vuydées à l'avantage de celui qui paie l'écot. » Méditez encore ces paroles du président Hainaut : « La justice des villages, dit-il, ne peut qu'elle ne soit mauvaise, parce que ces petits juges dépendent entièrement du pouvoir de leur gentilhomme qui les peut destituer à volonté, et en fait ordinairement comme de ses valets, n'osant manquer à ce qu'il commande. »(2)

Certains justiciables étaient assurés à l'avance de l'impunité, et, parmi eux, le fermier du prieuré, le sieur Massuc-Durie, contre qui le maire avait dressé le 5 novembre un procès-verbal pour avoir vendangé avant les trois jours réservés au prieur, et auquel procès le premier juge du bailliage, Desrots, ne voulut donner aucune suite. Le greffier Gandat refusa même de dresser acte de la protestation des échevins constatant le refus de juger du sieur Desrots.

« Ainsi, sujétion absolue du juge à l'égard du seigneur ; confusion et chaos des diverses procédures, immoralité des

---

(1) *Archives de la Ville.*

(2) *La France en 1789. Alf.* Pizard,

HISTOIRE DE LA CHARITÉ

officiers de justice, impunité des coupables, tels sont les principaux reproches adressés aux justices seigneuriales. »(1)

Mais, patience !... nous retrouverons plus tard ces mêmes juges, d'autant plus humbles avec le peuple qu'ils s'étaient montrés naguères arrogants avec lui,... c'est qu'alors les temps sont changés et que le serf opprimé depuis tant de siècles a enfin rompu sa chaîne pour devenir le souverain maître et le propre arbitre de ses destinées.

A la fin de mai 1762, la Communauté racheta au prix de 1435 livres la dispense de donner au roi « homme vivant et mourant »(2) pour offices de deux maires, de deux lieutenants de maire, un échevin, deux assesseurs, deux greffiers, deux contrôleurs, un avocat et un procureur du roi, offices qui avaient été réunis à la Communauté; ensemble tous les droits et fonctions qui y étaient attachés « pour la Ville

(1) *La France en 1789. Alf. Pizard.*
(2) Copie d'une pièce analogue :

« Aujourd'huy quatorze novembre mil sept cent quarante-neuf, au Bureau de l'Hôtel de Ville de La Charité, où nous Guillaume Guillerault, Sylvain Melin et Pierre Baudot Echevins de la ditte Ville aurions fait convoquer les notables habitans pour délibérer sur les affaires de la Communauté et Entre autres pour la nomination d'un homme au roy pour l'expédition des Lettres patentes de réunion des offices municipaux de la ditte Ville, en conséquence des ordres de Monseigneur le Controlleur général et de Monseigneur l'Intendant, lesquelles notables habitans comparant par Me Jacques Bagnayt de Presle, Lieutenant particulier ; Me Joseph Bourcier, procureur fiscal ; Louis Hotto, notaire ; Charles Taupin, médecin ; le sieur Baudry ; le sieur de La Faye ; Etienne Beaufils ; Louis Duranger ; Jean Paillard ; Etienne Roy ; Charles Bagnayt de La Châulme ; Etienne Dargent ; Guillaume Duranger ; François Pottier ; Claude Duminy ; François Dutroux ; Jean Pain ; Nicolas Beaufils ; Jacques Deschamps. Après lecture faite des Lettres de monseigneur l'Intendant, et, en conséquence, ont nommé la personne de *Jacques Bachelier*, fils de Jacques Bachelier, habitant de cette ville, pour être donné *homme vivant* au désir de nos dits ordres, Lequel présent a signé avec nous les notables et notre greffier, ansy signés : Bagnayt de Presle, Guillerault, Bourcier, de La Faye, Taupin, Pottier, Hotte, Duminy, Lejeune, Duranger, Dumont, Dargent, Duranger apoticaire, Deschamps, Baudry, Pain, Dutroux, Beaufils, Paillard, Melin, Bagnayt de La Chaulme, Bachelier, Beaufils, Roy et Baudot greffier et secrétaire. Au bas est écrit: Controllé à La Charité le 17 décembre 1749, reçu 12 sols. Signé Bourcier commis. *Blondeau, commis greffier.*

« Nous échevins, soussignés, certifions avoir commis le sieur Blondeau, greffier, pour écrire la présente expédition. Fait à La Charité ce 10 janvier 1750. *Signé*, Jolly, Duranger. »

en jouir » en exécution de l'arrêt du Conseil et les lettres patentes du 24 décembre 1759.

Cette même année, on nomma neuf gardes-vignes : les nommés Pierre et Jean Minot ; Michel Boulet ; Guillaume Laporte ; Jacques et Claude Piégoy ; Pierre Niaule ; et Pierre et Louis Gaudin.

Ils étaient de garde de 4 heures du matin à 10 heures du soir moyennant un salaire de 16 sols par jour et avaient droit à la moitié des amendes.

Une nouvelle imposition d'un deuxième sol par livre en sus des droits sur les fermes, octrois, droits engagés et aliénés fut établi par l'édit du mois d'avril 1763 qui prorogeait en même temps pour une nouvelle période de six années, c'est-à-dire jusqu'au 1er janvier 1770, les droits du *don gratuit*. Dans sa réunion du 4 septembre 1763, l'assemblée décida que, vu les abus dans la perception de ces droits et dans le but « de soulager le menu peuple de cette Ville, tels que les pauvres vignerons, mariniers et artisans déjà accablés par les tailles et autres impositions avec d'autant plus de raison que, consommant autant et même plus de vin que le bourgeois, ils se trouvoient obligés de payer autant et plus que celui-ci », de mettre cet impôt sur les viandes qui se vendaient en Ville et qui paieraient ainsi 6 deniers par livre en plus ; « et que les plus pauvres qui consomment peu de cette denrée se trouveront soulagés par ce moyen, joint à ce que la régie en seroit plus facile. »(1) Cette modification au tarif qui devait entrer en vigueur à partir du 1er janvier 1764 entraînait la suppression des droits sur le vin, l'eau-de-vie et les liqueurs. Le Conseil établit en même temps sur la poterie mise en vente sur les places une taxe de 5 sols pour « chaque charroi, » et 2 sols pour étalage, dont le produit devait être employé au balayage des rues et à entourer la place d'une clôture de bornes.

Cette délibération n'ayant pas été approuvée par l'Intendant, la perception des droits du *don gratuit* se continua comme par le passé. Sur les instances du Maire, la délibération fut sanctionnée plus tard par un arrêt du Conseil d'Etat, en date du 7 mars 1765, pour les cinq années du second *don gratuit* restant à courir, à l'expiration desquelles la taxe

(1) *Archives de la ville.*

supplémentaire de 6 deniers par livre établie sur la viande serait supprimée.

La récolte fut mauvaise en 1763. St-Médard avait fait des siennes, et saint Barnabé, mécontent, avait refusé d'intervenir ; les autorités s'en émurent, et le 14 juillet, sur la proposition du procureur du roi, les échevins décidèrent « *que veu le temps fâcheux et les pluyes continuelles qui empêchent la récolte des foins et des blés, il est nécessaire de requérir des prières pour obtenir un temps plus favorable ; à cet effet nous nous transporterons chez les R. P. Bénédictins, les sieurs Curés de cette Ville et les R. P. Récollets pour les prier de commencer incessamment les prières qui se disent ordinairement pour obtenir un temps favorable.* »

CHAPITRE XXVII

Edit de 1764 sur les municipalités. Budget de la Ville pour 1765. Procès avec le propriétaire du domaine de La Chapelle au sujet de la deuxième herbe.

Par son édit du mois de mai 1764, le roi établissait encore un nouveau mode de nomination des municipalités. Ainsi les notables qui, désormais, étaient appelés à nommer le Maire, les échevins et les autres officiers municipaux — concurremment avec le Maire et les échevins en exercice — étaient nommés par des députés des Corps et Communautés élus eux-mêmes par ces assemblées.

C'est le premier juge du bailliage seigneurial qui présidait à ces diverses élections.

La nomination du Maire appartenait dorénavant au Seigneur, à charge toutefois de le choisir sur une liste de trois candidats présentés par la municipalité. Celle-ci conservait le droit de nommer elle-même ses quatre échevins.

D'après la nouvelle organisation, la municipalité était composée du Maire, nommé par le Seigneur, de quatre échevins, de six conseillers de Ville, d'un syndic receveur et d'un secrétaire-greffier nommés par les notables ; et, comme pour les élections, ses assemblées générales se tenaient par-devant le lieutenant général du bailliage seigneurial.

Le receveur syndic déposait un cautionnement de 2.000 livres.

Arrivé au terme de son mandat, le sieur Jolly avait été remplacé comme Maire le 11 novembre 1764 par le sieur Jean-Antoine de Lespinasse, officier en l'Election; il fut néanmoins député à Paris en avril 1765 par la Commuauté pour tâcher d'obtenir un règlement spécial à la Ville de La Charité, car le mode de nomination et les attributions des nouvelles municipalités variaient selon les localités.

Les députés élus par les Corps et Communautés étaient :

Pour le Clergé : le sieur Jean-Pierre Musson, curé de Ste-Croix.

Pour l'Election : Paichereau, procureur du roi.

Pour le Grenier à sel : Etienne Beaufils de la Chaume, juge grenetier.

Pour le bailliage : Bagnayt de Presle, deuxième juge.

Pour les notaires : Jean-Gilbert Courtois-Dubuisson, notaire royal.

Pour les marchands : Jean-Etienne Jolly.

Et pour les artisans : Jean Roblin père, boulanger.

Quant aux nobles et militaires et aux bourgeois vivant noblement, ils n'avaient pas cru devoir se déranger.

Ces députés se réunirent le 29 Juin 1765 sous la présidence du lieutenant général du bailliage pour nommer les notables.

Furent élus :

Pour le Clergé : le sieur Héron, curé de Ste-Croix.

Pour la noblesse et militaires : le sieur Paichereau des Bondes.

Pour l'Election : le sieur Paichereau, procureur du roi.

Pour le Grenier à sel : Taupin, président.

Pour le bailliage : le sieur Dubois de Champdillon.

Pour les médecins et bourgeois : les sieurs Bagnayt, médecin, et Leblanc de Lespinasse l'aîné, bourgeois.

Pour les notaires et procureurs : Louault, notaire royal et procureur.

Pour les négociants et marchands : Duranger, apothicaire; Marcou-Roger le jeune ; Paillard le jeune; et Lajoye père.

Et enfin pour les artisans : Guillaume Moynault, perruquier, et Augustin Merle, serrurier.

Le lendemain, les notables procédèrent à l'élection des échevins : les sieurs Pluvinet, contrôleur au grenier à sel; Bourgeois; Duranger le jeune et Guillerault le jeune, furent nommés successivement premier, deuxième, troisième et quatrième échevins; puis une liste comprenant les noms des sieurs Beaufils de La Chaume ; Bagnayt de la Chaume, procureur du Roi au grenier à sel; et Jolly, négociant, fut envoyée à Monseigneur pour le choix du Maire.

Le lundi 1er juillet, toujours par-devant le lieutenant général au bailliage, l'ancien maire,(1) les échevins et les notables procédèrent à l'élection des six conseillers, du syndic receveur et du secrétaire-greffier : les sieurs Bagnayt de Presle, lieutenant particulier au bailliage; de Lespinasse, élu en l'Election de cette Ville ; Charron ; Chastignier, négociant ; Beaufils-Buchet, entrepreneur des ouvrages du roi; et Berger, bourgeois, furent élus conseillers. Ensuite les sieurs Regnard, et Melin, procureur au bailliage furent nommés : le premier, syndic receveur; et le second, secrétaire-greffier.

Le cardinal de Bernis informait le 15 juillet qu'il avait fait choix de la personne de M. Bagnayt de la Chaume pour remplir la charge de Maire dans laquelle il fut installé par les échevins le 24 août suivant.

Dans sa première réunion (17 septembre), l'assemblée municipale arrêta le budget de la Ville. Les gages du secrétaire-greffier furent fixés à 300 livres par an et la remise du syndic receveur à un sol par livre. Ceux du recteur des écoles furent maintenus à 200 livres, et ceux du sous-maître à 100, à charge toutefois, par ce dernier, d'instruire gratuitement six enfants pauvres désignés par le Maire et les échevins.

180 livres furent attribuées au prédicateur du carême.

80 id. à celui de l'avent, et 8 au sonneur.

Les deux valets de Ville recevaient chacun 30 livres de gages annuels ; le sieur Musson, horloger, la même somme pour l'entretien de l'horloge. Le balayeur des places était gagé de 9 livres par an, à charge par lui de les balayer deux fois par semaine, le mercredi et le dimanche matin avant l'office.

(1) M. Jolly, son successeur n'ayant pas été installé.

Les frais de bureau furent fixés à..........	100 livres.
— du passage de troupes à..........	50 —
— de procession pour les Fêtes-Dieu (torches, gants, etc)..........................	45 —
Les frais de réparation à l'Hôtel et aux portes de la Ville (1)................................	200 —
Vin d'honneur au passage des princes, feux de joie, frais de médaille à chaque mutation du seigneur prieur............................	200 —
Entretien des puits publics ; des pavés des places ; des quais ; des seaux et crochets servant aux incendies ; rupture des glaces devant les piles et les arches des ponts de la Ville	200 —
1/20 des patrimoines et octrois.............	140 —
Droit au seigneur pour la suppression du four banal......................................	300 —
Pour cens et rentes dus au seigneur.......	3 —
aux révérends pères Récollets pour la messe qu'ils disent chaque jour pour les écoliers du collège..	50 —
au prédicateur pendant l'octave de la Fête-Dieu...	30 —

La Ville de La Charité ne consacrait donc à cette époque que 300 livres par an pour l'instruction de ses enfants ; elle en accordait en revanche 333 au service du culte.

La moindre réparation à faire aux puits ou au pavé des places était subordonnée au bon plaisir de l'Intendant. C'était un nommé Jean-Baptiste-Etienne Grasset, « écuyer, seigneur des Ecots, conseiller du Roi, général provincial des monnoyes de France de la Généralité de Bourges » qui était à l'époque son subdélégué.

A la demande du Contrôleur général, plusieurs articles furent modifiés : ainsi les gages du secrétaire-greffier furent réduits de 100 livres ; ceux des valets de ville ramenés à 15 et les frais de procession diminués de pareille somme ; quant aux crédits affectés aux gages des tambours, fifres

---

(1) La Porte St-Pierre dont l'état nécessitait depuis longtemps déjà d'assez fortes réparations fut démolie dans le cours de l'année 1786.

et des sergents de quartier et au balayage des places, aux 50 livres attribuées aux pères Récollets et aux 30 pour l'octave de la Fête-Dieu ils furent tout simplement supprimés par mesure d'économie.

Dans le courant de décembre, l'Intendant, M. Dupré de St-Maur, vint à La Charité. Toute la jeunesse bourgeoise ayant à sa tête Charron de Champmartin, officier de la milice, se porta à cheval à sa rencontre jusqu'au bourg de Sancergues et le conduisit de même le lendemain jusqu'à Pouilly.

L'office de Gouverneur, supprimé depuis plus d'un siècle, avait été rétabli par édit de novembre 1733, et on ne s'avisa d'y pourvoir qu'en 1767—34 ans après son rétablissement !— par la nomination du sieur Pomponne Marie-Pierre Babaud de Villemenant qui fit enregistrer sa commission le 28 février de la même année. Le roi lui donna « pouvoir de commander aux habitants tout ce qui sera jugé nécessaire pour le bien de Son service, sûreté et conservation de la dite ville en Son obéissance ; faire vivre les dits habitants en bonne union et concorde les uns avec les autres ; commander aux gens de guerre qui sont ou seront ci-après établis en garnison dans la dite ville ; les contenir en bon ordre et police suivant Ses règlements et ordonnances militaires ; le tout et ainsi qu'il Nous plaira de l'ordonner et sous l'autorité du Gouverneur et notre lieutenant général en notre province du Berry, et, en son absence, de nos commandants et lieutenants généraux et particuliers de de notre dite province. »(1)

Les ressources destinées à couvrir l'imposition dite du *don gratuit* furent bientôt plus que suffisantes ; on réduisit alors de moitié, dans le courant d'avril, le droit sur les viandes.

Cette décision avait été prise par le Maire et les échevins seuls, car, dans les derniers temps, les notables n'assistaient même plus aux séances. Le Maire en référa au Contrôleur général qui lui adressa les instructions suivantes :

9 Juillet 1767,

« Le procès-verbal de votre assemblée du 18 juin dont vous m'avez, Monsieur, adressé une expédition, m'annonce

(1) *Archives de la Ville.*

comme toujours le peu de zèle de ceux qui ont été choisis pour concourir à l'administration de votre Ville, puisque la plupart ont négligé de se trouver à une assemblée où il s'agissait de remplacer un Conseiller de Ville. Je ne sais ce qui peut donner lieu à un pareil découragement, mais je présume que la quantité de parents qui se trouvent parmi les membres du Corps de Ville, suivant l'exposé de votre lettre, peut inspirer du dégoût aux notables, et dès que la déclaration du Roy du 15 juin(1) a été connue dans votre Ville, on aurait dû s'y conformer. Il n'est pas douteux que les frères, beaux-frères, oncles, neveux et cousins-germains ne peuvent exercer ensemble les places de Maire, d'Echevins ou de Conseillers de Ville.

« Aux termes de l'art. 4 de cette déclaration, il est absolument nécessaire que les Conseillers de Ville qui se trouvent parents avec vous ou avec quelqu'un des échevins dans ces degrés, soient remplacés par des notables ; ensuite vous compléterez le nombre des notables dans une assemblée de députés. Cette réforme pourra inspirer plus de confiance et ranimer le zèle de quelques notables qui paraissent s'abstenir absolument des Assemblées. Ceux dont les offices exigent leur résidence ailleurs sont dans le cas d'être remplacés, mais s'il s'en trouve qui, sans excuses légitimes, persistent à ne pas remplir leurs places, il faudra prendre une délibération pour charger le syndic-receveur de les poursuivre devant le juge qui est chargé par l'édit de connoître les contestations relatives aux élections, et faire rendre à leurs frais un jugement qui les contraindra à exercer les fonctions dont ils ont été chargés. Je suis, Monsieur, votre affectionné serviteur. »

Signé : *Delaverdy.*

A la réception de cette lettre, le Maire convoqua d'urgence l'assemblée pour pourvoir au remplacement de quatre Conseillers qui se trouvaient dans le cas d'être remplacés en raison de leurs degrés de parenté avec lui ou avec les échevins. C'étaient les sieurs Paichereau, procureur du roi, en l'Election ; Taupin, docteur en médecine et président du Grenier à sel ; Charron l'aîné et Bagnayt, docteur en médecine qui furent remplacés, séance tenante, par les nommés Denis, receveur des tailles ; Paichereau des

---

(1) Touchant certaines incompatibilités.

Bondes, chevalier de l'ordre royal et militaire de St-Louis ; Louault, conseiller du roi, greffier en l'Election, et Jolly négociant. Quant aux notables, le nombre en fut complété le 2 août par la nomination des sieurs Musson, horloger ; Dargent, notaire royal et substitut du procureur fiscal au bailliage ; Chair, marchand, et Baudot, médecin.

La nomination de ce dernier n'avait pas eu l'heur de plaire au Maire ni aux échevins qui protestèrent contre elle en termes excessifs « élection » disaient-ils, « qu'ils considèrent comme déshonorante pour le Corps municipal, quoique les notables n'en fassent point partie, mais pouvant y parvenir. »(1)

Le Maire commit une deuxième faute en envoyant acte de cette protestation au Contrôleur général des finance de l'Election, et aggrava encore ses torts en y joignant une lettre particulière dans laquelle il articulait contre le sieur Baudot des faits qu'il ne pouvait prouver. Le Contrôleur général lui retourna le dossier en l'engageant à se pourvoir devant le juge compétent, et, dans ce cas, à remettre au procureur du roi du siège un extrait de la protestation avec un mémoire énonçant les faits imputés au sieur Baudot.

Il en résulta un long et coûteux procès d'où la réputation de celui-ci sortit intacte. L'arrêt du Parlement confirmait sa nomination et condamnait en outre « le maire et les échevins aux dépens, en leurs propres et privés noms. »(2)

Leur condamnation était d'autant mieux justifiée que ces magistrats avaient engagé ce procès avec la plus coupable légèreté, sans même prendre l avis des conseillers, et uniquement pour satisfaire quelque rancune personnelle.

Quoique n'ayant pas eu voix au chapitre, les conseillers ne leur en gardèrent pas rancune, puisque au lieu de les laisser payer de leurs deniers les frais du procès, par leur délibération du 14 août 1768, prise à la majorité de 8 voix contre 3, ils les mirent tout simplement à la charge de la Communauté.

Quant au sieur Baudot, il fut élu le 11 novembre 1769 Conseiller, en remplacement de J.-Baptiste Louault, notaire royal, qui venait d'être nommé échevin.

(1) *Archives de la Ville.*
(2) *Archives de la Ville.*

Depuis le mois de décembre 1767, c'était un nommé Jacques Guéridon qui était chargé de l'enlèvement des boues, moyennant une subvention annuelle de 120 livres, et Mathieu Galopin de l'entretien du pavé de la ville, moyennant aussi une subvention de 150 livres par an.

La Communauté prit à sa charge l'acquisition des pavés et les travaux à faire devant la maison conventuelle et l'église des révérends pères Récollets « comme il est d'usage pour motif de charité, et pour les bons et agréables services qu'ils rendent journellement aux habitants de cette ville. » Semblable décision intervint en faveur de l'Hôtel-Dieu « eu égard au modique revenu de la ditte maison qui ne suffit pas pour le soulagement des pauvres malades. «(1)

Le terrain de la Saulaye, qui déjà, à l'époque, était planté d'ormes et de tilleuls — comme il l'est aujourd'hui de peupliers et d'acacias — fut aménagé alors en promenade publique. Les arbres qui, arrivés à leur croissance dépérissaient à vue d œil, furent arrachés et mis en vente. Le produit (700 livres) fut affecté en entier aux frais de la nouvelle plantation que l'on fit pendant l'hiver de 1768 à 1769. La dépense s'éleva à 1.400 livres.

Cette belle promenade entourée de charmilles et close de haies vives le long desquelles on avait ménagé une plate-bande de deux pieds de largeur, avait son entrée du côté du port par deux passages fermés par des barrières encadrées d'ormes magnifiques; et de distance en distance, on avait disposé plusieurs bancs en pierre. Son entretien ne coûtait que 60 livres par an.

En 1770, la Ville eut encore à soutenir un procès très dispendieux contre le sieur Beaufils de la Chaume propriétaire du domaine de La Chapelle-Montlinard qui contestait aux habitants le droit de jouir de la seconde herbe des prés de son domaine pour le pacage des chevaux et bestiaux, droit auquel il avait participé, lui-même, en cette qualité, avant qu il ne se rendit acquéreur du dit domaine.

Les droits de la Communauté n'étaient pas contestables, car dans l'acte de vente du 18 mars 1652, reçu par le lieutenant particulier du bailliage de La Charité, il y est

---

(1) *Archives de la Ville.*

stipulé expressément que, les terres aliénées(1) « qui seront mises en vente en nature de pré, ne pourront être employées à porter revivre; aises seront libres après l'enlèvement de la première herbe, comme les autres prés, avec la défense portée par la coutume, et les propriétaires ne peuvent pas *en refermer ni s'en approprier la moindre partie.* »

Les mêmes réserves existaient en ce qui concernait les cinquante arpents de triage du seigneur.

Cette possession ininterrompue des habitants de La Charité leur donnait réellement droit à la propriété de la seconde herbe, suivant la prescription de l'art. 308 de la coutume de Lorris-Orléans ancienne, suivie et observée dans la paroisse de La Chapelle, et la jouissance leur en avait été confirmée, pour tous les pâtureaux en général, par deux sentences de police des 12 août 1769 et 21 juillet 1770; la première portant « que les habitants de La Charité demeurent conservés dans la possession de faire pacager leurs bestiaux dans les prés de la paroisse de La Chapelle *après la cueillette de la première herbe des dits prés*, avec défense aux habitants de la ditte paroisse et à tous autres de les troubler dans la ditte possession, sous peine de 10 livres d'amende; »(2) et la deuxième déboutait contradictoirement Beaufils et consorts de l'opposition qu'ils avaient formée le 10 juillet 1770 à la sentence précédente.

Beaufils en appela au bailliage de Saint-Pierre-le-Moûtier. Commencé au mois de juillet 1770, ce procès traîna pendant huit longues années, en passant par des alternatives diverses.(3)

(1) Cent arpents qui « s'étendaient depuis la maison d'Espagne jusqu'au... arc de pierre au-delà et au deça le ruisseau du Gourd. »

(2) *Archives de la Ville.*

(3) 28 juillet 1770. Assignation de Beaufils et consorts devant le lieutenant général du bailliage de St-Pierre, du maire, des échevins et des gardes des chevaux « pour raison de la deuxième herbe des prés des domaines situés au-dessous du Pont de bois, et joutant du levant celles des terres anciennement aliénées par les habitants, ainsi que les prés des demandeurs; du midi les prés de Gourlon et autres; du couchant la haie qui sépare les prés d'avec les terres labourables des dits domaines du Pavillon, et du septentrion le pré de la fabrique de La Chapelle. »

Juillet 1771. — Sentence du bailliage qui reçoit les maire et échevins, prenant fait et cause pour le procureur du fait commun et le gardien des bestiaux. (*à suivre*).

Les deux sentences de police sus visées furent infirmées par un jugement du bailliage, puis l'affaire fut portée devant le Parlement de Paris par le maire et les échevins de La Charité: enfin le 14 mars 1778, intervint son arrêt qui donnait gain de cause aux habitants. En voici le dispositif :
« *Notre dite Cour fesant droit sur l'appel interjeté par les Maire, échevins et habitans de la Ville de La Charité de la sentence du bailliage de St-Pierre-le-Moutier du 29 avril 1773, a mis et met l'appellation et la dite sentence dont il a été appelé au néant ; ayant égard aux demandes des dits Maire et échevins, les décharge des condamnations prononcées contre eux par la dite sentence; les maintient et garde dans le droit et possession de jouir des deuxièmes herbes et pacage des héritages dont il s'agit, soit qu'ils soient en nature de pré, soient qu'ils soient en terres labourables, et après l'enlèvement des premiers fruits ; fait défense à Et. Beaufils et à tous autres de les troubler dans l'exercice du dit droit, et condamne le dit Etienne Beaufils et consorts en tous les dépens.* »(1)

Qu'est devenu aujourd'hui ce droit ? Nous n'avons pas connaissance que, depuis, les propriétaires intéressés aient jamais affranchi leurs terres de cette servitude ! et si, comme nous le dit la loi, les droits des Communes sont imprescriptibles, la ville de La Charité ne

(*Suite de la note 3*)
2 Août 1773, Signification des lettres d'anticipation d'appel, et assignation aux maire et échevins.
22 Janvier 1774. Intervention du procureur de la maîtrise des Eaux et Forêts.
11 mars 1775. Beaufils de la Chaume et consorts citent le maire et les échevins à « comparoir » au Parlement de Paris.
25 mars 1777. Requête par laquelle Beaufils et consorts se plaignent que les maire et échevins n'ont produit que le titre du 18 mars 1652.
14 Mars 1778 Arrêt du Parlement qui donne gain de cause aux habitants de La Charité.
(1) *Archives de la Ville.*

Quelques noms et professions relevés à l'époque.
Henri Pasquet, charron ; Nicolas Dalbret, vigneron ; Pierre Chambon, huissier ; Edme Pineau, vigneron ; Mathieu Gogot, vigneron ; Léonard Merlin, vigneron ; Pierre Minot, vigneron ; Simon Mollet, vigneron ; Pierre Laurent, chapelier ; Mathieu Galopin, couvreur ; Raisonnier fils, M^d dans la Revenderie ; Buriat, jardinier à Gérigny, (*à suivre*).

serait-elle pas fondée à se faire restituer celui dont nous parlons, n'ayant trouvé jusqu'à présent aucune trace de son aliénation ?

Aux Jurisconsultes à donner leur avis sur cette question.

CHAPITRE XXVIII
Retour à la vénalité des charges municipales. — Leur rachat par la Communauté. — Pacages communaux. — La corvée.

Lorsqu'en novembre 1771, Louis XV, cédant à une nécessité financière impérieuse, comme il ne craignait pas de l'avouer, du reste, dans les considérants de son édit, revint à la vénalité des offices municipaux, il ne se préoccupa en aucune façon de la manière dont devaient être composées les assemblées générales. Son seul but étant de se procurer de l'argent, avait-il besoin de s'arrêter à pareille bagatelle, indigne d'occuper un roi ?

La charge de maire était supprimée encore une fois; les quatre échevins étaient maintenus, mais le roi se réservait le droit de les nommer.

Certaines provinces se rachetèrent encore en bloc de cet impôt déguisé, et en cas de non rachat, soit par les provinces où par les Communautés, Sa Majesté disposait alors de ces offices comme elle l'avait fait auparavant, c'est-à-dire qu'elle les cédait au plus offrant enchérisseur.

L'expérience des dernières années avait amené quelques réflexions salutaires, aussi personne ne se présenta-t-il pour les acquérir. De son côté la Communauté ayant décliné jusqu'alors les offres de rachat que lui avait faites l'Intendant, Sa Majesté se décida, en désespoir de cause, à nommer elle-même, le 23 août 1773 les quatre échevins, les sieurs Charron; Chair; Baudot, et Lesfilles-Héron, qui restèrent en fonctions jusqu'au mois de novembre 1778, époque où la Communauté se décida enfin à racheter ces offices pour pouvoir disposer à nouveau du droit de nomination.

(*Suite*). Charles Lebœuf, chamoiseur; Etienne Roy, marchand; Pierre Méquin, perruquier; Pierre Baudelin, menuisier; Pierre Turbat, perruquier; Pierre Tellier, charpentier; Jean Robert, charpentier; Visery, marinier; Nicolas Usquin, tanneur; Pierre Maujonnet, vigneron; Pierre Raiga, maître maçon; Eugin Lajoye, marchand.

Comme nous l'avons exposé au commencement de ce chapitre, l'édit était muet sur la composition et la tenue de ces assemblées. On juge de l'embarras des nouveaux échevins qui, après en avoir référé à l'Intendant, décidèrent dans leur réunion du 20 mars 1774, que jusqu'à ce qu'il y fut pourvu par un règlement de Sa Majesté, les assemblées générales de la Ville de La Charité, seraient composées des quatre échevins, de six conseillers et de douze notables.

Tous les sièges des conseillers étant occupés, on ne nomma que six notables qui manquaient.

Dans le courant de septembre, la Communauté avait décidé de vendre la place de la Verrerie, pour le produit être employé à la réparation des puits publics.(1) Le sieur Bernot de Mouchy, intervenant alors comme père temporel des Récollets, y mit opposition, en alléguant faussement que cette résolution avait été prise malgré l'avis contraire de la majorité des notables. Ce fut à la grande joie des robins de la localité, l'occasion d'un nouveau procès auquel le Conseil d'Etat mit un terme, par son arrêt du 28 avril 1778 qui autorisait la vente.

Le sieur Denis, receveur des rentes, s'en rendit acquéreur au prix de 600 livres qu'il paya comptant, et comme il en était convenu avec les échevins, il fit l'avance à la ville de la somme de 8.000 livres en une lettre de change sur Paris, pour lui permettre de racheter ses offices municipaux. C'est le prix que paya aussi la Ville de Provins pour le rachat de ces mêmes offices. Trois ans après (19 avril 1782), le sieur Denis rétrocéda cette place à la Communauté aux mêmes conditions qu'il l'avait achetée.

L'Intendant de la province, par une première ordonnance en date du 5 juillet 1772, avait fixé le rachat de ces offices à la somme énorme de 18.852 livres. La Ville avait répondu

(1) *Il y en avait cinq à l'époque.*
Porte-bourses (collecteurs) et adjoints pour les années :
1770. Louis-Augustin Guillerault, marchand et Pierre-Etienne Chair, porte-bourses.
   id. Jacques-Nicolas Perrot, menuisier et Claude Delanoue, cordonnier.
1771. Joseph Fabre, marchand et Jean-Etienne Dargent, notaire royal.
   id. Claude Perrotat, boulanger et Pierre Besançon, charretier.
1772. Etienne Turquet, huissier et François Sorcet, bourgeois.
   id. Joseph Amiot, cordonnier et Jean Laval, maréchal. (*A suivre*)

à cette quasi-mise en demeure par l'envoi d'un placet tendant a en être exonérée, en faisant valoir l insuffisance de ses ressources. Ne s'était-elle pas trouvée, en effet, dans la cruelle nécessité de prier l'évêque d'Auxerre de ne plus envoyer de prédicateurs pour l'avent ni pour le carême, dans l'impossibilité où elle était de pouvoir leur donner d'honoraires?

Mais toutes ces considérations n'avaient guère ému l'Intendant qui revint à la charge en avril 1776, en disant « qu'il désirerait que les Villes prissent le parti de faire l'acquisition de ces offices, » et, de la part de l'Intendant, homme tout puissant dans sa Généralité, un tel désir équivalait pour autant dire à un ordre.

(Suite)

1773 Georges Musson, horloger, et Massile-Durie, fermier du prieuré.
id. Pierre Rousseau, aubergiste, et Pierre Roy, cordonnier.
1774 Michel Jocteau, armurier, et François Sené, serrurier.
id. Antoine Piffault, vigneron, et Baltazar Belvaut.
1775 Claude-Joseph Rousset, marchand sellier, et Jean-Baptiste Galopin, couvreur.
id. Jean Gardet, cabaretier, et Joseph Cocu, tisserand.
1776 Jean-Etienne Jolly, marchand, et Guillaume Moynault, perruquier.
id. Claude Mellot dit Canon, vigneron, et Jean Guérin, cordonnier.
1777 Edme Lambert, serrurier, et Pierre Guérin, chirurgien.
id. Antoine Dalbret dit la Panne, et Savary, perruquier.
1778 François Turquet, chirurgien, et Pierre Lesfilles-Héron.
id. Jean Mellot dit La Fouillate, et Jean Tiroille, maréchal.
1770 Jean Lesfilles-Jolly, marchand, et Pierre Lajoye fils.
id Pierre Delorme cloutier, et Jean Bureau, vigneron.
1780 Edme-François Gandat, greffier du bailliage, et François Roblin, marchand.
id. Henri Pasquet, charron, et Claude Dalbret, menuisier.
1781 Claude Marchand, bourgeois, et François-Mathurin Jousselin, notaire royal.
id. Jean Lemauve, charretier, et Jacques Michot, charretier.
1782 François Raisonnier, boulanger, et Pierre Chaumette, aubergiste.
id. Nicolas Dalbret, vigneron, et François Magnant, boucher.
1783 François Berthouin, regrattier, et Claude François Berger, marchand.
id. Pierre Hézard fils, vigneron, et Pierre Méquin, perruquier.
1784 Leblanc de la Grange, et Claude-Pierre Charron de Champmartin.
id. Pierre Tellier, charpentier, et Pierre Jullien, marinier.

Lorsqu'il rétablit la vénalité des offices, le roi était convaincu qu'il se trouverait toujours des gens assez empressés pour les acquérir. « Depuis longtemps, en effet, la Nation avait abdiqué tous ses droits devant la royauté absolue; du reste, une partie de la bourgeoisie trouvait, dans la création de ces charges vénales, l'occasion de satisfaire sa vanité. Elle croyait s'élever par l'acquisition d'offices municipaux qui coûtaient fort cher, et qui distinguaient l'acquéreur du vulgaire; à certains offices même étaient attachés des titres de noblesse : par la noblesse de cloche, par exemple, on pénétrait dans la région des privilégiés. Le Gouvernement a toujours pu et toujours su exploiter cette ambition. »(1)

N'en serait-il pas encore de même aujourd'hui sous notre gouvernement démocratique où les parvenus et les suffisants sont légion, quel que soit d'ailleurs le pavillon dont ils couvrent leur marchandise?

La Communauté usa de moyens dilatoires pour écarter une proposition de l'intendant qui ne tendait à rien moins qu'à établir de nouveaux impôts ou à augmenter ceux qui existaient déjà. Elle invoquait surtout ces considérations « que, pour payer la finance des charges créées en 1733, il a été fait par arrêt du Conseil d'Etat, en date du 11 avril 1747, une imposition sur les bois et foin, etc. entrant dans la Ville, sous la dénomination d' « octrois municipaux »; que la somme totale a été payée, et que la quittance finale de l'année 1759 est déposée aux archives ; que depuis ce temps, Sa Majesté a déclaré par arrêt du Conseil que les besoins de l'Etat exigeaient la prolongation de cette imposition à son profit pour six années ; qu'à l'expiration des six années, les fermiers ont obtenu d'autres prolongations et que la perception s'en continue toujours, non seulement suivant l'ancien tarif, mais encore avec augmentation de huit sols par livre, de façon que la Communauté à payé non seulement ses charges de la création de 1733, mais encore celle dernière de 1771 et beaucoup au delà, et que cette imposition, sous la dénomination « d'octrois municipaux » jointe à celle sous la dénomination du droit réservé sur les menus objets, porte le droit d'entrée de chaque chariot de bois et foin à la somme de 25 sols,

---

(1) *La France en* 1780. Alf. Pizard.

y compris le droit de quittance ; et, en ce qui concerne le nombre des officiers municipaux créés par l'édit de 1771, la Communauté a consenti à la suppression du maire et autres officiers excepté quatre échevins.. »(1)

L'Intendant ayant persisté dans ses intentions, la Communauté se décida, en janvier 1777, à offrir la somme de

(1)   *Titres déposés aux Archives de la Ville :*
30 mai 1693. Quittance sur parchemin de Pierre Gruyne, Conseiller du roi en ses Conseils, garde de son Trésor royal, de la somme de 2.500 livres par les maire et échevins pour être déchargés des édits des mois de mars et septembre 1693 (Cette somme a été payée sous forme de *don gratuit*).
2 juillet 1700. Quittance de 1.007 livres pour la finance de l'office de greffier du rôle des tailles et autres impositions ordinaires et extraordinaires de la paroisse de La Charité, Election de Gien, Généralité d'Orléans, créé héréditaire par édit d'août 1690. (Jacques Ogier, sieur de la Prée, titulaire).
2 juillet 1700. Reçu de 1.100 livres pour finance de l'office de Conseiller du roi, garde-scel des sentences, jugements, etc. créé par édits du mois de novembre 1696 et 6 mai 1698.
2 novembre 1702. Quittance de 275 livres pour « que les Corps et Communauté de La Charité, propriétaires de l'office de Conseiller garde-scel de la ville, « soient maintenus et confirmés — conformément à l'édit du mois d'août 1701 — dans la possession et jouissance des dits offices héréditaires et jouir du bénéfice du dit édit. »
30 septembre 1723. Reçu de 1.010 livres pour le remboursement de la finance des offices d'échevins alternatifs et triennaux de La Charité.
30 Juin 1724. Reçu de 2.109 livres pour le remboursement de l'office de maire alternatif et mytriennal.
8 février 1759. Reçu de 18.955 livres, 4 sols, « pour, savoir : 17.232 livres en principal, et 1.723 livres 4 sols, pour les 2 sols par livre, pour la finance de deux offices de Conseillers du Roy, maire ancien et alternatif mytriennaux ; deux de lieutenants de maire ancien et alternatif mytriennaux ; celui d'échevin alternatif mytriennal ; les deux d'assesseurs ancien et alternatif mytriennaux ; les deux de secrétaire greffier ancien et alternatif mytriennaux ; les deux de contrôleurs des greffiers ancien et alternatif mytriennaux, et les deux d'avocat et procureur du Roy dans la ville et Communauté de La Charité. »
1er décembre 1761 Quittance de 1435 livres « pour la Ville jouir en exécution de l'arrêt du conseil et lettres patentes du 24 décembre 1759 de la dispense de donner un homme *vivant et mourant* pour raison des offices de deux maires, deux lieutenants de maires, un échevin, deux assesseurs, deux greffiers, deux contrôleurs, un avocat et un procureur du Roy, » offices réunis et incorporés par la ville pour les faire exercer par qui bon lui semblera, et sans être tenue d'obtenir aucunes lettres du Grand-Sceau, etc.

8.000 livres,(1) payables en huit annuités sur les revenus de la Ville, et l'affermage pour neuf ans de la partie des pâtureaux (250 boisselées) « jouxtant, du soleil levant, le restant des communaux du côté de la rivière; du midi, la levée qui conduit du pont à la route de Bourges; du couchant, la terre de la fabrique de la paroisse de La Chapelle, un fossé entre deux; et du septentrion, les terres et prés dépendant du prieuré de cette Ville, un fossé entre deux. Les adjudicataires devant être tenus de laisser du côté du septentrion un chemin de voiture. »

L'Intendant ayant consenti à accepter ces dernières propositions, un arrêt du Conseil en date du 1er septembre 1777, et des lettres patentes du 3 du même mois, enregistrées en Parlement le 5 janvier 1778, autorisèrent la Ville à en mettre 240 boisselées en adjudication, pour neuf années, en huit lots de chacun 30 boisselées. Cette adjudication se fit le 12 octobre 1777 au prix moyen de 6 livres la boisselée, ce qui produisit environ 1.500 livres.

Une autre partie des pâtureaux était affectée à l'époque au pacage des chevaux, vaches et moutons des habitants qui, toutefois, ne pouvaient y envoyer paître plus de deux mères vaches par chaque ménage. Les bouchers, par contre, pouvaient y mettre jusqu'à 80 moutons, mais à la condition que ces moutons fussent destinés à la consommation des habitants.

Un vacher, nommé par la Communauté, était commis à la garde des animaux; il percevait une rétribution mensuelle de 5 sols par bête.

Ses fonctions consistaient à « corner tous les matins en été à cinq heures, et en hiver à huit, dans les coins et carrefours, ramasser les bêtes depuis la porte de Paris jusqu'à celle du Pont neuf et les conduire aux Pâtureaux. » Il était responsable en outre des dommages causés par ces animaux, devait les ramener et avertir les propriétaires quand des « bêtes étaient malades, prêtes à vêler; devra tenir un taureau de l'âge de trois ans pour servir les vaches

---

(1) Les offices créés par l'édit de novembre 1771 et rachetés au prix de 8.000 livres étaient ceux des maire, échevins, assesseurs, procureur du Roi, secrétaire-greffier, trésoriers-receveurs et leurs contrôleurs.
Le produit de cette imposition était versé entre les mains du trésorier des revenus casuels.

dans la dite vacherie. » Tous ceux qui possédaient de ces animaux étaient tenus à les lui donner en garde.

On mettait aussi tous les ans en adjudication, au rabais, la garde des chevaux dans une autre partie des Pâtureaux. L'adjudicataire était tenu de les garder jour et nuit, depuis le mois de mai jusqu'au 1er novembre, et de les amener aux heures qui lui étaient indiquées par les particuliers. Tous les soirs il faisait deux rondes pour les rassembler, l'une à sept heures, et l'autre à neuf.

Il lui était défendu d'accepter les chevaux entiers, les chevaux aveugles, et ceux atteints de maladies contagieuses. Il était responsable, en outre, des dommages que ces animaux pouvaient causer sur les propriétés voisines.

Il percevait par cheval une rétribution de 30 sols par mois.

D'après l'inventaire général, dressé le 22 avril 1665, la contenance totale des pâtureaux communaux était à l'origine d'environ 550 arpents qui, de temps immémorial, constituaient le patrimoine de la Communauté. Nous avons expliqué précédemment à combien ils avaient été réduits par des ventes et les usurpations qui s'étaient produites.

Puisque nous en sommes sur ces terres, c'est peut-être le moment le plus opportun pour parler de la *corvée* qui, comme nous l'avons exposé dans un des chapitres précédents, constituait une des plus lourdes charges pour le menu peuple. Les corvées se faisaient généralement en deux fois : au printemps, et à l'automne. Lors de leur rétablissement sur les grandes routes, celle pour les six premiers mois de l'année 1776 — qui commençait à un quart de lieue de la Ville pour finir à la tuilerie de l'Etang — s'éleva pour les habitants de La Charité à la somme énorme de 2.550 livres. La journée d'un manœuvre était évaluée à 15 sols et celle des voituriers avec voiture à deux chevaux, à 4 livres 10 sols. Les assujettis avaient la faculté de se libérer en nature ou en espèces, comme de nos jours pour les prestations, cet impôt vexatoire et tout aussi inégalement réparti, et qui n'est d'ailleurs qu'un reste de l'ancienne corvée.

La dépense en fut partagée entre tous les habitants, au marc la livre sur le capital de la taille, par une commission composée des quatre échevins et de cinq conseillers.

Sur les fonds qui restaient libres, la Communauté accorda à l'Inspecteur général des turcies et levées l'autorisation d'acheter 200 peupliers pour commencer la plantation de la route, des deux côtés de la levée, à partir des ponts, jusqu'à la montagne de La Chapelle. En novembre 1778, on la continua jusqu'à l'endroit appelé le « pont de bois, » proche l'étang de La Chapelle.

Pour 1779, la Communauté adopta une autre façon de procéder et un autre mode de répartition. Ainsi la corvée d'automne, qui était de 1.300 toises, fut donnée en adjudication et la dépense en fut répartie sur trois classes de contribuables, dont furent exemptés tous ceux qui payaient moins de 20 sols. La première classe, comprenait tous les imposés jusqu'à 10 livres ; la seconde, ceux de 10 à 25 ; et la troisième tous ceux au-dessus. La deuxième classe payait le double de la première, et la troisième le triple. C'était en somme un impôt à base quelque peu abusive, et qui, malgré cela, était loin d'atteindre toutes les catégories de contribuables selon leurs facultés.

Cette corvée, qui avait été encore augmentée de 300 livres sur celle de printemps, commençait au-dessus des bois de l'Étang pour finir dans la vallée de St-Martin. D'aucuns avaient un trajet de près de deux lieues à faire pour se rendre à leur tâche.

Ce fut un nommé Jean Roblin, marchand en cette ville, qui s'en rendit adjudicataire pour la somme de seize cents livres.

Celle du printemps de 1781 consistait à tirer du jard,(1) le passer à la claie, et à en transporter 76 toises cubes sur les accotements de la route de Sancergues. Elle fut adjugée le 12 novembre 1780 au sieur Laprée, pour la somme de 1.842 livres à raison de 19 livres 10 sols la toise pour la conduite, et 5ˡ 8ᵈ pour tirage et passage à la claie.

---

(1) Gros sable, ou mieux, caillou de la Loire.

CHAPITRE XXIX

**Constitution de la municipalité.
Nouveau procès avec le Seigneur au
sujet du tribunal de police.
Atelier de charité.
Eclairage des rues.**

Au mois de novembre 1778, les échevins, nommés par le roi en 1773, provoquèrent une réunion extraordinaire de la Communauté qui, par suite du rachat de ses offices, disposait dorénavant du droit de nomination.

Dans cette réunion, les sieurs Baudot et Lesfilles-Héron, premier et deuxième échevins, furent maintenus dans leurs fonctions pour un an; puis les sieurs Jolly de Bussy, avocat en Parlement, conseiller du roi, et Jousselin, notaire royal, furent élus troisième et quatrième échevins pour deux ans. Par suite de leur nomination, ils furent remplacés quelques jours après, comme conseillers, avec le sieur Dargent, le plus ancien dans l'ordre du tableau, par les sieurs Sordet, Jullien, et Gandat ; ensuite les sieurs Charron, premier échevin sortant ; Berger de Montigny, président de l'Election ; Lalande, bourgeois ; Bagnayt de Bois-Griffon, bourgeois ; Bourgeot le jeune, marchand ; Tallard, boulanger ; Poignant, tanneur, et Loison, marchand, furent élus notables. Les autres notables, les sieurs Guillerault, orfèvre; Duminy l'aîné ; Pinsin, et Guesde, conservaient leurs fonctions.

Les sieurs Lécuyer et Dargent fils furent maintenus : le premier, comme secrétaire-greffier, et le deuxième, comme receveur, pour une nouvelle période de trois ans. L'assemblée fut complétée le 12 janvier 1780 par la nomination du sieur Pluvinet l'aîné aux fonctions de procureur du fait commun dans lesquelles il devait rester jusqu'au 11 novembre 1783.

Entre autres innovations, l'assemblée avait décidé, le 3 juin 1779, l'acquisition d'une nouvelle horloge pour l'Hôtel de Ville — celle du clocher de l'église St-Jacques étant en trop mauvais état pour pouvoir être réparée, et celle des Bénédictins ne s'entendant pas au delà de leur monastère.—

Le cardinal de Bernis contribua à cette dépense pour la somme de 400 livres, mais en réservant expressément que toutes les dépenses de constructions nouvelles à l'Hôtel de

Ville, d'embellissement et d'entretien, seraient à la charge de la Communauté, « ne voulant », disait-il, « participer à des réparations autres que celles dont il a été tenu jusqu'à présent. »

Le matériel d'incendie qui, comme on le sait déjà, ne comportait que des seaux et des crochets, s'augmenta en 1780 de deux pompes dont la Communauté, sur les instances de M. de Bernis, se décida à faire l'acquisition. Ces pompes étaient remisées dans le corps de garde de l'Hôtel de Ville.

Une nouvelle difficulté vint diviser encore une fois les échevins et les officiers du bailliage seigneurial touchant la perception de certains droits à la halle, et un procès s'était engagé. Le Conseil d'État, par son arrêt du 17 mars 1781, la trancha en faveur du prieur qui, en sa qualité de « seigneur de la Ville de La Charité », était maintenu, ainsi que ses successeurs éventuels, dans le droit de percevoir le droit de quartelage les jours de foire et de marché.

Les foires de La Charité — les plus importantes de la région — tenaient, de temps immémorial, les 1er février, 24 mars, 14 août, 7 septembre et 7 décembre, vigiles des fêtes de la Vierge, patronne de la Ville, et le marché, le samedi de chaque semaine. Depuis, quatre autres foires avaient été accordées par François 1er, par ses lettres patentes données à Fontainebleau en janvier 1543, pour tenir aux dates ci-dessous : le deuxième jour de janvier, le 1er avril, le 14 juillet et le 2 octobre ; mais jusqu'alors, seules, les anciennes foires avaient été conservées.

Ces jours-là, le droit de quartelage était perçu au profit du seigneur, sur le froment, le seigle, le méteil, l'orge et l'avoine vendus et débités, tant sur les bateaux, que sous les halles publiques par les marchands forains et par les habitants de La Charité. Il n'était dû, toutefois qu'en cas de vente. Les autres graines et les farines en étaient affranchies.

Ce droit lui avait été reconnu d'ailleurs, une première fois, par la transaction arrêtée le 20 août 1635 entre le prieur Colbert, archevêque de Rouen, et la Communauté ; et, depuis, par la reconnaissance que les échevins lui avaient consentie le 7 janvier 1741.

Ses seules obligations consistaient à entretenir la halle en bon état et à fournir les mesures nécessaires.

La naissance du duc de Bourgogne fut célébrée le 25 novembre 1781 par des réjouissances publiques auxquelles prirent part toutes les classes de la population. A partir du matin, et de toute la journée, les cloches des trois paroisses ne cessèrent un seul instant de faire entendre leurs voix, couvertes de temps à autre par de bruyantes décharges de mousqueterie qui se succédaient à intervalles réguliers.

Malgré le manque de récoltes, la municipalité, mue par un sentiment de solidarité qu'on ne saurait trop louer, avait pris des dispositions pour associer le pauvre peuple à l'allégresse générale, et, par ses soins, une abondante distribution de pain, de viande et de vin avait été faite dans la matinée aux plus nécessiteux.

Un peu avant la nuit, la foule se porta sur le pont pour assister à l'embrasement d'un énorme feu de joie placé à la Tête de l'Ourth.

Le soir, malgré l'inclémence du temps, de brillantes illuminations clôturèrent cette belle journée.

Un an après, presque jour pour jour, le premier échevin, M. Butel, vint à mourir. Le Conseil qui, quelques jours avant, avait dû pourvoir au remplacement de deux échevins sortants, décida le 15 décembre, de nommer un maire, et fit choix à l'unanimité de M. Taupin, docteur en médecine, médecin du roi et président du Grenier à sel, pour exercer cette charge pendant quatre ans, à partir de la St-Martin Le sieur Jolly, ancien maire, fut désigné comme échevin à sa place pour deux années seulement avec droit de préséance dans les assemblées et cérémonies sur son collègue, le sieur Duminy l'aîné, qui avait été élu quatrième échevin l'année d'avant.

Avant de procéder à la nomination des nouveaux échevins l'assemblée générale des habitants désireuse en même temps d'apporter certaines modifications à son organisation actuelle avait décidé, d'accord avec l'Intendant, que, dorénavant la Ville de La Charité serait régie par le règlement du 7 juillet 1760, règlement qui, on s'en souvient, leur accordait en effet un maire, quatre échevins, douze prud'hommes et six notables.

Ce qui fait que le maire et les échevins nommés précédemment conservant leurs fonctions, il ne fut procédé le 5 janvier 1783 qu'à l'élection des douze prud'hommes et des six notables qui devaient composer le Corps électoral. Les sieurs Charron le jeune, bourgeois ; Pinsin, chirurgien; Poignant, marchand tanneur ; Guesde père, marchand ; Pluvinet du Colombier, bourgeois ; Auclerc, marchand ; Gestat, marchand épicier ; Bergougnioux, curé de St-Jacques ; Duminy fils, bourgeois ; Massue la Durie, lieutenant à l'Election ; Martignon, notaire royal, et Hyde, secrétaire du roy furent nommés prudhommes et la durée de leur mandat fixée jusqu'au 2 novembre 1785 ; ensuite les sieurs Paillard, marchand de fers ; Lallemand, apothicaire ; Turquet, chirurgien ; Bourgeot l'ainé ; Bardet, et Lajoye-Devigne, furent nommés notables. Ces derniers cessaient leurs fonctions au fur et à mesure de l'expiration des pouvoirs du maire, des échevins, et du procureur du roi qui prenaient alors leur place.

Avec la nouvelle organisation, les deux premiers échevins ne devaient rester que deux ans en fonctions, c'est-à-dire jusqu'au 11 novembre 1784 ; le maire et les deux autres échevins pendant quatre ans, jusqu'en novembre 1786, de sorte que tous les deux ans il y avait de nouvelles élections.

Les fonctions de procureur du roi furent prorogées jusqu'au mois de novembre 1784, et le sieur Butet fils fut nommé deuxième échevin pour la même durée en remplacement de son père décédé.

A la fin de janvier 1783, la vieille querelle entre le seigneur et la Communauté au sujet de la police, que l'on croyait enfin terminée, se rouvrit avec une nouvelle intensité, et un procès s'engagea bientôt par le fait du sieur Méchin, lieutenant du bailliage seigneurial, président du tribunal de police, qui avait voulu s'opposer à ce que le procureur-syndic faisant fonctions de procureur du roi, formulât des réquisitions concurremment avec le procureur fiscal comme cela s'était toujours pratiqué.

Quoique les procès précédents sur la même matière engagés par ses prédécesseurs eussent toujours tourné à l'avantage de la Communauté, le sieur Méchin, par excès de zèle sans doute, ne voulait plus reconnaître ses droits, et dans la sommation qu'il adressa aux échevins au nom et à la requête du prieur, et où il énumère complaisamment les titres et qualités de son maître, « haut et puissant seigneur, François Joachim de Pierre de Bernis, cardinal évesque de la Sainte Eglise romaine, Archevêque seigneur d'Albi, Prieur seigneur spirituel et temporel du prieuré de cette ville de La Charité-sur-Loire, Commandeur de l'ordre du St-Esprit ; Comte de Lyon, Ministre d'Etat et Ministre du roi, l'un des Quarante de l'Académie française, et Protecteur des Eglises de France, près du St-Siège », le sieur Méchin exposait les droits du Cardinal qui, comme seigneur haut justicier « peut seul faire exercer la police dans toute l'étendue de cette Ville par ses officiers seuls, à l'exclusion de tous autres, et que les amendes doivent lui appartenir ; que ses officiers ont de tout temps pris la qualité de juges civils, criminels et de police du bailliage de cette Ville ; que son procureur fiscal a aussi de tous les temps exercé la police et qu'il a toujours en sa possession les poids et mesures comme dépendant de la Haute-justice ; que les registres de police ont toujours été tenus par le greffier du bailliage et restés en sa possession, » etc. etc. en un mot il prétendait interdire d'une façon absolue aux magistrats de la Communauté, d'exercer à l'avenir la police conjointement avec les officiers du bailliage seigneurial.

La Communauté autorisa le maire à répondre à cette assignation en revendiquant à nouveau l'exercice de ce droit qui lui appartenait de temps immémorial, comme le constataient du reste, toutes les sentences de police, et qui, sur une contestation analogue, lui avait été confirmé une première fois par un arrêt du Parlement en date du 26 mars 1762, et depuis, par un jugement du tribunal de St-Pierre-le-Moutier du 20 juillet 1764 ; ces deux sentences basées sur la reconnaissance consentie au profit du seigneur en 1667 et 1741, et, où il est stipulé expressément que « *ses officiers ne peuvent faire la police, ni tenir les audiences, sans la présence et l'avis des échevins, et qu'elle ne peut être exercée que par un seul des officiers du seigneur, conjointement avec les échevins,* » etc.

L'affaire traîna en longueur jusqu'à la fin de 1785, pour, sur la proposition du cardinal lui-même, qui la jugeait mauvaise et engagée mal à propos par des agents trop zélés, être soumise à l'arbitrage de deux avocats.

Ceux-ci se prononcèrent en faveur de la Communauté. Tous les jugements et ordonnances de police rendus depuis portent tous cette mention. « Nous, lieutenant général civil et criminel et de police, *de l'avis de MM. les Maire et échevins comparants*, etc... *qui ont signé la minute.* »

Le premier Bureau de charité — que nous appelons aujourd'hui Bureau de bienfaisance — fut fondé en juillet 1783 par la Communauté qui le dota d'une subvention de 120 livres, soit 30 par quartier. Dans les dépenses de la même année, il est fait mention de l'acquisition de six bonnets carrés, six rabats et une robe pour le secrétaire-greffier, et de deux clarinettes « pour composer avec les tambours une espèce d'harmonie agréable dans les cérémonies. » Ces deux instruments furent confiés au sieur Merlan « pour les faire exercer dans les cérémonies publiques par deux sujets qu'il choisira. »

Cette « espèce d'harmonie » qui, au dire de nos pères, devait être si agréable à entendre dans les cérémonies publiques était composée du tambour-major Isaac Merlan, marchand boulanger, qui en était le chef; de six tambours : Henri et François Barrat; Jean et Pierre Evrat; Nicolas Barrat et Joachim Rigonnet; de deux fifres : Jean Boyard et Edme Visery, enfin de deux clarinettistes et de trois élèves-tambours : Chrétien Barrat; Jean Rigonnet et Charles Evrat fils.

Qu'on juge de l'effet discordant de tous ces instruments !

On acheta encore pour le dais « quatre cordons garnis de glands en soie cramoisie et en tresses d'or; deux chandeliers à deux branches argentés, pour la salle du Conseil, et un bassin, aussi argenté, pour recevoir les bulletins de vote »(1).

La démolition de la porte de St-Pierre — décidée déjà depuis plusieurs années et enfin ordonnée par l'Intendant le 15 octobre 1785, — se fit au mois de mai 1786. Sur son emplacement on éleva deux pilastres en pierres entre lesquels on laissa libre un passage de dix-huit pieds de largeur. Les armes du roi et celles de la ville, qui y figuraient, y furent apposées le 27 janvier 1788.

Pendant l'hiver de 1785-1786 qui fut un des plus longs et des plus rigoureux du siècle, la municipalité pour occuper les ouvriers nécessiteux, fit exécuter d'importants travaux pour adoucir la pente du chemin menant de la porte de Paris à la Loire, connu aujourd'hui sous le nom de Rue de la Fosse aux Lions, et qui, sur la plus grande partie de son parcours, a emprunté l'ancien fossé du mur de Ville. La

---

(1) *Archives de la Ville.*

dépense s'éleva à la somme de 1.000 livres. Les travaux furent exécutés par Jean Desguerre adjudicataire de l'atelier de charité.

C'est au cours de cette même année 1786 que fut résolue la question de l'éclairage des rues, en suspens depuis longtemps. L'Intendant ayant exprimé formellement le désir « que les deniers provenant de l'adjudication de la ferme des communaux fussent employés à l'achat et à l'entretien de reverbères en nombre suffisant, » la municipalité s'empressa d'obtempérer à cette invitation.

Elle chargea M. Martin, Inspecteur des turcies et levées à Nevers, de l'établissement du devis qui s'élevait à la somme de 4.450 livres, pour l'acquisition et la pose de 50 reverbères. La dépense d'éclairage pour 90 nuits de 10 heures pendant lesquelles ils devaient être allumés, était évaluée à 1350 livres par an, soit six sols par reverbère et par nuit.

Le modèle adopté était en cuivre. Chaque reverbère mis en place avec sa lampe, ses plaques argentées à quatre feuilles, poulies, cordages, boîte en tôle avec serrure, pose et scellement, revenait à 89 livres.

Le marché qui tenait sur la place de la Revenderie ou place des Pêcheurs fut par ordonnance de police, transféré la même année sur la place de la Verrerie.

La volaille resta seule sur l'ancien emplacement. Quant aux marchands tripiers, on les plaça dans la rue de l'église Ste-Croix.

En novembre, lorsqu'il s'agit de nommer les prudhommes, l'assemblée générale dans l'impossibilité de trouver des sujets, décida à l'unanimité de proroger d'une année le mandat de ceux (dix) qui devaient être remplacés. Le maire et les échevins furent priés en même temps de solliciter un nouveau règlement, vu la difficulté d'exécuter dans toutes ses dispositions celui du 7 juillet 1760.

Le 11, les sieurs Paichereau l'aîné, conseiller du roi et procureur en l'Election et Louis-Etienne Bourgeot l'aîné, furent élus échevins pour quatre années, en remplacement des sieurs Louault et Pinsin. Le sieur Louault le jeune, notaire royal et procureur, fut nommé secrétaire-greffier pour la même durée en remplacement de Jacques Lécuyer; puis le sieur Lallemand, marchand apothicaire, qui avait remplacé Louis-Etienne Dargent en mars 1783, fut maintenu pour une nouvelle période de six années dans ses fonctions de receveur des deniers d'octroi et patrimoniaux.

Sur son compte arrêté au 30 novembre le sieur Lallemand restait débiteur de la Communauté de la somme de 6,073 livres, 11 sols, 3 deniers, excédent des recettes des deux comptes de deniers patrimoniaux et des deniers d'octroi.

Nous terminerons là cette première partie. Aussi bien les temps sont proches où les idées généreuses semées par les grands écrivains de l'époque vont recevoir leur consécration, et, sur les ruines du vieux monde, va s'élever bientôt un nouvel édifice qui fera crouler les trônes aux seuls mots de

LIBERTÉ, ÉGALITÉ, FRATERNITÉ.

FIN DE LA PREMIÈRE PARTIE

DEUXIÈME PARTIE

CHAPITRE PREMIER

Réunion des Corps et Corporations en vue de la convocation des États généraux.
L'hiver de 1788-1789.
Le pont du Faubourg

Le 5 juillet 1788, un arrêt du conseil autorisait les différends Corps du royaume et particulièrement les municipalités, à formuler leurs vœux sur la meilleure forme dans laquelle pourrait être convoquée l'assemblée des États généraux, déjà décidée en principe.

Il y avait près de deux siècles qu'on ne les avait pas réunis ! Il fallait que la situation fût bien désespérée et le pays en péril extrême pour que le roi se décidât à avoir recours à ces États qui paraissaient constituer l'unique espoir de salut. N'avaient-ils pas en effet, et plusieurs fois déjà, sauvé la France ?

En conséquence, et sur les réquisitions de Louis-Etienne Bourgeot, échevin, qui remplaçait le procureur du fait commun empêché, une assemblée extraordinaire composée du maire, des échevins et des représentants des Corps et Corporations, se réunit à l'Hôtel de Ville, le 10 décembre 1788, à 10 heures du matin.

Le Maire, M. Butet, exposa en ces termes l'objet de la réunion.

Messieurs,

« Lorsque le plus juste et le meilleur des Roys tourmenté du désir de rendre son peuple heureux, admet les différents Corps de l'État à concourir avec Lui à l'exécution d'un si noble dessein, lorsqu'il daigne en quelque manière s'entourer des conseils de tout son peuple, quel est le françois, s'il est digne de ce nom, qui ne soit pas jaloux de lui donner des preuves de son amour et de sa fidélité, et tous les Corps ne doivent-ils pas s'empresser de lui faire hommage de leurs recherches, de leurs travaux et surtout de faire parvenir jusqu'à Lui les réclamations de la portion de ses sujets, trop longtemps dédaignés, souvent même avilis, et qui revendique enfin des droits inaliénables qui tiennent à l'essence de l'homme, et dont les usages les plus antiques même n'auraient jamais pu les dépouiller, parce que des usages ne peuvent jamais prescrire contre la voix de la Justice et de la Raison.

« Tel est, Messieurs, le motif qui nous porte à vous réunir aujourd'huy. Le moment approche où la Nation, appelée près de son Roy, va délibérer sur la cause commune ; de la formation de cette Assemblée mémorable va dépendre à jamais le sort de l'Empire françois. Si le peuple de la terre le plus actif, le plus industrieux, le plus humain, le plus généreux et le plus noble ne reprend parmi la masse de la Nation la place que ses vertus et son courage lui désignent ; s'il cesse d'être la victime de ces abus nombreux qui, de toutes parts, pèsent sur lui ; s'il est admis à recueillir avec honneur le fruit de ses travaux et de ses peines ; si le sang qu'il verse pour la Patrie lui est enfin compté ; n'en doutez pas, Messieurs, l'Empire françois parviendra bientôt à un degré de gloire dont les annales les plus brillantes de la monarchie n'auront jamais fourni d'exemple. Mais si ce même peuple ne doit attendre que l'humiliation et la honte ; si les fers de la servitude étouffent en lui cet enthousiasme de la Patrie qui ne se développe jamais que dans une âme libre ; s'il doit essuyer sans cesse les dédains avilissants de deux autres ordres de l'Etat, je le dis en frémissant, Messieurs, (car l'amour de mon Roy, l'attachement à mon pays seront toujours les premiers sentiments de mon cœur) je vois avec effroi cet Empire si florissant pencher insensiblement vers sa chute et préparer à la terre un terrible exemple. Mais écartons cette image effrayante, les vertus de Louis XVI en garantissant le bonheur de Son peuple assureront aussi une gloire immortelle à Son empire.

« Vous, citoyens, qui composez le Conseil ordinaire de cette Ville ; Vous, membres les plus anciens des différents Ordres de la Judicature ; Vous, dignes représentants de ces Corporations utiles par qui l'Agriculture, le Commerce et les Arts sont vivifiés ; Vous tous enfin, Messieurs, qui appartenez à cet Ordre utile et précieux à qui les Empires doivent leurs richesses, leur puissance et leur force, Vous avez à remplir aujourd'huy les devoirs les plus imposants : Vous êtes appelés à la fonction glorieuse de faire parvenir aux pieds du Trône le langage sacré de la Vérité ! La gloire et le bonheur de Votre Roy — toujours inséparables de la gloire et du bonheur de son peuple — vont être les grands objets soumis à votre discussion.

« Parmi une population de 24.000.000 d'hommes, les dix-neuf vingtièmes gémissent dans la honte, l'abjection, et le mépris. Le peuple de la terre le plus respecté au dehors est cependant le moins compté parmi les siens.

« Déjà les principales villes du Royaume ont revendiqué au nom du Tiers État des droits imprescriptibles dont il n'a jamais pu être dépouillé. Partout on reconnoit que l'Empire françois ne recevra l'éclat dont il est susceptible qu'en assurant à la partie de la nation la plus nombreuse et la plus utile une consistance honorable. Le Monarque le désire, Il le veut, mais Il a besoin que son peuple le seconde dans ce projet glorieux, car l'exécution du Bien est toujours ce qui rencontre le plus d'obstacles, et les Roys les plus vertueux et les plus animés du désir du Bien public ne sont pas ceux dont la vie soit moins agitée.

« Le Roy Vous admet à lui faire part de vos opinions sur la convocation prochaine des Etats généraux. On vous fera lecture de l'arrêt du Conseil qui vous y authorise. Songez, Messieurs, que tout sujet est appelé par son Roy à concourir avec Lui au Bien général de la Nation ; s'il ne le fait pas, se rend non seulement coupable envers son Prince et sa Patrie, mais encore envers les générations futures, car dans les grands intérests des gouvernements le Bien et le Mal ne se bornent pas au temps présent, ils influent aussi sur les temps à venir. Et quel moment fut jamais plus propre que celui où nous sommes, à opérer une révolution depuis si longtemps désirée ? n'est-ce pas lorsque les lumières du siècle ont pénétré dans tous les esprits ! lorsqu'elles ont déterminé les véritables rapports des hommes entre eux ! enfin n'est-ce pas lorsque la Sagesse et la Vertu siègent sur le Trône que l'on a davantage le droit d'attendre le rétablissement de cet équilibre entre les différents Ordres de citoyens qui, seul, peut assurer la prospérité et la durée d'un Empire, en faisant disparaître ces causes antiques de jalousie et de rivalités toujours si dangereuses entre les membres d'un Etat et qu'il est si intéressant de détruire !

« La franchise et la loyauté de la Nation françoise en général et dont les premiers Ordres ne se sont jamais écartés nous assurent d'avance qu'ils reconnaîtront eux-mêmes que l'honneur de marcher le premier parmi le premier peuple de la Terre est un droit assez beau pour ne pas chercher à l'avilir par des prétentions qui y soient étrangères. Enfin, il doit être permis à tous les vrays amis de la Patrie d'aimer à penser que bientôt la Monarchie française présentera à l'Univers le spectacle sublime d'une famille nombreuse dans laquelle les aînés occuperont à la vérité le premier rang, mais sans pouvoir jamais être jalousés par leurs cadets, parce que tous pourront également prétendre aux biens de la famille et aux bontés du chef. »

A la suite de ce beau discours où sous les marques du plus profond respect, dans le style plein d'emphase de l'époque, on sent percer malgré cela les revendications les plus légitimes, le secrétaire donna lecture de l'arrêt du Conseil du 5 juillet dernier motivant cette réunion.

Après une courte discussion, purement de forme, les assistants arrêtèrent à l'unanimité ;

« 1° que le monarque, seul, en France, a le droit de déterminer la forme dans laquelle les Etats généraux de son royaume doivent être convoqués, et que le Corps municipal ainsi que les différents représentants des autres Corps convoqués ne se seroient jamais permis de délibérer sur cet objet important si la bienfaisance paternelle du Roy ne les y eût authorisés par son arrêt du Conseil du 5 juillet dernier ; mais que, d'après cette authorisation, ils regarderoient comme un crime envers Sa Majesté s'ils différoient davantage à lui porter le Vœu unanimement formé pour la composition des Etats, et ils le font avec d'autant plus de confiance qu'ils sont assurés d'avance que ce vœu sera conforme à celui de la partie la plus nombreuse de la Nation et qu'ils suivront en cela l'exemple que le patriotisme éclairé de la Province du Dauphiné a précédemment donné au reste du Royaume, et qui vient d'être récemment imité par plusieurs des principales villes ;

« 2° que l'on ne doit admettre pour Représentants du

Tiers Etat que des hommes appartenant réellement à cet Ordre, et que toutes personnes possédant la Noblesse, ou par elle-même, ou par des charges qui la donnent, ou même jouissant des privilèges de la Noblesse, doivent être absolument exclues ;

« 3° que les Représentants du Tiers Etat aux Etats généraux doivent toujours être en égalité de nombre avec les représentants des deux autres Ordres ; que les voix doivent y être recueillies par tête et non par Ordre, et que la parité du nombre en faveur du Tiers Etat doit constamment être observée dans toutes les délibérations qui seront soumises, soit à l'examen de l'Assemblée générale des Etats, soit à l'examen des bureaux particuliers dans lesquels cette assemblée pourra être subdivisée ;

« 4° que l'on doit prévenir d'avance toutes propositions tendant à n'admettre le Tiers Etat que par moitié dans les délibérations qui pourroient porter sur certains objets et à le compter pour un tiers dans les délibérations qui porteroient sur les autres ; qu'une pareille distinction serait injurieuse pour le Tiers Etat et qu'elle serait également contraire à ses droits et à la Justice, puisqu'on ne peut jamais supposer un seul sujet de délibération qui ne doive influer sur le Tiers Etat dans une proportion toujours plus forte que sur les deux autres Ordres ;

« 5° qu'il sera adressé par le courrier de ce jour à Monseigneur le Ministre Secrétaire d'Etat et Directeur général des Finances, une expédition de la présente délibération en le suppliant de vouloir bien porter aux pieds du Trône le vœu des habitants de cette ville, et l'hommage de leur fidélité et de leur amour pour la personne de Sa Majesté. »

Ont signé : Butet, maire ; Bourgeot l'aîné ; Louault ; Taupin ; Méchin ; Musson, curé de St-Pierre ; Follet ; Binet ; Bernot de Congy ; Grasset ; Pluvinet ; Martignon ; Bagnayt de Bois-Griffon ; Barbier ; Carpentier ; Auger l'aîné ; Delaforest ; Mollet l'aîné ; Bourgeot le jeune ; Menet ; Porte ; Guillerault le Jeune ; Nérat ; Lallemand, maître en pharmacie ; Bardet de La Tour ; Charron le Jeune ; Pinsin ;

« Lambert, sindique des serrurier et autre,
Auger-Legrand, sindic des marchands merciers drapiers,
Amyot, sindique des maître tailleurs,

Courtet, siendique des marchands bonnetiers,
Robin, sindicque des maîtres en chirurgie,
Rousset, sindicque des maîtres sellier, carosié, bourrelier et charon.
Mouton, sindic des boulangers,
Baudelin, sindique des bouchers,
Tellier, sindique des charpentier,
Barreau, sendique des menuisier et béniste et tonelier et tourneux et boselier,
Desvignes, sindic des poëliers,
Duchalet, sindique des tisserands,
Feuillet, sindic des orfèvres, jouailliers et bijoutiers.
Galopin, sindic des traiteurs, rôtisseurs et pâtissiers.
Monin, adjoint de la marine,
Demay, sendique des mason, plâtrie, pavere, couvere et plombie,
Jouy, adjoint des marchands épiciers,
Narbot, lieutenant des perruquiers. »

La récolte cette année-là fut encore des plus mauvaises et l'hiver des plus rigoureux. Du reste presque toutes les famines de l'époque furent occasionnées non seulement par le manque de récoltes dû aux intempéries des saisons, mais encore par les impôts et aides de toute nature qui ruinaient le laboureur. Déjà sous Louis XIV les aides pesaient tellement, qu'à Etampes, à Mantes, et dans bien d'autres lieux, on préférait arracher les vignes.

« Le paysan vivait comme ses bêtes, couchant comme elles sur la litière; à défaut de meubles le fisc ne pouvait donc saisir que le bétail qu'il détruisit peu à peu. La terre ne pouvant plus réparer ses forces faute d'engrais fut vite épuisée et ne produisit plus. Dès lors elle fut abandonnée dans beaucoup d'endroits et retourna à son état sauvage. (1)

Soumis à toutes les exactions, à tous les caprices des grands, tel était le sort du paysan à cette époque lamentable. Ces diverses causes engendrèrent ainsi les famines qui désolèrent les premières années de la Révolution.

Dans le but d'atténuer autant que possible la misère des ouvriers qui chômaient déjà depuis longtemps, la municipalité, dans sa réunion du 21 décembre 1788, décida de

---

(1) Michelet. *Histoire de la Révolution.*

transporter dans la partie des anciens fossés de la Ville — qui porte encore aujourd'hui le nom d'ancien cimetière, au bout de la rue du Puits-Neuf — le cimetière de l'Hôtel-Dieu, et de niveler les terres du cimetière actuel pour le convertir en promenade publique.(1)

Ces travaux furent entrepris dans de très mauvaises conditions par suite de la rigueur exceptionnelle de la température. Ils étaient détruits ou arrêtés à chaque instant par les gelées.

La municipalité avait pris aussi des mesures pour assurer la subsistance des habitants. Ainsi ne pouvant trouver de blé à La Charité, ni dans les environs, elle fit acheter à Orléans dans les premiers jours de janvier 1789 cinquante poches de farine, pesant ensemble 16.575 livres, qu'elle distribua aux anciens prix aux boulangers suivant leurs besoins ; la perte s'il y en avait une, devant être supportée uniquement par la Communauté.

Du 15 novembre au 16 janvier 1789, c'est-à-dire pendant deux longs mois, il gela sans discontinuer. La Loire était prise sur presque toute sa largeur, et la glace d'une épaisseur extraordinaire. Le dégel survint dans la journée du 16 et fit écrouler tout d'abord un des pilastres de la porte de La Marche. Le maire donna l'ordre d'abattre l'autre pour éviter quelque accident. La débâcle de la Loire commença dans la même journée, menaçant tout particulièrement le pont qui reliait le faubourg de Loire au Berry, et communément appelé Pont-Neuf, où la violence du courant accrue encore par un fort vent du sud était telle, qu'elle emportait comme des fétus de paille d'énormes blocs de glace qui vinrent s'accumuler contre les piles.

La population était tout entière sur les quais, attendant avec anxiété la fin de la débâcle. On ne voyait que riverains affolés, fuyant de tous côtés pour échapper au désastre dont ils étaient menacés. Le Maire avait interdit la circulation sur ce pont et se tenait en permanence au faubourg avec les échevins pour parer à toute éventualité quand au milieu de la nuit, vers deux heures du matin, une banquise énorme, venant se placer en travers des piles, obstrua plusieurs voies. Les glaces, ne trouvant plus d'issue, emportèrent

(1) Aujourd'hui la Place Misère, ainsi dénommée à l'époque (1700).

en un clin d'œil la première arche du côté de la rive gauche. La deuxième s'écroula presque aussitôt.

Un quart d'heure après, la première arche du côté du faubourg était emportée à son tour, entraînant dans sa chute ce qui restait du pont, avec lequel furent englouties trois malheureuses victimes qu'une curiosité imprudente avait amenées là, et qui, malgré le danger et les sommations qui leur furent faites, avaient persisté à vouloir y rester. Elles se trouvèrent bientôt dans l'impossibilité de fuir pour gagner le rivage.

Le lendemain, dans la matinée, le maire et les échevins se réunirent pour prendre d'urgence les mesures nécessaires pour le prompt rétablissement des communications avec le Berry dont la plus grande partie des grains nécessaires à d'autres provinces passaient par La Charité. On décida d'établir un pontonage provisoire qui fut adjugé séance tenante, pour huit jours, aux sieurs Jacques Deschamps et Jean Piget, maîtres mariniers, moyennant une redevance par la Ville d'une somme de 51 livres pour ces huit jours, à charge par eux d'assurer les communications entre les deux rives sans autre rétribution.

Le Maire adressait en même temps une requête au Ministre Secrétaire d'Etat pour l'aviser de la chute du pont et lui rendre compte en même temps des dispositions qu'il avait prises. Mais comme les travaux de reconstruction devaient durer longtemps et n'étaient pas près d'être entrepris, le maire adjugea définitivement le 20 janvier au sieur Deschamps qui avait offert le tarif le plus réduit, le pontonage pour trois années, avec le droit de percevoir à son profit une taxe sur certaines catégories de marchandises et d'animaux.

Ces droits, — très modérés d'ailleurs — avaient été établis de telle sorte qu'ils ne devaient guère servir qu'à couvrir les dépenses du service. Ainsi, la redevance pour une chaise de poste, un carrosse ou un cabriolet quel que fût le nombre de chevaux et de personnes, conducteur et domestiques compris, n'était que de 7 sols ; de même pour une voiture chargée ou non et attelée d'un ou de plusieurs chevaux. Les habitants de La Charité, leurs bestiaux et autres animaux, nourris en ville, étaient passés gratuitement. Le courrier de Bourges et les soldats voyageant, soit isolément, ou en corps, bénéficiaient aussi de ces dispositions; la même faveur fut accordée aux personnes de la campagne venant en ville assurer l'approvisionnement des marchés, à charge toutefois pour ces dernières de porter à dos les denrées qu'elles amenaient.

Le 28 juin, la municipalité fut autorisée à contracter un emprunt de 8.000 livres, remboursables en huit années, avec les intérêts à 5 o/o l'an. On affecta comme gage de cet emprunt les ressources à provenir de l'affermage de la partie des pâtureaux communaux qui étaient alors en friche.

CHAPITRE II
Election des députés des Corps et Corporations. — Cahier de doléances de la Ville de La Charité. Election des députés au bailliage de St-Pierre-le-Moutier.

Le 24 janvier 1789, les ministres de Louis XVI firent afficher dans toute la France les lettres de convocation des Etats généraux ; elles réglaient en même temps le mode de nomination des députés qui devaient y prendre part. « Chaque Ordre, disait le règlement, rédigera des cahiers et nommera ses députés séparément, à moins qu'ils ne préfèrent y procéder en commun auquel cas le consentement des trois Ordres pris séparément sera nécessaire. »

Pour la Noblesse, tous les nobles possédant fiefs et tous les nobles sans fiefs étaient électeurs. Ils votaient individuellement la rédaction de leurs cahiers et l'élection de leurs députés.

Pour le Clergé, étaient électeurs : les évêques, les abbés et les curés. Il y avait en outre des clauses spéciales pour les communautés religieuses, les chanoines et les prêtres sans bénéfices. Pour ces derniers seulement, le suffrage était à deux degrés.

Pour le Tiers Etat, dans les villes, les habitants se réunissaient d'abord par corporation et nommaient les représentants de chaque groupe. Les arts et métiers élisaient un député par cent électeurs ; le commerce deux députés par cent électeurs, de même les bourgeois et autres électeurs.

Dans les Communautés rurales, tous les habitants âgés de 25 ans, et ayant droit de vote, formaient une première assemblée générale pour rédiger les cahiers de doléances et nommaient leurs députés à raison de deux par deux cents feux et au-dessous, trois par trois cents feux et au-dessous, etc.

« Les représentants des Villes et des paroisses, ainsi élus, devaient se réunir dans les bailliages inférieurs pour y fondre en un seul les divers cahiers et choisir entre eux de nouveaux députés à raison d'un député sur quatre électeurs.

« Ces députés du second degré, chargés de présenter le cahier unique de tous les députés du premier, devaient former l'assemblée générale du Tiers Etat au bailliage supérieur. Dans cette assemblée, ils rédigeaient le cahier définitif du Tiers Etat pour cette circonscription, et nommaient les députés du troisième degré qui étaient chargés de siéger aux Etats généraux.

« En résumé :

« Suffrage direct pour la Noblesse ;

« Suffrage direct ou à deux degrés pour le Clergé ;

« Suffrage à trois degrés pour le Tiers Etat.

« Telle fut la méthode électorale suivie pour constituer les fameux Etats généraux du 5 mai 1789.(1) »

Les délégués désignés par les Corps et Corporations de La Charité se réunirent le 4 mars, à l'Hôtel de Ville, sous la présidence du Maire.

Etaient présents : MM. Butet, maire, président ; Bourgeot ; Paichereau ; Charron le jeune, et Huart, échevins ; Louault, Secrétaire-Greffier ;

MM. Follet et Duminy, députés de la Bourgeoisie ;(2)

Massue la Durie et Lasné de la Brosse, députés du Corps de l'Election ;

Pluvinet et Beaufils, députés du Grenier à sel ;

Méchin et Berger de St-Quentin, députés du Bailliage ;

---

(1) *La France en 1789.* Alf. Pizard.

(2) Le corps des bourgeois était composé de MM. Bagnayt de Bois-Griffon ; Duminy père ; Duminy fils ; Delaforest ; Barbier ; Follet ; Paichereau ; Picart, seigneur de la Pointe ; Auclerc ; Thevenau, et Poignant.

HISTOIRE DE LA CHARITÉ

MM. Dargent et Binet, députés du Corps des avocats ;
Maugue et Martignon, députés des Notaires royaux;
Guesde et Jousselin, députés du Corps des procureurs ;
Beaufils de St-Vincent et Dreux, députés des Maîtres de forges ;
Rameau et Jean Lemire, députés du Corps des maîtres mariniers ;
Joseph Auger, député de la Communauté des maîtres merciers et drapiers ;
Sylvain Vioux, député des laboureurs ;
Mathieu Guesde, député des Maîtres marchands tanneurs ;
Pierre Thomas Manici, député des Maîtres boulangers;
Jean Leclerc, député des Maîtres maçons, tailleurs de pierres et couvreurs ;
V. Feuillet, député des Marchands orfèvres ;
Jacques Amyot et Jean Belvaut, député des Maîtres tailleurs d'habits ;
François Tellier, député des Maîtres charpentiers;
Charles Robin et Nicolas Pinsin, députés des Maîtres en chirurgie;
Antoine-Claude Courtot, syndic de la Communauté des maîtres bonnetiers ;
Claude Baudelin, député des Maîtres bouchers et charcutiers ;
Antoine Gounot, député des marchands traiteurs ;
Jean-Jacques Lallemand, député des Maîtres en pharmacie et droguistes;
Guillaume Moynault, député des Maîtres perruquiers;
Claude Rousset, député et syndic des Maîtres selliers, bourreliers et charrons ;
Jean Ferré, syndic des serruriers, maréchaux, taillandiers, cloutiers et autres;
Guillaume Bonne, député des Maîtres tonneliers;
Claude Tallard et Claude Bouy, députés du corps des vignerons ;
Antoine Desvignes, député des Marchands poêliers ;
Charles Auger l'aîné, député des marchands de fer ;
Pierre Duchalet, député des Maîtres tisserands ;

Jean-Baptiste Chouart, député des Maîtres marchands épiciers, ciriers et chandeliers ;
Mollet l'aîné et Sordet l'aîné, députés des marchands de bois ;
Jean Mercy et Jean Piget, députés des Maîtres cordonniers.

Les pouvoirs vérifiés, le Maire expose l'objet de la réunion et énumère les avantages de toute sorte qu'il y aurait pour la Ville de La Charité à être distraite du bailliage de St-Pierre pour être réunie à celui de Bourges ; « car, dit-il, c'est avec le Berry que se font toutes les transactions, et aucunes avec St-Pierre. » Il fait aussi entrevoir que La Charité pourrait être désignée alors comme siège d'une justice d'arrondissement avec juridiction sur plusieurs paroisses importantes du Berry, situées entre La Charité et Bourges, et ajoute : « d'ailleurs, Messieurs, en vous proposant la réunion de La Charité au bailliage de Bourges, ne croyez pas qu'on vous propose une chose absolument neuve. Cette ville jadis a fait partie du bailliage ; Philippe le Bel, par des lettres patentes données en janvier 1296 ordonna que les causes des habitants et des religieux de la Ville de La Charité seraient portées devant le bailly de Bourges ; ces lettres ont depuis été confirmées par Louis IX et La Charité et ses dépendances ont continué à être de ce ressort jusqu'à ce que Charles V ayant donné en apanage à son frère le duché de Berry, ordonna que La Charité et ses dépendances ressortiraient de St-Pierre-le-Moutier.

« Tels sont, Messieurs, les motifs que nous avons cru devoir mettre sous vos yeux ; ce sont eux qui m'ont déterminé à accepter la nomination qu'une paroisse du Berry (Herry) a faite de moi pour son représentant à l'Assemblée des Trois États du Berry, parce qu'en même temps j'ai pensé qu'appuyé de pouvoirs que je vous demanderai à cet effet, je pourrai y suivre le détail de tous les objets qui intéressent l'avantage général de cette ville. »

Après une courte discussion, l'Assemblée autorisa M. Butet, maire de cette ville, et député par la paroisse d'Herry, de présenter à la réunion des Trois États du Berry une motion tendant à cette réunion, puis à engager les autres députés à faire de cette demande une des charges de leurs représentations et doléances, et d'user de toute son influence auprès d'eux pour qu'ils réclament avec instance cette réunion à l'assemblée des États généraux.

Lecture fut donnée ensuite du « cahier des doléances, plaintes et remontrances des Habitants, Corps, Corporations et Communauté de la ville de La Charité », qui avait été rédigé le matin même par une commission nommée à cet effet.

Voici ce document *in extenso* :

Cahier de Doléances, plaintes et remontrances des habitants, Corps, Corporations et Communauté de la Ville de La Charité.

Article Premier

« Les députés aux États généraux ne délibèreront qu'autant qu'ils seront en nombre égal à ceux du Clergé et de la Noblesse pris ensemble. L'on votera par tête et non par ordre quels que soient les objets mis en délibération. Ils se refuseront à tout ce qui pourrait humilier et dégrader le Tiers État, partie la plus utile de la Nation.

« Dans le cas cependant où les États généraux eux-mêmes jugeraient dans quelques circonstances devoir opérer par Ordre, les députés pourront alors y acquiescer sous la condition expresse que si les trois Ordres n'étaient pas généralement d'accord sur le même objet, la pluralité de deux Ordres ne pouvant pas lier le troisième, on reviendrait sur le champ à la délibération par têtes sans aucune distinction d'Ordre.

Art. II

« Ils ne consentiront aucuns impôts qu'autant qu'ils seront pour un temps limité ; que ce temps sera celuy de la prochaine tenue des États généraux qui ne peut être reculée plus tard que trois ans ; et ils ne consentiront à ces mêmes impôts qu'autant que les trois Ordres les supporteront également et chacun en raison de ses facultés.

Art. III

« Préalablement à tout acquiescement de contribution, ils demanderont que l'état du vrai déficit soit enfin reconnu et arrêté sur le vû des pièces ; qu'ensuite les dépenses annuelles établies d'après les principes d'une juste économie soient posées en base pour qu'après cela on assure une recette en état d'y faire face ; et que, finalement, il sera rendu à la Nation un compte exact de la situation.

Art. IV

« Ils demanderont qu'il soit établi dans le chef-lieu de chaque province des États provinciaux formés à l'instar de ceux du Dauphiné.

Art. V

« Ils représenteront la nécessité indispensable d'avoir une même coutume, un même poids et une même mesure pour tout le Royaume, et la réforme des Codes civil et criminel.

« Ils demanderont la suppression totale des notaires seigneuriaux et celle des huissiers-priseurs, attendu que par un abus généralement reconnu, l'établissement de ces huissiers tend plus à la destruction du bien des particuliers, et surtout des mineurs, qu'à leurs bénéficiants ; comme ils demanderont que les lettres d'émancipation ne soient dorénavant accordées aux mineurs qu'à l'âge de vingt ans révolus. Dans le cas où cette demande ne serait pas accordée, requéreront que les mineurs ne puissent vendre leurs meubles et passer baux et autres actes sans l'assistance de leurs curateurs, à peine de nullité des ventes et actes qu'ils auraient consentis.

Art. VI

« Ils demanderont la réunion par arrondissement de toutes les justices particulières des bourgs et villages à la Ville la plus proche, pour être érigées en justices royales ; et, dans le cas où cette réunion ne pourrait absolument avoir lieu, que tous les officiers soient admis au concours, et que tous les juges soient gradués et résident conformément aux règlements.

Art. VII

« Représenteront qu'attendu l'éloignement où la province et Généralité du Berry se trouvent de la Capitale, qu'il soit établi dans le chef-lieu de cette Généralité une juridiction supérieure qui jugera en dernier ressort toutes les causes qui ont été jugées préliminairement dans les arrondissements cy-dessus demandés.

Art. VIII

« Ils demanderont la suppression totale de la manière vexatoire dont sont actuellement perçues les impositions royales. En conséquence, autoriser les officiers municipaux des arrondissements cy-dessus demandés à recevoir le total de celles à quoy le dit arrondissement aurait été taxé pour être versé au trésor de la province, et ensuite au trésor royal, sans aucuns frais de perception ; qu'à l'égard de ceux que les dits officiers municipaux seroient obligés de faire contre les contribuables qui seroient en retard, ils seront réglés par les Etats de la Province si fait n'avait été par les Etats généraux. »

Art. IX

« Représenteront que l'impôt sur le sel étant le plus préjudiciable au peuple et l'agriculture, chose si précieuse à l'Etat, soit supprimé ; en observant que, dans le cas où cette suppression ne pourroit avoir lieu, ils laisseront à la sagesse des Etats généraux d'en modérer le prix de façon qu'il ne soit pas onéreux au peuple.

Art. X

« Les droits d'Aides ; droits réservés ; marque de l'or, de l'argent et des cuirs, n'étant pas moins préjudiciables, en demander la suppression qui rendroit au commerce et à l'agriculture un nombre considérable de bras et ôterait totalement les entraves où se trouvent journellement les ouvriers et les citoyens des différents états.

Art. XI

« L'Assemblée des Etats généraux portera sa surveillance sur les droits commis aux percepteurs des droits de contrôle ; cette partie semblable aux matières les plus malléables se prête à toutes les formes et idées que l'esprit extenseur du fisc se plaît à lui donner, sans parler de la discordance universellement reconnue dans les opinions et décisions de ceux-mêmes qui sont chargés de la perception de ces droits.

« Un inconvénient encore majeur de ces droits, c'est l'inquiétude où on est continuellement de savoir si, après avoir satisfait sur la demande faite par le premier commis, on ne sera pas encore à plusieurs reprises recherché par les employés graduellement établis.; de sorte que l'homme qui, souvent, s'est mis dans la gêne pour consentir un acte quelconque et qui croyait avoir satisfait à tout, se trouve après plusieurs années recherché et poursuivi à toute rigueur pour de nouvelles réclamations de droits.

« Que tels enfin sont les inconvénients de ce désastreux impôt, que les jugements dans les contestations sont soumis à la décision d'un seul.

« Il résulte de tous ces inconvénients une nécessité absolue de faire un tarif fixe et invariable, sans aucun sol pour livre de la somme que chaque contractant aura à payer proportionnellement à celle énoncée par l'acte qu'il aura souscrit, sans percevoir le droit sur la qualité, mais seulement sur la somme ; que le dit tarif sera affiché dans toutes les études des notaires et dans le bureau du contrôleur pour l'instruction des contractants.

« Que les affiches qui se font des contrats de vente au bureau des hypothèques soient également placées dans l'auditoire de la justice de la situation des biens vendus; de même au domicile du vendeur; et que la délivrance des lettres de ratification ne soient expédiées que quatre mois après le dépôt du contrat de vente, au lieu de deux fixés par l'édit.

Art. XII

« L'établissement des droits de franc-fief portant un coup préjudiciable à l'Etat en ce que les gens du Tiers Etat ne peuvent entrer en concurrence avec les Nobles ; le droit, dans son origine, représentatif de l'ancienne féodalité d'un service militaire et gratuit pour la Noblesse, n'a plus de destination primitive en ce que tous les services militaires sont généreusement payés. Pourquoy on demande l'abolition entière.

Art. XIII

« Il seroit avantageux pour le progrès de l'agriculture que tous particuliers payant dixmes, terrages, bordelages, cens et banalités fussent autorisés à se rachepter de tous ces droits en général d'après un tarif consenti et fixé par les Etats généraux, à la charge par les gens de main-morte d'en faire le remplacement.

Art. XIV

« Il se trouve dans différentes provinces, des communautés de religieux, dont le petit nombre ne peut suffire à faire l'office divin avec toute la décence qu'il mérite. Il seroit nécessaire de faire la réunion de plusieurs de ces maisons en une seule dont le revenu fût suffisant pour l'entretien décent du culte divin et la subsistance des religieux ; que ces biens, en général, devant leur origine, soit à la munificence de nos Roys, soit aux dons gratuits de différents particuliers de l'Etat, seroient beaucoup mieux employés à l'utilité publique en y établissant différentes espèces d'Ecoles d'Education qu'à l'entretien de deux ou trois particuliers qui les composent et ne remplissent point le vœu des donateurs.

Art. XV

« C'est humilier et dégrader le Tiers Etat, faire disparaître jusqu'au germe de l'émulation, décourager les talents et arrêter les effets inappréciables de l'enthousiasme patriotique d'un françois que d'exclure tous ceux qui ne sont pas nobles des dignités lucratives et éminentes de l'Eglise, des services militaires et des places de magistrature dans les tribunaux supérieurs, tandis que le cri de la raison est que tout devrait être l'apanage du seul mérite, et non pas une hérédité à un descendant qui souvent manque de capacité. Pourquoy il seroit juste de ne point accumuler plusieurs bénéfices n'y plusieurs places honorables ou pensions sur la même tête; qu'en suivant ce projet il resterait au Roy le moyen précieux d'établir plus souvent sa munificence en faveur de plusieurs sujets des Trois Ordres qui, par leur mérite, auroient droit d'y prétendre.

Art. XVI

« Les Etats généraux doivent prendre en considération l'état actuel des curés, et, spécialement, ceux de la campagne dont le revenu trop modique suffit à peine à leur existence et les met par conséquent hors d'état de soulager les pauvres dans des moments de calamités publiques semblables à celles que nous venons d'essuyer dernièrement.

« Pourquoi il seroit à propos de fixer généralement pour 25 ans le revenu annuel de chaque curé de paroisse à 1.500 livres et ceux de ville à 2.000, sauf à faire réunions précédemment ordonnées par le Roy et à rétablir dans 25 ans la gradation du revenu de chaque curé proportionnellement au prix des denrées à chaque époque.

« Les curés, par ce moyen, se trouvant en état de vivre honnêtement et même de faire des aumônes seroient tenus de faire sans aucune espèce de rétribution les fonctions curiales, dites casuelles, laissant cependant à l'ostentation des particuliers le soin de payer les excédents qu'ils demanderoient en sus de l'extrême nécessité.

Art. XVII

« Remontreront que le commerce qui est l'âme de l'Etat se ralentit et dépérit sensiblement par l'extrême facilité de l'obtention des lettres de cession et arrêt de surséance. Aujourd'huy l'abus est monté au point que celuy qui fait la faillite la plus frauduleuse fait luy-même la loi à ses créanciers ; que, par conséquent, les bourses se resserrant de plus en plus le ressort important de l'Industrie nationale touche au moment d'être sans activité, si, très promptement, une loi sévère ne calme les inquiétudes des capitalistes. Il seroit essentiel de permettre par cette loi de stipuler l'intérêt au taux des primes dans des obligations notariées autres que contrat, lesquelles obligations deviendraient aussi promptement exécutoires qu'un contrat portant hypothèque, et qu'on éviterait par ce moyen le cercle long et vicieux de la procédure actuellement en usage pour se procurer le payement des billets ordinaires.

« Il n'est pas moins important d'établir dans chaque arrondissement désigné part l'art. 6 des présentes doléances, des juges-consuls à l'instar de ceux actuellement établis, lesquels jugeraient, pour les arrondissements seulement, toutes les difficultés qui pourroient survenir à l'occasion des dits billets et du commerce, en observant qu'il résulteroit de cet établissement un avantage particulier pour le commerce et une honte effective pour les gens de mauvaise foi qui auroient à rougir de se voir dévoilés aux yeux de leurs concitoyens, et que, par suite des demandes cy-dessus, tous billets consentis par telle personne, de quel état et qualité qu'elle soit, et faits à ordre, deviennent consulaires. Demandant nommément que ceux, qui font faillite, soient soumis à la dite juridiction consulaire pour obvier à des frais considérables qui sont onéreux tant aux faillants qu'aux créanciers; et qu'il soit également arrêté, que, dans toutes les juridictions, les sentences soient expédiées en papier marqué au lieu de parchemin, ainsi que les obligations par-devant notaire, lorsque les sommes n'excéderont pas 100 livres.

« Il n'est pas moins utile que l'intérêt puisse être stipulé dans les billets purs et simples, et que le terme de grâce pour les effets de commerce soit le même par tout le Royaume.

Art. XVIII

« La partie des forges et fourneaux est une branche essentielle et de la première utilité dans le commerce en général. L'agriculture ne seroit rien sans elle; la marine en tire son existence, toute sa force et sa solidité. Sans le fer enfin, l'agriculture, la marine, les monuments, les édifices utiles, les arts, les métiers, seroient encore à leur berceau. Cette partie embrasse tous les autres commerces qui dépendent en quelque sorte d'elle..... rien ou presque rien ne se fait sans fer.

« Quel avantage pour un royaume de trouver dans son propre sein des mines excellentes et inépuisables ! Quels soins le Gouvernement ne devrait-il pas donner pour exciter, encourager, soutenir et récompenser ceux qui s'occupent de leur extraction.

« Pourquoy on réclame au nom seul de l'Intérêt général du Royaume que les Etats généraux s'occupant d'établir la liberté dans le commerce en le déchargeant de tout ou partie de l'impôt le plus onéreux et le plus décourageant... d'aviser les moyens, il en est !... de rendre les bois communs dans les provinces où ils ne le sont pas (tel en Nivernois et en Berry), ou en mettant en valeur et en coupe réglée les bois d'usage qui tiennent dans les provinces et aux environs un tiers de ces possessions qui ne rapportent presque rien. Ce moyen indiqué sans attaquer les propriétés de qui que ce soit.

« Pour appuyer la réclamation, il suffit et il est utile d'avancer que, dans une seule partie du Nivernois,... entre La Charité et Donzy,... où les mines sont inépuisables et des meilleures du Royaume; où les cours d'eau sont multipliés et divisés des plus heureusement, on pourroit faire année commune cinq millions de fer ; mais le fardeau de l'impôt sur les fontes, sur les fers, sur les aciers tirés tant sur le local de la fabrication que dans l'étendue de l'exportation ; les bois qui n'y sont point en valeur ; mille autres inconvénients qui ne paraîtraient presque rien au détail et qui, multipliés, deviennent très sensibles à ce genre de commerce, toutes ces entraves décourageantes réduisent la fabrication à moitié de ce qu'elle pourrait être.

« Pour ces motifs, l'Assemblée des Etats généraux voudra bien se fixer un moment sur un objet qui, par sa nature, contribue si intimement à alimenter et faire fleurir le royaume entier.

« Pour faciliter non seulement l'exploitation de ce commerce particulier, mais encore toutes les autres branches de quelque nature qu'elles soient, il serait essentiel que les péages tant de terre que d'eau, et toutes les douanes établies dans l'intérieur du Royaume, fussent supprimés.

Art. XIV

« Les Etats généraux voudront bien porter leur attention sur la question de savoir s'il est plus avantageux de supprimer ou de conserver les *Jurandes*, et quelque parti qu'ils prennent à ce sujet, il doit être arrêté que nul particulier ne pourra colporter aucunes marchandises de quelqu'espèce qu'elles soient qu'il n'ait un domicile élu dans lequel il soit soumis à l'impôt, ce dont il sera obligé de justifier par le certificat dont il doit nécessairement être muni.

Art. XX

« Demander la suppression entière de la *corvée*, et que la dépense nécessaire à l'entretien et confection des routes, rivières et autres soit prise et supportée par les Trois Ordres sur les biens qu'ils possèdent ; que cet allégissement sur tous les habitants de la campagne qui en payent la plus grande partie, les mettrait à même de pouvoir établir dans leurs paroisses respectives des bureaux de charité à l'instar de ceux des villes. Par ces établissements si précieux à l'humanité, on éviterait le vagabondage trop multiplié.

Art. XXI

« Qu'il n'est pas moins utile pour le bien de la campagne qu'il soit nommé, pour un temps limité, dans chaque paroisse, des prudhommes proportionnellement à la population, lesquels seront chargés de juger sans frais tous les dommages qui pourraient être faits à différents particuliers et, sans appel, jusqu'à concurrence de cinquante livres ; et que, dans le cas où le dommage excéderait cette somme, l'appel ressortirait directement à la Cour supérieure de la Province.

Art. XXII

« Que la milice soit totalement supprimée comme ruineuse à l'agriculture ; et que, dans le cas où elle seroit jugée nécessaire pour la force de l'Etat, que les domestiques des deux premiers Ordres, sans aucune exception, y soient assujettis comme le Tiers Etat. Il est cruel pour un bourgeois honnête de voir son fils y être exposé, tandis que celui de son propre manœuvre est exempt parce qu'il se trouve le cinquième ou sixième domestique d'un bénéficier ou d'un noble.

Art. XXIII

« Lorsque chaque paroisse sera mise en Pays d'Etat, qu'il lui soit accordé d'élire dans cette assemblée un député du Commerce et des Finances de la dite province qui, résidant à Paris aux frais de la Communauté, sera chargé par elle de faire toutes les propositions qui pourroient tendre au bien de la dite province ; que tous ces députés réunis et présidés par le Ministre pourroient juger ensemble de la validité ou invalidité des demandes formées par une des dites provinces relativement aux autres et donner leur avis sur les traités de commerce plus ou moins avantageux qu'on pourrait faire avec l'étranger. Ils formeraient un *conseil permanent*, tant pour le commerce susdit, que pour les finances. Ces députés, après plusieurs années d'exercice, présenteraient au Roy une pépinière de sujets instruits parmy lesquels il pourroit choisir son Ministre des Finances.

Art. XXIV

« Sa Majesté ayant déjà permis la rentrée des Protestants dans le royaume, il seroit à désirer que les Etats généraux s'occupassent de leur fixer une existence plus réelle en leur permettant de posséder des charges et de pouvoir être élus aux offices municipaux, en limitant au 1/4 des membres des différents tribunaux le nombre où ils pourraient être admis, laissant au surplus à la sagesse des Etats généraux à diminuer ou augmenter la présente fixation, s'ils le jugent nécessaire.

Art. XXV

« Les malheurs qui viennent d'arriver par la débâcle des glaces dans toutes les parties du royaume et notamment à La Charité-sur-Loire, par la culbute entière du second pont de cette ville qui, outre qu'il obstrue la rivière pour le passage des bateaux, interrompt entièrement la communication essentielle et inappréciable tant du Nivernois que de la Bourgogne avec le Berry et autres provinces, méritent l'attention la plus scrupuleuse de la part des Etats généraux pour apporter le prompt remède à cet accident.

Art. XXVI

« Les Etats généraux voudront bien supplier Sa Majesté de permettre que les revenus des abbayes et prieurés commendataires, et non à charge d'âme, soient remis pour un temps limité au trésor de chaque province où ils sont situés pour être ensuite versés dans le Trésor royal à l'effet d'acquitter d'autant les dettes de l'Etat, et qu'à l'expiration du temps accordé, les dits bénéfices soient remis en mains du Roy pour y nommer.

Art. XXVII

« Que les Etats généraux s'occupent des moyens de faire admettre la culture du tabac dans toute l'étendue du Royaume, ce qui y ferait rester plusieurs millions exportés chez l'étranger, et serait une ressource très précieuse pour les provinces susceptibles de cette culture.

Art XXVIII

« Demander la liberté de se servir de toutes espèces de voitures sans être astreints à payer aucuns droits de permissions. »

Après lecture du présent cahier, dont tous les articles furent successivement adoptés par acclamation, l'assemblée procéda à l'élection de ses députés. Furent élus : MM. Paichereau, échevin, procureur du roi à l'élection ; Fouet ; Picart, seigneur de la Pointe ; Massüe-Durie ; Duminy le jeune et Beaufils de St-Vincent. Sur ces six députés, quatre appartenaient au Corps des bourgeois : MM. Paichereau,

Fouet. Duminy et Picart ; Massue-Durie avait été député par le Corps de l'Election, et Beaufils de St-Vincent par les maîtres de forges.

En leur remettant le cahier, l'assemblée leur donna « *pouvoirs généraux et suffisants de proposer, remontrer, aviser et consentir tout ce qui peut concerner les besoins de l'Etat, la réforme des abus, l'établissement d'un ordre fixe et durable dans toutes les parties de l'Administration.* »

CHAPITRE III
Cahier de doléances du bailliage de St-Pierre-le-Moutier. Réunion des Etats généraux.

Les députés des Communes se réunirent le 9 mars au bailliage royal et siège présidial de St-Pierre-le-Moutier sous la présidence du lieutenant général Vyau de Baudreuille, de cette même famille des Baudreuille, tirée tout récemment de l'oubli, par le retentissant procès du marquis de Nayves, allié à cette maison.

Les paroisses de Parigny-les-Vaux, Druy et Mornay, Patinges, Chantenay, Sauvigny-les-Chaumes, Cours-les-Barres, St-Parize-en-Viry, Gien-sur-Cure, Brassy, St-Léger-le-Petit, Argenvières, Vandenesse, Béard, Sainte-Montaine, Surgy, St-Révérien, Dun-les-Places, Champvoux, La Chapelle-Hugon, Soulangis, St-Bonnot, Satinges, St-Hylaire, Challuy, Aglan, St-Aubin-les-Forges, Frasnay, Menetou-Ratel, Bulcy, Marseille-les-Aubigny et Murlin qui n'étaient pas représentées, avaient envoyé leurs cahiers pour en faire la réunion.

Dès que les pouvoirs des députés présents eurent été vérifiés et les cahiers des paroisses qu'ils représentaient déposés par eux sur le bureau de l'assemblée, on procéda à la nomination des commissaires chargés de fondre ces cahiers en un seul qui devait être remis aux Etats généraux.

Ce travail considérable demanda une douzaine de jours ; enfin, le 22 mars, le secrétaire-greffier en donnait publiquement lecture aux députés assemblés.

Le cahier du bailliage est précédé de cette belle et fière déclaration qui, en même temps que la genèse de la Révolution, est le procès et la condamnation de l'ancien régime, déclaration dont la lecture fut accueillie au milieu d'un enthousiasme indescriptible, par des applaudissements mille fois répétés.

* . . . .

« Les plaintes du Peuple se sont longtemps perdues dans l'espace immense qui le sépare du Trône : cette classe, la plus nombreuse et la plus intéressante de la société ; cette classe qui mérite les premiers soins du Gouvernement puisqu'elle alimente toutes les autres ; cette classe à laquelle on doit et les arts nécessaires à la vie, et ceux qui en embellissent le cours ; cette classe enfin, qui, en recueillant moins, a toujours payé davantage, peut-elle, après tant de siècles d'oppression et de misère, compter aujourd'huy sur un sort plus heureux ? Ce serait, pour ainsi dire, blasphémer l'autorité tutélaire sous laquelle nous vivons, que d'en douter un seul moment.

« Un respect aveugle pour les abus établis ou par la violence ou par la superstition ; une ignorance profonde des conditions du pacte social ; voilà ce qu'a perpétué jusqu'à nous la servitude dans laquelle ont gémi nos pères.

« Un jour plus pur est près d'éclore. Le Roy a manifesté le désir de trouver des sujets capables de lui dire la Vérité ; une de ses lois, l'édit de création des Assemblées provinciales du mois de juin 1787, annonce que le vœu le plus pressant de son cœur sera toujours celui qui tendra au soulagement et au bonheur de ses peuples ; une autre loi qui a retenti du centre du Royaume à ses dernières extrémités, nous a promis la restitution de tous nos droits, dont nous n'avions perdu et dont nous ne pouvions perdre que l'exercice, puisque le fond de ces mêmes droits est inaliénable et imprescriptible. Osons donc secouer le joug des anciennes erreurs !... Osons donc dire tout ce qui est Vrai, tout ce qui est Utile ;... osons réclamer les droits essentiels et primitifs de l'Homme. La Raison, l'Équité, l'opinion générale, la bienfaisance connue de nos augustes souverains, tout concourt à assurer le succès de nos doléances.

« Quand les hommes se sont réunis en société, quel a été leur but ? La défense et la conservation de la liberté et des propriétés de chacun d'entre eux. Ils n'ont tous renoncé à l'usage de leurs forces particulières que pour être protégés plus puissamment par la force publique, et c'est de là que résultent les obligations des citoyens entre eux ; de tous envers la société : et de la société envers tous.

« D'après ce principe incontestable que les hommes en se réunissant en société ont eu pour unique objet la défense et la consécration de la liberté et des propriétés de chacun d'eux, il est évident :

« 1° qu'au moyen de ce que tous les hommes étaient égaux avant leur association civile, ils doivent encore être égaux devant les lois constitutrices des corps politiques ;

2° que chaque citoyen est tenu de contribuer aux charges publiques à raison des avantages qu'il retire de son existence sociale ;

« 3° que le premier devoir du chef de la société quel qu'il soit, est de garantir à tous les membres de l'Etat, et leur liberté, et la jouissance des biens qu'ils ont justement acquis;

« 4° que personne n'a pu accorder d'exemptions à qui que ce soit au détriment d'autrui.

« Toute exemption de la Loi accordée à un Ordre, à un Corps, à un Particulier, apprend au reste de la société que l'on se joue de la Loi et de Lui. La loi est-elle utile et juste? Elle doit commander à tous. Est-elle injuste, inutile ou nuisible ?... Elle doit être anéantie pour tous, parce que la soumission qu'elle exige devient avilissante, dès qu'elle cesse d'être générale.

« Chez les Romains, on ne pouvait accorder de privilèges à personne que dans les comices assemblés par centuries, et ces centuries réunissaient le Sénat, les Patriciens et le Peuple. On avait senti que le contrat social liait chaque citoyen envers ses concitoyens, et qu'il ne pouvait par conséquent être dispensé de l'exécution d'aucune des clauses de ce même contrat que par tous. A-t-on jamais, dans cette République, dispensé — nous ne disons pas un Corps particulier — mais un Ordre entier, mais deux Ordres entiers, de l'obligation de supporter les charges publiques ?... On ne retrouve dans l'Histoire aucun exemple d'une pareille dispense.

« Il est certain, comme on l'a remarqué plus d'une fois, que toutes les exemptions des charges publiques sont des infractions aux lois fondamentales de la société? qu'elles tendent à en produire la ruine ; qu'elles sont nulles et abusives par

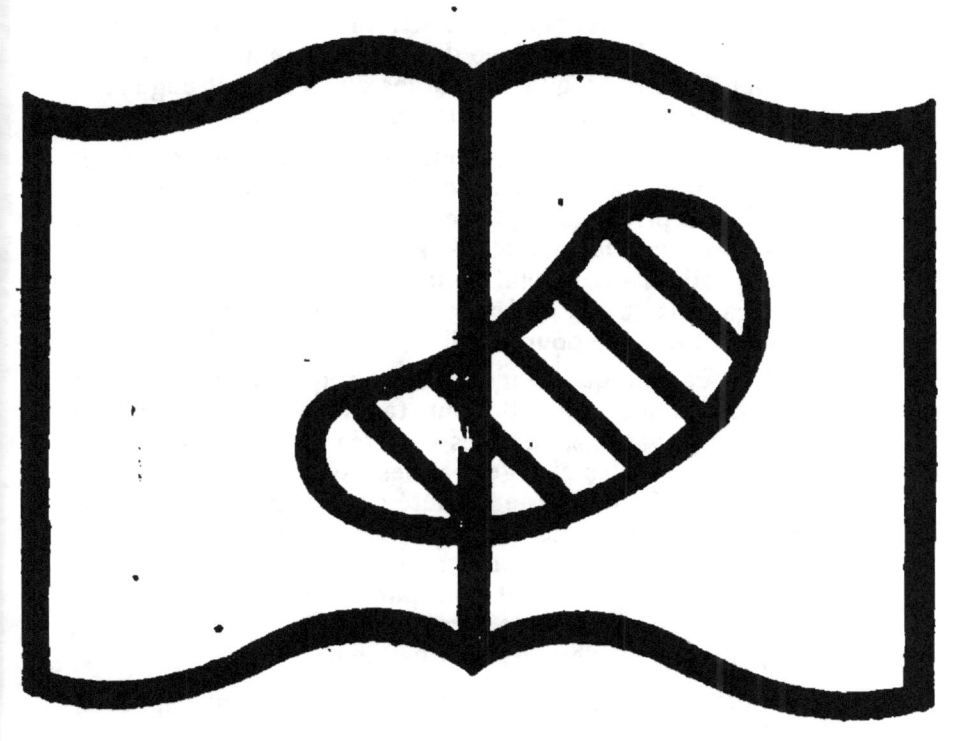

Illisibilité partielle

suite du droit inaliénable et indestructible qu'ont tous les membres du Corps politique d'exiger de chacun de tous la contribution réciproque des forces qu'ils se sont engagés à fournir pour la défense et la sûreté communes.

« Il est certain qu'aucune puissance dans l'Etat ne saurait dispenser personne de cette obligation ; qu'aucun ne peut accorder de privilèges ni faire de concessions au préjudice de ce droit ; que la société elle-même n'en a pas le pouvoir parce qu'elle n'a pas celui de faire ce qui est contraire à sa conservation ; et que le Gouvernement qui la représente, et qui n'est établi que pour y veiller, l'a encore moins.

« Il est certain que ce n'est pas pour qu'il y ait une partie de la Nation qui jouisse de tout, tandis que l'autre souffrira toutes les privations, que les sociétés ont été instituées ; que partout où les charges et les avantages ne sont pas communs il n'y a plus de Société ; et qu'ainsi le Corps ou l'individu qui refuse de participer aux charges du Gouvernement renonce aux avantages de la Société, déclare par ce seul fait, qu'il n'en fait plus partie, et se trouve dans le cas d'être traité comme un étranger, à qui l'on ne doit rien, puisqu'il croit ne rien devoir à personne.

« Il est certain encore que quiconque ne veut supporter les charges publiques que dans une moindre proportion et dans une forme différente de celle que l'on suit pour les autres citoyens, rompt également l'association civile en ce qui le concerne ; qu'il témoigne par là qu'il s'en sépare et qu'il ne lui convient pas d'être uni avec ceux qui la composent ; qu'il s'expose à être considéré comme n'en faisant plus partie ; et que chacun peut lui refuser ce qu'il refuse, à tous et n'est pas plus obligé envers lui qu'il ne veut l'être envers les autres.

« En appréciant les exemptions des deux Ordres privilégiés d'après ces principes évidents de droit public, en est-il une seule qui doive subsister ? Tributs, emplois, corvées, peines, récompenses, tout doit être commun entre les citoyens d'un même empire ; nous n'exceptons pas même de cette règle ce qu'on appelle la milice, parce qu'il est possible de la convertir en une prestation pécuniaire dont le produit sera employé à lever des troupes d'une manière moins contraire à la Liberté. Ainsi, il est indispensable que le Clergé et la Noblesse se restreignent aux prérogatives purement honorifiques dont ils sont en possession.

« Voilà l'unique moyen d'empêcher le reste de la Nation de répéter aux deux autres Ordres privilégiés ce qu'il leur disait aux Etats tenus à Mehun-sur-Yèvre en 1426, *que, dans le temps où il soutenait leur vie, à la sueur et travail de son corps, ils attaquaient la sienne ; et que, tandis qu'ils vivaient de luy, il mourait par eux.*

« Les exemptions enfantent la Jalousie, la Haine, la Discorde. L'unité d'intérêts qui résultera de la suppression fera naître la Paix, le Patriotisme, la Bienveillance universelle, et les Français ne formeront plus qu'une grande famille où les aînés n'emploieront la supériorité de leurs lumières et de leurs forces que pour le bonheur de leurs frères.

« Les deux Ordres privilégiés ont vu trop tard que les Trois Etats n'étant qu'un Corps dont le Roy est le chef, la misère du troisième était une fièvre lente qui affaiblissait le premier et le second, quoiqu'ils ne la sentissent pas. Mais cette vérité, que les deux Ordres privilégiés n'avaient pas encore aperçue, vient enfin de frapper leurs esprits, et bientôt elle a produit l'effet qu'on devait naturellement en attendre.

« Le Clergé a offert, il y a deux ans, de sacrifier ses privilèges au soulagement du peuple.

« Les membres les plus distingués de cette Noblesse généreuse qui a toujours prodigué son sang avec tant de courage pour la défense commune, se sont aussi empressés de donner à la Nation cette seconde preuve de leur zèle pour le salut public; et la portion de ces Corps, — si recommandable à toutes sortes d'égards — qui ne s'est pas encore expliquée sur cet objet, ne tardera pas sans doute de suivre un exemple qu'elle était faite pour donner.

« La Magistrature enfin, ne s'est en quelque sorte réservée pour dédommagement de ses pénibles fonctions, que l'honneur de les remplir.

« Après ces triomphes de la Raison, de l'Equité et des Vertus patriotiques, quels vœux avons-nous encore à former ?

« Plein de confiance dans la justice de Sa Majesté qui

ne veut régner que par les Lois, et dans la sagesse des Etats généraux qui se feront un devoir de lui indiquer les moyens, le Tiers Etat du bailliage royal du Nivernois demande :

Article Premier

« Que la Constitution de la monarchie françoise repose sur des lois fixes, et qui déterminent d'une manière invariable les droits du Souverain et de la Nation.

Art. II

« Que la liberté de faire tout ce qu'on peut vouloir légitimement ; la sûreté personnelle ; la faculté de vivre à son gré dans le lieu et dans la province que l'on a choisis, — pourvu que l'on respecte les droits du pays où l'on vit — étant des droits qui émanent de la nature même de l'homme, et que l'administration publique est d'autant plus obligée de garantir chaque citoyen que les membres des sociétés civiles ne se sont réunis que pour être plus heureux, le Gouvernement ne décerne à l'avenir aucuns de ces ordres arbitraires dont on a abusé si souvent et d'une manière si effrayante.

Art. III

« Qu'il soit irrévocablement arrêté qu'au moyen de ce que les impôts portent atteinte au droit de propriété, et qu'ils ne sont légitimes qu'autant qu'ils ont été librement accordés, ainsi que Philippe de Valois l'a reconnu en 1339, le roi Jean en 1355, Charles VI en 1380, et l'Auguste Souverain qui nous gouverne actuellement, par la réponse qu'il a faite au Clergé le 28 Juin 1788, par l'arrêt du Conseil du même jour, et par autre arrêt du Conseil du 8 août suivant, il n'en puisse être désormais levé que du consentement de la Nation régulièrement assemblée.

Art. IV

« Qu'aucun impôt et aucune contribution quelconque ne soient accordés que pour un temps limité, dont les Etats généraux fixeront eux-même la durée.

Art. V

« Qu'il ne soit fait aucun emprunt que du consentement

de la Nation, régulièrement assemblée, et délibérant librebrement.

Art. VI

« Que pour s'assurer toute liberté à leur première tenue, les États généraux suppriment tous les impôts existant dans le Royaume comme ayant été illégalement établis, et les recréent sur le champ provisoirement, jusqu'à la fin de l'Assemblée seulement, pour statuer de nouveau sur ce grand objet avant qu'ils se séparent ; et qu'ils ferment la première session par l'établissement des impôts qu'ils croiront devoir substituer à ceux qu'ils auront supprimés ; établissement qui ne doit être que la dernière de leurs opérations.

Art. XII

« Que les impôts, qui auront été substitués aux impôts supprimés, ne puissent être accordés qu'après une vérification approfondie de la recette et des dépenses nécessaires du Gouvernement, et qu'ils soient supportés indistinctement par les trois Ordres en proportion de leurs facultés.

Art. XIII

« Que la précaution la plus propre à déconcerter les efforts que l'intérêt personnel et le crédit ne manqueraient pas d'employer pour se soustraire à la contribution personnelle de chacun des trois Ordres aux charges publiques étant de comprendre les membres respectifs de ces trois divisions générales de la Société civile dans les mêmes rôles, et de les imposer tous dans toutes les paroisses où ils auront des fonds et droits fonciers, à raison de la valeur de ces mêmes objets, il soit décidé, par une loi solennelle et immuable, qu'il n'y aura par la suite aucun tribut distinctif, aucun rôle particulier pour aucun Ordre particulier du Royaume, et aucune cotisation *in globo* pour qui que ce soit, et que chacun soit contraint par les mêmes formes à payer au même receveur.

Art. IX

« Que pour prévenir les dissipations des deniers publics, les ministres soient dorénavant comptables de leur gestion aux États généraux, qui pourront, à leur choix, les juger ou les traduire devant les Cours, relativement à tout ce qui peut intéresser la Nation.

Art. X

« Que les ministres soient tenus, chacun dans son Département, de publier tous les ans, par voie d'impression, un compte général et détaillé des sommes qu'ils auront reçues et de celles qu'ils auront dépensées pendant le cours de l'année.

Art. XI

Que pour faire connaître aux Etats généraux les besoins du Gouvernement, Sa Majesté leur fasse communiquer l'état actuel de ses revenus ; les fonds nécessaires à chaque Département ; à l'entretien de sa maison ; à celle de la Reine, et à celle des autres Princes, afin qu'ils puissent aviser aux moyens de payer les dettes de l'Etat, et de rétablir l'équilibre entre la recette et la dépense.

Art. XII

« Que pour parvenir à ce but, tant désiré, l'on supprime toutes les pensions qui n'ont été accordées qu'au crédit, à la faveur, et à l'importunité ; et qu'on réduise celles qui excèdent le nécessaire relatif des personnes mêmes qui les ont méritées, afin que ces grâces particulières ne soient pas une des causes de la calamité publique.

Art. XIII

« Que l'on supprime les Gouvernements des provinces extérieures qui coûtent à l'Etat des sommes considérables pour des places sans fonctions.

Art. XIV

« Que l'on supprime également toutes les dépenses qui ne sont pas essentielles à la majesté du Trône, à la sûreté de l'Etat, et à la tranquillité publique.

Art. XV

« Que si les besoins du Gouvernement ne permettent pas de supprimer les *Gabelles*, cet impôt qui n'a été exigé en qualité de subside par Philippe le Long, Philippe de Valois et le roi Jean qu'avec la déclaration précise que c'était un aide extraordinaire dont on déchargerait incessamment les peuples, et qui, après avoir commencé par une contribution de 2 deniers par livre en 1345, s'est élevé à 52 livres 8 sols 6 deniers parmi nous sous le règne de Louis XV, prix exhorbitant qui s'est encore accru depuis, les États généraux avisent au moyen de diminuer ce même prix, soit par un impôt direct sur les salines, soit par telle autre voie qu'il jugera convenable.

Art. XVI

« Que si les mêmes raisons s'opposent à l'extinction totale des droits d'aides, on recherche du moins à en alléger le poids, et qu'en tout cas le droit révoltant qui se perçoit sur l'eau qu'on jette sur la grappe, après que le vin est tiré, soit dès à présent supprimé.

Art. XVII

« Que pour éviter l'exportation du numéraire chez l'étranger, le Gouvernement permette la culture du tabac dans les provinces qui en sont susceptibles, et que si les États généraux jugent qu'il ne soit pas possible de se passer de cet impôt, ils s'occupent du soin de le rendre moins onéreux ; et, qu'en attendant, il soit interdit aux fermiers-généraux d'envoyer aux débitants cette denrée en poudre, parce qu'une funeste expérience apprend journellement qu'elle est nuisible à la santé.

Art. XVIII

« Que l'unique objet du contrôle des actes, devant être, comme on l'a souvent remarqué, d'en constater la date et d'en assurer l'authenticité, la quotité exhorbitante du droit établi sur les conventions, à l'occasion de cette formalité, soit restreinte à une rétribution moins onéreuse, par un nouveau tarif dont la clarté garantisse les parties contractantes du danger des interprétations tyranniques des bureaux des fermes, parce que le tarif actuel— tarif souvent obscur et toujours excessif — dont le Gouvernement a reconnu les défauts, et promis la réformation, par la déclaration du Roy du 29 septembre 1722, et par le compte rendu au Roy en 1781, contredit évidemment le but du législateur, puisqu'il est de fait, qu'on aime mieux encourir la peine de nullité et de privation d'hypothèque, en faisant des traités sous signatures privées, que d'acquitter les taxes immenses auxquelles sont assujettis les contrats publics. Que si l'on est contraint de passer des actes publics, on ne balance pas à s'exposer aux frais d'un procès, en supprimant les clauses dont l'énonciation rendrait la formalité très dispendieuse, ou en les embrouillant pour tâcher d'en soustraire la connaissance aux yeux avides du traitant ; que la condition des citoyens est ainsi devenue pire qu'elle n'était avant l'établissement des contrôles; que si la sûreté était alors moins grande à certains égards, elle l'était plus à d'autres ; qu'elle était incontestablement plus générale ; que la mauvaise foi altérait moins d'actes que la crainte des droits n'en annule aujourd'huy; que les gens riches peuvent eux seuls s'y soumettre, et qu'il faut que la loi soit certaine pour que la perception ne soit point arbitraire; qu'elle soit claire, pour que celui qui paye, sache pourquoy il paye ; que le droit soit léger, pour que sa modicité permette de jouir de l'avantage qu'il procure; et qu'il soit volontaire, pour que le peuple conçoive, que c'est en sa faveur, qu'il est établi.

Art. XIX

« Que le Code de l'insinuation et du centième degré qui, de l'aveu d'un ministre infiniment éclairé, s'est tellement accru et multiplié, que les contribuables ne peuvent le plus souvent juger de ce qu'ils doivent payer, et que les employés des domaines ne le savent eux-mêmes qu'après de longues études, soit retiré et réformé sur le même que doit être le tarif du contrôle, afin qu'on ne voie pas plus des contraintes en supplément, que l'on a vu jusqu'ici de restitutions ordonnées d'office.

Art. XX

« Que les droits de *franc-fief*, dont les habitants de plusieurs villes sont exempts, soient supprimés partout, par la raison, que la possession des fiefs n'opérant pas aujourd'huy, comme autrefois, l'affranchissement les gens de main-morte servile qui y sont levant et couchant, et n'anoblissant pas les roturiers attachés au service militaire, comme elle les a anoblis pendant longtemps, cette taxe, qui ne serait d'ailleurs admissible, qu'autant qu'elle serait générale, n'est actuellement compensée par aucun avantage ; qu'elle est contraire à l'intérêt même de la noblesse qui vend ses propriétés moins cher, par la diminution de la concurrence des acquéreurs, et qu'elle n'a dès lors aucun fondement raisonnable.

Art. XXI

« Que le ressort du Parlement de Paris, et les autres pays où la prorogation du second vingtième a eu lieu, ayant payé plus que les autres provinces du Royaume — quoiqu'ils ne jouissent des avantages de la protection publique que concurremment avec ces provinces qui ont été exemptées de cette prorogation, — il leur soit fait raison sur les impositions que les États généraux croiront devoir créer, de la surcharge comparative qu'ils ont éprouvée à cet égard.

Art. XXII

« Que la culture par domaine, qui est celle que l'on a adoptée dans le ressort du bailliage de Saint-Pierre-le-Moutier, exigeant nécessairement des avances considérables de la part du propriétaire qui, d'après l'usage, laisse à ses colons des bleds et des foins engrangés, des bleds semés, des prés, des pâtureaux, un cheptel de bestiaux, des ustensiles aratoires, choses que les propriétaires ne sont pas tenus de fournir dans les vignobles, dans les provinces dont les herbages forment un des principaux fonds, dans les parties du Royaume qu'on appelle de grande culture, et dans celles où les terres s'afferment par arpents, on ait égard, dans l'égalisation des impôts sur les différentes provinces, à ce prêt, que les propriétaires du ressort du bailliage de St-Pierre-le-Moutier sont forcés de faire à leurs fermiers, prêt qui a été jusqu'à présent compris dans la ferme, et qui a été en conséquence assujetti à toutes les impositions, quoiqu'il ne doive pas l'être.

Art. XXIII

« Qu'il n'y ait jamais qu'une seule collecte dans la même paroisse, et qu'à cet effet, les paroisses qui se trouvent de deux Généralités, ou de deux Élections, soient réunies au district de la même Intendance, ou de la même Élection.

Art. XXIV

« Que tous ceux qui seront convaincus d'avoir tenté ou même conseillé au Gouvernement de rétablir les impôts, et les Ordres arbitraires, soient punis comme *traîtres à la Patrie.*

Art. XXV

« Que les *Corvées* demeurent converties à perpétuité en une subvention annuelle et pécuniaire qui sera répartie sur les trois Ordres, dans la même forme que l'impôt principal, si mieux n'aiment les États généraux établir des péages sur les voitures, à l'exception néanmoins de celles qui servent à l'agriculture ; que les deniers provenant de l'imposition qui a été substituée à la corvée, ou des péages dont on vient de parler, ne pussent en aucun cas, et sous aucun prétexte, être employés à un usage différent de leur destination naturelle.

Art. XXVI

« Que *la milice*, qui jette l'alarme dans les familles, et qui enlève souvent aux campagnes les sujets les plus propres à l'agriculture dont il est si essentiel de ranimer les travaux, soit également convertie en une prestation pécuniaire qui sera supportée par les trois Ordres en proportion de leurs facultés respectives, et que chaque paroisse ait en conséquence la faculté de louer à prix d'argent les soldats qu'elle devra fournir à l'État.

Art. XXVII

« Que les *douanes intérieures*, tant par terre que par eau, qui ont été établies sur les différents objets de commerce, et qui sont si odieuses, par l'inquisition à laquelle elles donnent lieu ; par les frais énormes qu'elles entraînent ; et par les retards qu'elles occasionnent aux négociants, soient supprimées.

Art. XXVIII

« Que si les États généraux jugent à propos d'établir des impôts sur la consommation, ces impôts ne puissent porter sur les denrées de première nécessité ; qu'ils ne frappent que sur les manufactures, le commerce en gros, et principalement sur les objets de luxe, afin de les rendre le plus légers possible, et pour ainsi dire insensibles.

Art. XXIX

« Que les États généraux règlent l'impôt qu'il sera

convenable d'établir, tant sur les rentes foncières constituées et viagères, que sur les propriétés mobilières, et même sur l'industrie, s'ils croient qu'elles doivent être imposées.

Art. XXX

« Que sans avoir égard à l'intérêt que les ecclésiastiques devront payer pour les dettes du Clergé, ils supportent en totalité l'impôt sur leurs possessions comme les autres propriétaires.

Art. XXXI

« Que les droits de *l'aide et de minage*, qui mettent des entraves au commerce, soient supprimés.

Art. XXXII

« Que les *Jurandes*, les *Maîtrises et les Communautés*, qui étouffent l'industrie naturelle, soient également supprimées.

Art. XXXIII

« Que les privilèges exclusifs accordés par le Gouvernement aux voitures publiques, et notamment à celles connues vulgairement sous le nom de *pataches*, soient abolis comme contraires à la liberté naturelle que tout citoyen doit avoir de gagner sa vie comme il peut, et de voyager selon ses facultés et les circonstances dans lesquelles il se trouve.

Art. XXXIV

« Que les départements des ponts et chaussées, et celui des turcies et levées, soient réunis en un seul, afin qu'ils ne rejettent pas l'un sur l'autre les dépenses les plus urgentes.

Art. XXXV

« Qu'il soit établi dans tout le Royaume des États provinciaux constitués comme ceux du Dauphiné.

Art. XXXVI

« Que pour rendre plus légère la portion que chaque citoyen sera dans le cas de supporter dans les dépenses qu'occasionnera nécessairement l'établissement de ces

Etats, et pour diminuer d'ailleurs l'influence des intérêts particuliers sur l'intérêt général, il n'y ait point d'Etats provinciaux qui n'embrassent au moins les intérêts d'une Généralité.

Art. XXXVII

« Que la Province du Bourbonnais, les Elections de Nevers et de Château-Chinon et la partie de la manche qui est enclavée dans la Généralité de Moulins soient en conséquence réunies, pour former des Etats provinciaux particuliers sous le nom d'Etats du Bourbonnais, et que le nombre des membres de ces Etats, tant pour les assemblées générales, que pour la commission intermédiaire, soit déterminé d'après la quotité de la contribution de ces trois districts.

Art. XXXVIII

« Que la *Noblesse* ne soit plus acquise à prix d'argent, mais par des actions d'éclat et des services rendus à l'Etat, soit dans la robe, soit dans l'épée, ou par des découvertes utiles à la Nation.

Art. XXXIX

« Que l'*Ordre du Tiers Etat* soit admis concurremment avec la Noblesse à toutes les dignités ecclésiastiques sans exception, et à tous les grades et distinctions, lorsque son éducation, ses talents, ses mœurs et ses vertus l'en rendront digne.

Art. XL

« Que la *vénalité* des charges de judicature soit supprimée, sans cependant porter atteinte à leur inamovibilité; que l'administration de la Justice devienne gratuite; qu'il soit attribué aux magistrats des appointements relatifs à leurs places, lesquels seront payés par les provinces où ils sont situés; qu'il soit créé des tribunaux supérieurs là où ils pourraient être utiles; que les officiers des sièges inférieurs puissent passer aux sièges supérieurs par ordre d'ancienneté; et qu'enfin il soit accordé des lettres et des marques de distinction pour les juges, sans aucune récompense pécuniaire, après un certain temps de service.

Art. XLI

« Que tous les tribunaux d'exception, sous quelque

dénomination qu'ils puissent être connus, à l'exception des consuls, soient et demeurent supprimés, et que le remboursement qu'il sera nécessaire de faire, de la finance des offices qui les forment, ne puisse être effectué qu'en argent comptant.

Art. XLII

« Que les offices d'huissiers-priseurs qui excitent la réclamation de tous les citoyens, à raison des abus sans nombre qui en résultent, soient et demeurent dès maintenant supprimés comme tendant à consommer la ruine de la classe la plus malheureuse de la société.

Art. XLIII

« Que les Justices seigneuriales qui donnent aux paysans la faculté de plaider ; qui augmentent la masse des procédures ; qui multiplient les degrés de juridiction ; qui favorisent la chicane ; qui occasionnent la ruine des parties en les obligeant à perdre beaucoup de temps et à faire des frais énormes pour les plus minces objets ; qui manquent presque toutes d'auditoires et de prisons, et qui n'ont communément pour juger que des praticiens ignorants qui tiennent leurs audiences dans des cabarets et sont dans la dépendance absolue des seigneurs qui ont le droit et le pouvoir de les destituer arbitrairement, soient supprimées, et que les Etats généraux décident s'il revient une indemnité aux seigneurs pour la perte du droit de justice qui est une partie de l'autorité souveraine, et qui, à ce titre, semble n'avoir jamais pu être valablement aliénée ni possédée.

Art. XLIV

« Que pour épargner aux personnes, qui ont des droits à exercer, les longs voyages qu'elles seraient obligées de faire s'il fallait qu'elles allassent chercher la justice aux tribunaux supérieurs des provinces, il soit créé dans le chef-lieu de chaque canton un siège royal, composé de trois juges et d'un procureur du Roy ; ce tribunal jugera en dernier ressort les causes pures personnelles qui n'excèderont pas la somme de 400 livres, et les autres affaires à la charge de l'appel aux bailliages présidiaux.

Art. XLV

« Que les *notaires seigneuriaux* qui ne sont pas en état

de rédiger les conventions les plus simples, et chez lesquels il n'y a aucune sûreté pour les minutes des actes publics, soient supprimés, à raison des inconvénients qui en résultent pour la société.

Art. XLVI

« Que l'Ordonnance de Philippe le Bel de 1302 ; celle de Philippe de Valois de 1344 ; celles du roi Jean de 1351 et 1355 ; celle de Charles V de 1357 ; celle de Charles VI de 1408, et les autres lois postérieures qui proscrivent les évocations, soient enfin exécutées, et qu'il ne soit plus loisible à qui que ce soit, et sous quel prétexte que ce puisse être, de traduire les citoyens devant d'autres juges que leurs juges naturels ; et que toutes les lettres d'évocation obtenues contre la prohibition formelle de ces mêmes lois soient révoquées sur le champ, sans aucune exception. même en faveur de l'Ordre de Malte.

Art. XLVII

« Que la procédure civile —dont les frais ont dégénéré en un impôt terrible par les droits de toute espèce qui en sont la suite — soit simplifiée, de manière que le pauvre ait la plus grande facilité d'exercer tous ses droits, et que le riche luy-même ne soit pas dans le cas comme aujourd'huy de se ruiner en réclamant les siens.

Art. XLVIII

« Que le pouvoir des *présidiaux* soit augmenté, à raison de leur utilité ; que pour rendre ces juridictions plus avantageuses on détermine d'une manière irrévocable leur compétence, tant en manière réelle que personnelle ; et que l'on prenne toutes les précautions possibles pour avoir des juges plus instruits.

Art. XLIX

« Qu'il ne pourra à l'avenir être créé aucune commission, aucun tribunal extraordinaire, sous quelque nom, et sous quelque prétexte que ce soit.

Art. L

« Que la *contrainte par corps*, par dépens, adjugée en matière civile, soit indéfiniment abolie.

Art. LI

« Que les particuliers détenus dans les prisons pour dettes purement civiles, soient séparés de ceux qui y sont enfermés pour cause de délits.

Art. LII

« Qu'à raison de l'augmentation du prix des denrées, la pension des personnes constituées prisonnières pour dettes civiles, soit portée à 18 livres par mois

Art. LIII

« Qu'il soit nommé annuellement dans chaque paroisse, et en proportion de la population, le nombre de prud'hommes qu'il conviendra, lesquels prêteront serment avant d'entrer en exercice, et ce, sans frais, devant les juges du lieu, pour estimer, sans frais tous les dommages ruraux qui auront été commis dans leur territoire, et qui pourront les juger sans appel, au nombre de deux, pareillement sans frais, si les dits dommages n'excèdent pas la somme de 9 livres.

Art. LIV

« Qu'il soit permis à tous citoyens de stipuler l'intérêt de l'argent qu'ils prêteront sur de simples billets, ou obligations, pourvu que cet intérêt n'excède pas le taux de l'ordonnance.

Art. LV

« Que pour faire cesser les banqueroutes frauduleuses qui ruinent insensiblement le commerce, les lois portées contre ces banqueroutes soient remises dans leur vigueur, et que, pour diminuer le nombre des faillites, ceux qui auront obtenu des lettres de cession, soient tenus à peine de bannissement de porter le bonnet vert.

Art. LVI

« Qu'il n'y ait plus d'asile à l'avenir contre la contrainte par corps légitimement prononcée.

Art. LVII

« Que les mineurs, même émancipés, ne puissent disposer de leur mobilier, ni passer aucun bail, ni souscrire aucuns autres actes, sans l'assistance et le consentement de leurs curateurs.

LVIII

« Que cet abus intolérable, qu'on nomme si improprement le *secret des Postes*, secret qui n'est autre chose que la violation des faits et des pensées que l'on confie aux administrateurs et aux agents subalternes des postes, soit aboli comme inutile, immoral, et propre à encourager la dangereuse curiosité de ces derniers.

Art. LIX

« Que la liberté de publier ses opinions faisant partie de la liberté individuelle, puisque l'homme ne peut être libre quand sa pensée est esclave, *la liberté de la presse* soit accordée indéfiniment, sauf les réserves qui peuvent y être apportées par les Etats généraux.

Art. LX

« Que Sa Majesté soit suppliée d'assurer aux protestants une existence civile plus réelle, et telle au moins qu'ils l'avaient avant la Révocation de l'édit de Nantes, afin d'attacher de plus en plus à la Patrie ceux qui y résident, et d'y attirer ceux qui désirent s'y fixer.

Art. LXI

« Que les annates(1) que les édits de Charles VI de 1406 et 1417, et les édits de Louis XI de 1463 et 1464 ont condamnées, et dont les Etats assemblés à Tours en 1493, et à Orléans en 1560 ont demandé la suppression, parce que ces deniers qui se transportent à Rome, ne reviennent jamais en France, et appauvrissent le Royaume, soient appliquées dorénavant au besoin de la Nation.

Art. LXII

« Que l'obligation d'obtenir les dispenses de parenté pour les mariages de cousin-germain soit supprimée ; et qu'à l'égard des dispenses qu'il est d'usage de demander pour les mariages des oncles et des nièces, les évêques soient autorisés à les accorder chacun dans son diocèse,

---

(1) Revenu d'une année que l'on payait au pape pour les bulles, des évêchés, des abbayes, etc.

sans qu'il puisse exiger d'autre rétribution que le droit d'insinuation.

Art. LXIII

« Que pour diminuer le prix de la main-d'œuvre, et donner une nouvelle activité au commerce et à l'agriculture, toutes les fêtes soient supprimées, ou remises au dimanche qui les suivront immédiatement.

Art. LXIV

« Que toutes les *assemblées et apports soient supprimés* comme une source de querelles et de débauches.

Art. LXV

« Que les *abbayes et prieurés commendataires*, ou en titres, et tous autres bénéfices simples, de quelque nature qu'ils puissent être, qui ne sont d'aucune utilité dans l'ordre hiérarchique, soient et demeurent supprimés à la mort, ou à la démission de chaque titulaire.

Art. LXVI

« Que les *bien-fonds, droits réels, et autres immeubles* qui en dépendent, soient vendus pour liquider les dettes du Clergé, dans la proportion seulement qui peut les concerner ; et que le surplus soit employé, après l'épuisement des dîmes ecclésiastiques, à l'augmentation de la portion congrue des curés, augmentation qui sera prise, en cas d'insuffisance, sur le revenu des archevêchés, évêchés, et autres bénéfices majeurs dont le produit excédera la somme à laquelle les États généraux croiront devoir réduire les titulaires de ces derniers bénéfices.

Art. LXVII

« Qu'au moyen de cette augmentation de portion congrue qui sera fixée par les États généraux, aucun curé ne puisse à l'avenir exiger de casuel pour les baptêmes, mariages, sépultures, et autres fonctions de son ministère, à moins que les parties ou leurs parents n'exigent eux-mêmes des démarches, services, et autres dépenses extraordinaires.

Art. LXVIII

« Que si les États généraux ne jugent pas convenable de demander la suppression des ordres religieux des deux sexes, rentés et non rentés, il soit défendu à tous ces différents ordres de recevoir des sujets dans leur sein avant l'âge où il est permis de se marier sans le consentement des pères et mères, et qu'en outre ils soient chargés de l'éducation publique.

Art. LXIX

« Que les Villes et Communautés qui ont, seules, le droit de nommer leurs officiers municipaux, soient, dès maintenant autorisées à rentrer dans ce droit imprescriptible, en remboursant, en argent comptant, aux particuliers, qui se sont fait pourvoir de charges municipales, le prix de ces différents offices sur le pied de leurs finances.

Art. LXX

« Qu'on *éteigne partout la main-morte servile*, attendu que cet abus par une suite duquel les serfs n'ont ni la faculté de tester, ni celle de changer de domicile, ni celle de choisir un état à leur gré, expose d'ailleurs les gens de cette malheureuse condition à être partagés comme un vil bétail, quand leur père est main-mortable d'une seigneurie, et leur mère main-mortable d'une autre ; qu'il est par conséquent contraire au droit naturel, et à la liberté générale des citoyens, aux lois du Royaume, et à l'intérêt public ; et qu'on ne peut à ce moyen le considérer, que comme le fruit de la violence et de l'oppression.

Art. LXXI

« Que *le ban de vendanges* dont il résultent tant d'inconvénients, et particulièrement, la pourriture et la perte des fruits des vignes les mieux exposées qui, pour cette raison, mûrissent toujours avant les autres, soit pareillement supprimé.

Art. LXXII

« Que la *taille seigneuriale, les banalités de fours, de moulins et de pressoirs*, et tous les autres vestiges de la servitude personnelle et du despotisme féodal, tels que les bordelages, soient et demeurent supprimés.

Art. LXXIII

« Que tout vassal, censitaire, et autres détenteurs d'héritages assujettis à la mouvance féodale, ou à des redevances seigneuriales quelconques, autres que celles cy-dessus énoncées, soient autorisés à racheter ces droits, et que pour prévenir les difficultés qui pourraient s'élever à l'occasion de ce rachat, les Etats généraux évaluent les fonds du produit annuel et des profits casuels de ces mêmes droits.

Art. LXXIV

« Qu'en attendant que ce rachat soit effectué, l'exercice du droit de retenue féodale, censuelle, bordelière, et taillablière, soit supprimé par la raison qu'il gêne le commerce des propriétés foncières dont les acquéreurs craignent le dénombrement ; qu'il favorise l'accroissement des grandes propriétés; détruit insensiblement les petites, et porte par là une atteinte évidente à la liberté des conventions et à la population.

Art. LXXV

« Que les *directes seigneuriales* qui n'auraient pas été rachetées, soient, partout, assujetties à la prescription de trente ans, même contre l'Ordre de Malte, et que leurs arrérages se prescrivent par cinq ans contre tous seigneurs indistinctement.

Art. LXVI

« Que les habitants des villes et des campagnes soient maintenus dans la possession trentenaire pour les lieux où elle suffit, et dans la possession immémoriale pour les lieux où la coutume l'exige, de tous leurs terrains communaux, tels que prés, bois, terres vaines et vagues et accrues des chemins servant de pacages à leurs bestiaux ; que toutes les usurpations de ces terrains faites dans les paroisses depuis la déclaration du Roy du 13 août 1766, soient déclarées nulles et comme non avenues ; que tous les possesseurs des dits terrains, sans aucune distinction, soient en conséquence, tenus de les rendre aux Communautés dans le délai de six mois à compter du jour de la publication de la loi qui sera rendue à cet égard ; que toutes les habitations pratiquées dans les bois usagers, ou dans ceux des seigneurs et des particuliers depuis cette époque, et même celles qui ont été construites à la proximité déterminée par l'Ordonnance des Eaux et forêts, soient détruites dans le même délai ; et, attendu que les calamités publiques ont réduit plusieurs particuliers à la mendicité et les ont forcé à se bâtir des chaumières, et à cultiver des terrains en friche, déclarer ces infortunés, propriétaires des dites chaumières, soit qu'ils se soient emparés des terrains sur lesquels ils les ont construites, soit qu'ils leur aient été concédés, sans que ni les seigneurs, ni les Communautés puissent répéter contre eux aucune redevance ou prestation ; qu'il soit aussi laissé à chacun d'eux un arpent de terre joignant les dites chaumières, pour fournir à leur subsistance et à celle de leur famille, à la charge que ceux qui en auraient pris ou s'en seraient fait concéder une plus grande quantité, seront tenus de la rendre aux Communautés sans indemnité, sans que personne puisse, par la suite, s'approprier les communaux restants, et que la possession, depuis le 13 août 1766, puisse suffire aux seigneurs qui auront usurpé, ou concédé des terrains de cette espèce sur lesquels les communautés d'habitants leur payent des droits.

Art. LXXVII

« Que tous les propriétaires aient *la liberté de chasser* sur leurs terres ; que nulle personne n'ait le droit de chasser sur les propriétés d'autrui, et qu'il en soit de même pour les eaux-mortes que chacun peut avoir chez soi, et dans les ruisseaux le long desquels on aura quelques héritages.

Art. LXXVIIII

« Que l'ordonnance militaire qui inflige pour des fautes légères la peine de coups de plats de sabre soit réformée comme contraire au caractère national.

Art. LXXIX

« Que la *maréchaussée soit augmentée de moitié*, et que par une nouvelle ordonnance, son service soit dirigé d'une manière plus utile, et, qu'en conséquence, elle soit obligée de mettre à exécution les décrets décernés par les juges sans l'assistance des huissiers.

Art. LXXX

« Que *la liberté étant une propriété sacrée, et le plus précieux de tous les biens*, aucun citoyen ne puisse être arrêté que pour un crime emportant peine afflictive ou infamante et qu'en vertu d'un jugement rendu par trois juges dans les bailliages et sénéchaussées, à moins que l'accusé ne soit arrêté en flagrant délit.

Art. LXXXI

« Que les *justices royales d'arrondissement*, dont on demande la création, soient assujetties à la même règle.

Art. LXXXII

« Qu'après le premier interrogatoire, il soit libre aux accusés *d'avoir un Conseil pour les éclairer* dans leurs réponses, et vérifier l'exactitude de la procédure ; qu'à cet effet, il en puisse prendre communication chaque fois qu'il le jugera à propos en en donnant décharge au greffe sur un registre à ce destiné et paraphé par le lieutenant-criminel, et à condition qu'il ne pourra le garder chaque fois plus de vingt-quatre heures.

Art. LXXXIII

« Que les honoraires du Conseil soient réglés et payés par les Etats provinciaux.

Art. LXXXIV

« Que pour détruire l'injuste préjugé qui fait rejaillir sur une famille entière la faute d'un de ses membres, il n'y ait à l'avenir aucune distinction entre les membres des trois ordres que les mêmes manières ; et que l'on préfère celle à laquelle l'opinion publique n'a attaché aucune infamie.

Art. LXXXV

« Que *la peine de mort* ne soit dorénavant prononcée que pour le cas d'incendie, de poison, d'assassinat et de viol.

Art. LXXXVI

« Que *la question préalable soit abolie* comme contraire à l'Humanité, à la Justice, et à la Raison, qui ne permettent pas de torturer un accusé pour le crime d'autrui.

Art. LXXXVII

« Que *le droit de confiscation soit dès maintenant aboli*, tant en matière civile qu'en matière criminelle, sauf à faire payer les dommages qui pourront être dus, selon l'estimation qui en sera faite par experts, dans tous les cas purement civils.

Art. LXXXVIII

« Que tous les juges, tant supérieurs qu'inférieurs, soient tenus de motiver les jugements qu'ils rendent en matière criminelle ; et que tous leurs jugements soient imprimés, publiés et affichés dans le lieu de l'exécution, et dans celui où le délit aura été commis.

Art. LXXXIX

« Que pour détruire les impressions fâcheuses que les rigueurs de la procédure criminelle laissent souvent dans les esprits contre les personnes qui ont été accusées d'un crime capital dont elles étaient innocentes, *tous les jugements d'absolution soient également rendus publics* par la voie de l'impression et de l'affichage, aux frais de l'Etat.

Art. XC

« Qu'il *soit fait défense au ministère public d'interjeter appel des jugements d'absolution ou qui ne prononceront aucunes peines afflictives ou infamantes,* lorsqu'ils auront été rendus par cinq juges, ou trois juges et deux gradués, et que les accusés y auront acquiescé.

Art. XCI

« Que les prisons qui ne doivent être considérées que comme un moyen de sûreté pour la Société, et non comme une peine, soient rendues assez saines pour ne pas altérer la santé des personnes qui y sont détenues.

Art. XCII

« Que *pour réprimer les abus de toutes espèces qui se commettent dans les maisons de force*, elles soient soumises à l'inspection immédiate des juges ordinaires qui les visiteront toutes les semaines, se feront rendre compte tous les mois par les administrateurs de leur gestion, et pourront, étant instruits du motif de la détention de chaque particulier, l'élargir, lorsqu'ils l'auront jugée assez longue, après avoir toutefois appelé les parties intéressées.

Art. XCIII

« Qu'en attendant que le Gouvernement prenne des mesures pour faire cesser cette multitude de coutumes diverses qui fait de la France autant de petits Etats séparés, soumis à des lois et à des usages différents, *qu'il n'y ait dans le Royaume qu'une seule mesure, et un seul poids.*

Art. XCIV

« Que l'art. 14 du chapitre 34 de la *Coutume du Nivernois*, qui exclut les sœurs et leurs descendants des successions collatérales au profit de leurs frères et de leurs enfants, soit supprimé, comme établissant une préférence réprouvée par le droit naturel.

Art. XCV

« Que *les Etats généraux ne se séparent pas avant d'avoir rédigé, de la manière la plus claire et la plus précise,* la déclaration des droits de la Nation, et les lois de la Constitution, pour être imprimées, publiées et inscrites dans les registres de tous les tribunaux et de toutes les municipalités.

Art. XCVI

« Que *les membres des Etats généraux soient sous la sauvegarde de la Nation,* et qu'on ne puisse, en aucun cas, les attaquer pour ce qu'ils auront dit et proposé pendant la tenue des Etats généraux, que devant les Etats généraux eux-mêmes.

Art. XCVII

« Que *les lois qui auront été arrêtées pendant les Etats généraux, et sanctionnées par Sa Majesté,* ne puissent être retirées, suspendues ni modifiées que du consentement des Etats généraux.

Art. XCVIII

« Que *pour assurer le retour de l'Ordre, et la stabilité des mesures que l'on aura prises pour y parvenir, qu'il soit irrévocablement arrêté à la prochaine assemblée des Etats généraux qu'ils s'assembleront périodiquement à l'époque qu'ils jugeront à propos de déterminer eux-mêmes.* »

Le présent cahier de doléances, lu et arrêté, en présence de Pierre-Gabriel Vyau de Baudreuille, conseiller du roi, lieutenant-général au bailliage royal du Nivernais et siège présidial de St-Pierre-le-Moutier qui présidait la réunion, fut signé immédiatiatement par tous les députés présents : MM. Perrot ; Sautereau ; Ballard ; Perrin ; Dumont de Verville ; Millin fils ; Roch ; Desbarre ; Garreau ; Tapenier de Villars ; comte de Rochambeau ; Richon ; *Picart* ; *Fouël ; Massue-Durié ; Duminy fils ; Paichereau; Beaufils de St-Vincent* ;(1) Leblanc ; Lecquard des Nües ; Brière ; Guillerault ; Legoube ; Girard ; Jourdan de la Garenne ; Munou ; Jourdan du Mazeau ; Heüilhard ; Jolimaire ; Sabatier ; Renat ; Eyrot ; Rollot ; Gourjou ; Aladane de Paraize ; Desgranges de Maubou ; Vaucorel ; Monty ; Cabaille de Vasselange ; Martin-Paul Meulé ; Duvernoy de Vamont ; Jacquaud ; Cottin ; Rasse ; Cosson de Lalande ; Dumas ; Daubanton ; Jean Collas ; Charette ; Sosse ; Lasné du Colombier ; Parent d'Herry ; Libault ; Raveteau ; Lenoir ; Cottin ; Magdalenat ; Robin ; Mulon ; Magnan ; Malaisé ; Veillat ; Laprée ; Lavot ; Marquet ; Guillemenot ; Normand ; Vinet, et Signoret.

L'adoption des art. 55, 56, 57 et 58 avait soulevé quelques difficultés, notamment de la part des députés Brotot, Bobin, Descombes, Laurent de Vallory, Paillard et Goguelat qui firent suivre leur signature de la mention suivante « et sans approbation de l'article concernant la suppression des ordres religieux. »

Le sieur Picard, seigneur de la Pointe, député de La Charité, fut un de ceux envoyés par le bailliage aux Etats généraux.

Toutes les réformes qui devaient amener un nouveau régime plus conforme aux aspirations et aux idées de la Nation avaient été abordées et traitées à cette assemblée. Nous allons les résumer ici en nous inspirant de la classification adoptée par M. Alf. Pizard dans son bel ouvrage « *La France en 1789* ».

1° *Au point de vue philosophique*, le cahier a d'abord pour préface cette sublime déclaration établissant les droits qui appartiennent à tous les hommes, et qui consacre ces grands principes de Liberté, d'Egalité et de Fraternité sur lesquels repose la société moderne ; ceux de propriété et d'ordre public sans lesquels il n'y a point de vraie liberté. Le cahier réclame la suppression des lettres de cachet (art. 2). — Il demande l'admissibilité de tous à toutes les

---

(1) Députés de La Charité.

fonctions de l'Etat (art. 39). — La liberté de la presse (art. 59). — L'inviolabilité du secret des lettres (art. 58).

2° Au *point de vue social*. — Tout en conservant en partie l'ancienne organisation, le cahier demande une Constitution établissant, pour l'avenir, les droits respectifs du roi et de la Nation (art. 1er). — Il réclame avec instance la suppression des privilèges féodaux, conséquence des revendications exposées dans sa déclaration ; c'est-à-dire : la suppression des gabelles (art. 15), — des aides (art. 16), — des corvées, qui devront être remplacées par une subvention répartie sur les trois Ordres (art. 24), — de la main-morte servile (art 70), —, du ban de vendanges, de la taille seigneuriale, de la banalité de fours, moulins et pressoirs, etc. (art 71).

3° Au *point de vue politique*, le cahier demande que le pouvoir émane désormais de la Nation dont le roi ne serait plus que le délégué, et la responsabilité des ministres chacun dans son département (art. 9). — Il consacre l'inviolabilité des membres des Etats généraux (art. 96). — Les lois votées par eux et sanctionnées par Sa Majesté (art 97). — L'exposé de ces principes fut consacré peu après sous ces simples mots :

La Nation, la Loi, le Roi.

4° Au *point de vue religieux*, il demande la suppression des abbayes et prieurés, commendataires ou non (art. 65) —. La vente de leurs biens-fonds, immeubles, etc. pour payer les dettes du clergé ; le surplus de la vente devait servir à l'augmentation de la portion congrue des curés, et en cas d'insuffisance serait prise sur le revenu des archevêchés, évêchés et autres bénéfices (art. 66). — La gratuité des fonctions du clergé (art. 67).

5° Au *point de vue économique* : Suppression des douanes intérieures (art. 27). — Suppression des Jurandes, Maîtrises et Communautés (art. 32). — Diminution des droits de vente (art. 18). — Droit de chasse réservé au propriétaire du fonds (art. 77). — Unité de poids et mesures (art 93). — Suppression des entraves à la liberté du commerce, reposant désormais sur ces bases : Liberté pour la production nationale ; protection contre la concurrence étrangère.

6° Au *point de vue administratif*, il réclame la suppression des Gouvernements des Provinces (art. 13). — L'uniformité d'origine pour les Pays d'Etat et Pays d'Elections. — La suppression des notaires seigneuriaux (art. 45). — La création d'Etats provinciaux (art. 35).— Enfin la nomination des officiers municipaux par les Villes et Communautés(art. 39).

7° Au *point de vue judiciaire*, il demande avec instance la suppression de la vénalité des charges de judicature et l'inamovibilité des juges; la gratuité de la justice (art. 40). — La suppression des tribunaux d'exception (art. 41) et des justices seigneuriales (art. 43). — La simplification de la procédure civile (art. 47). — La création de sièges royaux dans chaque canton (art. 44). — L'établissement de prud-hommes dans toutes les paroisses pour juger les petits délits (art. 53). — La suppression de la peine de mort dans certains cas (art. 65), et la réforme complète de la législation par la refonte en un code unique des coutumes diverses (art. 93).

8° Au *point de vue militaire*, le cahier se borne à réclamer le droit de remplacer par une taxe pécuniaire l'incorporation par force (art. 26), et la réforme des ordonnances militaires dans un but plus humain (78).

9° Au *point de vue fiscal*. — Cette réforme a été une des questions sur laquelle se sont le plus longuement étendus les députés en raison des abus monstrueux auxquels donnait lieu la répartition des impôts. Aussi le cahier proclame-t-il tout d'abord que les impôts ne pourront être levés que du consentement de la Nation (art. 3) et leur durée limitée (art. 4). — Il en sera de même pour les emprunts (art. 5). — Il réclame la suppression de tous les impôts existant qui seront remplacés par d'autres supportés indistinctement par les trois Ordres, en proportion de leurs facultés (art. 6, 7 et 8). — L'établissement d'un budget sincère (art. 11), et la suppression de toutes les pensions accordées à l'intrigue ou à la faveur (art. 12). — Enfin qu'il ne soit établi aucun impôt sur les denrées de première nécessité (art. 22).

Telle est l'œuvre à jamais mémorable élaborée par cette Assemblée, et présentée non sans un légitime orgueil aux Etats généraux de 1789 par ses députés.

La réunion des cahiers des autres provinces, dont les vœux étaient identiques, préluda admirablement aux travaux des Etats généraux qui y puisèrent une nouvelle force. Ce n'était rien moins que la condamnation par le pays tout entier de l'ancien régime sur les ruines duquel on vit bientôt poindre l'aurore d'une ère nouvelle qui donna naissance à la France moderne.

Les Etats généraux devaient ouvrir le 27 avril ; on les ajourna au 4 mai. Ils se réunirent enfin à Versailles le 5. Après plusieurs tentatives infructueuses pour amener les députés du Clergé et de la Noblesse à se joindre à eux afin de délibérer en commun, les représentants du Tiers Etat passèrent outre. Ils se rassemblèrent le 20 juin dans une salle de jeu de paume sous la présidence de Bailly, maire de Paris, et prêtèrent le serment suivant dont la formule émane du génie de Mirabeau : « *Nous jurons de ne jamais nous séparer, et de nous rassembler partout où les circonstances l'exigeront, jusqu'à ce que la constitution du Royaume soit établie et affermie sur des fondements solides.* »

Ils tinrent leur serment.

Le roi avait pris parti contre les députés du peuple qui, conseillés par Mirabeau, l'amenèrent enfin à céder. Les Ordres privilégiés se réunirent au Tiers Etat. Les Etats généraux, définitivement constitués, prirent alors le nom d'*Assemblée Constituante*.

CHAPITRE IV

Troubles dans la halle aux grains. Abolition du régime féodal. Décrets de l'Assemblée. La Charité fait partie du département de la Nièvre. Emeute au Grenier à sel.

L'hiver de 1789 avait été rude, la récolte précédente mauvaise dans plusieurs endroits, nulle dans d'autres. La misère était extrême. Plusieurs grandes villes de France, Caen, Rouen, Lyon, Orléans, Marseille avaient été envahies par la multitude de la campagne qui mourait littéralement de faim et se ruait sur les villes pour les dévaliser. Le printemps sec présageait la famine. A La Charité on ne pouvait se procurer des farines qu'avec les plus grandes difficultés, car les blés étaient rares et hors de prix, ce qui occasionna des troubles le samedi 18 avril, jour du marché.

Voici à quel propos :

Un marchand de Nevers qui avait refusé de céder au prix qu'on lui en offrait quelques sacs de blé qu'il venait d'amener à la halle, fut entouré tout d'un coup par un groupe de femmes qui tombèrent sur lui à coups de pieds et à coups de poings, et le forcèrent ainsi à leur vendre 3 livres le boisseau ce même blé qu'il avait acheté quelques heures auparavant 3 livres 15 sols au sieur Lasné de Mignard, prix bien inférieur au prix-courant du marché.

La maréchaussée dut intervenir pour rétablir l'ordre, mais en se retirant, ces femmes ayant rencontré sur le quai une voiture chargée de sacs pleins, se jetèrent dessus comme des furies et en éventrèrent quelques-uns. Ils étaient remplis d'avoine. Un cordonnier, nommé Richet, les excitait au pillage, criant à tue-tête que s'il s'en trouvait seulement quelques-uns qui voulussent venir avec lui, il saurait bien trouver du blé à bas prix, « *sinon il mettrait le feu aux quatre coins de la ville* »(1).

Quand les cavaliers du Régiment Royal-Piémont dont un détachement tenait garnison à La Charité arrivèrent, sabre au clair, pour dégager la voiture, les femmes se sauvèrent à toutes jambes par les fausses rues, en criant qu'elles en feraient autant tous les samedis, et que du reste le sieur Grousseau, aubergiste du Grand Monarque, avait promis de se mettre à leur tête.

Traduits le 21 avril devant le bureau de police,(2) pour répondre de ces faits, quelques-uns, les principaux auteurs, furent condamnés : Richet, cordonnier, à un mois de prison avec défense d'entrer dans la halle pendant un an, pour avoir tenu les propos les plus séditieux et fomenté la révolte ; les femmes Demay et Gilbert à huit jours de prison ; et par défaut, les femmes Rognat et Autissier à un mois de prison ; les femmes Moreau et Boulet à huit jours, avec interdiction formelle pour elles toutes d'entrer dans la halle les jours de foire et de marché avant six mois.

Puis, pour éviter le retour de pareils excès, le maire fit

(1) *Archives de la Ville*.
(2) Le bureau de police était ce jour-là ainsi composé : le lieutenant général du bailliage seigneurial, président ; Jean Butet, maire ; Jean Bardet de La Tour, Claude-Pierre Charron, Rodolphe Paichoreau, Étienne Bourgeot, échevins et conseillers et Battur, greffier.

publier dans les rues, places et carrefours, défense, sous peine de prison, de s'attrouper autour et dans la halle au nombre de plus de cinq personnes, et d'y pénétrer les jours de foire et de marché avec des bâtons ; de faire *aucune vente de grains sur montre* ; et enjoignit en même temps aux boulangers « d'avoir leurs boutiques constamment garnies sous peine de 100 livres d'amende, avec l'interdiction de faire le commerce des grains sous la même peine ».

Il y eut encore le 29 juillet, à 5 h. du soir, une grande panique en ville à la nouvelle qu'une bande armée de 1.500 hommes se dirigeait en toute hâte sur La Charité, pour la mettre au pillage.

Ce n'était fort heureusement qu'une fausse alerte, car aucune bande ne se présenta ; mais comme on savait toutefois qu'il en errait dans les environs, le maire et les échevins se réunirent le lendemain matin, et avec le concours des principaux habitants, constituèrent un comité permanent, qui prit d'urgence les dispositions suivantes :

1° Etablissement d'un poste au-delà de la rivière, à la garde duquel ne devaient être appelés que les hommes susceptibles de pouvoir reconnaître les gens qui avaient l'habitude de venir au marché, et de s'opposer à l'entrée des personnes suspectes qui devaient être conduites sous escorte à l'Hôtel de Ville.

2° Création de six autres postes analogues à tous les endroits par où on pouvait pénétrer en ville ; à l'entrée du pont, aux portes de Paris, de St-Pierre, et de La Marche, au Quai Neuf et à la Brèche. Chaque poste était muni d'un tambour pour donner l'alarme en cas de besoin.

3° Création d'une garde dite « Garde bourgeoise » formant avec la milice un bataillon de 7 compagnies, à l'effectif de 526 hommes, sous les ordres supérieurs des chevaliers Morin et de La Roche.

La garde était de 24 heures. A la nuit, les postes étaient doublés ; huit hommes au lieu de quatre. Les armes ne leu étaient délivrées qu'au moment de prendre la garde.

En cas d'alerte, tous les hommes, armés ou non, devaient se rendre immédiatement sur la place de l'Hôtel de Ville.

Ce comité était composé des échevins : MM. Bardet de la Tour ; Charron le Jeune ; Bourgeot l'aîné et Paichereau ; du procureur du roi de l'Election, M. Pluvinet du Colombier ; et de MM. Taupin, Hyde, Boullée, Ménard, Duminy fils, Grasset, Guesde, Bernot de Congy, Laforest, Pluvinet l'aîné, La Durie, Binet, Lallemand, Méchin, Guillaubel père, Lesfilles-Héron, Martignon, Barbier, Renard, Berger de St-Quentin, Delalande, Dargent, Beaufils de St-Vincent, Beaufils l'aîné, Charron l'aîné, Louault père, Duvivier, Nairat et Loison, notables,

Le boisseau de blé, pesant 30 livres, valait à La Charité 110 livres, et le pain 4 sols 6 deniers la livre. A Paris, le pain était un peu moins cher, il se vendait à la même époque 13 sols 1/2 les quatre livres.

Malgré cette affreuse disette, la Nation tout entière suivait avec un intérêt toujours croissant les travaux de l'Assemblée nationale ; la proclamation de l'extrait du procès-verbal des journées mémorables des 4 au 11 août fut accueillie par les démonstrations de la joie la plus vive. Dans la nuit du 4 août, le Clergé et la Noblesse avaient consenti l'abandon de leurs privilèges malgré la résistance du premier, et dans l'enthousiasme du moment, sur la proposition de Lally-Tollendal, l'assemblée avait proclamé Lous XVI, le *Restaurateur de la Liberté française.*

La dîme ne fut abolie que dans la nuit du 11 août. Cet impôt odieux que l'abbé Delbos estimait alors à 120 millions de revenus, et Michelet dans son « Histoire de la Révolution française » à 130, fut défendu pendant trois jours avec la plus grande opiniâtreté par le Clergé.

Voici du reste le décret qui met fin au régime féodal.

« Extrait du procès-verbal de l'Assemblée nationale, articles arrêtés, rédigés et décrétés dans les séances mémorables des 4, 6, 7, 8 et 11 août 1789.

ARTICLE PREMIER

« L'Assemblée Nationle détruit entièrement le régime féodal ; elle décrète et que dans les droits et devoirs tant féodaux que censuels, ceux qui tiennent à la main-morte réelle ou personnelle, et ceux qui les représentent, sont abolis sans indemnité. Tous les autres sont rachetables et le prix et le mode du rachat seront fixés par l'Assemblée nationale. Ceux des dits droits qui ne sont point supprimés par ce décret, continueront néanmoins à être perçus jusqu'au remboursement.

ART. II

« Le droit exclusif des puits et colombiers est aboli. Les

pigeons seront renfermés aux époques fixées par les Communautés ; durant ce temps, ils seront regardés comme gibier, et chacun aura le droit de les tuer sur son terrain.

Art. III

« Le droit exclusif de la chasse et des garennes ouvertes est pareillement aboli, et tout propriétaire a le droit de détruire et faire détruire, seulement sur ses possessions, toute espèce de gibier, sauf à se conformer aux lois de police qui pourront être faites relativement à la sûreté publique.

Toute capitainerie, même royale, et toute réserve de chasse, sous quelque dénomination que ce soit, sont pareillement abolies, et il sera pourvu par des moyens compatibles avec le respect dû aux propriétés et à la liberté, à la conservation des plaisirs personnels du roy.

M. le Président sera chargé de demander au Roy le rappel des galériens et des bannis pour simple fait de chasse; l'élargissement des prisonniers actuellement détenus, et l'abolition des procédures existantes à cet égard.

Art. IV

« Toutes les justices seigneuriales sont supprimées sans aucune indemnité ; néanmoins les officiers de ces justices continueront leurs fonctions jusqu'à ce qu'il ait été pourvu par l'Assemblée nationale à l'établissement d'un nouvel ordre judiciaire.

Art. V

« Les dîmes de toute nature, et les redevances qui en tiennent lieu, sous quelque dénomination qu'elles soient connues et perçues, même par abonnement possédé par les co-séculiers et réguliers, par les bénéficiaires, les fabriques et tous gens de main-morte, même par l'Ordre de Malte et autres Ordres religieux et militaires, ou encore même celles qui auraient été abandonnées à des laïcs en remplacement et pour option de portion congrue, sont abolies, sauf à aviser aux moyens de subvenir d'une autre manière à la dépense du culte divin, à l'entretien des ministres des autels, au soulagement des pauvres, aux réparations et reconstructions d'églises et de presbytères, et à tous les établissements, séminaires, écoles, collèges, hôpitaux, communautés et autres, à l'entretien desquels elles sont actuellement affectées.

« Et cependant jusqu'à ce qu'il y ait été pourvu, et que les anciens possesseurs ne soient rentrés en jouissance de leur remplacement, l'Assemblée nationale ordonne que les dîmes continueront d'être perçues suivant les lois et la manière accoutumée.

« Quant aux autres dîmes, de quelque nature qu'elles soient, elles seront rachetables de la manière qui sera réglée par l'Assemblée, et jusqu'au règlement à faire à ce sujet, l'Assemblé nationale ordonne que la perception en sera ainsi continuée.

Art. VI

« Toutes les rentes foncières perpétuelles, soit en nature, soit en argent, de quelque espèce qu'elles soient, quelle que soit leur origine, à quelles personnes qu'elles soient dues, gens de main-morte, domaine, apanagistes, Ordre de Malte, seront rachetables; les champarts(1) de toute espèce, et sous toute dénomination, le seront pareillement au taux qui sera fixé par l'Assemblée. Défenses seront faites de plus, à l'avenir, de créer aucune redevance non remboursable.

Art. VII

« La vénalité des offices de judicature et de municipalité est supprimée dès cet instant. La justice sera rendue gratuitement, et néanmoins les officiers pourvus de ces offices continueront d'exercer leurs fonctions et d'en percevoir les émoluments jusqu'à ce qu'il ait été pourvu par l'Assemblée aux moyens de leur procurer leur remboursement.

Art. VIII

« Les droits casuels des curés de campagne sont supprimés et cesseront d'être payés aussitôt qu'il aura été pourvu à l'augmentation des portions congrues et à la pension des vicaires, et il sera fait un règlement pour fixer le sort des curés des villes.

Art. IX

« Les privilèges pécuniaires, personnels ou réels en

---

(1) Part sur les gerbes qui revenait aux seigneurs de certains fiefs.

matière de subsides, sont abolis à jamais. La perception se fera sur les citoyens et sur tous les biens de la même manière et dans le même ordre, et il sera avisé aux moyens d'effectuer le payement proportionnel de toutes les contributions, même pour les six derniers mois de l'année d'imposition courante.

Art. X

« Une Constitution nationale et la Liberté publique étant plus avantageuses aux provinces que les privilèges dont quelques-unes jouissent, et dont le sacrifice est nécessaire à l'union intime de toutes les parties de l'Empire, il est déclaré que tous les privilèges particuliers des provinces, principautés, pays, cantons, villes et communautés d'habitants, soit pécuniaires, soit de toute autre nature, sont abolis sans retour, et demeureront confondus dans le droit commun de tous les Français.

Art. XI

« Tous les citoyens, sans distinction de naissance, pourront être admis à tous les emplois et dignités ecclésiastiques, civils et militaires, et nulle profession utile n'emportera dérogeance.

Art. XII

« A l'avenir, il ne sera envoyé en Cour de Rome, en la vice-légation d'Avignon, en la nonciature de Lucerne, aucuns deniers pour quelqu'autres causes que ce soit ; mais les diocésains s'adresseront à leurs évêques pour toutes les provisions de bénéfices et dispenses lesquels seront accordés gratuitement, nonobstant toutes réserves respectives et partage de mois ; toutes les églises de France devant jouir de la même liberté.

Art. XIII

« Les déports, droits de cote-morte, dépouille, vacat, droits censaux, denier de St-Pierre, et autres du même genre, établis en faveur des évêques, archidiacres, archiprêtres, chapitres, curés primitifs et tous autres, sous quelque nom que ce soit, sont abolis, sauf à pourvoir, ainsi qu'il appartiendra, à la dotation des archidiaconés et des archiprêtres qui ne seraient pas suffisamment dotés.

Art. XIV

« La pluralité des bénéfices n'aura plus lieu à l'avenir, lorsque le revenu du bénéfice ou des bénéfices dont on sera titulaire, excéderont la somme de 3.000 livres. Il ne sera plus permis non plus de posséder plusieurs pensions sur bénéfices, ou une pension et un bénéfice, si le produit des objets de ce genre que l'on possède déjà, excède la même somme de 3.000 livres.

Art. XV

« Sur le compte qui sera rendu à l'Assemblée nationale de l'état des pensions, grâces et traitements, elle s'occupera, de concert avec le Roy, de la suppression de celles qui n'auront pas été méritées, et de la réduction de celles qui seraient excessives, sauf à déterminer pour l'avenir une somme dont le Roy pourra disposer pour cet objet.

Art. XVI

« L'Assemblée nationale déclare qu'en mémoire des grandes et importantes délibérations qui viennent d'être prises pour le bonheur de la France, une médaille sera frappée, et qu'il sera chanté en actions de grâces un *Te Deum* dans toutes les paroisses et églises du Royaume.

Art. XVII

« L'Assemblée nationale proclame solennellement le Roy Louis XVI : *Restaurateur de la Liberté française.*

Art. XVIII

« L'Assemblée nationale se rendra en corps auprès du Roy pour présenter à Sa Majesté l'arrêté qu'elle vient de prendre, lui porter l'hommage de sa plus respectueuse reconnaissance, et la supplier que le *Te Deum* soit chanté dans sa chapelle et d'y assister elle-même.

Art. XIX

« L'Assemblée nationale s'occupera immédiatement après sa constitution, de la rédaction des lois nécessaires pour le développement des principes qu'elle a fixés par le présent arrêté, qui sera incessamment envoyé par MM. les députés de toutes les provinces avec le décret du 10 de ce mois, pour l'un et l'autre y être imprimés, publiés même au prône des paroisses, et affichés partout où besoin sera. « Signé : Le Chapellier, président ; l'abbé Seylès ; le comte de Lally-Tollendal ; Frêteau ; Pétion de Villeneuve ; l'abbé de Montesquiou ; Emméry, secrétaires. »

L'Assemblée nationale consacrait ainsi d'une façon définitive l'œuvre élaborée par les représentants des communes. L'ancien régime disparaissait à jamais pour faire place à la France nouvelle.

Avec les décrets de l'Assemblée, les évènements se succèdent. Le 23 août, le chevalier d'Harnois, chevalier de l'ordre de St-Lazare et de Notre-Dame du Mont-Carmel, lieutenant au régiment de Royal-Piémont cavalerie, se présenta avec son détachement(1) pour prêter par-devant le maire, en présence des échevins et de la milice nationale réunie en armes, le serment prescrit par l'Assemblée nationale. L'officier jura de « *rester fidèle à la Nation, au Roy, et à la Loi, et de ne jamais employer ceux qui sont et seront à ses ordres contre les citoyens s'il n'en est requis par les officiers civils ou municipaux.* » Les cavaliers jurèrent à leur tour « *de ne jamais abandonner leur drapeau ; d'être fidèles à la Nation, au Roy, et à la Loi, et de se conformer aux règles de la discipline militaire.* »

Autre signe des temps. Le 8 septembre, les officiers du bailliage seigneurial(2), naguères si arrogants, « désirant donner à cette ville une preuve de leur désintéressement et de leur patriotisme, offrent de rendre dès aujourd'huy la justice gratuitement. »(3) Hâtons-nous d'ajouter, pour expliquer ce désintéressement subit, que les justices seigneuriales venaient d'être supprimées par l'Assemblée nationale sans aucune indemnité, mais que ses officiers conservaient leurs fonctions jusqu'à l'établissement d'un nouvel ordre judiciaire.

Cette réforme étant sur le point d'être opérée, M. Picart,

(1) Ce détachement était composé d'un lieutenant, commandant ; un maréchal des logis, un brigadier et 31 cavaliers.

(2) La justice seigneuriale était composée alors de MM. Méchin, lieutenant général ; Berger de St-Quentin, lieutenant particulier ; Méchin fils, assesseur ; Binet, procureur fiscal, et Dargent, substitut.

(3) *Archives de la Ville.*

député, fut prié de faire des démarches pour obtenir une juridiction royale à La Charité.

La situation du pauvre peuple était des plus malheureuses. Dans plusieurs provinces il mourait de faim. Les marchés de La Charité étaient déserts, aussi pour assurer la subsistance des habitants, la municipalité fit faire des réquisitions dans les environs qui procurèrent 270 boisseaux de blé et 69 d'orge qu'elle fit vendre aussitôt. Elle ouvrait en même temps une souscription publique pour constituer des approvisionnements.

Les bénédictins avaient été astreints au service de garde comme les autres habitants.

Le 12, ils devaient fournir douze hommes. Le prieur claustral se présenta à leur tête à l'Hôtel de Ville, et il manifesta au maire son intention et celle de la communauté de faire personnellement ce service.

Ils prirent aussitôt la garde et relevèrent les sentinelles. Pour la rareté du fait, le maire tint à le consigner en ces termes sur le registre des délibérations. « Quelques-uns d'entre eux, — y est-il dit — gardaient soigneusement le corps de garde ; les autres, la pipe à la bouche, la cocarde au chapeau, et placés sur le perron qui est sur la face de l'Hôtel de Ville, s'offraient aux regards d'un peuple nombreux, attendant avec tranquillité que le caporal chargé de relever les sentinelles vînt les mettre en faction. »

Sa petite démonstration faite, le supérieur, le R. P. Berthier, pria alors les officiers de service de vouloir bien agréer le nommé François Larose, vigneron, pour monter la garde à sa place.

Le 7 novembre, la municipalité procéda à l'organisation de la milice nationale, ordonnée par la loi martiale du 21 octobre dernier. On forma trois compagnies de cent hommes, non compris les officiers : une de grenadiers, une de fusiliers, et une de chasseurs, et on adopta pour uniforme celui de ce dernier corps. L'élection des officiers se fit le même jour. Il y en avait six par compagnie : deux capitaines, deux lieutenants et deux sous-lieutenants. Tous portaient l'épaulette.

Leur reconnaissance et leur prestation de serment eurent lieu le 15 sur le front des trois compagnies, du détachement de Royal-Piémont et de la brigade de maréchaussée. On procéda ensuite à la bénédiction des drapeaux qui étaient « rouge et blanc. »

Deux officiers, les sieurs Guesde, avocat, et Jouy, qui s'étaient absentés intentionnellement ce jour-là, furent remplacés immédiatement dans leur grade, pour les raisons suivantes : en ce qui concernait Guesde « *que son absence laisse soupçonner ses sentiments patriotiques* » et que quant à Jouy « *qui a oublié ses devoirs par sa conduite répréhensible, l'Assemblée lui fait défense de porter à l'avenir la cocarde nationale pendant trois mois.* »

Le surlendemain de ces fêtes, les officiers vinrent à la mairie protester énergiquement contre les agissements réactionnaires du commandant du détachement de Royal-Piémont qui, après avoir fait quitter à ses hommes la cocarde nationale qu'ils avaient arborée la veille, refusait de la leur faire reprendre sans l'ordre de ses supérieurs.

Une délégation de la municipalité se rendit aussitôt à Nevers où était l'état-major du régiment (1), et le major-commandant, le chevalier de Segonzac, qui avait déjà reçu des instructions en ce sens du comte de Bercheny, commandant la province, voulut bien pousser la condescendance jusqu'à autoriser « M. de La Faye, maréchal des logis commandant le détachement de La Charité, à laisser porter la susdite cocarde à son détachement, le louant infiniment de n'y avoir pas consenti sans ordre. »(2)

Le 6 décembre, les curés des trois paroisses publièrent au prône plusieurs décrets de l'Assemblée. Le premier, daté du 6 octobre, invitait tous les citoyens à venir faire en « l'Hôtel du fait commun » la déclaration de leur contribution au don patriotique, fixée au 1/4 de leur revenu, et ceux qui n'y étaient point assujettis, à déposer leur offrande. Le deuxième décret, du 18 novembre, enjoignait à « tous titulaires de bénéfices, et tous supérieurs de maisons et établissements ecclésiastiques, de faire dans un délai de deux mois la déclaration de tous leurs biens, mobiliers et immobiliers, dépendant des dits bénéfices, maisons et établissements. » Ces déclarations devaient être faites en détail, sur papier libre, et sans frais, par-devant les juges royaux ou officiers municipaux qui les faisaient ensuite

(1) Ce régiment était commandé par le colonel de Sully.
(2) Autographe du chevalier de Segonzac. *Archives de la Mairie.*

afficher et les transmettaient directement à l'Assemblée nationale.

En exécution du premier décret, le 15 décembre, la Communauté autorisa le maire à vendre aux enchères les arbres de la promenade de la porte de Paris, dont le produit représentant environ le 1/4 de ses revenus, fut envoyé comme « don patriotique de la ville à l'Assemblée nationale. »

En ce qui concernait l'exécution du second, d'après le rapport présenté par Treilhard au nom du Comité ecclésiastique de l'Assemblée nationale,(1) ces biens s'élevaient en capital au chiffre énorme de 4 milliards et rapportaient 80 millions ; avec le revenu de la dîme évalué à 133 millions, il arrivait à un total de 200 millions de rente.

Ces biens qui représentaient environ le cinquième des terres du royaume appartenaient aux pauvres, mais ils servaient bien plus aux plaisirs des dignitaires de l'Eglise qu'au soulagement des malheureux pour lesquels ils avaient été constitués.

« « De là, — dit Michelet, — la nécessité de les restituer au peuple qui se mourait de misère et de faim. »

La proposition en avait été faite dans les premiers jours d'octobre, et l'Assemblée nationale avait chargé son Comité ecclésiastique de lui soumettre un projet de Constitution civile du Clergé, projet qui vint en discussion le 29 mai 1790. Nous y reviendrons à ce moment.

Une autre question préoccupait aussi beaucoup à ce moment les habitants de La Charité : celle du maintien de leur ville au Berry que le maire, M. Butet, avait soulevée dans la réunion du 4 mars, lors de la nomination des députés au bailliage, et que l'Assemblée municipale avait adoptée. Elle avait été abordée à nouveau dans la séance du 9 décembre à la suite de laquelle un mémoire fut adressé à l'Assemblée nationale pour protester contre le plan de division des départements présenté par le Comité de constitution, et la prier en même temps « de ne point séparer la ville de La Charité et son territoire de l'administration du Berry dont elle faisait partie depuis plus d'un siècle, attendu que le commerce de cette ville est entièrement lié à celui de la province du Berry et qu'il n'y a au contraire

(1) Rapport inséré au *Moniteur* du 17 décembre 1789.

qu'un rapport très indirect de commerce ou d'industrie entre Elle et la province du Nivernais. »(1)

Cette protestation fut renouvelée le 24 janvier 1790 et quoique elle eût été vivement appuyée par une personnalité influente. M. Sallé de Choux, député du Berry, membre du Comité ecclésiastique de l'Assemblée nationale, et par M. Picart de la Pointe, député du Nivernais, qui l'avait lui-même présentée, elle fut rejetée par le Comité de constitution qui vit ses propositions ratifiées quelques jours après par un décret de l'Assemblée.

M. Picart eut beaucoup de peine à apaiser le ressentiment de ses concitoyens. Toutefois, dans sa réunion du 25 mars 1790, l'assemblée municipale « prenant en considération les justes observations de son député, » déclara adhérer au dit décret; Elle le priait en même temps d'obtenir de l'Assemblée nationale que la Ville de La Charité, en raison de son importance comme *seconde ville du département*, fut choisie de préférence à toute autre comme chef-lieu de district et siège d'une justice royale.

L'année 1790 avait mal débuté. Le 25 janvier, la ville avait failli être ensanglantée au cours d'une émeute provoquée par l'arrestation d'un nommé Jean Neveu, cabaretier à Herry, que les commis des gabelles avaient surpris la veille débitant publiquement du sel de contrebande dans le bourg d'Herry.

Amené sous escorte à La Charité avec son chargement qui consistait en un poinçon et un quarteau de sel, Neveu avait été jeté aussitôt en prison sur l'ordre du sieur Nairat, receveur des gabelles, son sel saisi et déposé au grenier, et ses chevaux mis en fourrière.

Les peines qui atteignaient les faux-sauniers étaient des plus sévères. On risquait les galères, quelquefois même la mort.

De tous les impôts, c'était encore celui qui soulevait le plus de plaintes et le plus de colères. Les gardes et les commis de la ferme, les *Gabelous*, comme on les appelait, étaient la terreur des populations à cause de leur âpreté au gain. Rien d'étonnant qu'avec des dispositions aussi peu bienveillantes, la foule ait pris parti pour Neveu que le receveur refusait de mettre en liberté.

(1) *Archives de la Ville.*

Les échevins arrivèrent comme elle était sur le point d'enfoncer les portes de la maison du receveur. Ils essayèrent de calmer les esprits, mais le nombre des mutins s'accroissant sans cesse, ils se trouvèrent bientôt débordés. Après avoir encore une fois épuisé tous les moyens de persuasion et dans le but d'éviter une effusion de sang, ils se décidèrent à laisser entrer deux hommes qui, avec un troisième qui persista à vouloir garder la porte, paraissaient être les principaux meneurs.

Nous laissons maintenant la parole aux témoins de ces faits qui, pour dégager leur responsabilité, dressèrent le procès-verbal suivant :

« Interpellés par nous, ils nous ont déclaré être, l'un, le charretier, et l'autre le garde de M. de Beauregard, seigneur d'Herry ; le troisième, appelé Etienne, est domestique du dit sieur de Beauregard ; tous trois armés de fusils à deux coups chargés qui déclarèrent que le sel se vendant partout librement et par toutes les personnes, il fallait qu'il en fût ainsi dans le pays, et qu'ils réclamaient l'homme emprisonné ses chevaux et sa voiture, et sont sortis dans ces dispositions. La fermentation croissait, on entendait de toutes parts des menaces de mort, et ce n'est que la présence des échevins et de plusieurs citoyens qui, seule, sauva la vie au sieur Nairat.

« On dut relaxer le prisonnier. Le sieur Nairat de son côté, rendit le sel saisi, les chevaux et la voiture ; les mutins exigèrent en outre qu'on rendît le montant de la dépense des chevaux et celle du prisonnier, et même le prix de l'arrangement fait sur une précédente saisie.

« Puis ils l'ont conduit sur une place de cette ville assistés du charretier et du garde cy-dessus, lesquels assuraient la fraude par leurs armes, et ont débité publiquement à bas prix le sel qu'ils venaient d'extorquer.

« Dans l'impossibilité d'empêcher un attentat aussi formel aux décrets de l'Assemblée nationale, et dans l'impuissance de sévir contre ses auteurs, nous avons considéré comme un devoir de dénoncer le fait à l'Assemblée nationale en attendant qu'elle veuille bien manifester ses intentions.

« Et ont signé les témoins : Paichereau ; Massue-Durle ;

Regibier ; Guillerault ; Guillobel ; Le Rasle, représentant de la Commune de Paris ; Beaufils de St-Vincent ; Duminy fils ; Leroyer et Louault, secrétaire-greffier. »

CHAPITRE V

Election de la municipalité. Démission du citoyen Beaufils, officier municipal. Fête de la Fédération. Nomination de députés. — Beaufils est nommé Maire. Crue de la Loire (12 Novembre 1790)

Le 3 février 1790, en vertu du décret de l'Assemblée nationale du 14 décembre 1789 pour la constitution des nouvelles municipalités, et en conformité de la décision prise le 18 janvier par le maire et les échevins fixant à ce jour les élections, les « *citoyens actifs* » qui, à La Charité, étaient au nombre de 677, se réunirent dans les locaux qui leur avaient été assignés.

« La nouvelle loi municipale créait par toute la France 1.200.000 magistrats municipaux. L'organisation judiciaire 100.000 juges, dont 5.000 juges de paix, et 80.000 assesseurs des juges de paix, tout cela pris dans les 4.298.000 électeurs primaires. »(1)

Etaient électeurs primaires, c'est-à-dire *citoyens actifs*, ceux qui, comme propriétaires ou comme locataires, payaient la valeur de trois journées de travail, environ trois livres.

La Charité qui, d'après le dernier dénombrement comptait 4.250 habitants, avait été divisée en deux sections : Section Ste-Croix et section St-Jacques. Les électeurs étaient appelés au scrutin au son des cloches. Ils votèrent dans les églises de ces deux paroisses.

La 1re section, celle de Ste-Croix, qui était présidée par M. Martignon, notaire royal, comprenait le Faubourg de Loire, le Quai Neuf, les rues du Pont, de la Sabotée, des Chapelains, la place de la Croix des Pêcheurs ; les rues du

(1) Michelet. *Histoire de la Révolution française.*

Petit Rivage, de la Corneille, l'ancien Quai, la rue du Grand Rivage, toute la partie au couchant et au nord des rues des Hôtelleries et de la Revenderie ancienne, de la Grande-Rue et de la porte de Paris, à prendre dans la rue des Hôtelleries depuis la maison du meunier de la ville jusqu'à celle du sieur Lison et de suite, y compris l'ancienne revenderie, depuis la maison de la veuve Merlan en remontant à celle de M. Charron, conseiller du Roy, jusqu'à la maison de M. Goblet inclusivement ; les rues des Engins, de l'Ecart, du Fumier, du Puits des Hayes, et La Pointe.

La deuxième, celle de St-Jacques était formée par l'autre côté des rues des Hôtelleries et de la Revenderie, de la Grande-Rue et de la rue de la porte de Paris ; et depuis la maison du curé de St-Pierre, jusqu'à celle de Jacques Delorme, porte de Paris ; du faubourg St-André ; des hameaux des Etiveaux, La Mouchetterie, Gérigny, le Puits-Charles, La Maison-Rouge, St-Lazare, la Plauderie et la Grange-Jouadat ; des rues de la Vauguyon, du Filet, du devant les Halles, à côté des Halles, au-dessus des Halles, du Puits-Neuf, des Aulx, des Oysons : de la place de la Verrerie ; des rues du Lyon d'Or, de celle montant à St-Jacques, du Collège, Ste-Anne, du Pavillon, de la Panneterie, La Manufacture de boutons et Volurais.

Elle était présidée par le citoyen Jean-Baptiste Louault, conseiller du roi, greffier en chef de l'Election de cette ville.

Toutes ces dispositions avaient été prises en conformité du décret de l'Assemblée nationale et des lettres patentes du Roi, et portées à la connaissance du public au prône dans les trois paroisses et par des affiches apposées aux portes des églises.

Sur 687 électeurs, 446 seulement prirent part au vote pour la nomination du maire, M. Paichereau l'aîné qui avait réuni 398 suffrages dans les deux sections, fut proclamé Maire de La Charité. Massue-Durie fut ensuite nommé Procureur de la commune par 284 voix sur 414 votants.

Il y en eut un peu plus : 451, pour l'élection des huit officiers municipaux. Trois seulement ayant réuni la majorité absolue au premier tour : les citoyens Ferré, Beaufils dit de St-Vincent et Gély, furent élus respectivement par 355, 310 et 228 voix.

Le 7, on procéda au second tour de scrutin pour les cinq restant à nommer. Deux seulement furent élus : les citoyens Pierre-Thomas Massüe-Durie, par 209 voix, et Jacques Roy, tonnelier, par 206, sur 385 suffrages exprimés.

Un troisième tour, à la majorité relative, eut lieu le lendemain pour la nomination des trois derniers qui obtinrent : les citoyens Dreux, 132 voix ; Jousselin, 105, et Mollet l'aîné, 85, sur 178 votants.

L'élection des 18 notables se fit le même jour, en un seul tour de scrutin, à la majorité relative. Dans les deux sections on ne réunit que 202 votants. Furent élus : les citoyens Blondelet Charles, par 72 voix, Gestat par 70, Lemire et Morot Pierre par 64, Laurent chapelier et Pierre Ezard par 59, Brault-Lerasle et Perrot l'aîné par 54, Carpentier par 53, Auger-Jocteau par 51, Bourgeot le jeune par 50, François Quenouille par 49, Jacques Michot par 46, Claude Bouy par 45, Mercy et Pinsin par 43, Bobin, chamoiseur, par 41, et Guillobel père par 39.

Le sieur Carpentier n'ayant pas accepté sa nomination, fut remplacé par Laurent Mignon qui venait avec 37 voix après le dernier élu.

Le Conseil municipal était composé du Maire, du Procureur de la commune et des huit officiers municipaux ; le Conseil général des mêmes, plus les dix-huit notables.

Ces deux assemblées étaient renouvelées tous les trois ans par moitié par voie de tirage au sort.

Les nouveaux élus prêtèrent serment le 14 en l'église des Bénédictins, après la messe. Ils jurèrent de « *maintenir de tout leur pouvoir la constitution du Royaume; d'être fidèles à la Nation, à la Loi et au Roy, et de bien remplir leurs fonctions.* »

Un *Te Deum* d'actions de grâces, auquel assistèrent le Conseil général et les Corps constitués, fut célébré en grande pompe dans l'après-midi. Après la cérémonie, le cortège fut ramené à l'Hôtel du fait commun par la milice nationale, la maréchaussée, et le détachement du Royal-Piémont.(1)

La plupart des maisons avaient été ornées de drapeaux

(1) La garde nationale ne prêta serment que le 11 avril.

et d'attributs. Le soir, elles furent illuminées jusqu'à près de deux heures du matin.

Réuni le lendemain, le Conseil général nomma le sieur Bertoin, secrétaire-greffier et lui attribua 600 livres de gages. Le sieur Lallemand fut maintenu dans ses fonctions de receveur.

Les gages des sieurs Mariat père et fils, valets de ville furent portés de 15 à 36 livres, et une haute paye de 2 sols par jour allouée aux cavaliers du détachement de Royal-Piémont pour les récompenser de leur zèle et de leur dévouement.

Ce détachement qui, au début, était de 31 hommes, avait depuis été réduit à 15, commandés par un brigadier. Ils étaient casernés à l'époque chez un nommé Rameau, voiturier par eau, qui recevait pour cela de la ville une indemnité de 50 livres par mois pour les hommes, et de 24 pour les chevaux.

Après la dispersion des bénédictins, et par suite d'une convention intervenue entre les administrateurs du district dont La Charité était devenue le chef-lieu, et la municipalité, on affecta à leur logement (février 1791) « la partie du couvent comprenant la salle de l'ancien chapitre, la procure, la salle à manger, et le grenier au-dessus; les deux écuries avec encore le grenier à foin au-dessus, moyennant une redevance de 150 livres par an par la municipalité. »

Le régiment de Royal-Piémont fut dénommé peu après 14° régiment de cavalerie.

Le bureau de la municipalité fut constitué avec les citoyens : Paichereau, maire ; Beaufils, dit de St-Vincent, et Jousselin, officiers municipaux.

Le 14 mars, le Conseil général vota comme « don patriotique » la somme de 2.000 livres, à imputer sur les 8.000 que la Communauté avait payées à l'Etat pour le rachat de ses offices municipaux de la création de 1778, et qui devaient lui être remboursées. Il décida en même temps que le produit de la vente des arbres de la porte de Paris qui représentait à peu de chose près le 1/4 des revenus de la ville, serait employé par la municipalité à l'acquisition de farines à délivrer aux particuliers.

Elle en acheta en effet le surlendemain 23 poches, pesant ensemble : 7.360 livres, à raison de 72 livres la poche, —

plus 21 livres 10 sols pour transport et distribution, — qu'elle revendit en détail au prix de 4 sols 6 deniers la livre. Il en résulta une perte de 50 livres 10 sols pour la Communauté.

Les achats de farines se multiplièrent, à la grande satisfaction des habitants qui avaient peine à s'en procurer autrement. Du 16 mars au 29 juillet, la municipalité acheta ainsi environ 1.000 poches pour la somme de 70.000 livres.

Le 6 avril, le Conseil général autorisa le maire à soumissionner pour le compte de la ville, jusqu'à concurrence de la somme de deux millions, pour l'acquisition de biens appartenant aux ordres religieux, situés dans le district de LaCharité, et aux mêmes clauses et conditions que la Ville de Paris. En même temps qu'il déposait cette soumission à l'Assemblée nationale, le député Picart invoquait à l'appui ces considérations « que les habitants de ce district étant très multipliés, et pour la plupart réduits à une extrême pauvreté, en ce que les grandes propriétés de ce pays sont presque toutes en mains-mortes, et que les 3/4 des habitants ne sont que des manouvriers employés au travail des usines et à l'exploitation des bois qui abondent dans ce canton, il serait très avantageux, pour tout le district de cette ville, que la municipalité fut dans le cas de disposer des dits biens, attendu que dans la vente qu'elle en ferait elle s'attacherait particulièrement à multiplier les propriétaires, en divisant autant que possible ces biens. » C'est en effet, ce qui fut fait.

Un autre décret de l'Assemblée nationale, celui du 30 mars dernier, concernant les inventaires des biens-meubles et immeubles dépendant des communautés religieuses, suscita quelques troubles en ville, lors de son exécution, et des dissensions profondes au sein de la municipalité, provoquées en partie par le citoyen Beaufils qui avait accusé ouvertement ses collègues de « négligence coupable », pour avoir omis sur ces inventaires plusieurs vieux fauteuils, des ustensiles de cuisine, et autres objets hors de service que les religieux avaient vendus. Beaufils les avait alors fait saisir sur la voiture qui les transportait hors du couvent.

Ses collègues protestèrent non moins vivement contre cette imputation dans un mémoire justificatif qu'ils adressèrent à l'Assemblée nationale.

Blessé dans son amour-propre, Beaufils qui ne souffrait pas

de contradiction, ameuta alors une partie de la population et se présenta à sa tête, le 4 mai, à l'Hôtel de Ville, pour réclamer contre les dires du mémoire et sommer le maire de convoquer le peuple en assemblée générale pour lui soumettre le cas.

Celui-ci ayant refusé d'obtempérer à cette mise en demeure, Beaufils se montra encore plus agressif. Le maire, voyant les esprits de plus en plus montés, fit sur la demande du procureur de la Commune, consigner le détachement de Royal-Piémont dans sa caserne, avec l'ordre de se tenir prêt à répondre à la première réquisition.

La journée du 5 se passa sans nouveaux incidents, mais le lendemain, l'agitation entretenue à dessein dans la population par l'officier municipal Beaufils, se traduisit dans la soirée par l'intervention inattendue d'un groupe de citoyens actifs, parmi lesquels se faisaient remarquer les nommés Leclerc fils, Henriot, Duchalet, Gousseau, Bachelier, Amyot, Mouton, Bonne, Jouy, Tournier, Garapin, Senet, Bidou, Ferdinand Maroué, Barrat, Evrat, Barrot, Narbot et Fourniaud qui prirent possession de la mairie, et déclarèrent aux officiers municipaux présents, qu'ils prenaient fait et cause pour Beaufils, et qu'ils les invitaient en conséquence à faire : 1° l'inventaire des objets saisis et ordonner de rechercher ceux qui avaient été vendus par les Bénédictins, et à dresser du tout, dès le lendemain, un inventaire général ; 2° à requérir la garde nationale pour garder le couvent et empêcher tout nouveau détournement.

Vu l'heure avancée, il était alors 9 heures du soir, le maire, pour gagner du temps, voulut bien leur donner satisfaction sur ce dernier point, et fit commander une garde pour la nuit. Nos vingt-deux citoyens se retirèrent alors après avoir consigné leurs volontés sur le registre des délibérations.

Convoqués d'urgence par le maire, les officiers municipaux se réunirent le lendemain dans la matinée, pour rédiger une protestation contre ces citoyens qui, au mépris des art. 60 et 62 du décret de l'Assemblée nationale du 14 décembre dernier, sur la formation et constitution des municipalités, s'étaient permis de stationner dans le bureau de 6 à 10 heures du soir, et d'inscrire leurs réquisitions sur le registre ; qu'au surplus ces prétendus citoyens actifs (et après ce qu'ils venaient de faire, on ne pouvait vraiment pas leur contester ce titre n'étaient « en majeure partie que des jeunes gens sans état et sans qualité. »

Le maire et les officiers municipaux faisaient aussi ressortir la conduite scandaleuse de leur collègue Beaufils qui, en sa qualité d'officier municipal, devait connaître le décret en question, et aurait dû alors ne pas tolérer la tenue d'une semblable réunion tandis qu'au contraire il s'en était fait l'organe. Ils signalaient tout particulièrement l'attitude factieuse des sieurs Louis Renaud, vigneron, citoyen actif, qui les avait menacés ouvertement d'une révolte, et Henriot, marchand de drap, qui avait exigé le réquisitoire pour la garde de nuit.

Ils déclaraient, en conséquence, qu'en raison de l'ingérence de ces citoyens et de l'illégalité de cette assemblée tenue malgré eux et en violation de la loi, ils entendaient surseoir à toute nouvelle réunion du Conseil municipal tant que l'Assemblée nationale ne se serait pas prononcée :

Désavoué par tous ses collègues, Beaufils de St-Vincent donna alors sa démission d'officier municipal qu'il consigna en ces termes sur le registre des délibérations.

« Aujourd'huy 7 mai 1790 heure de midi, je soussigné Pierre Beaufils de St-Vincent, officier municipal de la ville de La Charité, déclare à M. le maire et aux autres officiers municipaux que je donne par ces présentes ma démission, et qu'à partir de ce jour je cesserai toutes fonctions dans la ditte municipalité, et que ne pouvant le faire sans rendre compte de ma conduite à la Commune qui m'avait nommé, je requiers les dits officiers qu'il soit convoqué dimanche prochain, 9 du présent mois, l'assemblée générale de la Commune pour nommer à ma place. Dont acte et avons signé avec notre secrétaire-greffier. »

Signé : Beaufils; Bertoin, secrétaire-greffier.

Beaufils appuyait sa demande d'une pétition analogue revêtue de plus de 150 signatures.

MM. Paichereau maire, Jousselin et Massile-Durie qui avaient été députés à l'Assemblée nationale pour y porter la protestation du Conseil, en rapportèrent les deux décisions suivantes, émanant : l'une, du Comité ecclésiastique, l'autre, du Comité de Constitution.

Décision du Comité ecclésiastique du 11 mai 1790 :

« Le Comité ecclésiastique, après avoir examiné les différents procès-verbaux produits par MM. les officiers municipaux de la ville de La Charité-sur-Loire, ayant pour objet les vérifications et inventaires qu'ils sont tenus de faire dans les maisons religieuses en exécution du décret de l'Assemblée nationale du 20 mars dernier, est d'avis que les officiers municipaux peuvent se dispenser de comprendre dans les procès-verbaux d'inventaire les effets et le mobilier à l'usage personnel et particulier de chaque religieux, mais tout ce qui ne fait pas partie de ce pécule de peu de valeur ne peut être mis en vente par les religieux en corps de communauté, ni même par aucun d'eux en particulier.

« Les députés composant le comité ecclésiastique de l'Assemblée nationale : le curé de Souppes ; F. C. A. Gerle ; Ch. Legrand ; de Boislandry ; l'abbé Expilly, et Durand de Maillane, secrétaire. »(1)

La seconde déclaration n'est pas moins précise.

Décision du Comité de Consultation :

« Les décrets ordonnent aux officiers municipaux de faire l'inventaire des maisons religieuses. Ils l'ordonnent nommément pour les meubles précieux ce qui laisse à leur sagesse le soin de juger ceux qui ne méritent pas d'être inventoriés. La volonté de l'Assemblée est que les officiers municipaux ne soient pas troublés dans leurs fonctions par des difficultés perpétuelles. Ce n'est pas dans cet esprit que les citoyens sont autorisés à demander l'assemblée de la Commune. L'usage de ce droit ne doit être fait que dans les occasions vraiment importantes. C'est ce discernement qui distinguera toujours les bons citoyens des esprits turbulents.

« Ce n'est pas par des signatures prises individuellement, mais dans des assemblées faites paisiblement et sans armes,

---

(1) Le comité ecclésiastique se composait en principe de quinze membres : Lanjuinais, d'Ormesson, Grandin, Martineau, de Lalande, Prince de Robecq, Sallé de Choux, Treilhard, Legrand, Vaneau, Durand de Maillane, l'évêque de Clermont, Despatis de Courteilles, l'évêque de Luçon, et de Bouthillier, auxquels on adjoignit le 7 février 1790 quinze nouveaux membres : Dom Gerle, chartreux, Dionis de Séjour, Abbé de Montesquiou, Guillaume de la Caste, Dupont de Nemours, Massieu curé, Expilly curé, Chassey, Gassendy curé, Boislandry, Fermont, Dom Breton, bénédictin, La Poule, et Thébault, curé.

avec désignation spéciale de l'objet de l'assemblée requise, que cette pétition des citoïens actifs au nombre de cent cinquante doit être faite, selon les formes prescrites dans l'art. 62 du décret des municipalités. Toute autre forme serait illégale, tumultueuse, et n'obligerait pas les officiers municipaux à donner l'assemblée de la Commune, laquelle, du reste, lorsqu'elle doit se tenir, sera présidée par les officiers municipaux eux-mêmes.

« Au Comité de Consultation, le 17 mai 1790 — Signé Target ; Gossin ; Thouret-Desmeuniers ; Le Chapelier, et Dupont.

« Scellé du sceau de l'Assemblée nationale. »

Le Conseil général, assemblé le 24 mai pour recevoir communication de ces deux décisions, ratifia par son vote la conduite de ses officiers municipaux dans ces pénibles circonstances, et accepta la démission du citoyen Beaufils. Celui-ci fut remplacé dans ses fonctions d'officier municipal par Charles Blondelet, notable, qui prêta serment de suite, et comme membre du bureau par l'officier municipal Dreux.

Le tambour-major de la garde nationale, Garapin, qui était parmi ceux qui avaient envahi la mairie, fut invité à donner sa démission pour éviter d'être révoqué. Il fut remplacé le 28 mai par Bedeau, taillandier.

Le 27, le Conseil prit pour le marché du samedi suivant des mesures pour prévenir les troubles dont plusieurs villes avaient eu à souffrir, et dont tout récemment St-Pierre-le-Moutier venait d'être le théâtre.

Au dernier marché de cette ville, des bandes de gens de la campagne affamés, s'étaient rués sur la halle et en avaient pillé les grains. Pour protéger les habitants que ces gens menaçaient, la municipalité avait proclamé la loi martiale et requis la milice nationale. Celle-ci sur le point d'être débordée, avait dû pour se dégager faire usage de ses armes. Quelques paysans furent tués, et un assez grand nombre blessés, dont plusieurs grièvement.

Les mêmes désordres s'étaient reproduits à Sancoins, à La Guerche et à Jouet, et, par des avis officieux, le maire savait que pareille tentative serait faite à La Charité le jour du marché. Aussi avait-il pris des dispositions en conséquence.

Sur sa réquisition, les deux compagnies de grenadiers et

de chasseurs, plus 120 hommes de la deuxième compagnie de milice, le détachement de Royal-Piémont et la brigade de la maréchaussée furent rassemblés ce jour-là sur la place d'armes, à six heures du matin, pour recevoir des cartouches. Les autres détachements de cavalerie de Royal-Piémont en garnison à Cosne et à Sancerre avaient été prévenus l'avant-veille de se tenir prêts à répondre à toute réquisition des officiers municipaux de La Charité concernant la sûreté de la ville.

Grâce à ces mesures préventives, aucune bande armée ne se présenta, et le marché se passa sans encombre.

Quelques jours après, le maire fit publier par toute la ville le décret du mois de janvier dernier sur la constitution des assemblées administratives, l'ordonnance pour l'assemblée primaire des citoyens actifs chargés d'y concourir ; l'instruction du 8 janvier sur la formation des Assemblées représentatives et des Corps administratifs ; enfin l'ordonnance de MM. les commissaires du Roi *pour la formation du département de la Nièvre*.

La tenue de l'assemblée primaire qui devait nommer les électeurs en proportion du nombre des citoyens actifs, fut fixée au lundi 7 juin, à 9 heures du matin, dans l'église Ste-Croix.

Dans cette réunion, le Maire, M. Paichereau, fut désigné pour concourir à la formation du département, et dans l'assemblée électorale qui se tint à Nevers le 19 du même mois, il fut élu administrateur du département, et ensuite par ses collègues, membre du Directoire. Ce mandat étant incompatible avec celui de maire, il se démit le 22 juillet de ces dernières fonctions.

Le district de La Charité comprenait sept cantons, dont deux étaient formés : le premier, par la ville de La Charité et les hameaux avoisinants, dénommé canton *intra muros* ; le deuxième, *extra muros*, par les communes de Narcy, Varennes, Raveau, Munot, La Marche, Champvoux, Chaulgnes et Tronsanges. Les cinq chefs-lieux des autres cantons étaient : Châteauneuf; Beaumont-la-Ferrière; Prémery; Champlémy; et Pouilly.

Nombre de prêtres étaient en même temps curé et maire de leur commune, et sur les huit du canton *extra muros* de La Charité, trois étaient dans ce cas, les nommés Leclerc à Varennes; Nicolas Dutreuil à Munot; et Jean-Étienne Biton à Chaulgnes.

A l'exemple de bien d'autres départements, les milices nationales de la Nièvre se fédérèrent à leur tour, et celle de La Charité s'empressa de donner son adhésion. Le 22 juin elle nomma ses délégués : MM. Carpentier, capitaine des grenadiers et Paichereau de Cramin, grenadier; Battur, capitaine en second de la 1re compagnie et Joudeau, soldat à la même compagnie; Paichereau de Champreuil, capitaine de la compagnie de chasseurs et Beaufils de St-Vincent, chasseur, et comme aumônier de la garde nationale, dom Berthier, religieux bénédictin.

La municipalité ratifia le jour même ces nominations. Tous les officiers réunis ensuite en Conseil de discipline, condamnèrent le sieur Tournier, grenadier, à un mois de prison et à l'exclusion des cadres de la milice, pour avoir, étant sous les armes, tiré son sabre pour en frapper le citoyen Guillerault-Guillobel, commandant.

Les délégations des gardes nationales du district de La Charité se réunirent au chef-lieu le 1er juillet en vertu des décrets de l'Assemblée nationale des 5, 8 et 9 juin dernier, pour procéder à l'élection des trente députés qui devaient représenter les gardes nationales du district à la fédération générale des gardes nationales et de tous les corps militaires du royaume, qui devait avoir lieu à Paris le 14 du même mois.

Ces délégations avaient été nommées elles-mêmes par les gardes nationaux dans chaque commune, dans la proportion des six pour cent; les trente députés nommés par ces délégations le furent à raison de un pour deux cents.

On attribua une allocation de 72 livres par homme pour frais de voyage et de séjour; au total 2.160 livres à la charge du district.

La fête de la Fédération fut célébrée à La Charité le même jour qu'à Paris; mais une pluie persistante vint malheureusement contrarier cette imposante cérémonie, de sorte que les gardes nationaux ne purent prêter serment sur la place comme l'avait prescrit la municipalité.

Au jour dit, à dix heures du matin, le maire, et les officiers municipaux revêtus pour la première fois de leurs écharpes,(1) suivis des notables et des différents Corps constitués qu'escortaient en armes la garde nationale, le détachement de Royal-Piémont et la maréchaussée, se rendirent avec toute la pompe et l'apparat d'usage en l'église des Bénédictins pour y entendre la messe suivie d'un *Te Deum*.

La cérémonie religieuse terminée, tous les assistants prêtèrent dans l'église même, à cause du mauvais temps, le serment suivant : « *Nous jurons de rester à jamais fidèles à la Nation, à la Loi et au Roy; de maintenir de tout notre pouvoir la Constitution décrétée par l'Assemblée nationale et acceptée par le Roy; de protéger conformément aux Lois la sûreté des personnes et des propriétés, la libre circulation des grains et subsistances dans l'intérieur du Royaume et la perception des contributions publiques sous quelques formes qu'elles existent; de demeurer unis à tous les Français par le lien indissoluble de la Fraternité.* »

Les pauvres ne furent pas oubliés. A l'issue de la cérémonie, la municipalité leur fit distribuer 1.269 livres de pain dont la farine avait été prélevée sur la réserve de la ville.

Ces fédérations de gardes nationales s'étaient créées un peu partout pour résister aux ennemis de la Loi. D'abord défensives, elles assurèrent ensuite la circulation des grains de province en province et rétablirent en effet la sécurité publique contre « les brigands, » contre « les aristocrates », qui, dans plusieurs départements, fomentaient des révoltes contre les décrets de l'Assemblée.

« Les pluies cette année-là avaient retardé la moisson d'une quinzaine de jours. On amena si peu de blé au marché du 17, que la ville dont l'approvisionnement était épuisé,

---

(1) La fourniture en avait été faite par le citoyen Lerasle marchand, suivant délibération du 25 avril dernier. Celle du maire, à franges d'or, coûta...................... 65 livres.
8 d'officiers municipaux, à franges d'argent, à 54 livres l'une.................................. 432 —
Une pour le Procureur de la commune à franges de soie.................................. 45 —
542 livres.

sur lesquelles le citoyen Lerasle reçut à valoir : six robes de maire et échevins à l'usage de l'ancienne municipalité, dont une de damas violet avec cimarre en satin cramoisi, et les cinq autres de drap violet avec parements et doublures de devant en velours cramoisi, évaluées ensemble à 168 livres.

aurait manqué de pain si la municipalité de Nevers n'était venue à son aide en lui prêtant une quarantaine de sacs de farine qu'elle lui rendit quelques jours après.

Au marché du 1er août, ce fut le contraire qui se produisit. L'abondance des grains était telle que la municipalité craignant de subir une trop grande perte sur les farines qu'elle avait achetées le 29 à raison de 68 livres le sac, en céda 50 sacs à divers boulangers de Nevers au prix de 62 livres.

Nommé sur ces entrefaites Administrateur du district de La Charité par l'assemblée électorale de cette ville, le citoyen Claude-Robert Jousselin donna alors sa démission d'officier municipal et de membre du bureau. Il fut remplacé au bureau par le citoyen Gely, et comme officier municipal par Maurice Gestat, notable.

Quelques jours après, le citoyen Massuc-Durie se démit à son tour de ses fonctions d'officier municipal qui furent dévolues au citoyen Lemire, notable.

Les citoyens actifs se réunirent le 10 août dans leurs comices pour procéder à l'élection du maire en remplacement de M. Paichereau nommé membre du Directoire du département de la Nièvre à la formation de cette assemblée.

Il y eut comme d'habitude deux sections de vote, dans les églises Ste-Croix et St-Jacques, présidées : l'une, par le citoyen Edme Martignon, notaire royal; l'autre, par Louis-Joseph Binet, avocat en parlement.

Les votants furent peu nombreux, 93 seulement dans les deux sections, et Beaufils de St-Vincent le plus favorisé des candidats, ne réunit que 24 voix.

Au second tour de scrutin auquel on procéda le lendemain dans la matinée, sur 115 votants, Beaufils obtint cette fois 50 voix et Binet 36.

Un troisième tour, à la majorité relative, et qui ne devait porter que sur les deux candidats ayant obtenu le plus grand nombre de voix aux scrutins précédents eut lieu le même jour dans l'après-midi. 102 votants y prirent part. La lutte avait été vive de part et d'autre. Enfin à 4 heures du soir, on proclama le résultat. Beaufils de St-Vincent était nommé maire par 54 voix contre 48 à M. Binet.

Le citoyen Beaufils déclina tout d'abord cet honneur

pour l'accepter quelques heures après. Il était 7 heures du soir quand les officiers municipaux procédèrent à son installation et reçurent son serment.

De même que la Noblesse avait abandonné ses privilèges à la Nation, de même Beaufils, quoique n'y pouvant prétendre, sacrifia généreusement la particule dont il avait agrémenté son nom ; il ne signera plus désormais que *Beaufils le jeune* au lieu de *Beaufils de Saint-Vincent*.

Un de ses premiers actes administratifs fut d'affecter comme seul emplacement aux foires la partie des patureaux la plus rapprochée du pont où elles tiennent encore aujourd'hui.

Les prérogatives des maîtres de poste avaient été supprimées par décret du 25 avril 1790. L'Assemblée nationale leur avait accordé comme indemnité une gratification annuelle de 30 livres par cheval entretenu pour le service de la poste.

Au récolement des chevaux qui fut fait le 6 septembre chez le sieur Brault, ancien maître de poste, par le bureau de la municipalité, on trouva dans ses écuries « dix maillets, dix bricolliers et sept bidets.(1) »

Par un autre décret, l'Assemblée nationale en vue de liquider les dettes de l'Etat, avait astreint tous les citoyens

« (1) **Brevet de maître de poste.** — Aujourd'hui vingt deux février mil sept cent quatre-vingt-onze, le Roi étant à Paris, Sa Majesté informée de la fidélité et affection à son service de Jean-Baptiste Brault fils, l'a commis et commet pour remplir la place de Maître de la poste de La Charité, située dans le département de la Nièvre et vacante par la démission du sieur Brault père ; Veut en conséquence qu'il l'exerce et qu'il jouisse du traitement de trente livres pour chaque cheval employé au service de son relais conformément au décret de l'Assemblée nationale du 25 avril 1790 ; et en outre de 10 sols par cheval et par poste qui lui seront accordés pour le transport de la Malle, à la charge par lui d'être en bon et suffisant équipage, de garder les ordonnances et réglements sur le fait des Postes, et de se conformer en tout point au décret sus-énoncé à peine de révocation et d'être déchu de son traitement. Et pour assurance de Sa Volonté, Sa Majesté a signé le présent brevet qu'elle a fait contresigner par moi et son Conseil d'Etat et de ses commandements.

Signé : Louis, et plus bas Delessart.
Au dos et écrit : Contrôlé par nous, Contrôleur général des Postes, Courriers et relais de France.
à Paris, le 3 mars 1791, *signé* Bazin. »

sans exception à faire la déclaration de leurs biens devant les municipalités et à prendre l'engagement de payer en trois années, à partir de 1790, le quart de leurs revenus.

Le religieux bénédictin dom Berthier, qui, le 4 juin dernier avait prêté le serment civique, vint le 15 octobre déposer à la mairie son don patriotique. Le traitement des ordres religieux rentés avait été fixé à 1.000 livres par an par l'Assemblée nationale pour ceux qui avaient 50 ans révolus.

Le 1er novembre, MM. Mallet et Ferré, officiers municipaux, donnèrent leur démission. En principe, la municipalité et les notables étaient renouvelés par moitié tous les ans, mais pour cette année on décida de s'en remettre au sort de désigner ceux qui devaient être remplacés.

Le sort tomba sur les citoyens Roy, Dreux, Blondelet et Mallet qui furent remplacés, avec leurs collègues Ferré et Lemire, démissionnaires, par les citoyens Maugue, Bobois, Loison, Guillerault-Ragon, Moreau et Fabre élus par les sections dans les scrutins des 14, 15 et 16 courant.

On procéda ensuite à l'élection de dix notables pour pourvoir au remplacement de ceux qui venaient d'être élus officiers municipaux et des citoyens Moreau, Perrot, Bourgeot le jeune, Quenouille, Bouy et Guillobel père qui étaient tombés au sort.

La fréquence des élections, l'agitation et le dérangement qu'elles causaient, avaient fini par indisposer le plus grand nombre des citoyens actifs qui s'en désintéressaient de plus en plus, aussi dans les deux sections n'y eut-il que 45 votants.

La division s'était mise aussi dans les rangs des patriotes. Le parti timoré en profita pour faire passer ses candidats qui furent élus au troisième tour à la majorité relative : les citoyens Bonne par 22 voix ; Musson, curé de St-Pierre par 20 ; dom Berthier et Héron, curé de Ste-Croix par 18 ; Leclerc père par 16 ; Battur par 15 ; Bergougnioux, curé de St-Jacques par 14 ; Taupin, médecin par 13, et Garré père, au bénéfice de l'âge, par 10.

Les citoyens Gely et Gestat, officiers municipaux furent désignés pour composer avec le maire le bureau municipal.

Le 12 novembre, une crue subite de la Loire inonda tout le val, entraînant avec elle des arbres, des animaux et les marchandises qui étaient déposées sur les ports. L'arrivée soudaine des eaux et la violence du courant empêchèrent d'en sauver la moindre partie.

La météorologie était alors une science peu connue, sinon de quelques initiés, et l'idée d'employer l'électricité pour communiquer au loin au moyen d'un fil n'était encore venue à personne, aussi les crues étaient-elles plus terribles et plus désastreuses que de nos jours, car les populations riveraines du fleuve ne pouvaient être toujours prévenues assez à temps pour pouvoir se mettre en sûreté.

Parmi les débris de toute sorte qu'emportaient les eaux, deux trains de bois en dérive sur lesquels se trouvaient trois hommes qui poussaient des cris d'appel déchirants, étaient menacés d'être brisés contre les piles du pont. On fit tendre des cordes sur les voies, et trois courageux citoyens, les nommés Jean, dit Berry, André Lecompte et son frère, mariniers, se jetèrent dans une petite toue pour tâcher de les sauver. Heurtés à chaque instant par des branches d'arbres et sur le point plusieurs fois d'être engloutis, ces généreux citoyens parvinrent après des efforts inouïs à aborder les trains, enlevèrent les mariniers qui étaient à bout de forces, les jetèrent dans leur bateau et au prix de mille nouveaux efforts réussirent à gagner la rive.

Un autre train de bois arrivait sur ces entrefaites. Aux appels du marinier, un vieillard de 75 ans, nommé Pierre Cornu, avec deux de ses petits-fils, n'hésitèrent pas un seul instant à lui porter secours. Ils se jetèrent résolument dans une barque, parvinrent à aborder le train en détresse, se saisirent du conducteur, un nommé Yacinthe des Dames, et l'avaient à peine posé dans leur bateau que le train venait se briser contre les piles du pont.

D'autres hommes non moins intrépides, les nommés Visery et Culeron, se dévouèrent aussi pour essayer de sauver un malheureux quel'on sût plus tard s'appeler Ribert, et qui, cramponné à un arbre, au milieu de l'eau, poussait des cris désespérés. Mais ils ne purent malgré leurs efforts arriver jusqu'à lui et périrent victimes de leur dévouement sous les yeux de la population affolée qui les vit disparaître tous les trois.

Dans la journée du 14, les eaux commençant à baisser, les nommés André Lecompte ; son frère ; le père et le fils

Tanty, Yacinthe des Dames, Jacques Deschamps, Bouy, Picardeau Pierre dit « cher ami, » et Maingot le jeune, s'embarquèrent dans deux petites toues pour aller dans le val de la Loire porter des vivres à des malheureux que les eaux bloquaient toujours dans leurs maisons.

On recueillit comme épaves 33 pièces de vin tant pleines que vides qui furent déposées provisoirement dans la cour de l'hôtel-Dieu. Quant aux traverses, charniers et autres bois ouvragés qui étaient en quantité considérable, ils furent mis en dépôt sur les ports où les marchands vinrent les reconnaître. Le total des pertes subies rien que par les habitants de La Charité s'éleva à la somme fort respectable de 36.000 livres, et l'un d'eux, le sieur Mallet l'aîné, marchand de bois, éprouva pour sa part une perte de 10.000 livres pour les marchandises qu'il avait en dépôt sur la rive gauche de la Loire, commune de La Chapelle.

Le port de l'Éperon, autrement dit la *Tête de Lourth*, fut fort endommagé. Il y avait en plusieurs endroits des excavations dont une surtout, au nord, ne mesurait pas moins de 25 toises de longueur sur 4 de large, et 5 pieds de profondeur. Le perré s'était écroulé et le faubourg menacé d'être emporté s'il survenait une nouvelle crue.

Le perré de la rampe du bac n'existait plus. Les terres n'étant plus soutenues s'éboulaient à chaque instant.

La municipalité ordonna les travaux les plus urgents, et le Conseil général de la commune, réuni d'office, adressa une demande de secours immédiats aux administrateurs du District du Département en faveur de la veuve Viséry, dont le fils — son seul soutien — avait péri si malheureusement dans cette catastrophe.

Le Maire et M. Battur, notable, furent délégués à Bourges pour réclamer du département du Cher la prompte reconstruction de la route de La Charité à Bourges, dégradée depuis la culée du pont jusqu'au pont de bois de l'Étang de La Chapelle, la réfection du perré soulevé presque sur toute sa longueur et l'enlèvement d'un train de bois qui avait été arrêté par les arbres de la route.

CHAPITRE VI

Vente des biens du Clergé. Déclarations des religieux. Projet d'établissement d'un arsenal central à La Charité.

La loi du 14 mai 1790 avait ordonné la vente des biens du clergé. Les dîmes et droits casuels supprimés dans les séances mémorables des 4, 6, 7, 8 et 11 août 1789 avaient été remplacés par une nouvelle organisation reposant sur des bases plus équitables. « Les curés et vicaires de campagne devaient recevoir de l'Etat environ 60 millions et les évêques 3 seulement. Avec les 33 millions de pensions aux ecclésiastiques isolés, le traitement général du clergé était porté à la somme énorme de 133 millions de francs qui, par les extinctions se fut réduite à moitié. »(1)

Il était attribué à chaque curé en dehors de son logement, 1.200 livres par an; c'était pour la plupart passer de la misère à l'aisance, et ce que certains esprits prévenus appelaient *la spoliation du Clergé*.

« Les prélats (non les humbles prêtres) défendirent ce qu'ils considéraient leur bien avec autant d'ardeur que les premiers chrétiens avaient défendu la foi!(2) Mais les légistes de l'assemblée prouvèrent surabondamment : 1° *que le clergé n'était pas propriétaire (pouvant user, non abuser),*

2° *qu'il n'était pas possesseur, le droit ecclésiastique lui défendant de posséder,*

3° *qu'il n'était pas même usufruitier; mais dépositaire administrateur tout au plus et dispensateur* ».(3)

La discussion sur les biens du clergé, commencée

---

(1) Michelet. *Histoire de la Révolution française.*

(2) L'archevêque de Strasbourg, le célèbre cardinal prince de Rohan, (Rohan-Collier, comme on l'appelait), avait un revenu de 460.000 livres; celui de Sens en tirait de ses divers bénéfices, 260.000; celui de Narbonne, 280.000; celui de Paris, 200.000; celui d'Aix, 115.000; celui d'Auch, 120.000; celui de Bayeux, 102.000; celui de Cambrai, 218.000; celui de Toulouse, 125.000; et l'évêque de Meaux, 52.000. — *Ancien clergé de France, avec le tableau des revenus dont chaque bénéficier jouissait avant le 1er janvier 1790.* — *Paris. Didot le jeune. 1790.*

(3) Michelet. *Histoire de la Révolution française.*

le 10 octobre 1789, n'avait pris fin que le 3 novembre. L'Assemblée avait décrété que ces biens *étaient à la disposition de la Nation*. En décembre, elle alla plus loin, elle décréta la déchéance du Clergé comme Ordre, attendu qu'il n'existait point comme Corps.

400.000.000 de biens ecclésiastiques, furent mis en vente. Tous ces biens servaient d'hypothèques au papier-monnaie créé par l'Assemblée. A chaque papier on *assignait* un lot, de là son nom *Assignat*. Les municipalités donnèrent l'exemple, elles achetaient, puis revendaient en détail. C'est de cette époque que le paysan devint propriétaire, et c'est à la Révolution qu'il le doit.

Comme nous l'avons vu plus haut, le Conseil général avait autorisé la municipalité (6 avril 1790) à soumissionner. Elle en acquit ainsi pour deux millions qu'elle revendit en détail.

Pour se conformer aux décrets de l'Assemblée nationale, et notamment à l'art. 3 sur le traitement des religieux, décrété dans les séances des 8 et 9 septembre 1790, dom Mathieu Nicolas Nérat,(1) religieux, prêtre profès de l'abbaye de Bourras, filiation de Pontivy, de l'ordre de St-Bernard, se présenta à la mairie le 17, pour déclarer qu'il acceptait « *la liberté que l'Assemblée nationale lui donnait de sortir de son cloître, et son intention de fixer sa résidence à La Charité.* » Le 26, ce fut au tour des bénédictins. Philibert Pillet vint le premier manifester son intention de rentrer aussi dans la vie civile et prêta le serment civique.

Après lui viennent Louis-Robert-Alexandre Béon(2) qui déclare quitter la communauté pour le moment, « *avec réserve d'y rentrer plus tard* »;

Jean-François Régis-Beaumont(3) qui dit « *sortir du cloître, vu la difficulté de faire autrement* »;

Charles Aulanhet(4) qui « *déclare vouloir quitter la vie commune.* »;

Jean-Baptiste Soleliac(5) « *vouloir profiter de la liberté qui lui est rendue par les décrets de l'Assemblée nationale.* »;

(1) Originaire de Nogent-sur-Seine (Aube).
(2) — d'Arcis-sur-Aube.
(3) — du Puy-en-Velay, près de St-Pierre-le-Moutier.
(4) — de la même localité.
(5) — de Beauzat (Haute-Loire).

Jacques-Joseph Arnat (1) « *qui manifeste l'intention de quitter la vie commune* » ;

Louis-Alexandre Souteyrand (2),

Alex-Jean-Baptiste Thierry (3),

Et Pierre Boyer (4), religieux, desservant la cure de Limanton, district de Moulins-Engilbert, qui viennent « *déclarer vouloir rentrer dans la vie civile et prêtent le serment civique* »; Dom Jean Teyrat (5), ancien prieur claustral, et Michel-Pierre Chaumette (6) qui « *déclarent que leur intention est de quitter la vie commune à l'époque et pour le temps où des raisons plausibles, soit de nécessité, soit de grande utilité, détermineront leur sortie de communauté, sauf tous les droits d'y rentrer plus tard* » ;

Et enfin, pour terminer, Marie-Joseph Varinot (7) qui « *déclare son intention de quitter la vie commune et monastique.* » Un an après, il fut nommé aumônier de l'Hôtel-Dieu, et prêta en cette qualité le serment civique.

Parmi les religieuses, nous n'avons recueilli qu'une seule déclaration, celle de Geneviève Duranger, née le 10 janvier 1736 à La Charité, paroisse de Ste-Croix, de l'ordre des bénédictines réformées, qui vint déclarer « *vouloir vivre désormais dans sa famille et jouir des privilèges accordés par les décrets de l'Assemblée nationale, et demande le payement de la pension qui lui est accordée par les dits décrets* »(8)

Le Conseil général de la Commune avait sollicité, dans sa réunion du 2 mai 1790, la création d'une manufacture d'armes et d'un parc d'artillerie dans les dépendances des biens du clergé sis dans le district de La Charité.

Cette demande avait été prise en considération par l'Assemblée nationale qui envoya le 5 décembre 1791 M. M. Hureau de Sénarmont, « colonel du régiment de Besançon du corps royal d'artillerie », et de Lamartillière, chef

(1) Originaire du Cateau, diocèse de Cambrai.
(2) — du Puy-en-Velay.
(3) — d'Amiens.
(4) — de St-Martin de Fougère près du Puy-en-Velay.
(5) — de Liard, diocèse de Clermont-Ferrière en Auvergne.
(6) Né le 25 avril 1764.
(7) de la paroisse de St-Sulpice à Paris.
(8) *Archives de la Ville.*

de brigade au même corps, pour examiner sur place un projet d'établissement d'un régiment d'artillerie, d'un arsenal de construction, d'une fonderie et d'une manufacture d'armes.

Le 21, le Conseil général de la Commune déléguait de son côté MM. le chevalier de Lespinasse, major d'artillerie, Butet, maître de forges et entrepreneur de bois de marine Hyde, maître de forges et propriétaire de la manufacture royale et militaire de cette ville, Dreux, maître de forges, Jean Leclerc et Antoine Garet, entrepreneurs de bâtiments.

Le 14 janvier suivant, il donnait pleins pouvoirs à MM. Picart, député à l'Assemblée nationale, de Lespinasse officier d'artillerie, et Beaufils le Jeune, *(alias de St-Vincent)* pour soumettre à l'Assemblée nationale le projet en question et exposer les avantages que présentait la ville de La Charité. Le 23, il votait un crédit de 1.000 livres pour les plans et devis qui furent établis par MM. Paul frères de Nevers.

Le 23 mai, deux nouveaux commissaires : MM. d'Aboville, maréchal de camp, et de Morlet, capitaine au corps royal du génie, furent envoyés par le Ministre en mission à La Charité, à l'effet de vérifier et constater *de visu* les ressources que pouvait offrir la ville pour les établissements projetés.

Le 22 juin, le Conseil général votait un nouveau crédit de 300 livres pour payer un travail de nivellement de la rivière, relatif à l'arsenal, exécuté par M. Faiseau de Donzy. Le 9 juillet, il votait la somme de 3.500 livres pour rembourser M. Picart, député, de ses avances pour l'impression des mémoires et la gravure des planches.

Le 9 août, M. de Lespinasse, lors lieutenant-colonel d'artillerie et Inspecteur des travaux de la manufacture d'armes de St-Etienne, déposait à l'Hôtel de ville un nouveau projet qui plaçait cet établissement en amont du pont, à l'endroit appelé « *La Croix de bois* ».

Le 22 décembre, le Conseil général vote un crédit supplémentaire de 1.000 livres au sieur Dodard, pour de nouveaux plans.

Le 22 juillet 1792, il charge M. Joseph-Charles Dameron, député à l'Assemblée législative, de réclamer la réalisation des promesses qui ont été faites à la ville de La Charité, et tout au moins la création d'une manufacture d'armes blanches.

Le 20 janvier 1793, le citoyen Champrobert rapporte les arrêtés du département de la Nièvre des 23 et 26 octobre dernier portant suppression de la vente des biens nationaux nécessaires à l'établissement d'un arsenal central à *Nevers, La Charité, ou Cosne.* Les citoyens Pierre Champrobert, Dargent et Jousselin, sont députés en même temps auprès du Directoire du département; et le citoyen Robert le jeune, auprès du ministre à Paris, pour appuyer le projet en faveur de La Charité.

Enfin, dans la même séance, le Conseil général décide, par 14 voix contre 3, de dénoncer au ministre de l'Intérieur la conduite quasi-scandaleuse du Directoire du district de La Charité, et de demander la résiliation des adjudications que ces messieurs ont faites le 3 décembre dernier de plusieurs établissements indispensables pour cette création, tels que les forges et fourneaux de Raveau, malgré l'ordre de surseoir à la vente qui leur avait été signifié par les arrêtés du Directoire de la Nièvre et auxquels ils ont passé outre.

Le 9 mars 1793, la municipalité tenta une nouvelle démarche auprès du Comité de Salut Public et des députés du département pour obtenir le prompt établissement de cet arsenal.

Signalons en passant la conduite singulière des administrateurs du district de La Charité qui mirent tout en œuvre pour faire avorter ce projet.

Les noms des acquéreurs des biens du clergé nous donneraient peut-être le mot de cette énigme.

Ainsi d'habiles rivalités, et des dissentiments causés par les aliénations déjà faites de ces biens, ont fait échouer complètement une grande entreprise.

Il n'est resté du projet que les plans et devis, enfouis à tout jamais dans les cartons des archives de l'Hôtel de ville.

CHAPITRE V

**Election des juges.—Leur installation.
Nouvelle constitution civile
du Clergé.
Suppression des églises et des
paroisses St-Pierre et St-Jacques.
Fin de l'Assemblée constituante.**

En conformité des décrets des 16, 25 août et 2 septembre, concernant la nouvelle organisation judiciaire qui établissait des juges de district et des juges de paix, les citoyens actifs de La Charité ; ceux des paroisses de Raveau, Narcy, Varennes-les-Narcy, Chaulgnes, Champvoux, Tronsanges, La Marche et Munot, qui composaient le canton *extra muros* de La Charité se réunirent dans cette ville, les 21 et 22 décembre 1790, pour procéder à l'élection de deux juges de paix et de leurs assesseurs pour les cantons *intra* et *extra muros*.

L'élection du juge de paix *intra muros* se fit le 21. N'y prirent part que les citoyens actifs de la ville.

La réunion ouverte par M. Musson, curé, comme président d'âge, se constitua immédiatement en nommant les citoyens Binet, président, Battur, secrétaire, et les citoyens Dreux, Leblanc de Lespinasse et Musson, curé, scrutateurs.

M. Binet Louis-Joseph fut élu juge de paix par 101 voix sur 179 votants, et MM. Louault fils, Dreux, Lallemand et Chardon, assesseurs.(1)

Les citoyens actifs des paroisses formant le canton *extra muros* se réunirent le lendemain sous la présidence d'âge du citoyen Thomas Desrots qui fut maintenu à la présidence. On nomma ensuite pour compléter le bureau, les citoyens : Guillemin François, secrétaire ; Nicolas Dutreuil,(2) Etienne Biton(3) et Edme Grandjean, scrutateurs.

L'élection n'eut lieu toutefois que deux jours après, le 24, et par 125 voix sur 184 votants, le citoyen Pierre Paponat,

(1) Pour être éligible, il fallait être âgé d'au moins 30 ans.
(2) Maire et curé de Munot.
(3) Maire et curé de Chaulgnes.

bourgeois et citoyen actif de La Charité, fut nommé juge de paix *extra muros*.

On procéda ensuite à la nomination de quatre notables assesseurs pour chacune des municipalités qui formaient le dit canton. Furent nommés : les citoyens Jean Dequaire, Pierre Machebœuf, Philbert Dauphin, François Bouchard, *pour Narcy* ; Germain Vinet, Gilbert-Germain Vinet, Gilbert Doreau, Claude Gâteau, Louis Boisson *pour Raveau* ; Arnet-Darnay, François Loiseau, Louis Paillard, Pierre Claudon, *pour Varennes-les-Narcy* ;

Pierre Blondelet, Arnet Etienne, Jean Bachelier, Louis Bernasse, *pour Chaulgnes* ;

Edme Dot, Eustache Faulon, Claude Picart, Antoine Guyon, *pour Champvoux* ;

François Blondelet, Claude Jarre, Pierre Petit, François Choumery, *pour Tronsanges* ;

Jean Corbier, Boyault Jean, Pierre Corbier le jeune, Pierre Monin le jeune, pour *La Marche* ;

Jacques Boisset, René Houard, Jacques Pinon, et Pierre Bossuat, *pour Munot*.

Leur mandat était d'une année.

Déjà chef-lieu de district, la ville de La Charité avait été choisie pour être le siège d'un tribunal civil, et les membres de ce tribunal nommés directement par les mêmes citoyens avaient vu leur élection ratifiée par des lettres patentes datées du 31 octobre 1790.

Ils étaient amovibles, et la durée de leurs fonctions était de six années.

Voici, par suite, quelle était la composition du tribunal civil : le citoyen Dameron Joseph-Charlemagne, président. Les citoyens Couroux François-Michel, Méchin François, Berger François-Etienne et Lerasle François, juges, Dargent Louis-Etienne, Leblanc Gilbert-Benoit, Rabuteau Pierre-François et Bert Pierre-Claude-François, juges suppléants. Loüet, accusateur public et Battur, greffier. (Ce dernier nommé plus tard par les membres du tribunal.)

La réception des nouveaux magistrats eut lieu le 28 décembre, dans le grand dortoir des ci-devant bénédictins que Jean Leclerc, entrepreneur, avait disposé pour la circonstance.

Tous les détails de cette cérémonie avaient été réglés à l'avance par les citoyens Héron, curé de Ste-Croix, et Battur, délégués du Conseil général.

Elle eut un caractère vraiment imposant. Introduits par les délégués, les magistrats prêtèrent serment en présence du maire, des officiers municipaux, du Conseil général de la commune, des administrateurs du district, des maires et officiers municipaux des communes voisines, de la garde nationale assemblée en armes, et au milieu d'un concours énorme de citoyens qui se pressaient dans la cour.

Après la cérémonie on distribua 184 livres de pain aux personnes les plus nécessiteuses.

Le quatrième juge, le citoyen Lerasle, qui, ce jour-là, était absent, fut installé dans ses fonctions le 10 janvier 1791. Le procès-verbal est signé : Lerasle, juge, Dameron, président, Couroux, et Berger, juges, Arnaud, commissaire du Roi du district, Dargent, premier suppléant, Louet, accusateur public, Leblanc de Lespinasse, vice-président du district, Duminy fils, Jousselin et Rodeau, administrateurs, Bernot, procureur-syndic, Binet et Paponat, juges de paix *intra* et *extra muros*, Louault, Lallemand, Dreux et Lalande, assesseurs du juge de paix *intra muros*, Méchin fils, Taupin et Héron, curé, membres du bureau de paix de famille.

Les curés et les vicaires des trois paroisses avaient prêté la veille le serment civique.

Quelques dépradations ayant été commises par la foule dans le couvent des bénédictins devenu propriété nationale, les officiers municipaux, sur la réquisition du procureur de la commune, établirent aux portes du château un poste de gardes nationaux pour en surveiller les abords.

Le 25 janvier, le citoyen Edme-Claude Lalande, marchand de fers, fut élu juge de paix *extra muros* par l'assemblée primaire des communes du canton en remplacement du citoyen Paponat dont le mandat était expiré. Il prêta serment le 30.

L'élection du juge de paix *intra muros* ne se fit que trois semaines après. Le citoyen Binet fut réélu le 17 février par 85 voix sur 112 votants, et les citoyens Dreux Jean-Baptiste, Lallemand Jean-Jacques, Sordet Claude-François et Pagnant Charles-André, furent nommés assesseurs. Ils prêtèrent serment le 28.

Le citoyen Dreux avait été désigné quelques jours avant par le Conseil général de la commune comme expert, pour faire conjointement avec celui nommé par le district l'estimation des biens nationaux(1) que la Commune de La Charité avait l'intention d'acquérir. L'état fut envoyé le 30 mars 1791.

En ce qui concernait la vente des terres et prés dépendant du prieuré et des bénédictins situés dans les districts de Sancerre(2) et de La Charité, la municipalité fit toutes réserves et forma opposition à cette vente pour la conservation du droit de pacage qu'elle possédait sur ces biens.

Dans un mémoire qu'elle adressait en même temps aux administrateurs du département de la Nièvre,(3) elle exposait que ce droit leur avait été reconnu expressément dans diverses instances dont les pièces furent jointes à la requête.(4)

Lorsqu'en novembre 1790, après de longs débats, fut votée la nouvelle *Constitution du Clergé*, qui, au nom de la Nation souveraine détruisait le Concordat de 1516 conclu entre François Ier et Léon X et restituait au peuple l'élection des évêques et des curés, beaucoup d'humbles prêtres, désignés à l'avance par leurs vertus, remplacèrent dans leurs palais les évêques dépossédés de sièges où ils n'avaient été appelés que par le privilège de la fortune ou de la naissance. Le nombre des évêques était réduit à un par département et leur traitement, ramené à des proportions plus modestes.

Les élections d'évêques se firent par convocation du

---

(1) Les biens provenant du clergé avaient été mis par l'Assemblée nationale « à la disposition de la Nation ».

(2) Rien que dans ce district il y avait environ six cents boisselées de terre et des prés considérables qui dépendaient du prieuré.

(3) Le Directoire du département était alors composé des citoyens Sautereau, procureur-général-syndic; Morin, Balandreau, Ballard et Coquille, administrateurs; Rameau, vice-président, Le Blanc de Neuilly, secrétaire.

(4) 1° Vente de 100 arpents en 1632 pour payer les réquisitions du comte de Bussy-Rabutin.

2° Abandon de 50 autres arpents au seigneur prieur pour son droit de triage.

3° Arrêt du Parlement contre Beaufils de La Chaume et consorts du 14 mars 1778.

procureur général syndic et presque partout dans la cathédrale du siège. Il n'y avait qu'un électeur par cent citoyens actifs, et pour être électeur, il fallait justifier d'un revenu égal à 150 ou 200 journées de travail, ce qui donnait en moyenne de 250 à 300 électeurs par département. Quant aux curés, ils étaient nommés directement par les populations.

Avec ce système, la plupart des abus résultant tant de l'ancien mode de nomination que des traitements scandaleux dont jouissaient certains prélats — traitements prélevés par eux presqu'en totalité sur les biens légués aux églises pour le soulagement des malheureux qu'ils détournaient à leur profit, — ces abus, disions-nous, disparaissaient en partie.

Le choix des électeurs de la Nièvre se porta sur le citoyen Guillaume Tollet, curé de Vandenesse, qui fut élu le 23 février 1791 évêque constitutionnel du département. En se rendant à Paris pour s'y faire sacrer, l'évêque Tollet reçut à son passage à La Charité (19 mars), à l'hôtel du Grand Monarque où il était descendu, la visite du maire et des officiers municipaux qui avaient tenu à honneur d'être les premiers à venir lui présenter leurs hommages et le féliciter de sa nomination.

Installé à Nevers le 3 avril suivant, l'évêque Tollet, après un peu plus d'une année d'épiscopat, laissa bientôt là la crosse et la mitre, et se retira modestement en octobre 1792, dans sa cure de Vandenesse, où il recouvra la paix et la tranquillité.

Supprimé par le concordat du 26 messidor an IX (15 juillet 1808), l'évêché de Nevers fut rétabli sous Louis XVIII, par une bulle du pape Pie VII du 10 octobre 1822.

. . . .

Avec le nouvel ordre de choses, les mœurs et les usages se modifiaient aussi, et chacun dans sa sphère, s'ingéniait à bannir tout ce qui pouvait rappeler l'ancien régime. Dans les départements, dans les districts, c'était au directoire à donner l'exemple. Celui de La Charité n'eut garde d'y manquer. Qu'on en juge par cette curieuse lettre du procureur-syndic du district au maire de la ville.

« La Charité, vingt-cinq mars mil sept cent quatre-vingt-onze :

« D'après les nouvelles lois, l'égalité qui doit régner entre tous les hommes doit bannir ces futiles marques de servitude que jadis on employait dans les lettres ; le département nous a donné l'exemple sur l'exécution de ces lois en ne se servant plus de ces mots : « J'ai l'honneur d'être votre très humble. »

« Vous voudrez bien vous conformer à ma lettre en commençant et finissant les vôtres comme je commence et finis la mienne afin de bannir à jamais parmi nous ces marques d'humiliation qu'un usage barbare y avait consacrées en les qualifiant du nom d'honnêtetés. »

Le Procureur-syndic du district de La Charité. *Signé* : Bernot.

« P. S. Faites part s'il vous plaît de ma lettre à MM. les officiers municipaux. »

Cette façon d'écrire, quelque peu cavalière, est compensée heureusement par le correctif « s'il vous plaît, » *honnêteté* échappée sans doute par mégarde à la plume du citoyen Bernot.

Massile-Durie ayant donné peu après sa démission de procureur de la commune fut remplacé le 4 avril par le citoyen Boulet qui prêta serment le 7.

Le 15, le conseil municipal donna pleins pouvoirs aux officiers municipaux Bobin, Loison, Moreau et Fabre, et le Conseil général aux citoyens Pluvinet, Tallard père, Pinot, Ezard, Michot, Laprée, Lalande, Mellot-Vacheron, Poignant, Martignon, Garet père et Laurent-Mignon, pour établir, conformément aux décrets de l'Assemblée, les états et sections des propriétés, et pour faciliter le travail des commissaires, divisa la commune en quatre sections.

D'après la nouvelle Constitution civile du clergé, un grand nombre de paroisses dans les villes étaient supprimées, et leurs églises devaient être vendues comme biens nationaux. La Charité ne formait plus qu'une seule paroisse. A la suite d'un accord intervenu entre la municipalité et le directoire du district représenté par un de ses membres, le citoyen Duminy Grégoire, le Conseil général prit le 1er mai 1791 la délibération suivante : « Considérant que la population de la ville de La Charité n'atteint pas 6.000

âmes, et, qu'en conséquence, une seule église peut suffire amplement à l'exercice du culte ; mais considérant d'autre part qu'aucune de celles des trois paroisses (1) ne serait assez grande pour le but auquel elle est destinée, décide de les abandonner à l'Etat qui pourra les comprendre dans la vente des biens nationaux, et désigne l'église des ci-devant bénédictins qui est et restera sous l'invocation de *Notre-Dame*. »(2) On conservait aussi le clocher de l'église Ste-Croix qui s'y trouvait annexé.

Cet échange fut ratifié par un décret de l'Assemblée nationale du 25 juillet 1791, et la réunion des trois paroisses effectuée définitivement le 16 octobre 1792.

L'église du prieuré avait été sur le point d'être vendue avec les bâtiments et les terres qui en dépendaient. C'est grâce à cet échange qu'elle a dû d'être sauvée d'une destruction presque certaine.

C'était du reste la seule qui convînt, comme étant la plus belle et la plus spacieuse.(3)

Trois jours après, l'ex-bénédictin dom Berthier, aumônier de la garde nationale, y célébra, (4 mai) en présence des troupes et de tous les Corps constitués, un service solennel à la mémoire du grand orateur du Tiers-Etat, Mirabeau, décédé quelques jours avant. Un autre ancien bénédictin, le citoyen Varinot, prononça d'une voix émue son oraison funèbre.

Avant de faire mettre en vente les églises supprimées, l'administration du district avait eu soin d'en faire enlever les cloches. Le Conseil en profita pour demander en même temps l'autorisation de transporter dans le clocher de la

---

(1) St-Pierre ; St-Jacques, aujourd'hui démolie, et Ste-Croix. Cette dernière était dans les dépendances mêmes de l'église du prieuré, sur la place Ste-Croix. La cure de St-Pierre était attenante à l'église (maison Tavernier). Celle de St-Jacques est occupée actuellement par M. Léon Fournier.

(2) *Archives de la ville.*

(3) Elle a intérieurement 68 m. de long sur 30 de large, et est divisée en trois parties égales : la nef, et deux collatérales. Le chœur a 23 m. de long, sur 8 de large, et les collatéraux, qui ont 6 m. de largeur, sont disposés de telle sorte qu'on peut circuler tout autour du chœur.

La sacristie est aussi très vaste ; elle ne mesure pas moins de 13 m. de long.

ci-devant église Ste-Croix, l'horloge qui était placée au fond de la nef transversale de l'église Notre-Dame, et qui n'indiquait l'heure que par sa sonnerie, ce qui était fort incommode, et de la disposer de façon que le marteau vînt frapper sur la grosse cloche.

Cette transformation ne fut faite toutefois que bien longtemps après.

. . . .

La nouvelle de l'enlèvement du roi causa à La Charité une grande émotion, par la façon dont cet événement fut porté à la connaissance de la population.

Le 23 juin, à 7 heures du matin, le maire, entouré des membres du directoire du district en costume de cérémonie, des officiers municipaux revêtus aussi de leur écharpe, des Corps constitués et des troupes sous les armes, donna publiquement lecture sur la place de la mairie, des deux décrets de l'Assemblée nationale relatifs à cet événement.

Ensuite, le citoyen Duminy, administrateur du district, prononça, d'une voix haute et claire, un discours vibrant de patriotisme qu'il termina par ces paroles : « *Que tous les citoyens se fassent un devoir de nous dénoncer toutes les trames qu'ils pourraient découvrir et tous les complots contre la Constitution et la tranquillité du Royaume, et que cette sublime devise VIVRE LIBRES ou MOURIR soit gravée dans nos cœurs.* »(1)

A 9 heures 1/2, le cortège se forma et se rendit à l'église Notre-Dame pour y entendre la grand'messe, suivie d'un *Te Deum* et de la procession de la Fête-Dieu qui se fit comme les années précédentes.

Le retour du roi à Paris fut fêté le 3 juillet de la même façon.

Toutes les réformes opérées par l'Assemblée nationale n'étaient pas acceptées sans lutte. Dans les départements de l'Ouest et du Midi principalement, les prêtres réfractaires soulevaient les populations contre les décrets. Les nobles émigraient et faisaient appel aux Cours étrangères contre leur pays.

La fête commémorative de la fédération n'en fut pas moins célébrée avec un entrain extraordinaire par tous les

(1) *Archives de la ville.*

citoyens, et l'enthousiasme devint du délire quand, après un discours patriotique du citoyen Arnaud, commissaire du Roi au tribunal du district, on vit les membres de la société *Les amis de la Constitution*, dont il était le président, se présenter aux Corps constitués et attacher à la hampe des drapeaux de la garde nationale un ruban aux trois couleurs, « *en signe de la Liberté conquise.* »(1)

Louis XVI était à peine de retour à Paris que la foule demanda sa déchéance. L'Assemblée, néanmoins, le maintint au pouvoir, mais lui arracha son acceptation à l'Acte constitutionnel de la Nation, acceptation qui fut portée aussitôt à la connaissance de toutes les municipalités.

Les officiers municipaux en donnèrent publiquement lecture sur la place de l'Hôtel de ville le 18 septembre, dans la matinée, et la foule se rendit ensuite à l'église pour assister au *Te Deum*. Des réjouissances publiques, avec feux de joie et illuminations générales, terminèrent cette mémorable journée.

Le 30 septembre, le roi ayant clos la session, le président Thouret leva la séance par ces simples paroles au peuple: « *L'Assemblée constituante déclare qu'elle termine ses séances et qu'elle a rempli sa mission.* » Elle fut remplacée peu après par une nouvelle assemblée qui prit le nom d'*Assemblée législative*.

Pour toutes les réformes qu'elle a opérées, les abus qu'elle a supprimés, la volonté de la Nation qu'elle a substituée à celle d'un seul homme, la Constituante a accompli une œuvre considérable. Nous la saluons ici comme l'expression la plus complète et la plus sincère de la Nation, comme la bienfaitrice de la Patrie et de l'Humanité.

Dans les premiers jours d'octobre, le curé de St-Jacques, M. Bergougnioux, fut nommé curé de La Charité. Il fut installé et prêta le serment civique le 16 du même mois. Le Conseil municipal fit à cette occasion l'acquisition de 1.200 chaises pour son église.

(1) *Archives de la ville.*

CHAPITRE VI

**L'Assemblée législative.
Renouvellement de la municipalité.
Loi sur le recrutement de l'armée
et réorganisation des gardes
nationales. Bénédiction des drapeaux.
Budget de la ville. — Conflit entre
la municipalité et le chef de légion.
Fin de l'Assemblée législative.
La Convention nationale.
Émeutes à La Charité.**

L'ouverture de l'Assemblée législative eut lieu dans le courant d'octobre. En novembre, on procéda à de nouvelles élections pour la reconstitution de la municipalité. La ville avait été divisée en deux sections de vote qui se tinrent : la première, dans l'église Notre-Dame; la deuxième, dans la ci-devant église des Récollets.

Les élections se firent le 13 et n'eurent pas le don d'émouvoir les citoyens actifs, car 87 seulement y prirent part.

Au premier tour de scrutin pour la nomination du maire, le plus favorisé des candidats n'obtint que 36 voix. Le nombre des votants fut encore un peu moins élevé le lendemain pour le second tour. Il ne se présenta que 54 électeurs.

Le citoyen Picart, de la Pointe, ancien député de l'Assemblée nationale, ayant obtenu 42 voix, fut proclamé Maire.

Il ne fallut pas moins de trois tours de scrutin pour arriver à nommer les officiers municipaux. Le premier n'avait donné aucun résultat. Au second, qui avait réuni seulement 45 votants, les citoyens Guillobel père et Poignant furent élus respectivement par 36 et par 23 voix, et au troisième tour les citoyens Jocteau et Auger l'aîné, par 16 et par 14 voix, sur 37 votants. Par un autre scrutin, le citoyen Arnaud le jeune fut nommé procureur de la Commune par 37 voix sur 67 votants, et ensuite, notables, les citoyens : Guaede, tanneur, par 32 voix, Martignon par 25, Charron l'aîné et Berger par 20, Lison père et Sordet par 18, Usquin par 16, Carpentier par 15, Massile la Durie par 14, et Guillerault, orfèvre, par 13, sur 60 votants.

Le conseil général constitua le bureau municipal en adjoignant au maire les citoyens Maugue et Poignant, officiers municipaux.

A la fin de cette année, la vente des biens nationaux reprit avec une nouvelle ardeur. « Au 24 mars 1791, il ne s'en était encore vendu que pour 18 millions environ. Le délai donné par l'Assemblée aux acquéreurs expirant en mai, il fut prorogé jusqu'en janvier 1792. En cinq mois, et malgré la malédiction des curés réfractaires et les menaces des réactionnaires, la vente fut de 800 millions. En septembre 1791, il en avait été adjugé pour la valeur d'un milliard. Au 1er octobre on en avait vendu pour 1.500 millions sur lesquels le trésor en avait déjà reçu 500. De novembre en avril 1792 il s'en vendit pour 360 millions, et il en restait encore à vendre à peu près pour la même somme. »(1)

Depuis la chute du pont, aucune solution n'était encore intervenue touchant sa reconstruction, quand, dans le courant de décembre, la municipalité reçut enfin notification d'une décision ministérielle par laquelle l'Etat prenait tous les travaux à sa charge, et fixait à la somme de 20.000 livres la part incombant aux départements de la Nièvre et du Cher.

On procéda aussi à la fin de cette même année 1791 et pour la première fois, au numérotage des maisons et à l'inscription des noms des rues, selon la décision prise le 23 août dernier.

Un des premiers actes de l'Assemblée législative avait été de réformer les vieux errements concernant le recrutement de l'armée. La loi du 25 janvier 1792 l'organisait sur de nouvelles bases. Elle entra en vigueur aussitôt promulguée. Dorénavant l'armée de ligne se recrutait parmi les gardes nationaux et les autres citoyens en état de porter les armes.

Au commencement de mars, les administrateurs du district nommèrent six commissaires qui devaient se transporter le 11 dans le chef-lieu de canton qui leur était assigné pour « exciter les citoyens à voler à la défense

---

(1) *Histoire de la Révolution française* par Michelet.

de la Patrie et de la Liberté, et dresser les listes d'enrôlement. »(1)

Furent désignés : les citoyens François-Grégoire Duminy fils, administrateur et vice-président du directoire du district, pour les cantons *intra* et *extra muros* de La Charité ;

Paul Legendre, administrateur du département de la Nièvre, pour celui de Châteauneuf ;

Laurent Augy, aussi administrateur du département, pour le canton de Beaumont-la-Ferrière ;

Abraham Raudot, administrateur et membre du directoire du district, pour celui de Prémery ;

Charles Dumas, aussi administrateur et membre du directoire du district, pour celui de Champlémy,

Et Jean Guillerault, procureur-syndic du district, pour celui de Pouilly.

En même temps, et dans chaque municipalité, la garde nationale fut réorganisée sur les bases édictées par la loi du 14 octobre 1791.

En conséquence, les maires et les officiers municipaux des deux cantons de La Charité se réunirent le 18 mars, et après avoir décidé, en premier, que le canton *intra muros* formerait un bataillon, et les communes du canton *extra muros* un autre, arrêtèrent ensuite les dispositions suivantes pour chaque commune.

Celle de Chaulgnes ayant 258 citoyens inscrits, formerait 3 compagnies

La Marche	105	1
Tronsanges	69	1
Narcy	201	2
Rayeau (2)	196	3
Varennes	176	1
Champvoux	160	1

soit un bataillon à 12 compagnies

La Charité qui avait 844 citoyens inscrits au-dessous de 60 ans, et 96 au-dessus, en formerait un autre à 10 compagnies. L'original de la délibération est signé : « Connaut,

(1) *Archives de la Ville.*

(2) Non compris 10 vétérans et 44 jeunes gens au-dessous de 18 ans.

syndic de Chaulgnes ; Corbier, officier municipal de La Marche ; Tardy, de Tronsanges ; Bossuat, officier municipal de Narci, et Grandjean, maire de Narcy ; Guillemin, maire de Raveau ; Barbier, p. c. (1) de Raveau ; Loison fils, notable de Raveau ; Claudon l'aînée, mère de Varennes ; Claudon, secrétaire-greffier, Varennes ; Guillerault-Ragon, Loison, Maugue, Auger l'aîné, Bobin, Bonne, Poignant, Picart, maire ; Arnaud le Jeune p. d. l. c., Bertoin secrétaire-greffier. »

En avril, le Conseil général autorisa la formation d'une compagnie de canonniers, à charge par eux de s'équiper à leurs frais. Cette compagnie, en attendant qu'elle eût des canons, marchait en deux sections, — une pour chaque bataillon, — à la suite des grenadiers.

Les citoyens Guillerault-Guillobel et Beaufils le jeune furent nommés commandants ; Barberaud et de La Jonquière sous-commandants ; Massue l'aîné et Bidou adjudants ; Auger-Séguin et Perrot fils, porte-drapeaux.

Les officiers prêtèrent serment le 6 mai.

La bénédiction des drapeaux eut lieu le 27 et donna lieu à un incident regrettable entre l'administration du district et la municipalité.

Tous les corps constitués avaient été invités à cette cérémonie, mais lorsque les membres du Directoire du district vinrent prendre leur place habituelle dans le cortège, le maire leur ayant demandé « s'ils entendaient avoir la préséance comme Corps administratif ou s'ils venaient simplement répondre à l'invitation individuelle qui leur avait été faite », le vice-président, le citoyen Duminy, lui répondit que l'administration du district entendait et voulait avoir la préséance sur la municipalité.

« Le maire répliqua que la bénédiction des drapeaux n'étant qu'une fête locale, les membres du Directoire ne pouvaient prétendre raisonnablement à une préséance, que dès lors *le Corps municipal ne pouvait les recevoir.*

« Ensuite le maire et les officiers municipaux assistés du secrétaire-greffier et de l'huissier sont partis à 10 heures de l'Hôtel de ville, précédés de quatorze citoyennes qui

(1) Procureur de la commune de Raveau.

portaient les offrandes, pour se rendre à l'église Notre-Dame, accompagnées par quatorze gardes nationaux portant les deux drapeaux et les douze flammes à bénir.

« Dans l'église, se trouvaient les deux compagnies des deux bataillons rangées dans l'ordre qui leur avait été indiqué. Les places du chœur destinées aux membres du district sont restées vacantes tout le temps de la cérémonie. La messe finie et le *Te Deum* chanté, ils se transportèrent à la porte principale du chœur accompagnés des porte-drapeaux et flammes, où réunissant les commandants et capitaines des deux bataillons, le maire remit les deux drapeaux aux deux commandants et les douze flammes aux douze capitaines de compagnies suivant leur rang. Le maire reçut alors des commandants les anciens drapeaux, et s'adressant à tous les gardes nationaux, leur dit : *Messieurs, le vœu de la municipalité est accompli, elle a fait tout ce qui dépendait d'elle pour votre organisation ; elle a orné vos bataillons et compagnies des drapeaux et flammes qui viennent de vous être remis : son devoir est rempli, le vôtre est tracé sur la légende supérieure de vos drapeaux qui porte La LIBERTÉ ou la MORT.* »(1)

Enthousiasmés par ces paroles, tous, officiers, sous-officiers et soldats « échangèrent le baiser de fraternité. » Au retour du cortège à l'Hôtel de ville, la municipalité fit faire une distribution de pain. Il y en eut une autre par la garde nationale sur la place d'armes au pied de l'arbre planté pour la cérémonie de l'après-midi.

A l'issue des vêpres, la garde nationale et de nombreux citoyens, massés autour de l'arbre de la liberté, en firent l'inauguration. On plaça au sommet un bonnet phrygien, symbole d'affranchissement, que « le sieur François Rognat, garde national, alla fixer au son des tambours et autres instruments. Ce jour fut une véritable fête pour tous les amis de la Constitution. »

Le procès-verbal de cette mémorable journée est signé : « Beaufils le jeune, commandant du 2ᵉ bataillon ; Delajonquière, sous-commandant; Barberaud, commandant en secon (*sic*) du premier bataillon; Auger-Jocteau, capitaine de la 1ʳᵉ compagnie de grenadiers ; Charron fils, capitaine de la 1ʳᵉ compagnie du 2ᵉ bataillon ; Duminy père,

---

(1) *Archives de la mairie.*

capitaine des vétérants (*sic*); Auger-Liéraud, capitaine des canoniers (*sic*); Bidou, adjudant du cecond (*sic*) bataillon ; Perrot, porte-drapeau sous-lieutenant du 2ᵉ bataillon ; Auger-Séguin, porte-drapeau du 1ᵉʳ bataillon : Coüet, capitaine de la 2ᵉ compagnie des fusiliers du 1ᵉʳ bataillon ; Guesde, capitaine de la 1ʳᵉ compagnis de fusilliers du 1ᵉʳ bataillon (*sic*); Duranger, sous-lieutenant de la 1ʳᵉ compagnie du 1ᵉʳ bataillon ; Melot, capitène de 4 compagnie du premié batalion (*sic*); Gély, capitaine de la 4ᵉ compagnie du 2ᵉ bataillon ; F. Rougnat, volontaire qui a mis sur l'arbre le bonnet de la Liberté. Couroux, Méchin et Dargent, juges au tribunal ; Binet, juge de paix *intra muros*; Battur, greffier du tribunal, et Jarrou huissier du tribunal. »(1)

Les drapeaux et flammes avaient coûté ensemble la somme de 1.200 livres.

La municipalité qui, à cette date, n'avait pas encore établi le rôle des impositions foncières et mobilières pour 1702, avait reçu, dans les premiers jours d'avril, une contrainte décernée par le directoire du district d'avoir à payer immédiatement la somme de 11.575 livres, 7 sols, 7 deniers, pour le premier trimestre échu.

Les fonds que le receveur avait en caisse n'étant pas suffisants pour lui permettre d'effectuer immédiatement un versement aussi considérable, le maire en fit généreusement l'avance à la commune.

Il reçut à ce sujet, avec les plus vives félicitations du conseil municipal, copie de la lettre suivante adressée à la municipalité par la société « Les amis de la Constitution » de Nevers.

« *Nevers; le 12 avril 1792, l'an quatre de la Liberté.*

Messieurs,

« *Le trait sublime de civi*s*me et de générosité de votre respectable maire le distinguera à jamais parmi les plus zélés partisans du Bien public. Puisse un si bel exemple trouver des imitateurs ; nous envions le sort des citoyens de La Charité. Nous ne nous contenterons pas d'admirer le patriotisme de M. Picart, nous publierons sa gloire autant qu'il nous sera possible ; faites-lui agréer les sentiments de*

---

(1) *Archives de la mairie.*

vénération dont il a pénétré les membres de la société des Amis de la Constitution séante à Nevers,

Gouy, président, Moreau, et Vicrote, secrétaire. »(1)

. . . . /.

Voici quelle était la situation financière de la commune, au 25 avril 1792.

Dépenses :

« Entretien annuel de la maison commune, y compris l'horloge........................... 1.000 l.
Appointements du secrétaire-greffier 1.200
Commis-greffier et commis aux écritures................................ 800
Salaire de l'huissier............... 200
Gages de deux valets de ville à 360 livres l'un........................ 720
Salaire du maître de latin....600 l.
— du maître d'écritures et de lecture(2)...............400 } 1.000
Gages d'un tambour-préconiseur.... 100
Frais de bureau, chauffage et éclairage(3) 1.600
Rentes dues par la ville : 1° à l'Hôtel-Dieu......................40 l.
2° au ci-devant curé de St-Jacques.8 } 48
Pour suppression de la mendicité... 120
Entretien de deux pompes et de 200 seaux, crochets et cordages......... 300
L'entretien des neuf puits publics... 300
Enlèvement des boues et balayage.. 150
Imposition au 6ᵉ de ses biens terriens 894 l. 17 s. 9 d.
Entretien du pavé................. 600
Entretien de six guérites et frais de garde (bois et lumière)............. 200
Gages annuels des dix tambours des dix compagnies de la garde nationale, à raison de 50 livres chaque......500 l.
Gages du tambour-major......100 } 700
— de 2 fifres à 50 fr. l'un..100

---

(1) *Archives de la ville.*
(2) Ils avaient en plus la rétribution scolaire.
(3) La fourniture de bois de chauffage était fixée à six cordes de moulée ; celle de l'éclairage à 100 livres de chandelle par an.

Entretien de la promenade de la porte de la Marche, nouvellement plantée...	100		
	10.032	17	9

Revenus :

2.750 livres, 10 sols supprimés par décret de l'Assemblée nationale du 2 mars 1791 (produit du droit de la seconde moitié d'octrois)..................	néant		
Rentes foncières.....................	93 l. 19 s.		
749 boisselées de terres situées sur La Chapelle-Montlinard affermées à divers. Ensemble................	4.822 l. 18s. 9d.		
Produit des patentes pour 9 mois de 1791	500		
	5.146	17	9
à déduire la remise du receveur de un sol pour livre......................	270	16	9
Reste...............	5.146	01	

Propriétés non productives :

1º L'Hôtel de ville dans lequel se tient le tribunal du district avec les prisons attenantes ; logement du secrétaire-greffier et du geôlier(1).

2º Un autre corps de bâtiment servant d'école et logement du Principal.

3º Un terrain planté en arbres et charmilles servant de promenade, sis au faubourg de Loire (la Saulaye).

4º Un autre terrain nouvellement planté en arbres et servant aussi de promenade, situé à la porte de La Marche.

5º Un autre terrain ci-devant planté d'arbres et qui servait aussi de promenade, lequel terrain est aujourd'huy vain et vague, situé à la porte de Paris.

6º Plus la réserve de la seconde herbe sur les 150 arpents de terre aliénés en 1652, *quoiqu'il y ait actuellement contestation pour ce droit.*

---

(1) L'ancien Hôtel avait été vendu aux Récollets en 1717 pour agrandir leur couvent.

Dépenses extraordinaires pendant l'hiver rigoureux de 1788-1789 :

Atelier de charité établi à la porte de La Marche pour établir une promenade sur l'emplacement de l'ancien cimetière de l'Hôtel-Dieu .... 5.071 l. 6 s. 9 d.

Cassage des glaces autour des moulins des environs de cette ville, et secours lors de la débâcle..................... 1.130 ,4

Frais faits depuis la chute du pont, jusqu'à l'établissement d'un pontonage. 617 2

Démarches et frais de garde à la halle et chez les particuliers........... 441 12

Dû au sieur Massüe pour le déficit sur les farines achetées à Orléans pendant le temps des glaces qui empêchaient de moudre........................... 885 14 3

Perte sur une autre acquisition de farines faite à cause de la rareté et de la cherté des grains en 1790........... 4.743 15

Casernement et frais de séjour du détachement de Royal-Piémont...... 2.215 5 3

Frais pour l'établissement des premières gardes nationales, habillement des tambours 985 6 3

Frais pour l'établissement d'un arsenal projeté 7.255 12

                                                   23.345 17 6

Dépenses extraordinaires à faire :

1° Déménagement de l'Hôtel de ville et grosses réparations ; montage de l'horloge de l'église St-Jacques au-dessus de l'Hôtel de ville..................... 15.000

2° Réparations au collège........... 3.600

3° Terrain de la Saulaye ensablé par la crue................................ 250

4° Aménagement du terrain de la porte de Paris en champ de Mars pour les deux bataillons de la garde nationale, redressement du terrain, plantation en arbres, fossés et haie vive.......... 7.500

5° Achat de drapeaux et flammes (2 drapeaux et 12 flammes), pour la garde nationale.................... 1.200
6° Habillement de dix tambours et fourniture de caisses (1) à 150 l...1.500 l.
— de 2 fifres à 150 l.....300
— du tambour-major.....200   } 2.000

29.500

Recettes extraordinaires :

1° Reliquat du compte du receveur (arrêt de la Chambre des Comptes du 19 février 1777)................... 1.176 4
2° Dû sur les baux des pâtureaux et rentes............................. 1.756 4
3° Remboursement par le Trésor de la finance des charges municipales (moins 2.000 livres de contribution patriotique de la ville)............. 6.000
4° Produit de 1/16 sur ventes faites des biens nationaux (2)............. 7.000

15.922 8

ETAT N° 6

La commune doit en outre à divers une somme totale de.......................... 23.425 l. 8 s. 2 d.

Comme on le voit, la situation financière de la ville était loin d'être brillante ; au point de vue politique, celle de la France ne l'était pas davantage. L'horizon s'assombrissait de plus en plus. A l'intérieur, les provinces de l'Ouest et du Midi étaient toujours aussi agitées. Au dehors, les émigrés continuaient leurs menées criminelles et préparaient l'invasion. La guerre, qui, déjà, était inévitable, éclata fatalement après l'ultimatum insolent de l'Autriche. Elle fut votée le 20 avril par la presque unanimité de l'Assem-

(1) Dans le courant de l'année, d'après le mémoire du sieur Bobin, il a fourni 27 peaux pour les tambours, à 40 sols la peau.
(2) Il en avait donc été vendu à cette époque pour 112.000 livres.

blée, au milieu des applaudissements, et annoncée publiquement le 1ᵉʳ mai.

Le 11 juin, la *Patrie est déclarée en danger*, et cette déclaration promulguée le 22. Le décret de l'Assemblée portait qu'après proclamation faite, les Conseils de département, de district, de commune, se tiendraient en permanence. Il était enjoint en même temps aux gardes nationaux en activité de service, ainsi qu'aux autres citoyens, de faire immédiatement à la mairie la déclaration des armes en leur possession.

Des levées d'hommes avaient été ordonnées, et le contingent fixé pour chaque département qui l'avait ensuite réparti par districts. Les hommes qui étaient désignés recevaient six jours après, au chef-lieu du district, leurs armes et leur solde.

Les deux bataillons des gardes nationales devaient se rassembler le 14 juillet à La Charité, pour renouveler le serment fédératif, d'après l'ordre qu'en avait donné quelques jours avant le directoire du district.

La municipalité de La Charité refusa de transmettre cet ordre aux officiers du bataillon *intra muros*, sous prétexte que ce bataillon ne pouvait être assemblé que sur sa réquisition.

Le directoire du district en référa immédiatement à celui du département qui lui donna raison.

La municipalité persista dans son attitude, et fit, le jour même de la réunion, notifier au chef de légion l'ordre suivant :

« Ordre donné à M. le chef de légion du district de La Charité, le 14 juillet 1792, l'an 5 de La Liberté.

« En vertu de l'article 10, relatif à la force publique, du titre 4 de l'Acte constitutionnel, conçu en ces termes :

« *La réquisition de la force publique dans l'intérieur du Royaume appartient aux officiers civils, suivant les règles déterminées par le pouvoir législatif.*

« Il est ordonné au commandant-général de la légion du district de La Charité de ne donner aucun ordre ni consigne pour le rassemblement des deux bataillons de la garde nationale *intra muros* de cette ville sans en avoir reçu la réquisition légale de MM. les maire et officiers municipaux de cette ville, aux peines de la responsabilité, tant pour lui, (par défaut de suivre le présent ordre), que pour MM. les maire et officiers municipaux qui le donnent, excepté cependant pour les exercices des gardes nationales *intra muros* prescrits par la Loy, lorsque la municipalité aura fixé l'endroit de leur rassemblement.

« Fait en l'Hôtel commun par Nous, Maire et officiers municipaux de la ville de La Charité qui ont signé avec le procureur de la Commune et notre secrétaire-greffier auquel nous avons enjoint d'apposer le sceau de cette municipalité pour donner au présent plus d'autorité, et de le transcrire sur nos registres comme double original.

« Le 14 juillet 1792, l'an cinq de la Liberté. »

Suivent les signatures du maire et des officiers municipaux.

Le maire envoyait en même temps au chef de légion une réquisition écrite d'avoir à rassembler les deux bataillons pour une cérémonie dont il lui faisait connaître l'objet.

Le chef de légion y répondit immédiatement par la lettre suivante :

« A MM. les Maire et officiers municipaux de la ville de La Charité.

« Je ne crois pas, Messieurs, devoir différer au réquisitoire que vous m'avez adressé aujourd'huy concernant le brûlement des anciens drapeaux de la garde nationale de cette ville parce que je ne connais pas la loi qui ait abrogé celle du 18 juin 1790, qui porte sous l'art. 4, *que les drapeaux des anciens corps et compagnies seront déposés à la voûte de l'église principale, pour y demeurer consacrés à l'Union, à la Concorde et à la Paix*; et comme j'ay promis par mon serment de n'employer l'autorité que m'ont confiée mes concitoyens que pour assurer l'exécution de la Loi, j'ai l'honneur de vous prévenir que je ne donnerai aucuns ordres à la garde nationale de cette ville pour assister au brûlement que vous proposez de faire de ses anciens drapeaux.

« Le chef de légion de la garde nationale du district de La Charité,

Signé, Dufaut. »

Appelé le lendemain à délibérer sur cet incident, le Conseil « considérant qu'en refusant d'obéir à une réquisition écrite du Maire et des officiers municipaux, le sieur Dufaut, chef de légion, s'est rendu coupable d'un délit contre la Constitution, *arrête qu'il sera dénoncé à M ! l'accusateur public du Tribunal criminel du département de la Nièvre, à la poursuite et diligence de M. le procureur général syndic du département.* »(1)

. . . .

A Paris, la résistance du roi aux décrets de l'Assemblée, va précipiter sa fin.

Le 19 juillet, le procureur de la commune entouré du maire, des officiers municipaux et des notables, en présence des administrateurs du district, du président et des juges au tribunal, des juges de paix, de leurs assesseurs, et des deux bataillons de la garde nationale assemblés en armes, donne publiquement lecture de l'acte législatif, non sujet celui-là à la sanction du roi, qui déclare *La Patrie en danger* et fixe les mesures à prendre.

Le 28, arrivait à Paris le manifeste du duc de Brunswick qui mit le feu aux poudres. La foule, surexcitée, réclama alors la déchéance du roi qui avait refusé de sanctionner et finalement apposé son *veto* au décret du 6 avril 1792 qui supprimait toutes les congrégations maintenues par la Constituante ; à celui du 17 mai qui autorisait les directoires de département à déporter tout prêtre dénoncé par vingt citoyens actifs comme perturbateur ; enfin aux lois de bannissement contre tout prêtre non assermenté. Par un décret antérieur du 29 septembre 1791, l'Assemblée avait ordonné la suppression des traitements et pensions à tous les ecclésiastiques réfractaires.

Le 14 août une véritable bataille s'engagea entre les fédérés qui persistaient à réclamer de l'Assemblée la déchéance et le départ des troupes que la Cour avait rassemblées aux Tuileries et avec lesquelles elle croyait enchaîner la Révolution. Le procureur de la commune de Paris, Rœderer, réussit à convaincre le roi de se rendre à l'Assemblée où il serait en sûreté. Il y était à peine arrivé que la grille des Tuileries fut forcée par le peuple sur qui les suisses avaient tiré pour en défendre l'entrée. Le palais fut envahi et ses défenseurs massacrés.

(1) *Archives de la ville.*

La Commune de Paris, qui avait préparé le mouvement, resta maîtresse de la situation. Louis XVI, suspendu, fut envoyé avec sa famille dans la prison du Temple d'où il devait sortir quelques mois après pour monter sur l'échafaud.

Ces événements furent portés à la connaissance des municipalités, et le 12 août, le procureur de la Commune de La Charité donnait publiquement lecture des décrets et adresses suivants :

Loi du 10 août, relative à la suspension du Pouvoir exécutif ; Acte du Corps législatif qui déclare que le roi est suspendu ; autre Acte invitant tous les citoyens à respecter les droits sacrés de l'Homme et des propriétés ; adresse de l'Assemblée nationale aux 83 départements, autre adresse du département de la Nièvre aux autorités constituées concernant les élections.

Aux termes de cette dernière communication, tous les citoyens âgés de plus de 21 ans, ayant leur domicile depuis au moins un an dans la commune et n'étant pas en état de domesticité, devenaient électeurs.

Les assemblées primaires se réunirent le dimanche 26 août. De cette consultation, surgit une nouvelle Assemblée, la *Convention nationale*, d'esprit plus révolutionnaire que ses devancières. A peine constituée (26 septembre) *elle abolit la Royauté, proclame la République, et décrète qu'une ère nouvelle commencera à cette date*. Le calendrier révolutionnaire est créé, les noms des mois et des jours changés. Cette Assemblée qui s'appuyait surtout sur les clubs et la Commune de Paris qui avaient fait la journée du 10 août, ne se séparera que le 26 octobre 1795, après avoir sauvé la Patrie et assuré le triomphe de la République.

Le 18, les biens des émigrés furent confisqués.

A La Charité, le Conseil général était en permanence. Le 31, après avoir déclaré « *que les circonstances exigeaient la suppression des armoiries et des inscriptions rappelant l'ancien régime* », il donne l'ordre de briser les fleurs de lys apposées sur les pilastres de la porte de Paris et sur la boule de la pyramide du pont. La plaque de marbre qui était sur la même pyramide fut enlevée et remplacée par une plaque en tôle peinte sur laquelle on inscrivit les Droits de l'Homme et du Citoyen.

Des massacres de prisonniers ensanglantèrent malheureusement cette période révolutionnaire. La responsabilité incombe en entier à la Commune de Paris qui, avec l'appui des sections qu'elle venait de créer,(1) établissait de plus en plus sa dictature.

Quand arriva la circulaire de la Commune de Paris envoyée en province sous le couvert du Ministre de la Justice et où Marat recommandait le massacre, une certaine effervescence se produisit chez quelques citoyens, — peu recommandables il est vrai,— et que surexcitaient encore les nombreuses libations auxquelles ils se livraient depuis plusieurs jours. Partout il y avait des violents et plusieurs villes furent à leur tour ensanglantées.

Le 23 septembre, quelques-uns de ces énergumènes montèrent à la mairie « demander la tête » du citoyen André Poignant, officier municipal, qu'ils accusaient de tiédeur, et que l'un d'eux, nommé Chevalier, venait de dénoncer comme tel à des volontaires gardes nationaux des Bouches-du-Rhône arrivés le jour même à La Charité, et qu'il incitait à lui couper la tête, ainsi qu'à d'autres honorables citoyens qu'il leur désignait.

L'ordre ne fut rétabli qu'à grand'peine par la garde nationale qui réussit cependant à s'assurer des plus exaltés, les nommés Jacques Maupetit, Jérôme Chevalier, Jacques Bouquet, Jean Mignon et Jean-Baptiste Salles qui furent mis en prison.

Tout paraissait apaisé, quand le 7 octobre, à 4 heures du soir, plusieurs gendarmes nationaux des Bouches-du-Rhône, faisant partie d'un détachement arrivé dans la journée et qui était commandé par un capitaine nommé Lambourlion, excités par des volontaires de leurs compatriotes qui avaient pris fait et cause pour les perturbateurs, envahirent la mairie, et sommèrent les officiers municipaux de mettre immédiatement en liberté les citoyens arrêtés dans l'échauffourée du 23, sinon, « qu'ils leurs couperaient les oreilles. »

Cette perspective n'avait rien d'agréable pour nos malheureux officiers municipaux qui voyaient avec angoisse leur rhétorique rester sans effet sur ces farouches marseillais qui, heureusement, en restèrent aux menaces. Ceux-ci

(1) Il y en avait 48.

voyant qu'il ne pourraient obtenir de bon gré l'élargissement des prisonniers, sortirent furieux de l'Hôtel de ville, et conduits par quelques sectaires, se rendirent à la maison d'arrêt, où, sous menace de mort, ils forcèrent le concierge à leur en ouvrir les portes.

« Les dits gendarmes nationaux après les avoir mis en liberté, les ont amenés sur la place de la maison commune, au pied de l'arbre de la Liberté, en chantant et dansant, manifestant leur insubordination aux lois, et publiant l'anarchie ; et, s'adressant au peuple qui était en foule sur la place, lui dirent que si quelques-uns d'entre eux avaient des motifs de mécontentement contre des citoyens, ils avaient le droit d'aller les fusiller, prendre ce qui leur ferait plaisir, qu'il n'existait plus de lois. »(1)

Ensuite le citoyen Couroux, directeur du Jury, leur fut amené. Ils le contraignirent à leur remettre tous les actes de l'instruction ouverte contre les inculpés et les brûlèrent sous ses yeux malgré ses protestations. Revenus toutefois de leur erreur en ce qui concernait la moralité de ces individus, ils les conduisirent au pied de l'arbre de la Liberté, et leur firent jurer de respecter à l'avenir les personnes et les propriétés.

Cependant, au moment de partir, quelques-uns de ces gendarmes chargèrent Chevalier de remettre des lettres à un autre bataillon du même département qui devait arriver sous peu, et dans lesquelles on leur disait « de raser la ville qui n'était remplie que de mauvais citoyens. »(2)

Après leur départ, le Conseil général de la Commune envoya au Directoire du département, à la Convention nationale, et aux Ministres de la Guerre et de la Justice, une protestation fortement motivée où il disait textuellement « *que s'il a été donné à la dite gendarmerie nationale un certificat de bien vivre, ce n'a été que par force et par violence, et pour éviter l'effusion du sang et le pillage de la ville.* »(3)

Les gendarmes de La Charité (4) qui avaient été élus

---

(1) *Archives de la ville.*
(2) *Archives de la ville.*
(3) *Archives de la ville.*
(4) Germain Couraut, brigadier; Yacinthe Basse, Louis Grossot, Pierre Bauvot et Aymon Legay.

quelques jours avant pour remplacer l'ancienne maréchaussée, n'avaient eu garde d'intervenir, malgré leur serment « d'être fidèles à la Nation, à la Loi, et de maintenir de tout leur pouvoir la Liberté et l'Egalité, ou de mourir à leur poste. »(1)

L'église St-Jacques, le cimetière et le presbytère avaient été vendus le 3 septembre 1792 (17 fructidor) au citoyen Philbert Lerasle pour la somme de 6.500 livres qu'il paya en assignats. Les objets en or et en argent qui servaient à l'exercice du culte dans les églises et chapelles supprimées, devaient l'être aussi incessamment.(2)

Le district de Nevers en avait déjà fait vendre à l'encan une certaine quantité, et un nommé Ballanger s'était rendu acquéreur à vil prix des objets suivants pour l'église de Chaulgnes :

« 1° un ornement violet.................. 9 l.
2° deux chazubles noires et blanches... 11
3° deux autres, dont l'une en camelot... 7 3 s.
4° Une dalmatique en velours noir...... 13
5° une chazuble rouge................. 14
6° une autre en damas blanc........... 17
7° une autre verte 16 4
8° une autre blanche, brodée 12 15
9° une autre en drap d'or faux........ 61
10° trois chapes, dont deux rouges, et une blanche............................ 32 10
11° des purificatoires et lavabos........ 3 10
                                        197 2 » (3)

---

(1) Loi du 10 août. Formule du serment à exiger de tous les fonctionnaires.

(2) Le procès-verbal d'estimation en avait été dressé par les citoyens Loison, Battur, et Guillerault, orfèvre, experts nommés par le Conseil général.

(3) *Archives de la ville.*

CHAPITRE VII

Loi sur l'état civil. — Délimitation de la Commune. — Fête civique. Renouvellement des tribunaux et des munipalités.

La loi du 20 septembre 1792 sur l'*état civil* des citoyens est assurément une des lois les plus utiles votées par la Convention.

Elle remédiait en effet à un déplorable état de choses, car, jusque-là, les curés seuls, dans les paroisses, enregistraient les naissances, mariages et décès de leurs ouailles, et uniquement au point de vue du casuel.

Quant aux personnes qui ne passaient pas par l'église, — le nombre en était très restreint, il est vrai, — il leur était parfois bien difficile d'établir d'une façon absolument sûre leur véritable état civil, à moins d'actes notariés venant les y aider.

C'est cette lacune que la loi du 20 septembre 1792 venait combler. Pour sa mise à exécution, le Conseil général nomma le 15 octobre les citoyens Maugue et Louault *officiers publics*, avec mandat de rechercher tous les registres des anciennes paroisses qu'ils firent transporter le surlendemain à la mairie.

Le Conseil général chargea ensuite les citoyens Claude Tallard, Claude Bouy père, Pinot Edme et Pierre Moreau, d'établir le procès-verbal de délimitation de la commune avec celles de Raveau, Varennes et Mesves; puis pour remédier à la déplorable situation financière de la ville décida de contracter un emprunt de 24.000 livres, gagé par une inscription hypothécaire sur tous ses biens patrimoniaux.

Nommé sur ces entrefaites administrateur du district, le citoyen Lallemand fut remplacé dans ses fonctions de receveur communal par le citoyen Devernines. Les citoyens Chamart, Guesde l'aîné, Descouves, Lison et Sordet l'aîné, furent désignés en même temps pour faire l'estimation des propriétés.

La Convention nationale avait décrété, pour le 30, la

création d'une fête civique, au cours de laquelle devait être chanté « l'hymne des Marseillais. »

Au jour indiqué, la municipalité, le Conseil général de la commune, les administrateurs du district, les président, juges et commissaire du Pouvoir exécutif, les juges de paix, leurs assesseurs et les membres du bureau de conciliation, tous revêtus de leurs insignes, se réunirent sur la place d'armes où se trouvaient déjà, rangées en bataille, la garde nationale et la gendarmerie.

Sur l'invitation du maire, le secrétaire-greffier donna lecture du décret de la Convention instituant cette fête ; puis, à un signal donné par la musique, tous les assistants entonnèrent en chœur « l'hymne des Marseillais » ainsi que plusieurs autres hymnes patriotiques dont quelques-uns composés pour la circonstance.

Les élections ordonnées par la loi du 19 octobre pour le renouvellement des Corps administratifs et judiciaires, commencèrent à la date du 19 novembre par la nomination des juges au tribunal du district. Les citoyens Dargent, Louis-Étienne; Couroux, François-Michel; Jousselin, Claude-Robert; Passot fils(1), et Duminy, François-Grégoire, furent nommés juges ; Pierre Champrobert, commissaire national, et Battur, greffier.

Ils furent installés et prêtèrent serment le 23.

Pierre de Champrobert dont il est ici question comme chef du parquet, était depuis peu à La Charité. Il descendait paraît-il, d'une vieille famille originaire d'Italie, établie dans le midi de la France, et dont une branche était venue se fixer dans le Morvan qui faisait alors partie du Bourbonnais. « C'était un noble de notoriété, un *ci-devant* de vieille roche, lequel, lui-même issu de cadets à portion congrue et tout imprégné des doctrines nouvelles, avait embrassé avec ferveur les principes de 1789. »(2)

Le dernier bénéficiaire du prieuré de La Charité, le cardinal de Bernis, appartenait à la même famille dont le nom patronymique était *Pierre*. Il signait du reste de *Pierre de Bernis*.

Pierre Champrobert, l'âme du parti révolutionnaire à

---

(1) Démissionnaire et remplacé peu après par François Méchin fils.

(2) *Rapsodies généalogiques*, par son fils, P. Pierre de Champrobert.

La Charité, fut accusé d'avoir, pendant la Terreur, entretenu des relations secrètes avec Hébert, le rédacteur du *Père Duchêne*, accusation dont il parvint toutefois à se disculper devant la *Société populaire*.

Nous aurons du reste, à revenir assez souvent sur sa personne à cause du rôle considérable qu'il a joué à cette époque.

Le 25 novembre, on procéda à l'élection des juges de paix et de leurs assesseurs. Le premier tour de scrutin qui avait eu lieu dans la matinée, et auquel n'avaient pris part que 69 votants n'ayant donné aucun résultat, on fit dans l'après-midi du même jour un deuxième tour qui n'en réunit que 81. Le citoyen Bagnayt François ayant obtenu 44 voix contre 37 au citoyen Sordet-Laronce, fut élu juge de paix *intra muros*.

Ensuite furent nommés assesseurs : les citoyens Loison Jean-Etienne, par 23 voix ; Poignant Charles-André par 22 ; Auger l'aîné Charles, par 14, et Pluvinet l'aîné, par 12, (ce dernier en remplacement de Sordet-Laronce élu le premier, par 24 voix, et qui avait décliné le mandat) ; greffier : le citoyen Pierre Planchard fils, par 54 voix sur 60 votants.

L'élection de la municipalité se fit le 2 décembre. Au premier tour de scrutin, le citoyen Picart Charles, de la Pointe, ancien député aux Etats généraux, fut élu Maire par 64 voix sur 68 votants, et le citoyen Perrève Pierre, procureur de la commune, au deuxième tour, par 74 voix sur 111 votants.

Les officiers municipaux et les notables ne furent élus qu'au deuxième tour.

Officiers municipaux : les citoyens Louet par 21 voix, Cliquet François par 19, Boullée Alexandre par 18, Lajonquière Jean-Guillaume par 17, Joseph Auger-Legrand et Loiseau Etienne par 14, Mathieu Guesde l'aîné et Sordet l'aîné par 13. Ce dernier ayant donné, séance tenante, sa démission par suite d'incompatibilité de ce mandat avec celui « d'estimateur des biens de l'arrondissement du district », fut remplacé peu après par le sieur Lison fils, notable, tous ceux qui étaient avant lui dans l'ordre du tableau n'ayant pas voulu accepter.

Notables : les citoyens Battur Charles, par 30 voix, Couroux François-Michel par 28 ; Poignant Charles-André et

Philippe Arnaud le jeune par 26, Héron Henri, Loison Jean-Étienne et Turquet Jacques, vicaire, par 22, François-Auguste-Jacques Lison fils par 19, Dasvin François par 17, Pierre Champrobert Michel par 16, Pinsin Nicolas et Blondelet Charles par 15, Barberaud Paul par 14, Dargent Louis-Étienne et Leclerc fils par 13, Fabre Pellerin, Jouy François-Pierre et Bidou Jacques par 12, sur 46 votants.

A sa première réunion, le Conseil général nomma le citoyen Bertoin Louis-Hubert-François, secrétaire-greffier, et les citoyens Cliquet François et Turquet Jacques, vicaire, officiers de l'état civil.

Les citoyens Héron, premier vicaire de la paroisse, Bagnayt, dit de Bois-Griffon, Massue-Durie et Charron l'aîné, nommés membres du bureau de conciliation les 18 et 19 novembre pour former avec le citoyen Louet le bureau de paix du district, prêtèrent serment le 5 décembre avec la municipalité.

Le 13, le Conseil général nomma les citoyens Alliaume, dit Rivière, huissier de police chargé des publications, et lui alloua un traitement de 300 livres ; Boursat Gabriel, commissionnaire de la municipalité avec 360 livres de gages.

Le 31, il désigna les officiers municipaux Boullée et Loiseau pour composer le bureau avec le maire, et les citoyens Cliquet, Boullée et Lajonquière, officiers du tribunal de police.

Enfin, pour activer l'expédition des affaires de la mairie, il en répartit, comme suit, les attributions, entre les huit officiers municipaux.

1re *Comptabilité. — Contributions. — Renouvellement des baux des propriétés de la Commune.* — Les citoyens Boullée et Louet.

2° *Inspection et police de l'église. — Hôtel-Dieu. — Bureau des pauvres. Travaux de charité. — Écoles. — Promenades et voies publiques.* — Les citoyens Auger et Lison.

3° *Halle aux grains. — Mercuriale. — Taxes du pain et de la viande. — Surveillance des comestibles. — Service des étapes. — Convois et logements militaires.* — Les citoyens Lajonquière et Guesde.

4b *Contentieux.* — *Rédaction des actes, etc.* — *Tenue des assemblées générales et municipales.*— Les citoyens Cliquet et Loiseau.

CHAPITRE VIII

Levée de 300.000 hommes. Création d'un Comité de Surveillance. Certificats de résidence et cartes de civisme. — Révocations de fonctionnaires ; protestation de la municipalité.— Le conventionnel Fouché. — Loi du maximum. La Terreur.

1793, l'année terrible, s'annonçait sous de fâcheux auspices. L'Europe coalisée s'élevait contre la France. Cinq armées menaçaient ses frontières. En même temps la guerre civile fomentée par les ennemis du dedans éclatait en Vendée. Pour faire face à tous ces dangers, la Convention prend des mesures énergiques. Par décrets des 21, 23, 24 et 25 février, elle déclare la Patrie en danger et appelle 300.000 hommes sous les armes. Ces hommes devaient être pris dans ceux de 18 à 40 ans.

La municipalité seconde de son mieux les efforts de la Convention. Le 8 mars, elle prend un arrêté qui prescrit à tout citoyen détenteur d'armes et d'effets militaires complets ou non, tels que, habit, veste, culotte, et fusils de guerre, d'avoir à en faire la remise sur le champ à la mairie pour armer et équiper les volontaires, (la valeur vénale de tous ces objets devant du reste leur être remboursée après estimation.) Les cordonniers et les chapeliers furent requis en même temps de se présenter de suite à la mairie pour la fourniture des chapeaux et souliers nécessaires.

Le 11, un registre d'enrôlement est ouvert pour les engagements volontaires. (1) Chaque volontaire devait emporter avec soi trois chemises en toile de ménage, une paire de guêtres en toile grise, une autre paire en

---

(1) Il devait l'être pendant trois jours.

étamine noire, ou, à défaut, en toute autre étoffe noire de bonne qualité.

La garde nationale est mise en réquisition permanente pour, au premier appel, se porter avec armes et bagages partout où sa présence sera nécessaire.

Le 21, le citoyen Loiseau, officier municipal, s'enrôle volontairement et part quelques jours après pour la Vendée avec 26 autres Charitois requis pour aller combattre « *les scélérats qui la dévastent.* » Fait prisonnier deux fois et renvoyé sur parole, le citoyen Loiseau revint à La Charité reprendre son poste d'officier municipal dont il ne s'était point démis.

Contre les ennemis de l'intérieur, la Convention décrète que tout citoyen doit être porteur à l'avenir d'une carte de civisme qui ne pourra être délivrée que par le Conseil général du lieu où le demandeur a sa résidence, et sur l'attestation de huit de ses concitoyens. Elle devait être présentée à toute réquisition, faute de quoi on était arrêté comme suspect.

Il fallait nécessairement produire à l'appui de la demande un certificat de résidence, même pour les personnes nées dans l'endroit où on le sollicitait. Tous les citoyens,— et les fonctionnaires les premiers, — s'empressèrent à qui mieux mieux de se mettre en règle avec la loi.

Les demandes étaient soumises au Conseil général de la Commune qui ne délivrait le certificat qu'après enquête favorable.(1)

En sus de ces formalités, tout certificat de civisme devait encore, pour être valable, être revêtu des visas et approbations des directoires du district et du département.

Il en fut accordé un d'urgence, le 20 mars, au citoyen Picart, maire, qui n'avait pu quitter Paris sans cette pièce d'identité.

Huit jours après, un arrêté de la municipalité taxe le

---

(1) Modèle de carte de civisme :
« Les membres composant le Conseil général de la commune, attestent que le citoyen... a été reconnu par eux bon citoyen, en foi de quoy ils lui ont délivré le présent certificat de civisme au désir des lois des 26, 29 et 31 janvier dernier pour lui servir et valoir ce que de raison. » *Archives de la ville.*

pain blanc, à 4 sols 9 deniers la livre, et le jaunet à 4 sols 3 deniers ; la viande, bœuf, veau et mouton, à 9 sols la livre.

Le 4 avril, Collot d'Herbois et Goyre-Laplanche,(1) commissaires de la Convention, assistent à la séance du Conseil général. Le procureur de la commune, Perrève, se disculpe devant eux de l'accusation portée contre lui d'avoir tenu des propos inciviques, regretté publiquement l'ancien régime, et de s'être montré l'ami des ci-devant nobles.(2)

Le 9, tous les membres du Conseil général prêtent le serment suivant décrété par la Convention : « *Je jure de maintenir l'Unité et l'Indivisibilité de la République, la mort des tyrans et l'exécration des despotes quelconques sous quelque dénomination que ce puisse être, de protecteur, de régent, de dictateur, de triumvir ; d'exterminer quiconque proposerait directement ou indirectement de rétablir la royauté en France, et de dénoncer dans ma section ceux qui regretteraient ouvertement l'ancien régime, ceux qui par-*

(1) Ancien vicaire de l'évêque Tollet ; député de la Nièvre à la Convention.

(2) Certificat de résidence. « Nous, maire, officiers municipaux et membres du Conseil général de la commune de La Charité-sur-Loire, sur la demande qui a été faite par le citoyen Picart ci-après nommé, certifions sur l'attestation des citoyens Edme Martignon, Pierre Maugue, Jean-Baptiste Devernines, Antoine Garet, Gabriel Boursat, Henri Héron, Louis-Jacques Chastignier, Pierre Lesfilles-Héron et Jean Feuillet, et les citoyens Edme Martignon et Pierre Maugue sont les deux plus proches voisins du certifié et tous les neuf domiciliés de cette commune, chef-lieu du canton, qui est celui dans l'arrondissement duquel est la résidence du certifié, que le citoyen Charles Picart, maire et propriétaire en cette commune, âgé de soixante-deux ans, taille de cinq pieds six pouces, cheveux et sourcils châtains gris, yeux bruns, nez grand, bouche moyenne, menton rond, front découvert, visage ovale, demeure actuellement au lieu de la Pointe, commune de La Charité, maison à lui appartenant et qu'il y réside et y a résidé sans interruption depuis onze ans jusqu'à ce jour. En foi de quoi nous lui avons délivré le présent certificat que nous avons admis au témoignage, lesquels certifiants ne sont à notre connaissance et suivant l'affirmation qu'ils ont faite devant nous, parents, alliés, domestiques, fermiers, créanciers, débiteurs, ni agents du certifié ni d'aucunes autres prévenues d'émigration ou émigrés, et ont les dits certifié et certifiants signé sur le premier registre.

Fait à la maison commune de La Charité, le 26 floréal, l'an 2ᵉ de la République française Une et Indivisible. Suivent les signatures. » *Archives de la ville.*

leraient en faveur de la monarchie, et voudraient avilir ou anéantir la Représentation nationale. »

Le même jour, sur la réquisition des députés commissaires de la Convention, *un Comité de surveillance* est constitué avec les citoyens Leclerc fils, Bidou, Battur, Lajonquière et Dargent, membres, et le citoyen Gély, commissaire, pour recueillir les « dénonciations, renseignements, faits et observations relatifs aux subsistances. » Démissionnaire quelques jours après, Gély fut remplacé le 21 par le citoyen Fabre. Dans la même séance, les citoyens Jouy, Habert, Roblin dit Bellony, Beaufils, tanneur, et Bâton l'aîné, furent nommés garde-messiers aux gages de 800 livres chacun, et placés sous les ordres de Jouy.

Le 21, sur de nouvelles réquisitions des commissaires de la Convention, le Conseil général prend plusieurs arrêtés. Il décide, d'abord, la création d'une garde nationale soldée « recrutée parmi les bons patriotes pères de famille et les moins aisés qui devaient se faire inscrire à la mairie dans un délai de trois jours, après avoir obtenu toutefois au préalable une carte de civisme du *Comité des Douze* (1) établi récemment en cette ville : »

Ensuite, « que les citoyennes seront tenues d'arborer la cocarde tricolore à leur coiffure pour qu'elle soit plus visible, *celles qui ne s'y soumettraient pas, donnant lieu de douter de leur patriotisme, s'exposeraient à être insultées.* »

On constitua aussi un *Comité d'approvisionnement* dont le citoyen Duminy fils, membre du district, fut nommé trésorier ; les citoyens Lalande, Sordet l'aîné, Fabre et Pierre Champrobert, chargés des achats, jusqu'à concurrence de la somme de 20.000 livres ; Loison fils, de la réception et de la vente des grains et farines qui se faisait tous les jours en présence du trésorier et de deux officiers municipaux assurant le service d'ordre avec un détachement de garde nationale.

Ce Comité, dit d'épuration, se réunissait tous les jours, de 8 à 11 heures du matin, dans la procure de la maison des ci-devant bénédictins.

Il y avait un autre Comité de cinq membres chargé d'examiner les dénonciations contre les citoyens.

Le Comité philanthropique de la *Société populaire* (1) avait été prié, de son côté, d'engager tous les citoyens en mesure de pouvoir le faire, d'avancer à la ville les fonds nécessaires aux achats, remboursables en octobre sans intérêts. De bons patriotes, les citoyens Massüe-Durie et Lerasle frères s'empressèrent de mettre à la disposition de la municipalité une somme de 5.000 livres, avec l'engagement en plus de supporter au besoin jusqu'à 1/10 de perte.

Le 14, les commissaires de la Convention enjoignirent aux mariniers d'avoir à se présenter le lendemain à 10 heures du matin, à la mairie, pour procéder entre eux, par voie de tirage au sort, au complément du contingent qu'ils devaient fournir à la marine de l'Etat.

Par un autre arrêté pris à la même date, ils prescrivirent aux « hôteliers, aubergistes, logeurs, propriétaires ou locataires principaux, d'avoir à afficher à hauteur d'homme, dans un endroit apparent et visible jour et nuit, *un écriteau en caractères bien lisibles sur lequel seraient inscrits avec distinction des différents étages ou rez-de-chaussée, suivant qu'ils sont occupés, les noms de tous les citoyens ou citoyennes qui habitent dans chaque maison, avec l'indication de leurs nom, prénom, âge et profession.* »(2)

Le Comité des Douze fut chargé d'assurer la stricte exécution de ces dernières prescriptions, et de dénoncer à la municipalité ceux qui y contreviendraient.

A cette époque troublée, les dénonciations étaient très fréquentes. Au commencement de janvier, le Conseil général en avait reçu une des gendarmes nationaux Malvitte et Chevreuil, contre Couraut, leur brigadier, qu'ils représentaient comme « donnant journellement des preuves de son mécontentement à la Révolution par la perte du ci-devant général Bouillé, son protecteur, qui l'avait fait réintégrer dans son grade qu'il avait perdu par son inconduite, et qui se refuse de mettre à exécution certains mandats qui lui sont confiés par les autorités. »(3)

(1) Cette société avait été fondée le 23 février dernier par le citoyen Pierre Champrobert qui faillit en être une des premières victimes. Elle tenait ses séances dans la ci-devant église des Récollets qui, avec la sacristie, avaient été mises à sa disposition par la municipalité.
(2) *Archives de la ville.*
(3) *Archives de la ville.*

Le Conseil général avait passé outre.

A la suite d'une autre dénonciation adressée dans le courant de mars aux commissaires de la Convention contre plusieurs personnes « suspectées de tiédeur, » ceux-ci, après une courte enquête, destituèrent les citoyens Paponat et Binet, membres du directoire du district; Dargent, Couroux et Duminy fils, membres du tribunal ; Louet et Cliquet, officiers municipaux, et Devernines, receveur de la commune.

Les juges destitués cessèrent immédiatement leurs fonctions dans lesquelles ils furent remplacés par les citoyens Berger de St-Quentin, Gély François et Bidou Jacques. Le premier se présenta seul le 28 avril pour se faire installer; ses collègues ne vinrent que le 10 mai requérir acte de leur acceptation.

Comme on devait s'y attendre, les choix faits par les commissaires ne donnaient pas encore complète satisfaction à ceux qui avaient provoqué cette mesure, car quelques jours après, dans une visite domiciliaire faite par ordre du maire chez le citoyen Champrobert, on trouva la lettre suivante datée du 26 avril, à l'adresse des commissaires :

Républicains,

« *Toujours animés du désir de faire le bien et le plus grand bien ; jaloux de ne voir les Corps constitués composés que de personnes à la hauteur des circonstances, vous vous êtes déterminés à destituer plusieurs fonctionnaires publics : permettez-nous de vous parler en sans-culottes.*

« *L'Administration du district telle que vous l'avez formée est bien composée, mais il n'en est pas ainsi du tribunal et de la municipalité. Montigny n'est et n'a jamais été patriote, et il n'est pas en état de présider. Le citoyen Bidou est très bon patriote, mais il n'a aucune espèce d'aptitude pour remplir les fonctions de juge. Les citoyens Massile-Durie et Gély sont cousins-germains et ne peuvent conséquemment être juges ensemble. Quant à la municipalité, il est de toute impossibilité qu'elle aille telle qu'elle se trouve composée d'après votre travail. Nous vous conjurons donc, Républicains, au nom de la chose publique, de vouloir bien prendre ees observations en considération et vous remettre sous les yeux les notes qui vous ont été remises à Nevers samedi dernier par les citoyens Champrobert et Moinault.*

« Les sans-culottes de La Charité signé : *Moinault, sans-culotte* ; *Moutoire, lieutenant de la gendarmerie nationale* ; *Massüe-Durie, sans-culotte* ; *Auger-Legrand, sans-culotte* ; *Pierre Champrobert* ; *Auger-Seguin et Auger Jacharie* (1)

Dès que cette lettre fut connue, les citoyens Auger Jacharie et Massüe-Durie peu rassurés sur les suites qu'elle pourrait avoir, s'empressèrent de la désavouer « leur bonne foi ayant été surprise par Champrobert, et ayant signé sans lire. » Auger-Legrand fit la même déclaration le 8, mais seulement en ce qui concernait sa signature, car il reconnaissait être complètement d'accord avec Champrobert, sur le fond même de la lettre.

Le 22, le lieutenant Moutoire, lors de son arrestation sur mandat du juge de paix, désavoua aussi sa signature, donnée, dit-il, « par surprise. »(2)

Tous ces hommes étaient d'ardents patriotes, et d'autant plus exaltés, que la municipalité, composée alors de modérés, paraissait ne vouloir tenir aucun compte de l'arrêté qui destituait plusieurs de ses membres. A Moinault qui, le 5 mai, s'était présenté à la mairie pour sommer le maire d'avoir à procéder à l'installation des citoyens nommés par les commissaires de la Convention, celui-ci lui avait répondu que, regardant ces nominations comme « attentatoires à la souveraineté du peuple, » il voulait en référer auparavant au Conseil général de la commune.

Celui-ci fut convoqué pour le 7. La municipalité avait mis cet intervalle à profit pour essayer de donner le change, car, à peine en séance, le maire donna lecture d'une dénonciation, faite le matin même, sur les registres de la municipalité, et signée de quinze membres de la « société républicaine, » contre les citoyens Moinault fils aîné, Beaufils de St-Vincent, Pierre Champrobert, Auger-Legrand, Massüe-Durie, Jacharie Auger et Moutoire, aussi membres de cette société, qu'ils accusaient d'avoir tenu tant à la tribune de la société, qu'en public, « des propos tendant à soulever le peuple, et à l'inciter au pillage chez les citoyens aisés. »(3)

(1) *Archives de la ville.*
(2) *Archives de la ville.*
(3) *Archives de la ville.*

A la suite de cette communication, et sur l'avis du Conseil général inféodé complètement à la politique plutôt rétrograde de la municipalité, le maire et les officiers municipaux déléguèrent un de leurs collègues et le procureur de la commune, et donnèrent l'ordre au commandant de la garde nationale de les accompagner avec une force armée suffisante, pour désarmer les citoyens Moinault fils et Beaufils St-Vincent dénoncés tout particulièrement « *comme sortant journellement armés de pistolets dont on voit les bouts sortir de leurs poches, et qui ont fait menace de s'en servir,* »(1) et faire chez eux des visites domiciliaires ainsi que chez les autres inculpés.

C'est au cours de cette perquisition qu'on trouva chez le citoyen Champrobert copie de la lettre que nous avons relatée ci-dessus et dont il était l'auteur.

Ensuite, comme protestation, statuant sur la demande de certificats de civisme réclamés par les citoyens destitués : « le Conseil général, considérant que les Commissaires de la Convention ont été trompés et mal informés, arrête à l'unanimité que les dits certificats leur seront délivrés. »

Le Directoire du département prit aussitôt après l'arrêté suivant :

« Séance publique du 9 mai 1793, l'an II de la République française.

« Lecture a été faite d'une lettre de ce jour du district de La Charité qui est relative au retard apporté à l'installation des citoyens nommés pour remplacer les particuliers destitués dans ce district par les Représentants du peuple, commissaires délégués par la Convention Nationale dans les départements de la Nièvre et du Loiret.

« Une députation de la Société des *Amis de la République*, a été annoncée. Introduite, le citoyen Damours, portant la parole, a dit que la ville de La Charité était la rébellion ouverte ; que l'Administration et la municipalité étaient on ne peut plus coupables de n'avoir pas mis à exécution les réquisitoires des commissaires de la Convention nationale, et il demande au nom de la Société :

1° qu'il soit envoyé des commissaires à La Charité chargés de l'exécution des réquisitoires de la Convention ;

---

(1) *Archives de la ville.*

2° *que les commissaires soient assistés d'une force armée suffisante pour en imposer aux malveillants de cette ville.*

« Sur quoy, la matière mise en délibération, le Conseil du département de la Nièvre, ouï le procureur général syndic,

« considérant que la première réquisition des commissaires de la Convention nationale a été envoyée le 27 avril au procureur syndic du district de La Charité ; que la précaution que le département avait prise d'envoyer un exprès à La Charité devait faire sentir au district la nécessité de ne point retarder l'exécution de la dite réquisition ;

« que le silence gardé par l'administration de ce district ne peut être envisagé que comme un refus d'obéir à une réquisition qui avait force de loi puisque les commissaires avaient les pouvoirs les plus étendus ;

« arrête provisoirement qu'il sera nommé deux commissaires pris dans le sein du Conseil, lesquels se rendront demain à La Charité et demeurent chargés de faire exécuter les réquisitoires des commissaires de la Convention nationale du 24 avril et 1er de ce mois ; les autorise en cas de résistance à requérir la force armée pour le maintien des lois et des réquisitoires des dits commissaires ; les autorise même au besoin si quelques malveillants, quelques fonctionnaires publics s'opposaient ouvertement aux installations à les faire mettre en état d'arrestation.

« charge les dits commissaires de vérifier tous les faits relatifs au retard apporté par la municipalité et le district pour les dites installations et au désarmement de plusieurs patriotes ; de ne point désemparer de la ville de La Charité que la tranquillité publique ne soit parfaitement rétablie ; d'entretenir la correspondance la plus active avec l'Administration et de lui dépêcher même des courriers extraordinaires pour qu'elle puisse prendre des arrêtés suivant la nature des circonstances ;

« arrête enfin qu'expéditions des réquisitions des commissaires des 24 avril et 1er mai, de nos arrêtés des 25 avril et 1er mai, seront remises aux citoyens Maublanc et Chailloux, administrateurs du Conseil, nommés commissaires, ainsi qu'une copie de la présente délibération.

« Fait et arrêté en séance publique le neuf may 1793, l'An II de la République, signé : Guillien, vice-président ; Le Blanc-Neuilly, secrétaire-général. »

Plus bas est écrit : Certifié conforme

« Signé : Le Blanc-Neuilly, secrétaire-général. »

Les commissaires arrivèrent à La Charité le 11. Ils procédèrent aussitôt à l'installation des citoyens Blondelet Joseph, Ezard Louis, Evrat Nicolas et Couroux Michel, nommés officiers municipaux ; Gély Pierre-François, Bidou Pierre-Jacques et Auger Charles, juges au tribunal, et Berger St-Quentin, président.

Le même jour, le Conseil général de la Commune, pour éviter de nouveaux troubles, suspendait provisoirement les réunions de la Société populaire sous prétexte « que des discussions vives s'y sont élevées, et peuvent devenir dangereuses. » La veille il avait fait signifier aux citoyens Rabier, Bâtonneau, Lamy, Bonpoix, Bergeron, Duclervis, Jourdan, Magnan, Lardeau, Bussière, Chevrier, Damours, Moreau, Sirop, Jourdan, Bonpoix, Durie le jeune, Boillerault, Bidot, Olivier, Cherner, Vincent, Lamy, Lelong, Bâtonneau, Seigneur, Magniant, Bonnet, Bergeret et Louis Fouquet, venus exprès de Nevers pour fraterniser dans l'église paroissiale avec les membres de cette société, défense formelle de se réunir.

Le 17, il décidait l'envoi d'une adresse « respectueuse » à la Convention pour protester « au nom de la Souveraineté du peuple » contre les révocations faites par ses commissaires, « le peuple n'ayant été pour rien dans le choix de leurs successeurs. »

Cette adresse, revêtue des signatures légalisées des citoyens Leclerc fils, Loison, Poignant, Dasvin, Bidou, Turquet, Héron, Blondelet et Fabre notables ; Guesde, Evrat, Loiseau, Lajonquière, Ezard et Lison, officiers municipaux ; Barberaud ; Perrève, procureur de la commune, et Picart, maire, fut remise au citoyen Lerasle « ci-devant homme de loi, négociant, président de la *Société républicaine* » pour la porter à la Convention, mission que le citoyen Lerasle offrit de remplir à ses frais. (2)

Le 1ᵉʳ juin, la municipalité fit signifier à la veuve Hide,

---

(1) *Archives de la ville.*

(2) C'était une dépense assez forte. De La Charité à Paris en poste, et vice-versa, il ne fallait pas moins de deux jours pour aller, et autant pour revenir. Les frais se décomposaient ainsi :

propriétaire de la manufacture de quincaillerie(1) défense de vendre des armes aux individus non munis de passeport, parce que, à différentes reprises, elle en avait vendu à un nommé Brégière Guillaume, de Sancerre, qui avait été arrêté le 26 mai, au soir, porteur de six sabres, et sans cette pièce d'identité.

Le maximum du cours des grains fut fixé aussi à cette date, avec défense expresse de vendre au-dessus de ces prix.

Le boisseau de froment, en 1re qualité   4 l. 19 sols.
—   —   —   2e qualité   4   13
—   de méteil   4   1
—   de seigle   3   14
—   d'orge.   2   15
—   d'avoine   1   13 ;

le pain blanc mollet fut taxé à 4 sols 6 deniers, la livre, et le jaunet, à 4 sols.

Le Conseil général adressa bientôt aux administrateurs du département, à l'instigation du maire, une demande « *de liberté provisoire, sous la surveillance de la municipalité, en faveur du citoyen Jacques Bergougnioux, curé, détenu en la maison de réclusion de Nevers sans que le Conseil général eût jamais connu les motifs de son arrestation.* »(1)

L'effectif de la garde nationale se trouvant sensiblement réduit par suite d'enrôlements volontaires et des réquisitions des commissaires, les deux bataillons furent alors fondus en un seul.

Le citoyen Duminy fils en fut nommé commandant; Mallet Etienne, sous-commandant; Louis Chaumette, adjudant; Nérat, porte-drapeau, et Senet le jeune armurier.

(suite de la note de la page précédente)
3 chevaux par poste à 2 livres 5 sols..............   6 l. 15 s.
Guides...................................   1   5
Soit par poste.........................   8 livres.
De la Charité à Paris il y avait 26 postes 1/2 soit..   212 l.
Graissage de la voiture....................   6
                                                            218
et autant pour le retour, d'où une dépense totale de...   436 livres.

(1) Aujourd'hui asile d'aliénés.
(2) *Archives de la ville.*

Ce bataillon comprenait : une compagnie de grenadiers ; quatre de fusiliers, et une de canonniers, cette dernière pour le service des trois pièces en fonte que la ville possédait depuis peu, et dont les affûts étaient encore en construction à Nevers, chez le citoyen Corcel.

Les gendarmes de La Charité étant en réquisition à Nevers, la garde nationale restait seule chargée du service d'ordre. Elle prêta serment le 30 juin.

La nouvelle Constitution, décrétée par la Convention nationale dans sa séance du 27 juin, et qui devait entrer en vigueur aussitôt après son acceptation par le peuple, donna lieu le 4 juillet à une imposante manifestation. La population, massée sur la place d'armes, devant l'autel élevé à la Patrie jura obéissance et acclama la nouvelle Constitution, puis elle se mit à parcourir les rues en chantant la Marseillaise. Le soir toute la ville fut illuminée.

Le 26, nouveau décret contre les accapareurs. Champrobert est nommé commissaire et désigné en même temps pour porter la parole dans la journée commémorative du 10 août.

Le 17 août, la Convention met en réquisition tous les hommes valides de 18 à 25 ans. Le 28 septembre, le fameux conventionnel Fouché, cet ex-prêtre de l'Oratoire de Nevers, alors en mission dans la Nièvre, fait publier un arrêté mettant aussi en réquisition les hommes de retour de la Vendée, hormis « ceux qui occupent des fonctions publiques, et qui doivent rester à leur poste. »

En septembre, il fait prendre au directoire du département un autre arrêté enjoignant à tout ministre du culte ou prêtre pensionné par la Nation d'avoir à se marier, ou à adopter un enfant, ou enfin d'entretenir et nourrir à sa table un vieillard indigent, « et qui faute d'adopter l'un ou l'autre de ces partis avant le 1ᵉʳ novembre, sera censé avoir renoncé à l'exercice de ses fonctions. »(1)

Les déclarations affluent. C'est d'abord le citoyen Turquet Jacques, deuxième vicaire, qui vient le premier le 27, déclarer à la mairie qu'il continuera à nourrir et à entretenir comme par le passé la citoyenne Anne Turquet, sa tante, dont l'état d'indigence est connu de tout le monde.

(1) *Archives de la ville.*

Ensuite, Nérat Mathieu-Nicolas, ci-devant bernardin, qui déclare adopter une enfant de 9 ans, nommée Marienne, (fille légitime de Jean-Claude Belette, de St-Jean de Maurienne en Savoie, et de Marie-Marguerite Bonnion, sa femme, native de Paris), avec l'intention de lui léguer tous ses biens après son décès.

Le 7 octobre, Héron Henri, premier vicaire, déclare adopter et faire hériter de ses biens, après sa mort, Mathieu Lallemand, son petit-neveu, âgé de 7 ans, fils de Lallemand Jean-Jacques vice-président du directoire de cette ville, et de Marie-Anne Lesfilles, avec l'engagement de le nourrir et de l'entretenir, « en considération de ce que le citoyen Lallemand est chargé de quatre enfants et accablé d'infirmités. »(1)

Après lui, le troisième vicaire, Joseph Thyriot, déclara vouloir nourrir, entretenir, et adopter pour héritière, Louise Leduc, âgée de 13 ans, fille de François Leduc, boulanger, et de Marie Lambert, « en raison de leur peu d'aisance, et des bons soins qu'ils ont eu pour lui depuis qu'il réside avec eux. »(2)

Le 4 frimaire, le même Thyriot, déclarait cette fois renoncer à « sa qualité de prêtre, » et en raison de son grand âge (74 ans), et de son manque absolu de ressources, « s'en remettait avec confiance sur la justice nationale pour en obtenir les secours que nécessitent son âge et ses infirmités. »(3)

C'est le curé, Jacques Bergougnioux, qui vint le dernier, la veille du jour où le délai expirait, faire connaître son intention de, « nourrir et d'entretenir Fromental Marie, âgée de 61 ans, sa femme de confiance, pauvre et infirme, en raison des bons soins qu'elle lui a prodigués jusqu'alors, et, qu'en conséquence, il prendra un autre domestique *mâle ou femelle.* »(4)

Il venait quelques jours après (25 brumaire) déclarer qu'il renonçait formellement aux fonctions de curé « et invitait les autorités à ne plus voir en lui qu'un bon citoyen et un bon républicain. »

(1) *Archives de la ville.*
(2) *Archives de la ville.*
(3) *Archives de la ville.*
(3) *Archives de la ville.*

Fouché prenait en même temps des mesures énergiques pour la reconstitution des municipalités, et nommait à cet effet trois commissaires auxquels il délégua les pouvoirs suivants :

République française, Une et Indivisible.
Liberté et Egalité.

« *Le Représentant du Peuple, député par la Convention nationale près les départements du Centre et de l'Ouest, considérant combien il est urgent de donner au peuple des magistrats fidèles et capables de lui faire restituer ses droits et de donner de l'activité à l'exécution des Lois et des Arrêtés révolutionnaires des Représentants du peuple, arrête qu'il sera envoyé trois commissaires dans les districts de Cosne et de La Charité à l'effet de recomposer les diverses administrations, municipalités, tribunaux, sociétés populaires et comités de surveillance ; de remplacer tous les membres qui ne se sont pas montrés les plus fermes amis de la Liberté ; tous ceux dont la probité et la moralité ne sont pas sans reproche ; tous ceux qui ont accaparé plusieurs emplois ; tous ceux que le Peuple accuse ou soupçonne.*

« *Nomme pour l'exécution de cet arrêté : les citoyens Arnaud, commissaire national ; Bompois, officier municipal, et Sordet l'aîné, notable, et leur délègue tous les pouvoirs nécessaires ; déclare réfractaire à la Loi et contre-révolutionnaire celui qui mettra des entraves à leurs opérations ; authorise les dits commissaires à se faire rendre compte de tous les travaux des autorités constituées, des comités de surveillance ; à prendre des arrêtés sur tous les objets de leur mission qui seront provisoirement exécutés ; arrête, en outre, qu'il sera envoyé trente gardes révolutionnaires dans les districts de Cosne et de La Charité qui accompagneront les trois commissaires et qui seront à leur disposition.*

« *Nevers, 2º jour de la 1ʳᵉ décade du 2ᵉ mois de l'An deux de la République. Signé : Fouché. Et plus bas : Vu par nous, administrateurs composant le Conseil du département de la Nièvre. Nevers, le 2ᵉ jour du 2ᵉ mois de l'An 3 de la République, Une et Indivisible,*

« *Signé : La Ramée, Cassard, Paichereau-Champreuil, administrateurs du département ; Le Blanc-Neuilly secrétaire-général.* »

La Convention venait d'organiser le *décadi* avec ses fêtes. Le 1ᵉʳ mars 1793, elle avait rendu un décret contre les prêtres émigrés qui rentreraient en France, et les 21 et 29 avril, un autre déportant ceux qui n'auraient pas prêté le serment civique. Sous la tyrannie de Robespierre qui s'annonce, l'exercice du culte sera supprimé, la Constitution civile du clergé n'existera plus.

Les vicaires Henri Héron, ci-devant curé de la paroisse Ste-Croix, et Turquet, durent donner leur démission de notables en exécution de la loi qui excluait les ecclésiastiques de toutes les administrations.

Quelques jours après, le même Héron qui voyait l'horizon s'assombrir de plus en plus, demandait l'annulation de son acte d'adoption du 7 octobre et déclarait « *qu'en bon patriote, il faisait abandon à la Nation de son traitement de ci-devant curé et de celui de vicaire; qu'il renonçait à ses fonctions et cessait dès ce jour l'exercice du culte, en invitant les autorités à ne plus le regarder comme prêtre, mais comme un citoyen de la République dont il fait partie, et offrant de remplir telle autre fonction dont il sera capable, et dont on le jugerait digne.* »(1)

2.000 prêtres se marièrent pendant la Révolution, dont 1.700 en 1794 pour éviter la guillotine.(2)

Pour se mettre en règle avec la loi, la municipalité fit publier le 30 octobre la proclamation suivante : « *Les citoyens de cette ville sont avertis que demain, 31 octobre, 10ᵉ jour de la première décade du second mois, sera un jour de repos; que tous les individus pourront en profiter s'ils le jugent convenable; que l'église sera ouverte pour le culte, et que dorénavant il ne sera plus célébré aucun office d'autre jour que le dixième jour de chaque décade, et que par ce moyen tous les citoyens sont invités à s'y conformer.*

« Délivré à la maison commune, le 9ᵉ jour de la 1ʳᵉ décade du 2ᵉ mois de la seconde année de la *République Une et Indivisible.* » Signée du maire et des officiers municipaux.

Le calendrier révolutionnaire n'entra en vigueur à La Charité qu'au mois d'octobre 1793. La Convention natio-

---

(1) *Archives de la ville.*
(2) Gazier — *Etudes sur l'histoire religieuse de la Révolution française.*

nale avait décrété qu'une ère nouvelle commençait le 22 septembre 1792, date de la proclamation de la République. Le 22 septembre fut donc le 1er vendémiaire an I.(1)

Fouché ayant ordonné de détruire les clochers des églises supprimées, les administrateurs du district avaient adjugé le 12 octobre, au citoyen Corcel, la démolition de ceux des églises St-Pierre et des Récollets.

Dans le courant de ce même mois, le Conseil général en vertu du décret du 29 septembre, art. VIII. portant que « le maximum ou plus haut prix des salaires, gages, mains-d'œuvre et journées de travail dans chaque lieu sera fixé à commencer de la publication de cette loi jusqu'au mois de septembre prochain par les Conseils généraux des communes aux mêmes taux qu'en 1790 auxquels il sera ajouté la moitié de ce prix en sus, » l'avait établi comme suit :

« 1° Journaliers travaillant à la terre; en 1790: hiver, 15 sols; été, 20 sols. En 1793 : hiver, 22 sols, 6 deniers ; été, 30 sols.

2° Femmes et enfants employés à porter des terres et fumiers (en toute saison); en 1790 : 8 sols. En 1793 : 12 sols.

3° Charpentiers, couvreurs, maçons, tailleurs de pierres, menuisiers, fendeurs de bois, scieurs de long et autres ; en 1790 : hiver, 18 sols ; été, 20 sols. En 1793 : hiver, 27 sols ; été, 30 sols.

4° Laveuses de lessives ; en 1793, 20 sols.

(Tous ces salaires sans nourriture)

(1) Calendrier révolutionnaire:
AUTOMNE
Septembre, vendémiaire, (vendanges).
Octobre, brumaire, (brouillards).
Novembre, frimaire, (frimas).
HIVER
Décembre, nivôse, (neige).
Janvier, pluviôse, (pluie).
Février, ventôse, (vent).
PRINTEMPS
Mars, germinal, (plante qui pousse, germe).
Avril, floréal, (fleurs).
Mai, prairial, (prairies, fenaison).
ÉTÉ
Juin, messidor, (moisson).
Juillet, thermidor, (chaleur).
Août, fructidor, (fruits).

5° Lingères, couturières et autres, travaillant à la journée: 10 sols, plus la nourriture.
6° Charretiers dans les labourages ; en 1793 : 150 livres.
7° Laboureurs ; en 1793 : 130 —
8° Boyers(*sic*); en 1793 : 90 —
9° Domestiques : *Femelles*, gages en 1793 : 45 —
10° — *Mâles* — — 120 —
11° Journée d'un voiturier avec une voiture à 3 chevaux ; en 1790 : 6 livres. En 1793 : 9 livres.
12° Course des patackes, par lieue de poste : 30 sols.
13° Cheval de selle en location ; 45 —
14° Tabac en poudre, à 32 sols la livre, ce qui fera l'once à (1) » 2 —

Fouché avait aussi supprimé en raison de son insuffisance le marché de Sancergues établi depuis 1790 (2) et intimé l'ordre aux autorités du département du Cher de favoriser la circulation des grains destinés à l'approvisionnement du marché de La Charité « à peine d'en demeurer responsables sur leurs personnes et sur leurs biens, et d'être déclarées coupables de crime de Fédéralisme. »

Ses délégués, par mesure de sûreté générale, avaient fait arrêter et incarcérer dans l'ancien couvent des bénédictins la plupart des fonctionnaires révoqués ainsi que plusieurs autres citoyens dont l'attitude paraissait suspecte. Il y avait là entre autres les citoyens Goullon, curé de Moussy qui avait déclaré cependant renoncer à la qualité de prêtre; Devernines, receveur communal; Boullée ; Dumas, procureur-syndic du district ; Paponat, capitaine de la garde nationale, ancien membre du directoire du district; Sordet-Laronce ; de La Rue, propriétaire de la manufacture de boutons, capitaine de grenadiers ; Cliquet, avoué, officier municipal ; Dargent, propriétaire, juge au tribunal ; Maugue et Billacois, notaires, et Philbert Ballard, ci-devant procureur général syndic du département qui, venu de Nevers le 13 août pour établir sa résidence à La Charité, avait demandé le 23 septembre à être incarcéré en vertu du décret du 17 du même mois portant que tous les fonc-

(1) Le 17 germinal, an II, ce tarif subit une légère diminution concernant ceux qui étaient payés à l'année (domestiques, laboureurs et autres).
(2) Loi du 10 janvier 1793. Arrêté du 20 octobre.

tionnaires publics qui avaient été destitués, seraient mis en état d'arrestation.

Le régime de la prison n'était pas bien sévère, car dans une visite que fit la municipalité pour s'enquérir des besoins des prisonniers, ceux-ci se plaignirent seulement de l'exiguité du local et demandèrent de quoi pouvoir écrire pour envoyer une pétition au Représentant du peuple afin de connaître les motifs de leur arrestation.

Le 21 brumaire, le Conseil général, sur la présentation du *Comité de surveillance*(1), nomma le citoyen Dasvin, commissaire de police, nomination ratifiée quelques jours après par le Conseil du département qui fixa en même temps son traitement à 1.200 livres.

L'avant-veille, une députation de la Société des jeunes sans-culottes s'était présentée à la mairie pour informer la municipalité que cette société avait arrêté de faire le lendemain (le 20) une promenade civique « qui serait terminée par un repas frugal tel qu'en faisaient autrefois les jeunes spartiates », et l'inviter, ainsi que les commissaires délégués, à prendre part à cette fête.

Le 25, sur une réquisition du *Comité de salut public* de la Convention, le citoyen Loiseau fut chargé par la municipalité de se transporter aux forges de la Vernière pour y surveiller la fabrication et l'expédition des lances à canon.(2)

Le même jour, dans la soirée, les commissaires firent notifier au maire l'arrêté suivant :

« *Les commissaires délégués par le Représentant du peuple,*

« *Considérant, etc... considérant encore que le même citoyen Picart est un de ceux qui ont reçu le 7 mars dernier (vieux style) la dénonciation faite par plusieurs aristocrates*

---

(1) Ce comité avait son siège dans la rue de Paris. Il avait un factionnaire à la porte. Il y en avait un autre à celle du receveur du district, et un sur la place d'armes pour garder les trois pièces de canon qui appartenaient à la commune.

(2) On fabriquait en même temps à La Charité des piques dont le manche avait six pieds de long entre les deux douilles. L'adjudicataire s'était engagé à les fournir en bois de frêne, mais vu la difficulté pour lui de s'en procurer, il fut autorisé à en fournir la moitié en bois d'orme.

Il existe encore quelques-unes de ces piques à la mairie.

contre les patriotes de cette commune qui furent désarmés et incarcérés ;

« *Considérant enfin que le citoyen Picart est un ancien privilégié qui prenait la qualité d'Ecuyer, lieutenant de la vénerie du tyran ;*

« *Qu'il est dans l'esprit de la Loi que tous les ex-nobles ou privilégiés n'occupent aucune place publique ;*

« *Arrêtons en vertu des pouvoirs à nous conférés tant par le Représentant du peuple, que par l'administration du département, que le citoyen Picart, Maire de La Charité, sera remplacé ;*

« *Que le citoyen Bagnayt, juge de paix, a fait incarcérer le citoyen Moinault à cause de son patriotisme, et que le citoyen Planchard, son secrétaire-greffier était aussi un de ceux qui entraient dans la coalition formée contre les sans-culottes ;*

« *Arrêtons que les sus-nommés sont révoqués de leurs fonctions ;*

« *Arrêtons en conséquence que les électeurs de la commune de La Charité se réuniront le 28, à 9 heures, à l'effet de procéder à la nomination d'un maire, d'un juge de paix et de son secrétaire,*

« *en présence du citoyen Beaufils, administrateur du département, que nous nommons à cet effet et chargeons d'installer la municipalité suivant le tableau ci-après :*

« ..... Maire ; Pinsin, 1er officier municipal ; Martignon ; Laurent ; Bourgeot-Leblanc ; Dayraignes ; Lison(1) et Jérôme Auger-Séguin, officiers municipaux.

Conseil général.

« Besses ; Desfossés ; Mellot, dit le Borgne ; Constant, cardeur ; Lajonquière ; Gestat ; Rameau fils ; Senet l'aîné ; Charles Blondelet ; Desgrières fils ; Taupin, médecin ; Bouy père ; Merlin Jacques ; Ezard ; Mathieu-Pinson ; Michot père ; Turbat père ; Perrève, procureur de la commune, et Pothier, secrétaire. »

« L'arrêté prononçait aussi la dissolution de la garde nationale :

---

(1) Nommé par arrêté du district du 26 floréal pour faire comme officier de santé le service de l'arrondissement, Jacques Lison, donna alors sa démission d'officier municipal. Il fut remplacé le 1er prairial par le citoyen Renard, premier notable.

« *Les commissaires..... considérant qu'il est essentiel que la garde nationale de La Charité sur laquelle repose la tranquillité publique, soit organisée de manière à ce qu'elle ne soit composée que de bons patriotes et de vrais républicains;*

« *considérant qu'une grande partie des officiers est composée de gens suspects qui sont en état d'arrestation, etc...*

« *déclarent nulles, et de nul effet, toutes les élections des officiers, sous-officiers de la garde nationale de La Charité;*

« *arrêtent aussi qu'il sera procédé au remplacement du chef actuel de légion en se conformant à la loi du 14 octobre 1791, en présence du citoyen Beaufils le jeune, administrateur du Conseil du département, commissaire nommé à cet effet, etc...*

« La Charité, le 23 brumaire, l'an II de la République Une et Indivisible, signé : Pierre-Noël Jolly, François Guillier, Pierre Leblanc-Neuilly, commissaires délégués par le citoyen Fouché, Représentant du peuple, et scellé de son sceau. »

Conformément à l'arrêté ci-dessus, Beaufils fit procéder le 28 à l'élection du maire, et c'est lui qui fut élu aux cris de « Vive la République ! Vive la Montagne ! Vivent les sans-culottes ! » Sur son refus d'acceptation, on procéda à un second scrutin, et Bagnayt de Bois-Griffon nommé à sa place, refusa à son tour. Il en fut encore de même du citoyen Gély qui fit valoir l'incompatibilité entre ces fonctions et celles de juge qu'il préférait garder ; enfin, après une suspension de séance pour s'entendre sur le choix d'un candidat, Héron, ex-curé de Ste-Croix, ancien premier vicaire de la paroisse, fut élu et déclara accepter.

Le citoyen Perrève, procureur de la commune, fut nommé juge de paix, et Normand, secrétaire-greffier. Ensuite le Conseil général nomma Loiseau, procureur de la commune, et Bourgeot-Leblanc, officier public.

Quant à l'état-major de la garde nationale, il fut composé comme suit :

Chaumette le jeune, commandant en chef; Auger-Jocteau, commandant en second ; Mellot-Vacheron, adjudant ; Tallard, porte-drapeau.

Les nouveaux élus prêtèrent serment le même jour, en présence du délégué Beaufils.

Le Conseil général accorda ensuite des certificats de civisme aux citoyens Leclerc père, Lebœuf, François Merlan,

Massüe l'aîné, Martignon Jean-Charles, Martin, dit Brutus, Quenouille, Laforest, Guillaume Moinault, Jouy et Pierre-Laurent Chaumette.

Le 30 brumaire, toute la population était en l'air, dès le matin, pour assister aux fêtes organisées par la municipalité à l'occasion des mariages publics des citoyens Michel-Pierre Champrobert, commissaire national, Claude Bedeau, Henri Piffaut et Merlan François, gendarme « à la résidence de Brutus le Magnanime » qui devaient être célébrés en grande pompe sur la place de la mairie, au pied de l'arbre de la Liberté.

Plusieurs notabilités révolutionnaires de Nevers étaient venues pour servir de témoins, et rehausser en même temps par leur présence, cette cérémonie d'un caractère tout particulier.

Plus favorisée que les trois autres, la fiancée de Champrobert avait eu l'heureuse chance d'avoir, par l'influence de son père et celle de son futur époux, été dotée quelques jours avant comme fille pauvre, d'une somme de 3.000 livres par la municipalité ; les noces se firent ensemble aux dépens d'autres citoyens chez lesquels on requit, sans les payer, des porcs, de la volaille et du vin.(1)

Voici la copie authentique d'un des actes dressés à la suite de cette quadruple cérémonie :

Acte de mariage du citoyen Champrobert :

« Le trente Brumaire l'an deux de la République Une et Indivisible, heure de......(2) du matin, par devant moy Jean-Guillaume Lajonquière, officier municipal et officier public à l'effet de constater les naissances, mariages et décès des citoyens de cette cité, sont comparus pour contracter mariage au pied de l'arbre de la Liberté planté place Marat, en face de l'Hôtel de la commune de cette ville, le citoyen Michel-Pierre Champrobert, divorcé d'avec Mme Barilot le cinq juillet dernier et de luy député supléant (sic) à la Convention nationale (sic), commissaire national près le tribunal du district de La Charité, président du Comité de surveillance et de la Société populaire de cette cité, âgé de quarante-quatre ans, et la citoyenne Marie-Solange

(1) Notes de M. Louis-Etienne Leraele, ancien juge de paix.
(2) L'heure est restée en blanc.

Auger, âgée de vingt ans, laquelle a réclamé à la société populaire de cette ville le prénom de *Tullie*, fille légitime de Joseph Auger-Legrand, marchand-drapier et administrateur du district de La Charité, âgé de quarante-cinq ans et de Marie Legrand, âgée également de quarante-cinq ans, la ditte (*sic*) Tullie Auger, authorisée (*sic*) par ses père et mère sus-nommés et étant présents ; d'autre part les dits contractants assistés spécialement du citoyen Socrate Damours, Président du tribunal du district de Nevers, âgé de trente-trois ans, François Guillier, administrateur du département de la Nièvre, âgé de trente-deux ans, Jean-Baptiste Lefebvre, âgé de vingt-cinq ans et Estienne Dormat (ou Dovinat), âgé de trente-quatre ans, tous habitants de la cité de Nevers, nos frères et amis invités par leurs frères de La Charité à assister à la Fête civique qui se donne aujourd'huy (*sic*) dans nos Murs, et du citoyen Charles Massüe-Durie et du citoyen Claude Pivot, juge de paix de la ville de Nevers, âgé de soixante-quatre ans, Moy Lajonquière, officier susdit, après avoir fait lecture en présence des parties contractantes, 1° de lacte (*sic*) de divorce sus relatté (*sic*) du cinq juillet dernier et publié le dit jour à haute et intelligible voix à la principalle (*sic*) porte de cette commune par Picart, maire ; 2° la publication des bans publiée par moy, officier susdit, à haute et intelligible voix et affiché à la principalle (*sic*) porte de cette commune le vingt-quatre brumaire, heure de midi ; 3° enfin Larretté (*sic*) du département de la Nièvre, séance publique du vingt-six Brumaire à laquelle ont assisté les citoyens Socrate Damours, président, Guillet-Faulquier, Laveine, Laramée, Maublanc-Jolly, Cassard, Moineau Brutus, procureur général syndic, et Pierre-Ignace Leblanc de Neuilly, secrétaire-général par lequel arretté (*sic*) le citoyen Pierre-Michel Champrobert, contractant, peut se remarier malgré que les délays (*sic*) fixés par la Loy du divorce ne fussent pas encore expirés et injonction faitte (*sic*) par le dit arretté (*sic*) à l'officier public de la commune de La Charité de procéder à la célébration du dit mariage dès qu'il en sera requis, le tout sous sa responsabilité, certiffié (*sic*) conforme à Loriginal (*sic*) signé..... (mot illisible) Commis secrétaire du dit district de La Charité, lequel arretté Est par moy paraphé *ne varietur* et annexé au présent pour y avoir recours si le cas y échoit et d'après que le citoyen Pierre-Michel Champrobert, et la citoyenne Tullie Auger ont déclaré à haute et intelligible voix et sans contrainte se prendre en mariage, j'ay moy officier susdit, en vertu des pouvoirs qui me sont délégués, prononcé au nom de la Loy française que ny (*sic*) ayant eu aucun Empêchement le citoyen Michel-Pierre Champrobert et la citoyenne Tullie Auger se mettoient (*sic*) en mariage, dont et du tout j'ai rédigé le présent acte duquel j'ai fait lecture en présence de la commune assemblée, des dits conjoints, et des dits témoins énoncés au présent, avec sommation à Eux faitte (*sic*) de le signer avec moy, ce qu'ils ont faid. (*sic*), La Charité-sur-Loire, les jour, mois et an que dessus. »

Signé : « Auger-Legrand, Socrate Damours, Massüe-Durie, Pierre Chanrobert (*sic*), Guillier, J.-B. Lefebvre, Pivot, Lajonquière, officier public. »

Les actes de mariage de Claude Bedeau et d'Appoline Clément, Henri Piffaut et Marie Cachet, François Merlan et Marie-Anne Legendre, sont signés des mêmes noms.

Le 22 frimaire, le maire soumettait au Conseil général, qui les approuvait, divers mémoires : un de 96 livres, du citoyen Corcel, « pour avoir échafaudé le clocher de la ci-devant paroisse et en avoir descendu la croix ; pour avoir démoli plusieurs croix et abattu d'autres qu'il y avait dans les rues, et autres objets tendant au fanatisme ; » un autre de 75 livres, de Turlin, charpentier, pour avoir descendu et remonté les cloches d'un clocher à l'autre ; enfin, un troisième, du citoyen Gayeta, s'élevant à 58 livres, « dont 8, pour avoir accommodé et rebronzé le buste de Pelletier-Fargeau, et 50, pour l'inscription qui, est au-dessus de chaque porte du temple. »

Ce n'est donc pas, comme on serait tenté de le croire, au fanatisme aveugle d'une foule inconsciente que l'on doit attribuer la mutilation du magnifique portail attenant à la tour Ste-Croix, mais à quelques sectaires de la municipalité qui en ordonnèrent froidement la destruction. Ce sont, fort heureusement, les seules têtes qu'ils aient abattues, pendant cette période troublée.

Les vieux saints en pierre, qui, à l'extérieur, constituent le plus bel ornement du clocher du chœur, ne durent leur préservation qu'au danger que présentait cette entreprise, sans quoi ils eussent été décapités comme les autres.

Sa flèche fut surmontée d'une girouette en tôle, figurant un bonnet phrygien, offerte par le citoyen Hyde pour remplacer la croix qui avait été jetée bas. L'église devint le *Temple de l'Eternel*, et, dans son enceinte, on y logea les canons.

La *Section de Ste-Croix* fut dénommée alors *Section des Piques*.

Le proconsul Fouché eut pour successeur dans la Nièvre Legendre, le fameux boucher, qui, en pleine séance de la Convention, parlant d'assommer Lanjuinais, s'était attiré cette dédaigneuse réponse : *Fais d'abord décréter que je suis un bœuf;* Legendre, sur qui Girey-Dupré dans son *Noël des faux-patriotes,* en parlant de Lebœuf, avait fait ce vers :

« *Lebœuf vit Legendre et beugla.* »(1)

C'était un des terroristes les plus redoutés.

Le 7 nivôse, à 7 heures du soir, il donne l'ordre de mettre les gardes nationaux en réquisition permanente, et fait notifier au maire un décret daté du 25 août, portant qu'il serait procédé de suite à l'estimation des biens de la ci-devant abbaye de La Charité. Par un autre décret, en date du 7 frimaire, la Convention avait ordonné le séquestre sur les biens des pères et mères des émigrés. Une loi antérieure, du 26 août 1792, obligeait les administrateurs de district à dresser la liste de toutes les personnes comprises dans cette catégorie, et à la tenir à jour. Quant aux biens possédés par la famille royale, le zèle des autorités, chargées de les rechercher, était encore stimulé par des circulaires dans le genre ce celle-ci :

Emigrés   LIBERTÉ, ÉGALITÉ
n° 29   ADMINISTRATION des DOMAINES NATIONAUX
Biens possédés
ci-devant par   *Paris, le 15 nivôse, l'an II de*
la famille Capet.   *la République Une et Indivisible.*

« *L'Administrateur provisoire des domaines nationaux aux Administrateurs composant le Directoire du District de La Charité.*

(1) Quatre-vingt-treize. (Victor Hugo.)

« L'art 7, citoyens, de la loi du 1er août 1793, a ordonné la déportation de tous les individus de la famille Capet; le décret du 17 septembre a déclaré applicables aux Déportés les lois relatives aux Emigrés; enfin le 4 octobre la Convention nationale sur une demande du Ministre de l'Intérieur, relative au sequestre fait par le département du Loiret des biens de la citoyenne Bourbon-Penthièvre, femme d'Orléans, a passé à l'ordre du jour, motivé sur la loi du 17 septembre relative aux Déportés.

« Il résultait clairement de ces lois, que les biens possédés jusqu'alors par les individus de la famille Capet, devaient être saisis, administrés et vendus comme biens nationaux et leurs dettes liquidées comme celles des Emigrés; cependant, citoyens, je suis informé que leurs agents administrent encore ces biens, et qu'ils jouissent et disposent de leurs produits.

« Un tel état de choses contiendrait une infraction manifeste à la Loy, et les agents de la République qui seroient restés dans l'inaction à cet égard, auroient encouru plus que le reproche d'une longue négligence.

« Je vous prie donc, citoyens, au reçu de cette lettre, de vous faire informer, soit par les municipalités, soit par les Préposés de la Régie, s'il y a encore dans votre arrondissement des biens non séquestrés qui aient appartenu aux individus d'une famille si justement odieuse à tous les Français, et de faire exécuter à leur égard les lois relatives à la prise de possession, publication de confiscation, administration et vente des biens d'Emigrés.

« Que le peuple reprenne enfin les nombreuses et riches propriétés que les tyrans avoient usurpées sur lui; que ces parcs inutiles soient rendus à l'Agriculture, et que le bonheur habite dans les chaumières partout où un luxe dévorant annonçoit l'oppression et engendroit la misère.

« J'espère, citoyens, que la première liste des Emigrés et Déportés que vous arrêterez en exécution des lois ci-dessus citées, de celle du 28 mars 1793 et conformément à la circulaire du 29 septembre dernier, contiendra tous ceux des biens dont il s'agit et qui auroient échappé jusqu'à ce moment à la main-mise nationale. »

Signé : Laumond.

Voici une première liste des ecclésiastiques, déportés ou reclus, compris dans les listes des émigrés du district de La Charité :

1re classe

Bonnet, curé de Sichamps, déporté, en septembre 1791.
Loret, curé de Moussy, — — —
Moreau, curé de Champlin, — — —
Girard, curé de Prémery, — — —
Dutreuil, curé de Munot, — — —

4° classe

Marilie, curé de Vielmanay, déporté aussi pour incivisme.

La terre de Beaumont, Guichy, La Ronce et dépendances avait été mise sous séquestre pour cause d'émigration de son propriétaire, Babaud de La Chaussade. Vendus le 14 thermidor an IV, 399.514 livres 10 sols 8 deniers, au sieur Claude de La Chaussade de Villemenaut contre qui, faute de jugement, la déchéance fut prononcée le 8 juin 1813 par un arrêté du préfet de la Nièvre, ces biens rentrèrent au Trésor et furent restitués aux héritiers de Brossard et Gaville suivant leurs droits respectifs, en vertu de la loi du 5 décembre 1814.

Les diverses administrations reconstituées par Fouché eurent une existence de bien courte durée, car le 11 ventôse, un arrêté du représentant du peuple Le Fiot, basé sur son « procès-verbal d'épuration, » les reconstituait de la façon suivante :

Directoire du district : les citoyens Girardin, Couroux, Auger-Legrand et Desraignes. *Agent national* : Lebault.

Conseil du directoire : Massüe-Durie, Ferré, Lallemand, Connault, Coutant, Martignon père, Blondelet Charles et Lerasle-Raveau. *Secrétaire* : Bertrand.

Municipalité: *Maire*, Picart. *Officiers municipaux* : Lison, Desfossés, Bourgeot-Leblanc, Pinsin, Charron le jeune, Mellot, Perrot le jeune et Duranger. *Agent national* : Couet-Lahaye ; Pothier, secrétaire. *Notables* : Renard, Besses, Cousteau, Gestat, Senet l'aîné, Bouy, Merlin, Ezard, Pinson, Turbat, Auger l'aîné, Gély, Laurent père, Bidou, Champrobert, Guillerault orfèvre, Loiseau et Méquin.

Comité de surveillance : Auger-Bailly, Massüe-Renard,

Quenouille, Jouy, Fabre, Martin, Bagnayt, Binet, Bobin, Moreau, Debret et Usquin père.

Juges au tribunal : Berger St-Quentin, Méchin, Gély, Bidou et Auger l'aîné. *Commissaire national* : Champrobert. *Greffier* : Battur. *Assesseurs* : Leblanc la Cauderie, Lesfilles-Héron, Bourgeot l'aîné et Carpentier.

Juges de paix

Intra muros : Perrève. *Greffier* : Normand.

Extra muros : Roblin *Greffier* : Adam.

Le 14, le Conseil général décida que les jardins des presbytères seraient cultivés en pommes de terre pour les habitants pauvres, et que les cultivateurs, vignerons et ouvriers « qui seraient trouvés oisifs les dimanches sur les places publiques de La Charité, seraient mis en état d'arrestation, à moins qu'ils ne puissent prouver qu'ils ne s'étaient réunis que pour leurs affaires, et pour se procurer de l'ouvrage. »

*
* *

Avant la promulgation des décrets qui supprimaient les droits locaux, octrois, etc., La Charité jouissait d'un revenu de 5.046 livres. Depuis cette suppression, la dette communale s'augmentait de jour en jour. Les dépenses, d'après les comptes arrêtés et approuvés par le district et le département, s'élevaient à 10.000 livres. Les passages de troupes y entraient pour la plus grande part, car, en deux mois, dans le courant de 1793, la ville avait eu à pourvoir au logement et à la subsistance de près de 21.000 volontaires dont les 3/4 avaient fait séjour.

La municipalité sollicita un secours de la Convention par l'intermédiaire du représentant Legendre à qui elle adressa la lettre suivante :

Citoyen,

« Le Conseil général de La Charité pénétré de tes sensiments et de ton zèle infatigable pour la Justice et l'intérêt de tes concitoyens, t'adresse une pétition qu'il fait à la Convention nationale en t'invitant à l'appuyer de tout ton crédit.

« Cette pétition, citoyen, tend à obtenir de la Convention un secours provisoire et prompt pour subvenir aux dépenses journalières et énormes de la commune qui n'a pas un sol de revenus; qui doit beaucoup, et n'a point de crédit. Nous scavons (*sic*) que les charges locales doivent remplacer les revenus qu'avaient les communes en biens communaux, mais nous a-t-il été possible de faire cette imposition? le mode des contributions foncières pour la deuxième année n'étant pas encore décrété! D'ailleurs, les sols additionnels du district et du département absorbent au-delà du cinquième du revenu de chaque citoyen, et tu scais (*sic*), que d'après la Loy, un citoyen est fondé à réclamer une diminution d'impôt lorsqu'il prouve qu'il paye plus du 5e de son revenu.

« En supposant pour un instant que nous puissions asseoir cette imposition, le peuple ne serait-il pas trop foulé? recevant journellement des troupes et montant fréquemment la garde, rapport aux fourrages(1) et séjour des volontaires, puisqu'elle a reçu dans son sein depuis le 1er germinal 20.794 volontaires.

« En exposant à la Convention nationale toutes ces circonstances et la pauvreté du peuple de cette commune, tu obtiendras de sa justice un secours provisoire proportionné à ses besoins.

« Sois persuadé, citoyen, qu'en toutes circonstances, la commune de La Charité sera reconnaissante de tes soins et de tes peines.

« Fait et arrêté le premier prairial. »

Le conseil général nomma quelques jours après les citoyens Lesfilles-Héron, Moreau dit Patache, Gousseau, aubergiste, Pâtureau-Serveau, Bobin, épicier, Lecompte, perruquier, membres du Comité de surveillance, et Couet, agent national. Il fixa en même temps à 2 livres par jour, plus la nourriture, « le salaire des journaliers occupés aux foins et à la moisson. »

La fête civique créée par la Convention en l'honneur de l'*Etre suprême* fut célébrée le 20, conformément au programme arrêté la veille par les citoyens Desfossés, Loiseau, Champrobert et Gestat, commissaires délégués. A 10 heu-

---

(1) Il y avait à l'époque un magasin militaire pour les fourrages qui dépendait de la direction de Troyes, 18e division. Le citoyen Edme Carré était garde-magasin et avait un traitement de 200 livres par mois ; l'aide garde-magasin, Jean Martignon, un de 150 livres.

Le chef ouvrier recevait 4 livres par jour; les botteleurs 3 livres 10 sols, et les autres ouvriers, 3 livres.

res du matin, les membres de la municipalité, le Conseil général de la commune et les Corps constitués se réunirent à la mairie, et, entre une double haie de gardes nationaux en armes, se rendirent dans la ci-devant église paroissiale, devenue *Temple de l'Eternel*, où l'agent national de la commune devait prendre la parole « pour rappeler au peuple l'existence de l'*Etre suprême* et de *l'Immortalité de l'âme.* »

La compagnie de canonniers avait disposé ses pièces en batterie dans la première cour du château et tira des salves pendant la cérémonie.

Le cortège se reforma ensuite dans le même ordre qu'à l'arrivée, salué à son départ par une bruyante décharge de tous les canons. A son retour sur la place, l'agent national du district prononça au milieu des applaudissements, un discours emprunt du plus pur patriotisme, et à la suite duquel la place de la mairie fut dénommée *Place de la Révolution*.

A Paris, la fête fut célébrée au Champ de Mars avec la plus grande pompe. C'est le célèbre sculpteur David qui en avait réglé les moindres détails. Tous les membres de la Convention, et l'idole du jour, Robespierre en tête, y assistèrent.

A l'occasion de cette fête, l'administration du district fit distribuer le lendemain 300 livres de riz.

La moisson, cette année-là, donnant les plus belles espérances, le Conseil général mit en réquisition les hommes habitués à travailler la terre et décida que « ceux qui choisiraient pour jour de repos les dimanches et fêtes (vieux stile) (*sic*), seraient condamnés par le conseil militaire à payer trois journées de garde; » puis, sur l'invitation pressante de la société populaire réclamant la stricte exécution de la loi du *maximum*, il enjoignit aux marchands d'avoir à afficher le prix de leurs marchandises; interdit l'accès du marché aux revendeurs avant 8 heures du matin, et établit une taxe sur les légumes secs.

Malgré l'abondance de la récolte, la disette était extrême; les marchés déserts, et le grain rare.

Aussi, le 16, la municipalité, pour donner du pain aux nécessiteux et aux voyageurs qui n'auraient pu s'en procurer autrement, fit délivrer au citoyen Cornier, boulanger, 600 livres de blé prélevées sur les 2.079 quintaux que les citoyens Champrobert et Pinsin venaient d'acheter à Nemours et à Pontoise pour La Charité et Pouilly, avec défense d'en remettre sans un bon signé de deux officiers municipaux, et, en plus, l'obligation de livrer à la mairie 15 livres de son par quintal de blé.

Le comité des subsistances en distribua de son côté une certaine quantité, à raison de 5 livres par personne, et au prix de 3 sols la livre; ensuite la municipalité, après avoir décidé sur la réquisition de l'agent national, que « la vente et l'achat des noix vertes sont prohibées comme objet de superfluité qui détruit sans utilité une substance alimentaire précieuse, » adjugea, pour 50 livres, au sieur Corcel, celles du cimetière de la ci-devant paroisse St-Pierre.

Les vendanges se firent aussi très rapidement, grâce aux réquisitions de la municipalité qui fixa le salaire des vendangeurs à 15 sols par jour, et celui des hottiers à 30, avec la nourriture en plus. En 1790, ils n'étaient payés que 10 et 20 sols.(1)

En nivôse, an III, la misère était encore plus grande Le 3, le pain fut taxé 6 sols la livre; le boisseau de froment valait 6 livres 5 sols 6 deniers. Le 9, le pain valait 7 sols 6 deniers; le 22, 9 sols; le froment, 9 livres. Il était en outre tellement rare, que ne pouvant assurer l'approvisionnement de la population, l'administration du district se décida enfin à intervenir. Elle prit le 28, un arrêté, désignant les communes de La Charité, Montbeauvais, Vielmanay, Nannay, Garchy, Bulcy, La Celle, Vallière-sur-Nièvre, Narcy, Varennes, La Marche et Champvoux, pour fournir le blé nécessaire à la consommation des habitants de La Charité pendant trois décades.

La part contributive de la commune fixée à 100 boisseaux livrables le 20, jour du marché, avait été répartie sur plusieurs citoyens, de la façon suivante : Picart, de la Pointe, était imposé de 12 boisseaux, et son laboureur de 13; Barbier de 12; Légaré de Gérigny, de 12; Née de La Rochelle de 13, son laboureur de 12 ; Debrez de 13, et le laboureur du citoyen Joudeau de Volurais aussi de 13.

Tout fut recensé alors sur l'ordre du Comité de Salut public, chanvres, porcs, etc.

(1) Il y avait à l'époque, à La Charité 10 pressoirs : 13 à arbre et 3 à roue.

Par suite du partage des biens communaux,(1) la plupart des villes n'avaient plus de revenus. L'Etat prit leurs dettes à sa charge. Celles occasionnées par la Révolution furent déclarées *Dettes nationales* et inscrites comme telles sur le livre de la *Dette publique*.

Celles de La Charité, d'après la situation arrêtée le 25 ventôse an III, s'élevaient à la somme de 47.115 livres 2 sols 6 deniers, à liquider jusqu'à concurrence de 14.616 livres 5 sols 1 denier par le département, et 32.490 livres 17 sols 5 deniers, par le Trésor.

Après la chute de Robespierre (9 thermidor) la Convention envoie Guillemardet dans la Nièvre. Avec lui, l'élément modéré reprend le dessus. Les dénonciations pleuvent sur les sans-culottes; les municipalités et les tribunaux sont dissous. La Charité subit le sort commun à beaucoup d'autres villes. Un arrêté du représentant du peuple du 16 pluviôse an III (janvier 1795) les reconstitue comme suit:

Municipalité :

Maire : Picart.

Officiers municipaux : Boullée, Paponat, Mauguc, Loiseau, Guesde, Berger-Pinson, Guillerault-Ragon ; Bourgeot-Leblanc, officier public

Notables : Martignon père, Besses, Lesfilles-Héron, Gestat, Goblet, Gayeta, Merlin, Laprée, Blondelet, Guillaubel André, Guillerault, orfèvre, Louault, notaire, Moreau, Ezard, Feuillet Antoine, Mellot, Bonne, et Bobin.

Agent national : Née de La Rochelle.(2)

Secrétaire-greffier : Bertoin, à qui le Conseil général attribua un traitement de 2.000 livres plus le logement, le chauffage et l'éclairage.

---

(1) Loi du 10 juin. Ce partage fut agréé le 4 août par la généralité des habitants, et les sommes en provenant, réparties par tête. (*Archives de la ville*.)

(2) Née de La Rochelle, Jean-François, né le 9 novembre 1752, à Paris où son père était avocat au Parlement. Ancien libraire de la Cour, libraire-juré de l'Université de Paris, des économats et du Mont-de-Piété, auteur de nombreux mémoires sur le département de la Nièvre, imprimés en 1827. Avait quitté Paris en septembre 1793 pour se fixer à La Charité. Sa famille était originaire de Clamecy.

40

Tribunal du district :
Président : Couroux.
Juges : Méchin, Dargent, Perrève.
Juges suppléants : Leblanc-Lacauderie, Boismont, Binet.
Greffier : Battur.
Bureau de conciliation : Héron, Charron l'aîné, Bagnayt dit Bois-Griffon, Bourgeot l'aîné, Roy, maître de forges.
Juge de paix : Souchu-Rennefort. *Assesseurs* : Sordet-Laronce, Pluvinet, Lerasle-Raveau, Leclerc fils et Beaufils l'aîné. *Greffier* : Planchard.

Après avoir prêté à la mairie le serment suivant : « *Nous jurons de défendre jusqu'à la mort la Liberté et l'Égalité ; de maintenir l'Unité et l'Indivisibilité de la République ; de poursuivre et écraser tous les tyrans et les despotes et de remplir nos fonctions avec zèle et exactitude,* » les membres de la municipalité se rendirent en corps dans les bâtiments des ci-devant bénédictins où siégeait le tribunal du district, pour installer et recevoir le même serment des corps judiciaires.

Les confréries dissoutes par Fouché furent invitées à déposer à la mairie les fonds qu'elles avaient en caisse.(1) Le bâtonnier Besson, remit au nom de celle du St-Sacrement .... 57 livres 10 sols
Pierre Piégoy, pour celle de St-Pierre . 27 — 12 —
Lauverjeon Claude, bâtonnier de Ste-Anne 10 — 19 —
et Mellot Jacques, pour celle de St-Jacques .... 6 — 5 —

Quant aux deux dernières : celles de St-Vincent et de St-Eloi, Bréault et Bidou, bâtonniers, se bornèrent à faire constater qu'elles étaient vides.

Le 19 ventôse, le Conseil général forma un bureau de

---

(1) La municipalité avait déjà reçu à ce sujet, en avril 1794, la curieuse lettre autographe suivante :

« Aujourd'huy treze floréal an second de la République française une Et indivisible, nous, commicaire soubsigné nommée par la Sossiété populaire de cette cité a le fait d'inviter la municipalité de la dite cité afere dans le plus bref délais retirer dantre les mins de tous les cy devant cindique de confrairie ou communauté toutes les sommes qui peuvent estre rester En leur pouvoir de même que les sierges qui peuvent avoir pour service tamps pour Eclairer la Maison Commune que la sossiété. »

« La Charité les an que dessus. » *Signé* : Auger-Séguin. (*Archives de la ville.*)

bienfaisance et de subsistance dont le citoyen Velu fut nommé trésorier, Bordet l'aîné et Louault le jeune, distributeurs, et Loison père, Leclerc fils, Bonne et Bobin, délégués aux achats. Il fit procéder en même temps au recensement des grains et décida d'affecter à l'approvisionnement du marché une somme de 25,000 livres que le représentant du peuple Guillemardet lui avait fait avancer par le receveur du district.(1)

La garde nationale fut aussi réorganisée en un bataillon à 5 compagnies : une de canonniers, et quatre de fusiliers. Par son arrêté du 16 ventôse, Guillemardet avait nommé Chaumette le jeune, commandant en chef ; Hide, commandant en second ; Henriot adjudant actuel et Guillerault-Guillobel ancien commandant, adjudants ; Tallard, porte-drapeau, et Senet, armurier.

La *Fête du Malheur* instituée par la loi du 22 floréal fut célébrée le 10 germinal dans le temple de l'*Être suprême*. A l'issue de la cérémonie, le Conseil général répartit entre les 54 familles les plus nécessiteuses une somme de 1.147 livres 10 sols allouée par le district, puis sur l'observation « que l'enseigne qu'avait mise à son cabaret le citoyen Buy portait pour inscription *A la Vertu*; que déjà deux arrêtés du Conseil général avaient chargé l'ancien agent national de la commune de l'inviter à faire changer cette inscription étrange et d'autant plus impropre que la vertu ne va pas chercher un cabaret pour asile, » la municipalité arrêta qu'une nouvelle mise en demeure lui serait faite, faute de quoi il serait cité au tribunal de police.

Une imprimerie se fonda à cette époque dans nos murs dans l'ancienne cure de St-Jacques (maison Léon Fournier) que la municipalité loua avec toutes ses dépendances à un sieur Roch pour la modique somme de 400 livres par an. Cet établissement avait été autorisé par arrêté du 18 ventôse an III.

Les deux quartiers de la ville reçurent de nouveaux noms. Ste-Croix (section des Piques) devint *Section de la Liberté*; St-Jacques: *Section de l'Egalité*. Les maisons furent numérotées. Les rues débaptisées sous la Terreur reprirent leur ancienne dénomination à l'exception du mot *Saint* qui

(1) Le 5 vendémiaire an IV, ces 25.000 livres furent attribuées à l'hôpital qui manquait alors de tout.

demeura supprimé. Quatre d'entre elles ne furent plus connues dorénavant que sous les noms de : rue de la Loy, de la Porte de Paris, de la Liberté, et de la République. La place Marat redevint la place d'Armes.

La réaction poursuit son œuvre. Déjà, en pluviôse, le Conseil général avait refusé un certificat de civisme à Mallet le jeune « attendu qu'il avait été un des premiers terroristes du pays. »

Le 25 germinal, le district prescrit à son tour à la municipalité d'avoir à fournir dans les 24 heures des renseignements sur les individus connnus « *pour avoir participé aux horreurs commises sous la tyrannie qui a précédé le 9 thermidor.* » Après avoir délibéré sur les personnes « qu'il présume devoir être comprises » dans les dispositions de la loi, le Conseil général dressa la liste suivante que le maire transmit aussitôt après à l'administration du district :

Pierre Champrobert, ci-devant commissaire national ;
Martin (1) Jean-Baptiste, dit *Brutus*, serrurier ;
Jouy Pierre, marchand ;
Fabre, —
Auger Jacharie ;
Massue l'aîné, marchand ;
Putel, (2) boulanger. (Tous anciens membres du comité révolutionnaire ;)
Mallet le jeune, aubergiste à la Gerbe d'Or ;
Beaufils le jeune, dit *St-Vincent*, ex-membre du jury au tribunal révolutionnaire ; (3)

---

(1) Ce Martin était venu le 13 fructidor an II, à la mairie, déclarer qu'il renonçait à son prénom de Jean pour y substituer celui de Brutus. Dix jours après, il faisait une nouvelle déclaration par laquelle il reprenait son prénom de Jean. Il n'en fut pas moins connu depuis cette époque que sous le nom de Brutus.

(2) Sur réquisition de l'agent national, Putel avait été, le 5 ventôse, mis en état d'arrestation par mesure de sûreté générale sur la dénonciation du citoyen Garcin, ci-devant curé de Bulcy, et exerçant alors « l'état de se rendre utile à l'humanité souffrante » de l'avoir menacé « d'aller le chercher au premier jour. » Putel avait été relaxé 12 jours après, la perquisition qui avait eu lieu chez lui ayant donné un résultat négatif et l'enquête n'ayant pu établir contre lui aucunes charges. Par contre, son dénonciateur, Garcin, avait été condamné à 10 jours de prison.

(3) Beaufils avait été aussi arrêté le 11 germinal, à 10 heures du soir, sur la place de la mairie « où il avait ameuté la population. » Les charges relevées contre lui n'étaient pas bien sérieuses, car il fut relaxé le lendemain.

Moynault fils aîné ; Salles, cardeur ; Massüe-Durle, ci-devant président du district ;

Massüe, chapelier ; Girardin, vice-président du district ; Pothier, ci-devant secrétaire de la municipalité ;

Gély Pierre, maître-marinier, ci-devant juge au tribunal du district ;

Auger l'aîné, marchand de fer ; Auger-Legrand, marchand de drap, ex-administrateur du district ;

Salbrune, homme de lettres ; Maria fils, ex-gendarme national ; Richer, cordonnier ; Charron le jeune, dit *Champmartin* ; Evrat, dit *Vratou*, maître-marinier ; Turbat, chapelier ; Savary fils, perruquier, et Garapin-Gonnet, ancien boulanger;(3)

« Les personnes ci-dessus désignées étant suffisamment connues pour avoir : les unes exercé des actes arbitraires et vexatoires tandis qu'elles étaient dans les autorités constituées ; les autres pour en avoir été les agents inférieurs et secrets, et la Société populaire régénérée les ayant rejetés de son sein, le Conseil municipal a pensé qu'il suffirait de les nommer à l'Administration du district pour appeler sur elle la surveillance demandée par la loi du 21 de ce mois et son exécution à leur égard.

« Fait et arrêté en Conseil municipal le dit jour 25 germinal, à 2 heures après-midi, par les membres soussignés : Boullée, officier municipal, présidant en l'absence du maire ; Bourgeot-Leblanc, Bobin, Berger, Guesde, Guillerault-Ragon, Loiseau et Paponat, officiers municipaux. Née de La Rochelle, agent national, et Bertoin, secrétaire. »(2)

Laurenceau, délégué par la Convention dans les départements du Loir-et-Cher, du Cher et de la Nièvre, prescrivit « de les désarmer et de les réduire à l'impuissance de nuire désormais à la chose publique. »

Dans les perquisitions que l'on fit chez eux, on ne recueillit que quelques vieilles armes, telles que lances, piques, épées et couteaux de chasse qui furent saisis ; ainsi qu'un peu de poudre et du plomb de chasse que l'on trouva chez Beaufils,

(1) Omis : Bidou, Sordet-Laronce, Champrouil dit aussi *Champmartin*, et Chaumette.
(2) *Archives de la ville.*

à Gérigny. Dans son affolement, la municipalité alla jusqu'à refuser des passeports à tous les anciens membres du comité révolutionnaire, et établit à la porte du receveur du district un poste de six hommes commandé par un officier.

Le 6 prairial, elle ordonna de nouvelles perquisitions à la suite desquelles les citoyens Gély, Pothier, Salbrune, Moynault l'aîné, Salles et Évrat furent mis sous la surveillance de la police et tenus de se présenter tous les trois jours à la mairie. Ils en furent dispensés toutefois après le 15 thermidor, lorsque le citoyen Gély fut rétabli dans ses droits de citoyen par un arrêté du Comité de Sûreté générale de la Convention qui ordonnait en même temps la remise de ses armes.

Quant aux citoyens Pierre Champrobert, Auger-Legrand, Massüe-Durie, Beaufils le jeune, Putel, Massüe l'aîné, Auger-Bailly, Mallet le jeune et Bouy qui, par leur situation, avaient pris une part plus active à des actes qui, en somme, relevaient des fonctions qu'ils avaient exercées, ils furent maintenus en état d'arrestation et incarcérés à Nevers en attendant leur comparution devant le tribunal criminel du département pour y répondre des faits qui leur étaient imputés.

Commencé le 15 fructidor, leur procès ne se termina que le lendemain, à la nuit. Le plus compromis, Mallet le jeune, fut condamné à dix ans de fers et subit une partie de sa peine dans la maison d'arrêt de La Charité, puis à l'hôpital où on avait dû le transporter. Il fut mis enfin en liberté, avec Putel, le 3 brumaire an IV, par le représentant du peuple Besoult, qui, « considérant que les faits qui ont donné lieu à leur condamnation l'ont été parce qu'ils étaient relatifs aux fonctions qu'ils avaient exercées comme membres du ci-devant comité révolutionnaire, » donna l'ordre de les élargir.

Les armes de Mallet lui furent restituées quelques jours après, mais l'administration du district refusa de lui rendre le drapeau de la garde nationale du canton *extra muros* dont il avait la garde, et qu'elle avait confié au citoyen Bouché, de Chaulgnes.

Massüe-Durie et Beaufils le jeune s'en étaient tirés à meilleur compte. Renvoyés des chefs d'accusation portés contre eux et mis aussitôt en liberté, ils rentrèrent aussi bientôt en possession de leurs armes.

La municipalité dut encore une fois prendre des mesures énergiques pour assurer la subsistance des habitants et réglementer le commerce de la boulangerie. Le 5 floréal, elle consacra à l'achat de grains une nouvelle somme de 20.000 livres qu'elle s'était procurée au moyen d'un emprunt remboursable le 15 fructidor. Elle interdit en même temps aux boulangers de faire le commerce des farines; de vendre du pain en cachette, et à des heures indues, et leur enjoignit de ne faire que des pains de 4, 6 et 10 livres.

Le pain et la viande étaient encore une fois hors de prix. Le boisseau de froment valait 75 livres. La viande, bœuf et mouton, 3 livres la livre; le veau, 50 sols.

Le 21, un arrêté du représentant du peuple Laurenceau réorganisait la municipalité et le tribunal. Le nouveau conseil différait peu de celui qui l'avait précédé. Voici comment il se trouva composé :

Municipalité :

Maire : Picart.
Officiers municipaux : Boullée, Paponat, Bobin l'aîné, Gayeta, Guesde, tanneur, Berger, Pinson et Guillerault-Ragon. *Agent national* : Née de la Rochelle. *Officier public* : Bourgeot-Leblanc. *Secrétaire* : Bertoin. *Notables* : Martignon père, Besses, Lesfilles-Héron, Gestat, épicier; Goblet, Perrotat, boulanger; Méchin Jacques, Laprée, Blondelet, Guillobel, Guillerault-Bellevaux, Louault, Moreau-Gangoine, Ezard Louis, Feuillet, Mellot Antoine, Bonne et Maugue, notaire.

Tribunal du district :
Président : Couroux.
Juges : Méchin, Dargent, Pouve et Audiat le jeune.
Commissaire national : Dumas. *Greffier* : Battur.
Suppléants : Le Blanc la Cauderie, Billacois-Boismont, Roy, de Pouilly, et Binet.

Bureau de conciliation :
Président : Héron.
Membres : Charron, Bagnayt-Bois-Griffon, Bourgeot l'aîné, et Roy, maître de forges.

Assesseurs : Sordet-Laronce, Poignant, Lerasle-Raveau, Paillard, Leclerc fils et Ferré l'aîné.

Juge de paix intra muros: Souchu-Rennefort. *Greffier*: Planchard le cadet.

Le 3 ventôse an III (21 février 1795) la Convention, sur la proposition de Boissy d'Anglas, décréta la liberté des cultes. Deux mois auparavant elle avait refusé d'entendre le discours que l'évêque constitutionnel Grégoire avait commencé sur le même objet.

Aujourd'hui, où, à plus de cent ans de distance, les querelles entre l'Eglise et l'Etat ne sont pas encore apaisées, que ne nous inspirons-nous de ce décret qui mit fin n situation analogue.

« La Convention nationale, après avoir entendu le rapport de ses Comités de Salut public, de Sûreté générale et de Législation réunis, décrète :

« Article premier. — Conformément à l'art. VII de la Déclaration des droits de l'Homme, et à l'art. CXXII de la Constitution, l'exercice d'aucun culte ne peut être troublé.

Art II. — La République n'en salarie aucun.

Art III. — Elle ne fournit aucun local, ni pour l'exercice des cultes, ni pour le logement des ministres.

Art IV. — Les cérémonies de tout culte sont interdites hors de l'enceinte choisie pour leur exercice.

Art. V. — La loi ne reconnaît aucun ministre du culte. Nul ne peut paraître en public avec les habits, ornements ou costumes affectés à des cérémonies religieuses.

Art. VI.—Tout rassemblement de citoyens pour l'exercice d'un culte quelconque est soumis à la surveillance des autorités constituées. Cette surveillance se renferme dans des mesures de police et de sûreté publique.

Art. VII. — Aucun signe particulier à un culte ne peut être placé dans un lieu public, ni extérieurement, de quelque manière que ce soit. Aucune inscription ne peut désigner le lieu qui lui est affecté. Aucune proclamation ni convocation publique ne peut être faite pour y inviter les citoyens.

Art. VIII. — Les communes ou sections de commune, en nom collectif, ne pourront acquérir ni louer de local pour l'exercice des cultes.

Art. IX. — Il ne peut être formé aucune dotation perpétuelle ou viagère, ni établi aucune taxe, pour en acquitter les dépenses.

Art. X. Quiconque troublerait par violence les cérémonies d'un culte quelconque, ou en outragerait les objets, sera puni suivant la loi du 22 juillet 1791 sur la police correctionnelle.

Art. XI. Il n'est point dérogé à la loi du 2 sans-culottide, 2ᵉ année, sur les pensions ecclésiastiques, et les dispositions en seront exécutées suivant leur forme et teneur.

Art. XII. Tout décret dont les dispositions seraient contraires à la présente loi est rapporté, et tout arrêté opposé à la présente loi pris par les représentants du peuple dans les départements, est annulé. »

« Les insermentés et leurs partisans reprirent immédiatement l'exercice du culte, et, comme ils étaient riches, il ne leur fut pas difficile de trouver des chapelles particulières. On vit les prêtres rentrés montrer en toute occasion un zèle extraordinaire, rebaptiser, reconfesser et remarier ceux qui, depuis 1791, avaient eu recours au ministère des *jureurs*; ils firent tant que le décret de ventôse faillit être rapporté au bout de quelques semaines. »(1)

Les prêtres réfractaires revinrent en foule, érigeant autel sur autel. L'évêque constitutionnel de Metz, Francin, écrivait à Grégoire que la Lorraine allemande en était pleine.

Le décret de ventôse servit donc surtout à ces derniers, soutenus par les nobles et les personnes riches qui, à défaut d'églises, leur procurèrent facilement des locaux. Des dévotes de La Charité avaient même adressé le 27 germinal, aux administrateurs du district, une demande à l'effet d'obtenir l'église Notre-Dame pour y faire exercer le culte par un ministre de leur choix, offrant d'en payer le loyer. Il leur fut répondu qu'il n'y avait pas lieu à délibérer, les femmes n'ayant pas qualité pour pétitionner.

Quant aux prêtres constitutionnels, la Convention intervint heureusement en leur faveur en leur accordant ce que les évêques réunis sollicitaient d'elle : le libre exercice du culte dans les édifices destinés au culte.

(1) Gazier. *Études sur l'Histoire religieuse de la Révolution.*

Par sa loi du 11 prairial, elle remit provisoirement à la disposition des communes, pour les prêtres assermentés, le libre usage des édifices non aliénés destinés originairement aux exercices du culte, et dont elles étaient en possession au premier jour de l'an II de la République (21 septembre 1793).

L'art. V stipulait en outre : « Nul ne pourra remplir le ministère d'aucun culte dans les dits édifices, à moins qu'il ne se soit fait donner acte, devant la municipalité du lieu où il voudra exercer, de sa soumission aux lois de la République. Les ministres des cultes qui auront contrevenu au présent article seront punis chacun de 1.000 livres d'amende par voie de police correctionnelle. »

En vertu de cet article, les citoyens Bergougnioux Pierre, Leclerc Jean-Pierre, Thyriot Joseph et Delmotte Augustin, ci-devant prêtres assermentés, vinrent déclarer à la mairie leur intention de remplir le ministère du culte catholique.

Ils prêtaient le 17 vendémiaire (7 octobre 1795) le serment prescrit par le décret du 7 du même mois sur la police des cultes : *Je reconnais que l'Universalité des citoyens français est le Souverain, et je promets soumission et obéissance aux lois de la République.*

La municipalité amena l'administration du district à suspendre la vente de l'ancien cimetière et de la tour de la ci-devant église Ste-Croix annoncée pour le 28 thermidor et dont la démolition était déjà commencée, car le 29 vendémiaire, un membre du Conseil général ayant fait observer « que la place de la Revenderie à la volaille, appelée *la Croix des Pescheurs*, était remplie de décombres provenant de la démolition trop précipitée et qu'on pourroit dire faite sans en avoir le droit *du clocher de la ci-devant église de Ste-Croix*, » la municipalité invita le district à faire enlever ces immondices qui obstruaient l'entrée du temple.

De concert avec les royalistes, les prêtres réfractaires continuaient à fomenter des troubles. « Menacée dans son existence même par des hommes qu'elle aurait pu laisser dans les cachots, la Convention prit des mesures sévères ; le 20 fructidor, et enfin le 3 brumaire, elle promulgua de nouveaux décrets contre les émigrés, contre les déportés qui rentreraient, contre les prêtres qui refuseraient d'accepter la République. Les lois portées contre eux en 1792 et 1793 devaient être exécutées dans les vingt-quatre heures, et la Convention *recommandait paternellement à tous les républicains, à tous les amis de la liberté et des Lois, la surveillance et l'exécution du présent décret.* »(1)

La Convention nationale se sépara peu de temps après. Elle cédait la place au *Directoire*, institué par elle dans la *Constitution, dite de l'an III.*

CHAPITRE VIII

Le Directoire. — Suppression des assemblées communales. Leur remplacement par une municipalité collective par canton. Composition de la nouvelle assemblée. Budget de la ville et du canton.

Le nouveau gouvernement institué par la Constitution se composait d'un *Directoire* de cinq membres et de deux assemblées : le *Conseil des Anciens* et le *Conseil des Cinq-Cents*.

La Convention avait paré ainsi à un double danger : elle n'avait pas voulu remettre à un seul homme le pouvoir exécutif. Elle n'avait pas voulu non plus remettre le pouvoir législatif à une assemblée unique pouvant se laisser aller à de coupables entraînements.

Moins bien inspirée elle avait été en établissant les municipalités cantonales qui remplaçaient les institutions créées par les lois de 1789 et 1790, et que la Constitution de 1791 avaient maintenues.

Il n'y eut donc plus dès lors qu'une municipalité collective par canton anéantissant en fait l'unité communale. Toute commune inférieure à 5.000 habitants (celles au-dessus conservant seules une administration qui leur fût propre) n'était représentée que par un agent municipal et administrée par la municipalité du canton formée de la réunion des agents municipaux de toutes les communes de la circonscription cantonale.

Convoqués le 10 brumaire pour procéder à l'élection du président de la nouvelle administration municipale, les

(1) Gazier, *Études sur l'Histoire religieuse de la Révolution.*

électeurs des sections *intra* et *extra muros* ne purent se mettre d'accord sur le choix d'un candidat. Les électeurs *extra muros* refusèrent même de prendre part au scrutin et se retirèrent dans leurs communes respectives. Le citoyen Picart, maire, fut élu par 88 voix, sur 139 votants.(1)

Les assemblées primaires des communes se réunirent à nouveau les 15, 17 et 20, pour l'élection de leurs agents municipaux.

Furent élus :

Etienne Loiseau, agent ; Bourgeot Leblanc, adjoint, pour La Charité.

Jacques-François Lasné La Brosse, agent ; Thomas Desrots, adjoint, pour Narcy.

François Claudon, agent ; Loison aîné, adjoint, pour Raveau.

Joudeau, agent ; Louis Lejarre, pour La Marche.

Bailly Jean, agent ; Narbouton Eustache, adjoint, pour Champvoux.

Château Guillaume, agent ; Clément Joseph, adjoint, pour Chaulgnes.

Paillard Pierre, agent ; Claudon Pierre, adjoint, pour Varennes.

................, agent ; Louis Pasteau, adjoint, pour Tronsanges.

Commissaire provisoire du Directoire exécutif : le citoyen Charles Dumas, nommé par arrêté du département de la Nièvre du 8 du même mois.

L'administration municipale fut installée le 24 brumaire, an IV, et prêta serment « *de maintenir de tout son pouvoir l'Unité et l'Indivisibilité de la République française, et de remplir avec exactitude et courage les fonctions publiques qui leur étaient confiées conformément à la Constitution acceptée par le peuple français.* » A cette première réunion, plusieurs membres donnèrent leur démission, Claudon, d'adjoint de la commune de Varennes parce qu'il

---

(2) Le même jour, le citoyen Souchu-Rennefort (il signait Souchot de Rennefort) avait été nommé juge de paix *intra muros* par 64 voix sur 122 votants, et assesseurs, au troisième tour, à la majorité relative, les citoyens Bagnayt-Bois Griflon par 28 voix, Le Blanc-Lacauderie par 20, Héron par 25, Paillard par 24, Lerasle le Jeune par 23 et Lison par 20, sur 66 votants.

préférait garder son emploi de Régisseur des forges et fourneaux de la Vache qui dépendaient alors de l'administration de la marine ; Château, d'agent de Chaulgnes, pour cette raison qu'il ne savait pas écrire, et enfin Joudeau, d'agent de La Marche, parce qu'il ne se reconnaissait pas « les qualités voulues pour remplir ces fonctions. »

L'assemblée passa outre et nomma secrétaire le citoyen Bertoin, ancien secrétaire-greffier de la mairie qui, dans la crainte de ne pas conserver sa place, s'était fait allouer une gratification de 1.000 livres par l'ancienne municipalité.

Le 8 frimaire, le citoyen Lasné, agent de la commune de Narcy, donna à son tour sa démission qu'il réussit à faire accepter « en raison des nombreuses occupations que lui occasionnaient ses exploitation et fabrication de fer qu'il a fait faire pour le République »

Le citoyen Dumas (1) résigna aussi bientôt ses fonctions de commissaire pour se consacrer uniquement à celles d'assesseur du juge de paix *extra muros*.

Enfin, dans la même séance, le citoyen Loison, agent municipal de La Charité, fut délégué pour se concerter avec l'administration municipale du canton de Sancergues en vue des mesures à prendre pour faire exécuter les réquisitions en grains.

Le 1ᵉʳ vendémiaire, an VI, (22 septembre 1797) les citoyens Dasvin et Joudeau, membres de l'administration cantonale, apposèrent les scellés chez la citoyenne Louise Papon, veuve Gascoing-Bertun, mère d'émigré, et maintinrent le sequestre sur le champ du Nozet appartenant au nommé de La Rue, déporté. Trois pièces de vin qui y furent récoltées furent vendues « au profit de la République »

L'administration cantonale était alors composée des citoyens : Née de la Rochelle, président ; Dasvin, Gourleau,(2)

(1) Le citoyen Dumas avait été tour à tour procureur de la commune, administrateur du Directoire du district, procureur-syndic du district, assesseur du juge de paix et commissaire national près le tribunal. Emprisonné pendant quatre mois sous *la Terreur*, nommé ensuite assesseur du juge de paix et peu après commissaire près le tribunal du district par le représentant du peuple Guillemardet. Il exerça ces dernières fonctions jusqu'à la suppression du tribunal.

(2) Agent de la commune de Tronsanges, démissionnaire. Remplacé le 3 nivôse par son adjoint Choumery qui eut lui-même pour successeur Louis Tardy. Le 11, Guillaume Barbier fut nommé adjoint de Narcy, en remplacement de Edme Grandjean démissionnaire.

Bornet, Bailly, Loison, Clément, Lasné et Saulnier, Bourgeot, Mérigot, Joudeau et Choumery; Le Bault, commissaire du Directoire exécutif, et Bagnayt, secrétaire.

Révoqué peu de temps après, le citoyen Le Bault eut pour successeur Beaufils le jeune qui prêta serment le 3 frimaire.

Les citoyens Alliaume, dit Rivière, et Maria, furent nommés gardes-champêtres à La Charité, Simon Godet à Chaulgnes, et Mercenet Louis, à Narcy, avec un traitement variant de 300 à 240 livres.

Le 2 pluviôse, l'administration cantonale fit planter sur la place d'armes un arbre de la liberté entouré d'une enceinte en pierres de taille surmontée d'une grille en bois pour le protéger, ce qui occasionna une dépense de 336 livres 18 sols.

La *Fête de la Souveraineté du Peuple*, ordonnée par la loi du 13 ventôse, fut célébrée le 19 par toute la population. Un accident qui aurait pu avoir des conséquences graves se produisit au cours de la cérémonie. Une des pièces de canon éclata, emportant les pans de l'habit du sieur Martin serrurier, qui la servait, et qui eut l'heureuse chance de s'en tirer sain et sauf.

Renouvelée peu de temps après, la nouvelle administration cantonale jura, le 5 floréal, « *haine à la royauté et à l'anarchie ; attachement et fidélité à la République et à la Constitution de l'an III.* »

Elle était composée comme suit :

Pierre-François Paichereau le jeune, président ; (1) Bourgeot-Leblanc, agent, pour La Charité.

Bertheau, agent; J.-B. Blondet, adjoint, pour Narcy.

Loison, agent; Germain Vinet, adjoint, pour Raveau.

Saulnier, agent; Louis Triboulet, adjoint, pour Champvoux.

Joudeau, agent; Louis Jarre, adjoint, pour La Marche.

Bossuat, agent; Louis Laurent, adjoint, pour Varennes.

Goubeau, agent; Jean Péron, adjoint, pour Tronsanges.

........, agent; Clément, adjoint, pour Chaulgnes.

---

(1) Ayant démissionné deux mois après, il fut remplacé le 9 thermidor par le citoyen Néo de La Rochelle.

Beaufils le jeune avait été nommé commissaire du pouvoir exécutif. Révoqué peu de temps après, il fut remplacé le 1ᵉʳ vendémiaire, an VII, par le citoyen Le Bault auquel il avait succédé lui-même quelque temps avant pour la même raison.(1)

Un des premiers actes de cette assemblée fut de remettre en vigueur l'observation rigoureuse des *décadis* en supprimant le marché du samedi qui fut reporté au 9 de chaque décade. Tout individu « étalant ses denrées ou marchandises en dehors des jours fixés par l'arrêté (5 floréal an VI), était poursuivi comme ayant embarrassé la voie publique. »

Les fêtes des 14 juillet et 10 août furent célébrées avec la plus grande pompe. Toute la ville était en liesse. Les boutiques fermées. L'administration cantonale et les corps constitués, précédés de la musique et des tambours, se rendirent au temple où le président prononça un discours exultant le bienheureux jour « où la Liberté victorieuse du despotisme renversa pour jamais le trône en France ». L'assistance accentua encore l'effet de ce discours par ses applaudissements et entonna des hymnes patriotiques. La musique reconduisit ensuite le cortège en exécutant « différents airs républicains »

Pour la fête anniversaire de la fondation de la République, les administrateurs arrêtèrent que ce jour-là, et dorénavant, ils se rendraient tous les *décadis*, à 11 heures précises du matin, en costume officiel et munis de leurs insignes, avec le commissaire du directoire exécutif et le secrétaire, « dans l'édifice (2) destiné à la réunion des citoyens, pour y donner lecture des lois et actes de l'autorité publique et du bulletin décadaire des affaires de la République ; pour y assister à la célébration des mariages, etc. ; et qu'il sera donné avis aux instituteurs et institutrices d'écoles, soit publiques, soit particulières, afin qu'ils aient à y conduire exactement leurs élèves.

« Qu'il sera fait, dans le dit édifice, une enceinte de

---

(1) Juge de paix *intra muros* : Dasvin.
Assesseurs : Leraslo le jeune, Auger-Legrand, Bagnayt-Bois-Griffon, Poignant, Sordet l'aîné et Gély. Élus le même jour que l'administration cantonale, ils prêtèrent serment avec elle.
(2) Église Notre-Dame.

42 pieds de long dans la grande nef sur la largeur de la dite nef ; dans cette enceinte seront disposés *un autel de la patrie, une tribune, une place et des bureaux pour l'administration municipale du canton et le commissaire du Directoire exécutif et son secrétaire ;* des places pour les fonctionnaires et pour les élèves des deux sexes, des places pour les nouveaux époux, leurs parents et leurs amis, enfin une place pour les *défenseurs de la patrie blessés au service de la République.*

« Arrêtent que pour donner plus d'éclat à cette célébration, il sera commandé, tous les décadis, 25 hommes de la garde nationale qui, tambours en tête, iront prendre à 11 heures précises l'administration municipale au lieu de ses séances, et la reconduiront de même après la cérémonie.

« Arrêtent en outre que les clefs de l'édifice *servant à la réunion des citoyens et à l'exercice des Cultes de la commune de La Charité* seront déposées au bureau de l'administration municipale du dit canton, et qu'elles seront remises tous les jours après le lever du soleil *aux ministres de tous les cultes* qui voudront y célébrer les cérémonies de leur culte *d'après les déclarations prescrites par la Loi*, et qui seront tenus de les rapporter. »

Ce programme fut exécuté de point en point.

Le 19 pluviôse, les citoyens Nérat, ex-religieux, Jean-Mathieu Huret et Philippe Gascoing, ex-curés, (ce dernier demeurant à Chaulgnes) se décidèrent à venir prêter le serment civique imposé aux prêtres, pour pouvoir toucher leur pension ecclésiastique.

Dans la même séance, l'administration cantonale établit le budget de l'an VII pour la ville et pour le canton.

BUDGET DE LA VILLE

Recettes :

Affermage des communaux.....................	4.000 livres
Produit de plusieurs parties de rentes....	93 19 s.
	4.093 19

Dépenses :

Entretien du pavé........................	300 livres
— des chemins vicinaux............	300
— de l'horloge, des pompes et seaux à incendie..	100

Entretien des puits de la commune......	50 livres.
— du collège et grosses réparations	300 —
— des promenades publiques......	150 —
Traitement du concierge de la maison commune..	200 —
Traitement du tambour-major et des cinq tambours..	210 —
Traitement du tambour-préconiseur......	60 —
Frais de la garde nationale; entretien des drapeaux et caisses............................	48 —
Frais des registres de l'état civil..........	100 —
— d'enlèvement des boues.............	140 —
Contribution foncière des biens communaux	360 —
Traitement de l'appariteur de police.....	500 —
Logement des gens de guerre, lumière et chauffage....................................	100 —
Visite des fours et cheminées............	50 —
	2.968 livres

soit un excédent de 1.125 livres 19 sols.

BUDGET DU CANTON
Recettes :

1/10 du produit des patentes...........	658 livres.
1/2 des amendes de police.............	50 —
	708 —

Dépenses :

Traitement des juges de paix *intra* et *extra muros*................................	1.600 livres.
Traitement des deux greffiers...........	400 —
— du secrétaire de l'administration municipale..............................	1.200 —
Traitement d'un commis expéditionnaire.	800 —
— — du bureau militaire..	800 —
Frais de bureau, de chauffage et d'éclairage	800 —
Ports de lettres, messagers, etc........	100 —
Contribution foncière et local des séances	150 —
Fêtes nationales et publiques...........	400 —
Salaires des gardes-champêtres.........	1.500 —
Instituteurs primaires..................	900 —

Un garçon de bureau	300 —
Subvention à l'hospice	1.509 —
Ouvrage fait dans le temple décadaire (enceinte, autel de la patrie, tribune)	808 50 s.
	11.258 50 s.

La fête de la Souveraineté du peuple fut célébrée le 19 ventôse an VII avec un éclat inaccoutumé et donna lieu à une imposante manifestation.

A 10 heures du matin, l'administration municipale et les fonctionnaires publics, tous en costume de cérémonie, se rendirent sur la place de la mairie où la garde nationale et la gendarmerie étaient déjà assemblées en armes.

Le cortège se forma dans l'ordre suivant, et après avoir parcouru les principales rues de la ville, fit son entrée dans le temple décadaire. En tête, ouvrant la marche, les tambours, et un détachement de la garde nationale, les instituteurs et leurs élèves ; puis, précédés d'appariteurs portant des faisceaux, les autorités constituées et les fonctionnaires publics dans l'ordre des préséances prescrit par la Constitution. Après eux s'avançait un groupe imposant de vieillards. Des jeunes gens symbolisant les arts de la paix : l'Agriculture, le Commerce et l'Industrie, entouraient un autre groupe au centre duquel étaient portées les Tables de la Constitution. Aux quatre coins de ces tables des adolescents élevaient des bannières chargées d'inscriptions.

Le cortège flanqué, sur les côtés, d'une double haie de gardes nationaux était fermé par un autre détachement et la gendarmerie.

A son arrivée au Temple, la force armée se rangea autour de l'enceinte comme pour la protéger, et les différents groupes vinrent se placer autour de la figure allégorique de la Souveraineté du peuple devant laquelle les appariteurs tenaient leurs faisceaux baissés ; les Tables de la Constitution furent déposées sur l'autel de la Patrie et les bannières levées pour qu'elles fussent bien visibles à tous les yeux.

Après l'exécution de plusieurs morceaux par la musique, le plus âgé des vieillards se leva, et d'une voix encore forte, s'adressant aux magistrats, donna lecture de la formule indiquée par l'arrêté du Directoire exécutif.

Le président de l'administration lui répondit au nom du peuple et monta ensuite à la tribune pour donner lecture de la proclamation du Directoire relative aux élections.

Les chants patriotiques furent repris en chœur par l'assistance et la cérémonie prit fin. Les appariteurs relevèrent alors leurs faisceaux et vinrent reprendre leur place auprès des magistrats.

Le cortège parcourut à nouveau les rues principales pour revenir à la maison commune où il se disloqua.

L'administration cantonale nommée par les assemblées primaires et communales de l'an VII fut installée le 1er floréal et prêta le serment suivant : *Je jure fidélité à la République Une et Indivisible, à la Liberté et à l'Egalité et au système représentatif.*

En voici la composition :

Président : le citoyen Née de La Rochelle.(1)

Bourgeot, agent national ; Lison, (2) adjoint, pour La Charité.

Clément, agent national ; Eustache Choumery, adjoint, pour Chaulgnes.

Bossuat, agent national ; ...., adjoint, pour Varennes.

Bailly, agent national ; ...., adjoint, pour Champvoux.

Boyault, (3) agent national ; Blaise Corbier, adjoint, pour La Marche.

Guillemin le jeune,(4) agent national ; Coqueblin, adjoint, pour Raveau.

---

(1) Démissionnaire le 11 brumaire. Remplacé le 25, par Pierre-François Paichereau le jeune (Paichereau-Champreuil).

(2) Démissionnaire le 14 brumaire. Remplacé le lendemain par le citoyen Dasvin, défenseur officieux.

(3) Démissionnaire. Remplacé le 10 thermidor par le citoyen Julean.

(4) Était adjudicataire des objets mobiliers des forges, fourneaux, domaines et dépendances de la ferme de Raveau (domaine de l'État provenant de l'ancien prieuré de La Charité).

Beaufils le jeune, (1) commissaire du Directoire exécutif, et Bagnayt, secrétaire.

Juge de paix *intra muros* : Sordet l'aîné.

Pour le recrutement de l'armée, le contingent était formé par voie de tirage au sort entre les jeunes gens de 20 à 25 ans(2). Un conseil de révision composé de cinq pères de famille et d'un officier de santé examinait les cas d'exemption et de dispense prévus par la loi. Le premier qui fonctionna comprenait les citoyens Usquin père, Boullée Alexandre, Auger Jérôme, Bâton, Quenouille François et Pinsin, officier de santé.

Les hommes reconnus aptes au service étaient réunis ensuite au chef-lieu de canton où on les formait en colonne pour les envoyer à Nevers.

Le ministre de la Guerre fit procéder en même temps au recensement général des chevaux, juments et mulets dont il réquisitionna le trentième. Le nombre des animaux recencés dans le canton étant de 485, il eut à en livrer 16 pour sa part et dans le plus court délai possible.

Le 25 vendémiaire, à la réquisition du commissaire du Directoire exécutif, on désigna 25 hommes de la colonne mobile de la garde nationale de La Charité pour rechercher les insoumis, réfractaires, déserteurs et conscrits qui n'avaient pas encore répondu à leur ordre d'appel.

**

Nous avons dit dans un précédent chapitre qu'en vertu des dispositions de la loi du 24 août 1793 la commune avait dû faire abandon à l'Etat d'une partie de ses biens patrimoniaux en échange de sa dette. D'après le tableau déposé à l'administration centrale de la Nièvre le 3 fructidor an III, le passif étant plus élevé que l'actif de 2.115 livres 2 sols 6 deniers, la commune fut mise en demeure de couvrir ce déficit.(3) Dans sa séance du 9 frimaire an VIII

---

(1) Nommé peu après administrateur du département, il fut remplacé provisoirement le 20 brumaire par le citoyen Dasvin qui avait été nommé quatre jours avant adjoint à l'agent national de La Charité.

(2) Loi du 19 fructidor an VI. Une autre loi du 3 vendémiaire an VII appela 200.000 hommes sous les drapeaux.

(3)   Actif................ 45.000 livres.
         Passif............... 47.115 l. 2 s. 6 d.
         Déficit: 2.115 l. 2 s. 6 d.

l'assemblée cantonale décida, pour se liquider, d'abandonner à la Nation : 1° la maison commune occupée par l'administration, 2° le collège, ainsi que plusieurs petites rentes montant ensemble à 98 livres.

CHAPITRE IX

Le Consulat. — Loi du 28 pluviôse an VIII (1800). Réorganisation des municipalités. — Transfert du tribunal de La Charité à Cosne. Création d'une chambre consultative des manufactures.

Gouvernement sans force, le Directoire n'avait su maîtriser les luttes des partis en leur imposant le respect de la Constitution. Par ses fautes à l'intérieur et à l'extérieur, devenu promptement impopulaire, il n'avait pu se soutenir jusqu'à ce jour que par des coups d'Etat.

A deux reprises différentes, la Nation consultée avait envoyé dans les deux assemblées une majorité hostile dont il se débarrassa par la force.

Un autre coup d'Etat dirigé contre lui, termina sa carrière.

Bonaparte qui depuis son retour d'Egypte était sollicité par plusieurs partis, s'était décidé à agir. Le 18 brumaire (9 novembre 1799), à la tête de ses grenadiers, il envahit l'assemblée, viole la Constitution, s'empare du pouvoir, renverse le Directoire et installe un nouveau gouvernement composé de trois Consuls dont le premier avait à peu près toutes les attributions d'un souverain, et de quatre assemblées dont la plus importante était le *Sénat conservateur*.

Bonaparte prit le titre de premier Consul.

« Ainsi le pouvoir exécutif, sous la Convention, avait appartenu à l'Assemblée elle-même ; ensuite il était passé aux cinq Directeurs ; il appartenait désormais à un seul homme, nommé, il est vrai, pour dix ans seulement ; peu à peu l'on revenait ainsi vers le gouvernement monarchique.

« Au contraire, il n'y avait eu sous la Convention qu'une assemblée ; il y en avait deux sous le Directoire ; il y en eut quatre sous le Consulat. En se multipliant ainsi, les assemblées s'amoindrissaient les unes les autres. »(1)

La France reniait déjà l'œuvre de la Révolution.

La nouvelle Constitution instituée par la loi du 23 frimaire fut publiée le 29 dans toutes les communes de France et des registres ouverts pour son acceptation. Un arrêté des Consuls, en date du 7 nivôse, déterminait ainsi le serment à prêter par les autorités et les fonctionnaires : *Je promets fidélité à la Constitution.*

A l'ancienne administration, le gouvernement apporte de profondes modifications. La loi du 28 pluviôse an VIII (1800) substitue aux administrations centrales celle du préfet ; elle fonde un système nouveau dans les communes.

Les municipalités sont rétablies avec un maire à la tête, et un ou plusieurs adjoints, suivant la population.

Chaque commune a son conseil municipal dont le nombre des membres varie aussi avec l'importance de la population. Les maires et les adjoints des villes de 5.000 âmes et au-dessus sont nommés par le chef de l'Etat ; ceux des autres communes, par les préfets, qui nomment en outre dans toutes les communes les membres des conseils municipaux.

Toutes les affaires sont centralisées entre les mains du préfet délégué du Pouvoir exécutif.

Le premier fut M. Sabatier, nommé le 19 nivôse. Le 11 ventôse, il prend un arrêté ordonnant « la fermeture provisoire du temple de Narcy servant à l'usage du culte catholique, » où deux ministres en opposition ouverte, les citoyens Garcin et Huret, exerçaient concurremment leur ministère au grand scandale des habitants.

Les citoyens Pastoris Etienne, Garcin Jean-Baptiste et Cacadier François, prêtres, étaient venus un mois auparavant à la mairie de La Charité prêter serment de fidélité à la Constitution et donner acte de leur intention d'exercer leur ministère : le premier, dans les communes de Narcy et Varennes ; les deux autres, dans les mêmes communes, plus celle de Raveau.

L'administration judiciaire fut de même complètement réorganisée. Les tribunaux de première instance étaient placés

(1) Ernest Lavisse. *Histoire de France.*

désormais dans les villes qui possédaient déjà des tribunaux de police correctionnelle. La Charité était du nombre. Aussi dans sa séance du 5 ventôse (24 février (1800), l'administration municipale ayant été informée que la ville de Cosne intriguait pour en devenir le siège, délégua les citoyens Dasvin, Guillerault et Lerasle, pour réclamer avec instance l'établissement de ce tribunal et d'une sous-préfecture à La Charité, en faisant surtout valoir « que cette ville est un ancien chef-lieu d'arrondissement, de district possédant encore actuellement un bureau des hypothèques, un tribunal correctionnel et un hôpital civil et militaire ; qu'elle a dans ses environs plus de cent usines (fourneaux et forges) (1), et qu'elle est traversée par quatre grandes routes sillonnées incessamment par les passages des troupes. (2) Il fut remis en même temps au citoyen Dasvin une première provision de 334 livres, et le 24 germinal suivant une nouvelle de 203 livres.

Le 19 vendémiaire an IX, le citoyen Lerasle, homme de loi à Paris, reçut à son tour une allocation de 210 livres pour le même objet.

Au mépris de la loi, Cosne l'emporta. Elle obtint du Conseil d'Etat une dérogation en sa faveur. La Charité ne se tint pas pour battue. Elle provoqua des réunions, des délibérations, et sur les dix cantons qui composaient les anciens districts de Cosne et de La Charité, sept émirent des vœux en faveur de cette dernière ville. Ce sont ces vœux que les délégués avaient pour mission de présenter aux Consuls, au Conseil d'Etat et au Corps législatif, et d'en poursuivre par tous les moyens la réalisation.

Le gouvernement passa outre à leurs protestations et établit définitivement à Cosne le siège du tribunal et de la sous-préfecture du premier arrondissement. Le citoyen Couroux-Desprez en fut nommé sous-préfet le 18 germinal an VIII.

L'administration municipale du canton de La Charité cessa ses fonctions le 25 prairial pour faire place à la nouvelle administration. Chacun de ses membres se retira dans sa commune respective pour y exercer provisoirement

---

(1) Les forges de Sauvage.
(2) Depuis la Révolution, les habitants avaient logé plus de 800.000 hommes ; et à partir du 1er vendémiaire dernier, plus de 30.000.

les fonctions attribuées par la loi du 28 ventôse aux maires et adjoints.

Quoique digne d'un meilleur sort, La Charité fut reléguée au rang de simple chef-lieu de canton.

Elle avait perdu successivement, depuis la Révolution, son bailliage, son grenier à sel, son siège d'élection et de sub-délégation, sa juridiction des monnaies et de direction des aides, puis son district et son tribunal.

En conformité de l'arrêté des Consuls du 29 floréal, le préfet nomma, le 21 messidor, M. Paichereau le jeune, maire de La Charité ; MM. Devernines Jean-Baptiste, premier adjoint, et Guillemin l'aîné, deuxième adjoint. Ils furent installés le 25 par le citoyen Bourgeot, ancien agent de la commune et prêtèrent le serment suivant : « *Je promets d'être fidèle à la Constitution.* »(1)

Le maire nomma ensuite le citoyen Bagnayt,(2) secrétaire de la mairie, avec 900 livres de traitement ; Moinault, huissier de police et chef du bureau militaire avec le même traitement ; Chastignier, expéditionnaire et huissier appariteur avec un de 300 ; Thomas, garçon de bureau et concierge de la mairie avec des gages équivalents, et en plus la perception à son profit de certains droits établis sur les marchands qui venaient sur la place ; enfin, Berger, receveur communal, avec une remise de 0,05 par franc sur les sommes qu'il percevait. Sa remise était évaluée à environ 900 fr.

Par arrêté du 9 brumaire an IX (31 octobre 1800), le préfet nomma conseillers municipaux : les citoyens Héron, Charles Battur, Duranger, marchand de fer, Jean-Baptiste Brault l'aîné, Louault le jeune, Pierre Bourgeot-Picault, Née La Rochelle, Charles Blondelet, Pierre Moreau, Jacques Bidou, J.-Bapt. Sordet l'aîné, Jean Habert l'aîné, Souchu de Rennefort, Guillobel père, Pellerin-Fabre, François Garet, Edme Martignon père, Philbert Lerasle-Raveau, Augustin Lison fils et Monin-Maluron.

La commission administrative de l'hospice fut composée des citoyens Héron, Souchu-Rennefort, Lerasle, Née La Rochelle et Bourgeot-Leblanc.

(1) Arrêté des Consuls du 7 nivôse.
(2) Démissionnaire peu après. Remplacé le 20 fructidor par le citoyen Bourgeot-Leblanc.

A peine installé, le conseil, dans sa séance du 23 brumaire an IX (14 novembre 1800), s'empressa de reprendre l'action engagée par l'ancienne administration pour essayer de faire revenir l'Etat sur sa décision concernant le tribunal, et désigna les citoyens Lerasle, homme de loi à Paris, Duminy fils et Leblanc-La Cauderie, propriétaires à La Charité, pour en réclamer la translation dans cette dernière ville. Leur mission coûta la modeste somme de 878 fr. 95.

Lors du passage du premier consul qui séjourna les 8 et 9 pluviôse à La Charité, la municipalité tenta une nouvelle démarche et lui remit les protestations des habitants.

Pour en finir, le 25 pluviôse an X, (14 février 1802) les citoyens Lerasle, Devernines, premier adjoint et Perrève, homme de loi, furent délégués pour présenter à nouveau aux Pouvoirs publics les revendications de la ville, et leur alloua le 15 prairial (6 juin 1802) un crédit de 1.985 fr. pour frais de voyage, de séjour et d'impression des mémoires.

Enfin le 6 fructidor (24 août) le citoyen Leblanc-LaCauderie leur fut adjoint pour faire une dernière tentative qui, comme les précédentes, resta sans résultat.

La Charité obtint comme compensation, quelques années plus tard, une chambre consultative des Manufactures, Arts et Métiers, créée par arrêté du gouvernement du 12 germinal an XII, et organisée définitivement le 10 thermidor suivant. Les principaux fabricants et manufacturiers de Pouilly, Raveau, Narcy, Murlin, Beaumont, Chasnay, Prémery, St-Aubin, Dompierre-sur-Nièvre, Champlémy et La Charité, réunis au nombre de vingt dans cette dernière ville, en nommèrent membres, les citoyens Duminy-Pomier, Guillemin l'aîné, Chaillou, Lebault Christophe, Paichereau le jeune et Lasné aîné.(1)

---

(1) Le port de la tête de l'Ourth servait en même temps d'entrepôt pour les bois et pour les fontes.

CHAPITRE X

L'Empire. — Première Restauration. Les Cent jours. — La deuxième Restauration. — Séjour des troupes alliées. — Démembrement de la France.

Instruit par l'expérience de ses devanciers, Bonaparte pour mieux servir ses projets, avait rappelé les émigrés et restauré le culte catholique. Son ambition n'était pas encore satisfaite, par le sénatus-consulte du 14 thermidor an X (1802), il se fit proclamer *Premier Consul à vie*.

Tout ne contribuait-il pas du reste à favoriser ses desseins ? et le sentiment de lassitude générale qui s'était emparé des populations après de si violentes secousses ; et la disette dont elles étaient encore une fois menacées.

L'hiver s'annonçait comme devant être dur au pauvre peuple qui manquait aussi de travail. Pour soulager toutes ces misères, le Conseil institua le 14 frimaire an XI un bureau d'aumônes dont faisaient partie MM. Devernines, premier adjoint ; Lebault, juge de paix, Mérigot, suppléant ; Bergougnioux, ministre du culte, Baudron, Paponat, Charlemagne et Loison. Leur mission consistait « à vérifier et rechercher *les véritables indigents* chez lesquels ils se transporteront et sur le compte desquels ils recueilleront soigneusement tous les renseignements pour éviter la surprise et le danger *de favoriser la débauche et la paresse*. »

La distribution du pain se faisait tous les dimanches en présence de trois membres qui en vérifiaient le poids et la qualité.

Par arrêté du 4 nivôse an XII, le préfet nomma M. Grasset (Claude-Joseph), maire, et conseillers municipaux : MM. Battur, Née La Rochelle, Louault l'aîné et Louault le jeune, Fabre, Lerasle, Brault l'aîné, Mérigot le jeune, Dargent, Lallemand, Paponat, Binet, Duranger, Perrot, Bourgeot le jeune, et le 1er ventôse, Granger Guillaume, en remplacement du citoyen Lison décédé.

Assemblé le 16 floréal, *par ordre du préfet*, à l'effet d'exprimer ses vœux sur le titre à déférer au Premier

Consul et sur l'hérédité du Pouvoir suprême dans sa famille, le conseil adoptait à l'unanimité l'adresse suivante :

« La Charité, le 16 floréal, l'an douze de la République française.

« Les maire, adjoints, secrétaire et membres du Conseil municipal de la ville de La Charité, département de la Nièvre.

à Napoléon Bonaparte
Illustre Napoléon

« Si, il y a quinze ans, excédés par l'abus de tous les pouvoirs, les Français ont conquis la Liberté, l'Egalité, ils ne peuvent se dissimuler que la véritable gloire dont ils se sont couverts depuis cette époque mémorable est due au chef étonnant sous les drapeaux duquel ils se sont rangés.

« A la Victoire guerrière a succédé la Victoire qui n'appartient qu'à Vous seul... celle d'avoir anéanti l'esprit de toutes les factions, rétabli l'empire des lois, relevé les autels, et enfin d'avoir fait disparaître toutes les monstruosités qui naquirent de l'ambition personnelle.

« De quels sentiments ne doivent pas être pénétrés tous ceux qui peuvent apprécier ces bienfaits ! Le peuple en jouit et il appartient particulièrement à ses magistrats de vous exprimer la force de sa reconnaissance.

« Oui, Illustre Napoléon, le peuple français veut que vous le gouverniez comme *Chef suprême* pour sa gloire et son bonheur ; mais il veut aussi que vos titres répondent à votre puissance et depuis longtemps celui de Consul ne lui paraît point annoncer à l'Europe celui que vous méritez.

« Fier de ses destinées actuelles, ce même peuple vous proclame *Empereur des Français* ; ce titre est le seul que les hommes les plus instruits et les plus éclairés ont jugé digne de Vous et de lui.

« Son intérêt exige aussi que Votre illustre famille à laquelle il porte le plus grand respect, reçoive les avantages de l'hérédité, et qu'enfin vous perfectionniez toutes nos Institutions.

« Répondez, Illustre Napoléon, à cette voix, et vous éterniserez une époque dont l'Histoire n'offre point d'exemple. »

Les fonctionnaires, les curés et les instituteurs, auxquels s'étaient joints de nombreux citoyens, vinrent à la mairie « signer spontanément »(1) cette adresse pour laquelle on recueillit ainsi 186 signatures.

« Pour déférer « aux vœux de la Nation, » Bonaparte prit le titre d'*Empereur*. Le 7 prairial, il appelait par décret les Français à en émettre de nouveaux sur la proposition suivante : « Le peuple veut l'hérédité de la Dignité Impériale dans la descendance directe, naturelle et légitime et adoptive de Napoléon Bonaparte, et la descendance directe, naturelle et légitime de Joseph Bonaparte et de Louis Bonaparte, ainsi qu'il est réglé par le sénatus-consulte organique du 28 floréal an XII. »

La réponse ne pouvait être que favorable

Le 1er messidor, les citoyens Grasset, maire ; Duvernines et Guillemin, adjoints ; Bourgeot-Leblanc, secrétaire ; Moynault, appariteur de police ; Battur Charles, notaire, Louault François, Binet Louis-Joseph, Sordet Jean-Baptiste, Habert l'aîné, Bourgeot-Picot, Lerasle, Louault le jeune, Lebault Christophe, Pellerin-Fabre, Paponat Pierre, Brault aîné, Pinsin, Duranger et Lallemand, conseillers municipaux ; Mérigot jeune et Dargent, suppléants du juge de paix ; Usquin fils aîné, commandant la garde nationale ; Ranque, docteur en médecine ; Soulas, instituteur primaire ; Desvilles, receveur de l'enregistrement ; Lafoy François, contre-maître de marine ; Maugue Hugues, officier de santé ; Turqnet Jacques, instituteur particulier ; Bonnetain Ferdinand, vicaire, etc., se présentèrent à la mairie pour prêter le serment prescrit par la nouvelle Constitution : « *Je jure obéissance aux Constitutions de l'Empire et fidélité à l'Empereur.* »

Quelques jours après, la municipalité procédait au milieu des acclamations de la foule massée sur les deux rives, à la pose de la première cheville du pont sur le bras gauche de la Loire, en présence de M. l'ingénieur Dutems chargé de la direction des travaux, de tous les fonctionnaires, de la garde nationale et de la gendarmerie.

Une crue subite du fleuve vint bientôt arrêter les travaux. Le 13, voyant qu'il continuait à monter en menaçant de

(1) *Archives de la ville.*

submerger le faubourg et d'emporter les marchandises qui étaient sur les ports, le maire fit appel à tous les hommes de bonne volonté pour sauver d'abord les bois nécessaires à la construction du pont et qui étaient déposés à la tête de l'Ourth.

Tout ce qui avait dû être abandonné sur les rives fut emporté par le courant. A La Charité même on repêcha près de 13.000 merrains, (1) appartenant pour la plupart au sieur Servois, marchand de bois à St-Germain-sur-l'Aubois, et que la crue avait enlevés de dessus le port des Bouillots.

Les eaux à peine retirées, les travaux furent repris et menés avec une telle rapidité que le 8 nivôse an XIII le pont était livré à la circulation.

Bonaparte à son avènement au trône, avait par décret du 13 prairial an XII, accordé à chaque arrondissement communal une dotation de 600 fr. pour une fille pauvre et de bonne conduite dont le mariage devait être célébré le jour même de son couronnement (11 frimaire an XIII).

Une commission composée de MM. Grasset, maire, Lallemand, curé, et Lebault, juge de paix, désigna Anne Pasquet, née à La Charité, le 8 janvier 1780, fille de défunt André Pasquet, charron, et de Hélène Piégoy (2)

Cette même année, le nombre des reverbères fut porté à 27 et l'entretien adjugé à Galopin François couvreur pour 1380 fr. par an. (3) Il faut dire aussi que le chiffre de la population s'était notablement

---

(1) Exactement 12.714 pour lesquels on paya aux sauveteurs 252 livres 15 sols.

(2) Cette coutume dura jusqu'à la fin de l'Empire, mais depuis, la dotation avait été imputée sur le budget communal. En 1811, le Conseil ayant choisi une fille Bigot, le préfet annula la délibération qui désignait cette fille à l'exclusion d'une autre nommée Goujon, servante à l'hospice qui, malgré tous ses titres n'aurait été écartée que par parti pris de certains membres du conseil en faveur d'un nommé Maitron, ancien militaire, que la fille Bigot devait épouser.

Le préfet désigna la fille Goujon comme rosière et la dotation de 600 livres lui fut délivrée lors de son mariage avec Edme Meunier militaire retraité pour blessures, qui fut célébré le jour anniversaire du couronnement de l'Empereur. (*Archives de la ville*).

(3) Il y en avait 8 à deux becs, 11 à trois becs et 8 à quatre becs. Ils étaient allumés pendant six mois, du 1er octobre au 31 mars, étaient descendus ensuite et mis à l'abri dans un local.

accru; il était de 5.630 habitants y compris 450 militaires en activité de service. Au recensement de février 1806, il ne sera plus que de 5.361, y compris également 104 militaires sous les drapeaux.

Le jeudi 2 frimaire an XIII, La Charité eut l'insigne honneur de recevoir dans ses murs le pape Pie VII qui se rendait à Paris pour le sacre de l'empereur. Il fut reçu à la porte de La Marche par la municipalité et complimenté par le maire.

Les fêtes du couronnement (11 frimaire) annoncées la veille et le matin par des salves de sept coups de canon furent célébrées par des réjouissances publiques qui se prolongèrent fort avant dans la nuit.

Napoléon commença alors une longue série de victoires et de conquêtes qui le mirent au niveau des plus grands capitaines de l'antiquité; il prit le titre de roi d'Italie, tailla l'Europe à son gré et ne rêvait rien moins que de reconstituer l'Empire de Charlemagne.

Au cours de ces guerres, La Charité avait reçu, pour y être internés, de nombreux convois de prisonniers espagnols et autrichiens. En 1808, ces prisonniers furent employés à la construction de la digue du champ de foire qui reçut le nom de *Levée d'Espagne*.

En 1809, la ville racheta à l'Etat pour 2.400 fr. l'église des Récollets qu'on démolit peu après pour agrandir la place. L'année suivante le département utilisa les bâtiments de l'ancienne manufacture de boutons pour y établir un dépôt de mendicité, converti plus tard en un asile d'aliénés qu'une partie de la population appelle encore aujourd'hui *le dépôt*. L'ancien champ de Mars, à la porte de Paris, fut aménagé en promenade publique; on y planta 288 arbres placés en carré à une distance de six mètres.

La commune avait en même temps sollicité de l'Etat l'autorisation de vendre les 500 peupliers qui bordaient la route de Bourges à partir du pont de Loire jusqu'aux eaux mortes près le pont de bois de La Chapelle. Ces arbres, qui étaient âgés de 32 ans, avaient été plantés autrefois sur un terrain communal dont l'Etat s'était emparé pour la construction de cette route. (1) Elle offrait, en échange,

(1) Délibérations du Conseil général de la commune du 7 décembre 1777 et 15 novembre 1778.

de faire une nouvelle plantation sur le jet du fossé du côté des terres afin de lui donner davantage de largeur. Le préfet du Cher voulut bien accepter ces propositions et autorisa l'arrachage et la vente de ces peupliers qui produisit 6.000 fr. pour la commune.

Aurait-on pu alors jamais supposer qu'aujourd'hui, où les moyens de locomotion les plus divers sont employés sur routes, et la circulation beaucoup plus active encore que par le passé, l'idée baroque de les rétrécir aurait pu germer dans la tête de quelque ingénieur ? Et cependant la chose existe, et pour une misérable économie à réaliser, on réduit les routes de 8 à 6 mètres, comme c'est déjà fait sur la route nationale de Paris à Antibes, entre La Charité et La Marche.

De nouvelles démarches furent tentées en haut lieu pour faire établir à La Charité le siège du tribunal de commerce du 1er arrondissement. Le titre de *Ville impériale*, alias, de première classe, que Sa Majesté lui avait concédé comme ayant plus de 5.000 habitants ne la satisfaisait pas encore, car à l'appui de sa demande, la municipalité invoquait que cette ville « était un des plus grands entrepôts de blé du département du Cher, qu'il existait dans ses environs plus de quatorze fourneaux et quarante forges donnant lieu à une circulation de 15.000.000 de milliers de fers, fontes et aciers ; qu'elle est couverte d'immenses forêts dans lesquelles on exploite tous les ans de 200 à 300 hectares de bois et que les 3/4 des contestations de commerce portées au tribunal de 1re instance à Cosne, émanaient du ci-devant district de La Charité. »

La Chambre consultative des Arts et Manufactures s'était prononcée dans le même sens.

Nommé par décret du 25 août 1810, ingénieur au port de La Rochelle, M. Grasset se démit de ses fonctions de maire dans lesquelles il fut remplacé le 5 janvier 1811 par M. Provost fils.

Le 20 février 1812, la ville rentra en possession des immeubles qu'à la Révolution elle avait dû abandonner à l'Etat et qui lui furent restitués par décret impérial du 9 avril 1811.

Ces immeubles consistaient en :

1° une maison située place Napoléon, servant alors comme aujourd'hui de mairie ;

2° une autre maison rue Ste-Anne servant d'école primaire et de logement à l'instituteur;

3° bâtiments et jardins provenant des Récollets.

En cinq ans, le budget de la ville avait plus que doublé. De 12.898 fr. qu'il était en 1808, il s'élevait à 26.000 fr. en 1813. La halle produisait alors 4.800 fr.(1)

L'Europe était toujours en feu. La malheureuse campagne de Russie qui coûta 300.000 hommes à la France et où la Grande armée, cette armée sans rivale, qui après avoir battu si souvent les souverains coalisés et pris ses quartiers dans leurs capitales, fut presque anéantie.

Les circonstances devenaient graves, et le pays épuisé, en hommes et en argent, était dans la plus grande anxiété. Aussi à la nouvelle de ces désastres, le conseil réuni extraordinairement le 22 janvier 1813, vota à l'unanimité l'envoi à Sa Majesté, au nom de la ville, de trois cavaliers montés et équipés, et de l'adresse suivante :

Sire

« Les ennemis du repos du monde se flattent en vain de balancer les destinées de l'Europe que la Providence a placées dans vos mains ; en vain ils se félicitent de quelques événements contraires occasionnés par l'inclémence des saisons, et pour acheter la désertion d'un général étranger, ils prodiguent leur or corrupteur.

« La France entière se lève et vient offrir à Votre Majesté ses bras et son amour : qu'il soit permis à Vos fidèles sujets les maire, adjoints et membres du Conseil municipal de La Charité de se mettre en ligne.

« Daignez, Sire, agréer l'hommage que nous osons Vous faire au nom de nos concitoyens de trois cavaliers montés et équipés. Cette modique offrande répond faiblement à notre amour pour la Patrie et à notre attachement à Votre Auguste Personne ; mais dans toutes les circonstances, disposez de nos bras et de tous nos moyens. Aucuns sacrifices ne nous paraîtront trop forts quand ils auront pour objet le maintien de la Gloire nationale et l'accomplissement des hautes conceptions de Votre Majesté. »

Signé : Binet, 1er adjoint, président, Goblet, 2° adjoint, Battur, Lerasle, Duminy, Brault, Louault, Provost père,

(1) La ville était imposée d'office, pour le traitement du préfet, de 1.071 fr. 53.

Vélu, Bonrgeot, Fabre, Lebault, Baudron et Duranger.

Par décret impérial du 14 avril 1813, contresigné par le ministre de l'Intérieur, de Montalivet, comte de l'Empire, M. Provost fils fut nommé maire, et MM. Binet Joseph et Goblet, adjoints. Ils furent installés le 16 mai par le sous-préfet de Cosne, M. Masselet Joseph, qui reçut leur serment : *Je jure obéissance aux constitutions de l'Empire et fidélité à l'Empereur.*

Les événements leur procurèrent bientôt l'occasion de montrer le cas qu'ils en faisaient.

En effet, après avoir en octobre ordonné une levée extraordinaire de 120 000 hommes pour défendre le sol de la patrie contre l'invasion étrangère ; après avoir battu successivement en plus de vingt combats les deux armées qui marchaient sur Paris qu'il ne pût secourir à temps par suite de la défection de Marmont, Napoléon renonça à lutter plus longtemps ; c'est alors que la municipalité, composée des mêmes hommes qui protestaient naguère de leur fidélité à la dynastie napoléonienne avec tant d'enthousiasme, à peine la déchéance de Napoléon prononcée par le sénat, se réunissaient le 13 avril, et « jaloux de témoigner au Gouvernement provisoire leur adhésion à la déchéance de Napoléon Buonaparte et au rétablissement de la dynastie des Bourbons sur le trône de France, » donnaient une nouvelle preuve de leur servilité par l'envoi de l'adresse suivante : « Les maire, adjoints et membres du Conseil municipal de la ville de La Charité, réunis en assemblée générale, désirant faire connaître les sentiments dont ils sont pénétrés pour le rétablissement de la famille des Bourbons sur le trône français, déclarent à l'unanimité qu'ils donnent leur adhésion à toutes les mesures prises par le Sénat et le Gouvernement provisoire pour le salut de la France ; *qu'ils applaudissent au rappel de Louis XVIII au trône de ses ancêtres*, comme devant ramener la paix et la prospérité publique. »

« Et spontanément, M. le curé, les fonctionnaires publics et employés dans les diverses administrations ont demandé à joindre et exprimer leur adhésion aux actes du

Gouvernement provisoire en joignant leur signature au présent acte. » (1)

Signé : « Provost fils, maire ; Binet, 1ᵉʳ adjoint, Goblet, 2ᵉ adjoint, Provost père, Fabre, Brault, Battur, Baudron, Duminy, Habert, Lebault, Née de La Rochelle, conseiller et juge de paix ; Martignon ; Maye, régent ; Maréchal, garde du dépôt ; Desnoyers, receveur d'enregistrement ; Massy, receveur municipal ; Michel Barotte, contrôleur, et Dayot et Dieudonné commis des droits réunis. »

Les officiers de la garde nationale adressèrent de leur côté au président du Gouvernement provisoire, le prince de Bénévent, l'adresse suivante :

Monseigneur,

« La garde nationale sédentaire de la ville de La Charité s'empresse de vous témoigner son adhésion aux actes du Gouvernement provisoire : elle unit ses vœux aux authorités *(sic)* locales pour voir bientôt sur le trône de St-Louis et du digne héros de Béarn l'héritier légitime de la France, prince dont les vertus et les lumières justes et pieuses nous présagent un règne de bonheur et de paix ; daignez-nous croire, *dans ces invariables sentiments*, Monseigneur, vos très humbles et très obéissants serviteurs. Signé : le commandant de la garde nationale, Charron-Vallière ; G. Martignon, Gariel, Berchon, Ferré, Duminy, Grand, Adam, Guesde l'aîné, Lecompte, Usquin-Laurent, Duranger fils, Mathieu-Lallemand, Perrier, Bourgeot-Leblanc, Carpentier fils, adjudant-major, et Guillerault. »

Dans la crainte que l'envoi de ces adresses ne fût pas encore jugé suffisant pour donner la mesure des sentiments dont ils étaient pénétrés, ces renégats de la Révolution, renégats de l'Empire, et qui désavoueront bientôt le nouveau gouvernement dont ils saluent l'avènement de tous leurs vœux, déléguèrent le 19 mai MM. Provost fils, maire, Lerasle, De La Rue et Goblet « tous habitants de cette ville ou ayant des possessions conséquentes dans cet arrondissement, » pour aller à Paris « exprimer à Sa Majesté Louis XVIII avec quelle satisfaction la ville de La Charité voit l'héritier des anciens rois de la famille des Bourbons remonter sur un trône dont la *tyrannie* l'avait privé.

(1) *Archives de la ville.*

« et que la ville de La Charité n'a jamais dévié de sa soumission, de son attachement et de son respect à la famille des Bourbons. La sagesse de ses administrateurs a arrêté dans le moment des plus horribles massacres qui ont fait gémir la France l'audace des forcenés qui voulaient faire payer à la ville son tribut dans le sang innocent versé. Aucune victime n'a péri dans cette ville ; quelles grâces n'a-t-elle pas à rendre aujourd'hui à l'Eternel en voyant renaître ce bonheur qui a constamment lui sur la France sous le règne des Bourbons! »

La députation fut reçue aux Tuileries par le roi, et le maire lui remit l'adresse suivante :

Sire,

« Votre Majesté daigne-t-elle permettre que les députés de la ville de La Charité-sur-Loire mêlent leur faible voix au concert d'allégresse qui retentit de tous les points de la France? Quels sont les maux que ce grand jour ne fasse pas oublier ! Cependant, Sire, notre cité en a éprouvé qu'elle semblait n'avoir point à craindre, mais elle était la patrie de M. Hyde de Neuville que sa fidélité à son Roy avait fait proscrire. Il y avait trouvé, ainsi que M. de La Rue, son beau-frère, un asile assuré contre la persécution des ennemis de Votre Majesté ; elle devait donc partager leur disgrâce puisqu'elle partageait leur constant dévouement à Nos Augustes et légitimes Souverains. Déshéritée, dépouillée de tous les avantages que devaient lui assurer sa situation, sa population et une possession immémoriale, elle n'en a point moins lieu d'être fière d'être comptée parmi les victimes de la plus belle des causes ; elle mettait tout son espoir dans cette suprême Providence à la justice de laquelle le méchant ne saurait échapper.

« Cet espoir, Sire, n'a point été trompé. Le Ciel, comblant nos vœux, a enfin appelé Votre Majesté au secours de la France. Encore quelques jours et cette malheureuse France succombait écrasée sous le poids de toutes les calamités. Dans quel déplorable état Votre Majesté retrouva cet héritage; jadis l'orgueil de l'Europe sous vos illustres ancêtres.

« Mais, Sire, n'affligeons pas votre cœur paternel par le tableau des malheurs publics; tournons nos regards vers ce brillant avenir que nous assurent vos plus profondes lumières, vos sublimes vertus et cette paix aussi difficile que nécessaire que vient de conquérir si glorieusement la haute et courageuse sagesse de Votre Majesté ! que tous les Français se pressent autour de ce trône sauveur ! que tous concourent à alléger le poids de la couronne du meilleur des Rois et à seconder ses magnanimes intentions ! qu'ils rivalisent d'amour, de respect et de dévouement pour l'Auguste famille qui fit si longtemps son bonheur !

« Tels sont, Sire, les sentiments qui animent les habitants de la ville de La Charité-sur-Loire dont nous avons l'honneur d'être les fidèles interprètes ; ils les prouveront dans toutes les circonstances, nous en déposons le serment aux pieds de Votre Majesté que nous supplions de l'agréer. »

Le roi répondit : « Je suis sensible aux sentiments que vous m'exprimez au nom de la ville de La Charité. Je connais les malheurs et les pertes qu'elle a éprouvés ; je ferai en sorte de les réparer. »

Sa Majesté voulut bien permettre à la délégation de porter la décoration du lys, et les députés « se sont retirés pleins d'admiration et d'amour pour le meilleur des Rois et son illustre famille. »

Le 8, toutes les autorités civiles, militaires et judiciaires, assistèrent à un service solennel pour les rois Louis XVI, Louis XVII, la reine Marie-Antoinette et Madame Élisabeth.

La paix fut publiée le 26. La France épuisée, mais non vaincue, se voyait enlever ses conquêtes de la République et de l'Empire. Des familiers du roi ne rêvaient déjà rien moins que le retour de l'ancien régime.

La charte constitutionnelle fut enregistrée le 15 juillet, et la fête de St-Louis célébrée le 25 août avec le cérémonial usité pour celle de l'empereur. Il n'y avait que le maître de changé.

Le 30 octobre, la garde nationale rassemblée en armes sur la place royale, reçut des mains du maire les décorations du lys qui lui étaient attribuées. Dans une réunion extraordinaire tenue quelques instants avant à la mairie, le maire « après un discours plein de respect et de dévouement pour Sa Majesté Louis le Désiré et la famille royale », dit au public qui assistait à la séance « que son Altesse royale Monseigneur le duc d'Angoulême avait daigné accorder aux membres du Conseil municipal et à la garde nationale de cette ville la décoration du lys, et que la dite garde attendait avec impatience la distribution de ce signe chéri d'attachement à Sa Majesté. »

« Le Corps municipal décoré, s'est rendu avec les autres autorités sur la place royale, précédés des tambours et de la musique. La garde nationale, en grande tenue, a ouvert ses rangs et les autorités ont pris place au centre. Le commandant a fait faire l'appel de ceux de la garde auxquels la décoration a été accordée, et chacun s'est empressé de l'accepter aux cris répétés de : *Vive Louis le Désiré ! Vive madame la duchesse d'Angoulême ! Vivent les Bourbons !* »(1)

*
* *

En échange de ses biens ruraux communaux réunis au domaine royal en vertu d'un décret du 20 mars 1813, la ville reçut en échange le 21 novembre un certificat d'inscription au Grand Livre d'une rente annuelle de 4.726 fr. représentant le produit net des biens qu'elle avait dû céder à la caisse d'amortissement.(2)

Par une ordonnance royale en date du 30 décembre 1814 et notifiée seulement le 12 mars 1815, Sa Majesté avait bien

---

(1) *Archives de la ville.*
(2)   317 et n° 487
TRÉSOR ROYAL
Cinq pour cent consolidés

Extrait d'Inscription au Grand Livre de la Dette publique
N° 470   Volume 4   Somme : 4.726 fr.
Je soussigné, Directeur du Grand Livre de la Dette publique, certifie que :
LA CHARITÉ
(*La commune de*)
Département du Cher
est inscrit sur le Grand Livre des Cinq pour cent consolidés pour une somme de Quatre mille sept cent vingt six francs avec jouissance du 1er janvier 1814.
              Paris, le 5 novembre 1814.
              Le Directeur du Grand Livre,
              Signé : (*illisible*).
Le premier commis des Finances
        Signé : HARMAND.

(Les biens en question étaient situés dans le val de la Loire, dép. du Cher).

voulu accorder à la ville de La Charité quinze nouveaux conseillers. Le nombre en était ainsi porté à trente ; mais le retour de l'empereur, échappé de l'île d'Elbe et arrivant à Paris sur ces entrefaites, vint modifier encore une fois la composition de l'assemblée municipale.

Le préfet destitué céda la place à un Commissaire extraordinaire qui s'empressa de révoquer le maire, M. Provost jeune, qu'il remplaça le 10 mai par M. Grasset. Installé le 28, le maire adressait le 31 une vibrante proclamation aux habitants pour les inviter à illuminer et à pavoiser leurs maisons et à crier *Vive l'Empereur!* sur le passage de madame, mère de Sa Majesté, qui se rendait à Paris.

L'Europe n'ayant pas cru aux dispositions pacifiques de l'empereur, ses armées avaient envahi de nouveau la France. Napoléon, de son côté, n'était pas resté inactif. A peine arrivé à Paris, il avait rappelé à lui les troupes de la province, et, dans les premiers jours d'avril, les habitants de La Charité eurent à pourvoir au logement et à la subsistance de 2.000 hommes de troupe dont le passage n'avait été annoncé que dans l'après-midi et qui arrivèrent au milieu de la nuit.

Au budget de 1814 figure pour la première fois dans les dépenses une rente foncière de 350 fr. réclamée par l'Etat pour la halle dont il revendiquait la propriété comme ayant appartenu jadis au prieur de La Charité.

Obligé de lutter encore une fois contre l'Europe coalisée contre lui, la fortune des armes fut contraire à Napoléon. D'abord vainqueur des Prussiens à Ligny, il fut battu le 18 à Waterloo par une armée anglo-prussienne bien supérieure en nombre, et surtout par suite de la défection ou de l'incurie de Grouchy qu'il avait chargé après la bataille du 15 de surveiller Blücher. Il fallut abdiquer une seconde fois. Louis XVIII qui, pendant les Cent Jours, avait mis sa précieuse personne en sûreté à Gand, s'empressa de revenir à Paris. L'Empereur se remit aux mains de ses plus impitoyables ennemis, les Anglais, qui, à la honte de cette grande nation, lui donnèrent comme prison l'île inhospitalière de Sainte-Hélène où il mourut en 1821, entouré de quelques amis et de serviteurs dévoués restés fidèles dans la mauvaise fortune et qui partagèrent sa captivité.

Les traités de 1815 amoindrirent encore bien plus la

France que ne l'avaient fait ceux de 1814. Ses frontières étaient ouvertes de tous côtés. La Prusse, l'ennemie héréditaire, reçut pour sa part les Provinces rhénanes qu'elle n'avait pas su défendre quand les volontaires de la Révolution, soldats improvisés, pourchassèrent ses troupes jusque dans leur pays.

M. Grasset resta en fonctions jusqu'au 8 juillet. Son prédécesseur à la mairie avait fait tentatives sur tentatives auprès du ministre pour être réintégré, protestant de son dévouement à la dynastie napoléonienne. Le ministre eut la faiblesse d'ajouter foi à ses démonstrations qu'il prodiguait avec le même cynisme à tous les gouvernements. Il sacrifia un administrateur dévoué. M. Grasset nous a donné lui-même les motifs de sa retraite dans la lettre suivante qu'il adressa au Conseil municipal :

Messieurs,

« J'ai reçu ce soir à 5 heures une lettre de M. Provost fils ainsi conçue :

La Charité, le 8 juillet 1815.
Le Maire de la ville de La Charité à M. Grasset.

Monsieur,

« J'ai l'honneur de vous envoyer une lettre de M. le sous-préfet de Cosne et de vous prévenir que j'ai l'intention de reprendre mes fonctions de maire demain, 9 du courant.

Je vous invite à donner des ordres pour que les archives, registres et papiers de l'Administration municipale me soient remis.

Je me rendrai à l'Hôtel de Ville à 10 heures du matin. »

Signé : Provost fils.

A cette lettre inconvenante, pour ne pas dire grossière, et qui donne une bien piètre idée de la personne qui l'a écrite, M. Grasset ajoute :

« A cette lettre, Messieurs, en était jointe une autre de M. le sous-préfet de Cosne en date du 5 juillet courant, à mon adresse, par laquelle M. Saujot, faisant fonctions de sous-préfet, me marque que M. le préfet lui prescrit de faire réintégrer dans ses anciennes fonctions de maire de cette ville, M. Provost fils, conformément à la décision de son excellence le ministre de l'Intérieur en date du 6 juin dernier, et qu'en conséquence je veuille bien lui faire la remise de tous les titres, papiers, sceaux de mairie, mobilier, et généralement de tout ce qui regarde l'administration de cette mairie.

« Je supprime les autres paragraphes de cette lettre comme m'étant personnels et trop avantageux.

« Quant à la remise dont me parle M. Saujot, elle est nulle pour moi, car appelé aux fonctions de maire de la ville de La Charité par arrêté du 10 mai dernier de M. le comte Colcheu, commissaire extraordinaire dans la 21ᵉ division, il est constant que M. Provost fils, remplacé(1) alors, n'a rempli envers moi aucune des obligations ci-détaillées.

« Je me dispenserai donc de remplir aussi cette formalité, et je ne me crois responsable de l'administration municipale que depuis le 28 mai dernier, jour de mon installation jusqu'à ce jour inclusivement, trop heureux si mon zèle et mon dévouement ont pu être de quelque utilité à la chose publique. A la vérité, M. Charron-Vallière, 1ᵉʳ adjoint, m'a constamment entouré et je lui dois beaucoup en raison des temps difficiles où je me suis trouvé ces jours derniers.

« Mais, Messieurs, je ne veux quitter les fonctions de maire sans consigner sur le registre de vos délibérations les expressions de ma vive et sincère reconnaissance, car vous m'avez non seulement encouragé, mais encore vous m'avez comblé d'un bienfait extrêmement rare et d'une bienveillance unique que j'apprécierai toute ma vie par la démarche que vous avez bien voulu faire auprès de M. le préfet de ce département pour demander ma conservation de maire de cette ville sur des bruits qui vous étaient parvenus que M. Provost fils faisait à Paris toutes les tentatives possibles pour être réintégré.

« J'avoue, Messieurs, que rien ne peut me paraître plus honorable que le vœu que vous avez bien voulu émettre en ma faveur dans une pareille circonstance, aussi je regrette bien fortement de n'avoir plus l'honneur et l'avantage d'être au nombre de ceux qui, comme vous, ne désirent et ne veulent que le bien de la ville de La Charité avec autant de lumières que de désintéressement.

« En quittant donc la place de maire, j'emporte avec moi

---

(1) M. Grasset avait mis d'abord destitué, ce qui était le vrai terme, puisque M. Provost fils avait été révoqué.

un souvenir bien doux et bien précieux que je vous dois entièrement, et il augmenterait pour chacun de vous mon estime et ma reconnaissance, si cela était possible.

« J'ai l'honneur d'être, avec les sentiments les plus distingués et la plus parfaite considération.

Messieurs,

« Votre très humble et très affectionné serviteur.

« Le maire, *signé* GRASSET. »

L'ancienne administration (1) reprit ses fonctions le lendemain. C'est elle qui eut à répondre aux exigences des troupes alliées qui arrivèrent le 21 juillet à La Charité.

Une partie de ces troupes formées de contingents autrichiens et hessois y resta en garnison; le reste fut réparti dans les villages environnants.

La ville fut frappée de réquisitions énormes et d'autant plus difficiles à satisfaire que les gelées de printemps avaient, en 1814, détruit toute apparence de récoltes. Les vendanges avaient été nulles, et au recensement on trouva à peine 300 pièces de vin.

Pour parer aux premiers besoins, le maire acheta à la hâte, au sieur Duchalet fils, neuf poches de farine à raison de 64 fr. la poche. Le 2 août le Conseil établit une taxe provisoire sur les personnes aisées de la ville et des environs pour subvenir à la subsistance des troupes.

Le 11, on réquisitionna tous les cuirs des tanneurs. (2) D'après le décompte arrêté le 28 avril 1816, ils en avaient livré pour la somme de 9824 francs.

Le lendemain, le conseil vota un emprunt de 5391 fr.; le 14, un autre de 25,000 fr. qui furent répartis d'office sur les cent plus imposés, à titre d'avance faite par eux à la ville.

Ces sommes furent vite épuisées, et il fallut avoir recours à d'autres moyens. Le 26, le Conseil établit une contribution extraordinaire de 0 fr. 50 par franc, exigible de suite, et portant sur tous les rôles au-dessus de 10 fr. des contributions foncière, mobilière et des portes et fenêtres.

Le produit de cette dernière imposition était destiné à l'indemnité de table des officiers hessois et à la subsistance

(1) MM. Provost fils, maire; Binet et Goblet, adjoints.
(2) Usquin-Pinson, Guesdo Pierre, Fauveau François et Pougoy.

des troupes stationnées à La Charité ou simplement de passage.

Le 13 septembre, le Conseil vote une nouvelle contribution forcée de pareille somme — les ressources produites par la précédente étant déjà épuisées ; — le 27, il établit une taxe extraordinaire de 10.000 fr. sur les deux cents plus imposés et sur les autres personnes aisées que cette imposition n'atteignait pas. Le rôle qui portait sur 233 contribuables, fut mis immédiatement en recouvrement; et pour se procurer les premiers fonds, les cent premiers plus imposés furent frappés d'une taxe supplémentaire de 0 fr. 50 par franc exigible de suite.

Le 9 octobre, il vote une nouvelle contribution de 0,50 par franc portant sur deux catégories de contribuables : deux cents venant immédiatement après les plus imposés, et cent vingt, taxés à 10 fr. en moyenne. Le 14, tous les contribuables indistinctement eurent à supporter une imposition de 0 fr. 25 par franc.

Enfin le 20, le Conseil vota un dernier emprunt de 4.000 f. qui fut réparti au marc le franc sur les cent plus imposés, emprunt nécessité cette fois par le départ des troupes alliées qui quittèrent La Charité le 23, après trois mois d'occupation.

D'après le compte fourni par M. Massy, receveur municipal et arrêté définitivement le 25 mars 1817, les dépenses résultant de l'occupation étrangère s'élevèrent à la somme énorme de 175.239 fr. 68 se composant comme suit :

1° Troupes françaises.....................	2.400 »
2° — alliées......................	164.665 03
3° Indemnités diverses...................	3.372 »
4° Voitures pour transports...............	4.802 65
Total..............	175.239 68

Pendant toute la durée de leur séjour, une partie des troupes bivouaqua sur la place. La halle était occupée par les chevaux ; les ponts gardés des deux côtés et le passage interdit. L'armée française — les brigands de la Loire, comme les royalistes les appelaient, — s'était retirée dans les cantonnements que lui assignait le traité de paix sur la rive gauche de la Loire. Malgré les dangers de toute sorte que présentait son passage pour les personnes non munies de laissez-passer, nombre d'habitants ne craignirent pas, malgré les patrouilles ennemies qui sillonnaient incessamment ses bords et les coups de feu des sentinelles, d'exposer leur vie pour aller avec des bateaux chercher dans le Cher le grain nécessaire à la subsistance de leur famille.

D'autres, plus timorés, s'étaient, à la première alerte, procuré un abri sûr dans les forêts voisines où l'ennemi n'osa pas trop s'aventurer.

Le budget communal subit le contre-coup de tous ces événements. Ses recettes diminuèrent dans une notable proportion. Pour comble de malheur, la ville eut encore à indemniser les fermiers des places, du champ de foire et de la halle, du préjudice que leur avait causé l'interruption des foires pendant les mois d'occupation. Ces indemnités s'élevaient ensemble à 1.850 francs.

D'immenses feux de joie, alimentés par des débris de toute nature et la paille qui avait servi au couchage des troupes, saluèrent leur départ ; à grands renforts de seaux d'eau et de balais on débarrassa ensuite la place et la halle de la vermine qui y grouillait.

Quelques graines de genièvre jetées sur les cendres achevèrent cette œuvre d'assainissement.

En 1816, les Chambres mirent à la disposition du ministre un crédit de 11 millions pour indemniser les départements qui avaient eu le plus à souffrir des malheurs de la guerre. La Nièvre se trouva comprise dans la répartition pour 88.000 francs, et sur cette somme l'arrondissement de Cosne pour 18.000 fr. seulement, lesquels furent répartis entre toutes les communes par une commission nommée par le préfet et qui était composée de MM. Leblanc-Lacauderie, Lasne-Sauvigny à Lurcy-le-Bourg, Dameron, propriétaire à Donzy, Bellard André, à St-Amand et Née La Rochelle, à La Charité.

CHAPITRE XI

**Fête de Saint-Louis.
Fondation du couvent des Visitandines
Baptême du duc de Bordeaux.
Les trois Glorieuses.
Le curé Lombard.**

Aussitôt après le départ des forces alliées, l'armée française reprit possession de la rive droite de la Loire. La Charité fut sillonnée encore par des passages de troupes qui s'établirent dans les villes évacuées par l'ennemi. Le maréchal commandant le département avait donné l'ordre à tous les officiers d'infanterie et d'artillerie en semestre ou en demi-solde, et aux militaires des mêmes corps qui y étaient domiciliés, d'avoir à se rendre à Nevers du 1er au 10 janvier 1816, pour concourir à la formation de la légion départementale.

Les sous-officiers et soldats de cavalerie reçurent un avis identique. Ils devaient être rendus à Nevers le 11, munis de leurs effets militaires.

Le maire ayant déserté son poste, en pleine période d'occupation, laissant à son premier adjoint toute la charge de l'administration, le roi lui avait donné le 18 décembre pour successeur un des plus fanatiques partisans du trône et de l'autel, le vicomte René de La Porte, chevalier de l'ordre royal et militaire de St-Louis qui prêta le 9 janvier, devant le sous-préfet de Cosne, le serment suivant :
« *Je jure et promets à Dieu de garder obéissance et fidélité au roi, de n'avoir aucune intelligence, de n'assister à aucun conseil, de n'entretenir aucune ligue qui serait contraire à son autorité, et si dans le ressort de mes fonctions ou ailleurs j'apprends qu'il se trame quelque chose à son préjudice, je le ferai connaître au roi.* »

Installé le 17 janvier 1816, il choisit pour secrétaire M. Thomas-Méquin le jeune.

En abandonnant la mairie, M. Provost fils avait, intentionnellement ou non, omis de rendre son compte d'administration et de justifier l'emploi de différentes sommes pendant le séjour des troupes étrangères, et comme il s'y était encore refusé depuis, le Conseil avait demandé au préfet l'autorisation de le poursuivre.

Il ne s'exécuta qu'après une deuxième mise en demeure, mais au lieu de remettre ce compte à son successeur comme la bienséance le lui commandait, il l'envoya le 20 juillet au préfet qui le retourna au Conseil. Il fut apuré le 5 août suivant.

En prenant possession de la mairie, le vicomte de Laporte, fit célébrer le 21 janvier un service funèbre pour le repos de l'âme de Louis XVI, auquel il avait invité les autorités civiles et militaires.

Le cortège partit de l'Hôtel de ville escorté par la garde nationale, drapeau blanc claquant au vent. L'église était tendue de noir et un sarcophage y avait été élevé par les soins du curé Taillandier. C'était un prêtre qui, pour sauver sa tête sous la Révolution, n'avait pas craint d'enfreindre les prescriptions de l'église et s'était marié. Sa femme était même à l'époque préposée à la location des chaises dans l'église.

Après l'Evangile, le maire qui se défiait peut-être au fond de ce prêtre constitutionnel, monta en chaire pour donner lui-même lecture du testament de Louis XVI « qui a été entendu avec tout le recueillement et l'émotion possibles. »(1)

Les conseillers tinrent aussi à affirmer leurs sentiments, et ces hommes qui, en somme, étaient redevables à la Révolution de leur liberté et de leur fortune et n'en étaient pas à un parjure près, votèrent le 19 mars l'adresse suivante :

Sire,

« Tous les habitants de La Charité libres maintenant de faire entendre le cri de leur conscience, protestent solennellement contre le décret de la Convention nationale qui a osé rendre un jugement inique contre Sa Majesté Louis XVI qu'elle n'avait pas le droit de prononcer; protestent que si l'appel au peuple leur eût été dévolu, ils auraient peut-être encore le bonheur de voir sur le trône ce monarque bienfaisant; ils se félicitent de pouvoir se dire que si leur amour comprimé n'a pu sauver une auguste victime, au moins peuvent-ils se flatter qu'aucun crime ne s'est

(1) *Archives de la ville.*

commis dans leur sein; c'est pourquoi ils prennent la liberté de déposer cette protestation aux pieds de Votre Majesté. »
Ont signé : De Laporte, maire ; Binet, 1er adjoint ; Battut, Menuet, Carpentier, Fabre, Duranger, Guillerault-Ragon, Caillat, Lalande, Duminy l'aîné, Baudron-Lieutaud, Brault, Usquin-Pinson, Grasset, Charron-Vallière, Martignon et Née de La Rochelle.

MM. Hyde, de La Rue et Goblet furent chargés de présenter cette protestation au roi.

**

Louis XVIII avait donné à la France une Constitution nouvelle. Le roi n'avait plus, comme sous l'ancienne monarchie, un pouvoir absolu. A côté de lui étaient placées deux chambres : la *Chambre des Députés* et la *Chambre des Pairs*. Les députés étaient élus seulement par les Français qui payaient au moins trois cents francs d'impôts. Les pairs étaient nommés par le roi et transmettaient leur dignité à leur héritier le plus proche.

Avec ce système, il n'y eut bientôt plus guère que 200.000 électeurs pour toute la France.

Plus royaliste que le roi, la Chambre élue après les Cent Jours ne rêvait qu'à détruire tout ce que la Révolution avait fait. Au règne de la Terreur sous Robespierre, dans leur fièvre de réaction, ils opposèrent une nouvelle Terreur tout aussi sanglante, qu'on appela la *Terreur blanche*, et sous laquelle dans l'ouest et le midi des hommes qui n'eurent bientôt plus rien à envier aux septembriseurs, se livrèrent aux pires excès contre les citoyens soupçonnés d'attachement à l'Empire et à la Révolution.

Ce qui n'empêcha pas le 13 juin 1816 la ville d'être en fête à l'occasion du passage de son altesse royale, la duchesse de Berry, à qui le maire avait ménagé une réception enthousiaste, mais toute de commande. A la porte de Lyon, un arc de triomphe, avait été élevé pour recevoir son altesse ; celle de Paris était ornée d'un portique de feuillage. Le maire avait intimé l'ordre aux habitants des maisons placées sur le passage de la duchesse, d'avoir à décorer leurs façades de pavois blancs ou de drapeaux à partir de 7 heures du matin. Les rues avaient été sablées et semées de fleurs et de verdure.

Aussi toutes les maisons étaient-elles ornées à profusion

de guirlandes et de drapeaux blancs aux armes de France. Nos vieilles couleurs tricolores qui avaient fait en libératrices le tour de l'Europe étaient désormais proscrites et reléguées dans les greniers en attendant des jours meilleurs.

La garde nationale et la musique réunies sur la place royale vinrent prendre les autorités à l'Hôtel de Ville et les conduisirent à l'arc de triomphe élevé à l'entrée de la ville.

Une salve d'artillerie annonça bientôt l'arrivée de son altesse qui, en passant sous l'arc de triomphe, eut à subir de longs discours : du sous-préfet, du maire, du curé, du juge de paix, du conseil municipal et du commandant de la garde nationale.

Sur les instances du maire, la princesse voulut bien descendre de sa berline et prendre place dans un landau découvert. Le cortège, précédé de la musique, parcourut ensuite les principales rues de la ville et arrivé à la porte de Paris, trente charmantes jeunes filles, de blanc vêtues, accompagnées par quatre conseillers municipaux, s'avancèrent pour complimenter la princesse, et lui offrirent au nom de la ville, une énorme gerbe de fleurs des plus belles et des plus rares avec une corbeille finement ouvragée contenant les présents d'usage.

La musique fit entendre à ce moment « l'air chéri de tous les bons français ; » ensuite la duchesse prit congé.

Après son départ, la foule se répandit dans les rues qui, le soir, s'illuminèrent comme par enchantement. Des danses s'organisèrent sur la place royale et se prolongèrent fort avant dans la nuit.

Les pauvres n'avaient pas été oubliés. La municipalité leur avait fait distribuer le matin six cents livres de pain. Les chasseurs à cheval de l'Isère qui formaient l'escorte de son altesse avaient reçu de leur côté une copieuse distribution de vin.

La carte à payer s'éleva à la somme fort respectable de 1.368 fr. dont 524 fr. pour la décoration des portes et l'arc de triomphe, et 120 au sieur Paillard, confiseur à Nevers, pour la corbeille.

Ses pouvoirs étant expirés, M. de Laporte fut renommé maire de La Charité par ordonnance royale du 18 juin 1816, pour une période de cinq ans, et adjoints : MM. Regnard

François et Duminy aîné. Ils prêtèrent serment le 24 devant le sous-préfet : « *Je jure fidélité au roi, obéissance à la charte constitutionnelle et aux lois du royaume.* »

Le maire fit confirmer à cette époque les anciennes armoiries de la ville qui porte aujourd'hui : « *d'Azur à trois tours d'argent rangées en fasce et soutenues d'une champagne échiquetée d'argent et de gueules de trois traits chaque surmontée d'une fleur de lys d'or,* » avec la devise : « *In varietate securitas sub lilio.* »(1)

Sur les budgets de 1816 et 1817 les crédits pour les écoles sont réduits, tandis que ceux pour le culte sont considérablement augmentés. A l'indemnité de 300 fr. pour le logement du curé, vient en 1816 s'en ajouter une autre de 450 fr. pour les « vicaire et desservant. » En 1817 — malgré un déficit de près de 5.000 fr., — le conseil accorde une subvention de 1.200 fr. aux dames de la Visitation pour leur aider à fonder un couvent, et ramène ensuite à 150 fr. l'indemnité du vicaire « *attendu qu'il reçoit 600 fr. du dépôt de mendicité, le logement et autres avantages et partage avec le curé le casuel de l'église qui est considérable.* » (2)

Le traitement du régent du collège est supprimé.

Le 25 août, jour de la fête du roi, on procéda solennellement à l'inauguration dans la salle du Conseil d'un buste de Sa Majesté, don de M. Goblet, et à la bénédiction d'un drapeau offert à la garde nationale par les dames de la ville.

« A neuf heures et demie, la garde nationale était en armes sur la place royale. Les autorités constituées, les fonctionnaires publics, les militaires retraités, pensionnés et à demi-solde, étaient réunis à la mairie. Le cortège se rendit à l'église, le sous-préfet de l'arrondissement en tête, M. de Ste-Marie, colonel, chef d'état-major des gardes nationales du département et M. de Bizy, colonel-commandant de l'arrondissement qui, sur l'invitation du maire, étaient venus assister à cette auguste cérémonie.

« La messe dite en l'honneur du patron de Notre Monarque fut entendue avec tout le recueillement et la piété

---

(1) L'expédition des lettres patentes et la gravure du timbre occasionnèrent une dépense de 152 fr.
(2) *Archives de la ville.*

qu'une solennité semblable devait inspirer à tous les assistants. M. le curé fit un prône très touchant dans lequel après avoir retracé les sublimes vertus de St-Louis et de son digne fils Notre bien aimé souverain, il rappela à la garde nationale l'obligation sacrée qu'elle allait contracter envers le Roi et l'Honneur en jurant de défendre envers et contre tous le drapeau des lys qui allait être confié à sa garde. « *Que ce signe*, a-t-il dit, *de la valeur française et de sa fidélité devienne la terreur des ennemis du roi et de la patrie, et qu'il nous serve toujours de ralliement.* » Alors le drapeau fut présenté et tenu à la bénédiction par M. de Ste-Marie, colonel chef d'état-major et M. Charron-Vallière, capitaine-commandant la garde nationale de cette ville entre les mains duquel il fut remis.

« La cérémonie religieuse terminée, Madame la vicomtesse de Laporte, épouse de M. le maire, voulut bien de ses mains attacher la cravate au drapeau. Ensuite le cortège se remit en marche pour retourner sur la place royale où la garde nationale se mit en bataille.

« M. le sous-préfet la harangua ainsi que M. le maire dans les termes les plus énergiques et les plus flatteurs ; après, la remise du drapeau fut faite par M. le commandant à la garde nationale qui jura aux cris réitérés de : *Vive le Roi!... Vivent les Bourbons!* de le défendre jusqu'à la mort.

« Plusieurs décharges d'artillerie eurent lieu pendant cette imposante cérémonie.

« Les autorités étant rentrés à l'Hôtel de Ville, la garde nationale y monta ayant sa musique en tête et fut témoin de l'inauguration du buste de Louis le Désiré dans la salle des délibérations du Conseil municipal.

« M. le sous-préfet prononça un discours où tous nos vœux, nos sentiments étaient exprimés, et fut couvert des applaudissements et exclamations unanimes des assistants.

« Le cortège s'est alors remis en marche, et le buste de Sa Majesté couronné de myrthes et d'immortelles fut porté en triomphe par toute la ville par deux sous-officiers de la garde nationale. L'inauguration en a été faite dans la salle de la justice de paix, à l'hospice de La Charité et au dépôt de mendicité de cette ville avec les mêmes transports et l'enthousiasme le plus parfait. Partout des discours où respiraient la reconnaissance et l'amour pour notre légitime souverain ont été prononcés.

« De retour sur la place royale, les vivats se sont de nouveau fait entendre et des décharges d'artillerie ont été faites ainsi que pendant tout le cours de la cérémonie.

« La garde nationale a été conduire M. le sous-préfet et M. le maire et s'est séparée après avoir déposé son drapeau chez le commandant aux cris de : *Vive le Roi !... Vivent les Bourbons !*

« Toute la ville a été illuminée ; des danses publiques ont eu lieu gratuitement sur la place royale et se sont prolongées bien avant dans la nuit. Tous les citoyens de toutes les classes, de tous les rangs, ont pris part à cette fête de famille, puisque c'était celle du *Père* de tous les Français.

« Aucun accident n'a troublé la joie publique. Un banquet auquel ont assisté les autorités constituées, les fonctionnaires publics, les officiers en retraite et à demi-solde a eu lieu ; la joie la plus franche et l'accord dans les sentiments s'y sont constamment fait remarquer. Des toasts ont été portés *au meilleur des Rois*, *à son Auguste Famille*, *à la Chambre des députés* et aux principaux fonctionnaires publics de ce département avec le plus vif enthousiasme et aux cris mille fois répétés de *Vive le Roi !*

« Enfin un bal charmant où la gaieté et l'urbanité ont constamment régné a terminé ce beau jour dont nos concitoyens garderont toujours le souvenir.

Vive le Roi !

« Le présent procès-verbal rédigé par Nous, Maire, soussigné, à l'Hôtel de la mairie, le 26 août 1816.

Signé : le Vte de Laporte et Regnard. »(1)

Sur ces entrefaites, une dame de Damas de Crux — dont le frère occupait alors une charge importante à la Cour — ayant manifesté le désir d'établir un couvent de Visitandines de Moulins dans les bâtiments des ci-devant bénédictines, le Conseil, après lui avoir donné l'assurance formelle de faire « tous les sacrifices nécessaires pour seconder ses bienveillantes intentions, » lui accorda le 11 avril 1817 une subvention de 3.000 francs. Le roi, de son côté, en avait déjà donné une de 14.000 francs pour l'acquisition des bâtiments.

(1) *Archives de la ville.*

Et cependant la ville ne pouvait guère se permettre de pareilles libéralités! Elle avait un déficit de près de 5.000 f., — exactement 4.642 fr. 57, représentant environ le sixième de ses recettes — et c'était ce moment que choisissait le maire pour faire des réparations à l'église après avoir sollicité vainement du préfet l'autorisation de vendre les arbres de la promenade de la Saulaye pour en affecter le produit aux dites réparations.(1)

Ne s'était-il pas avisé aussi de rendre la messe et le repos du dimanche obligatoires! A cet effet, il avait fait publier le 11 avril que « *ne pouvant tolérer plus longtemps une infraction aussi coupable*,' tous ceux trouvés en contravention à la loi du 18 novembre 1814 sur la célébration des fêtes et dimanches, seraient cités par-devant le tribunal de paix. »(2)

Il eut été certes mieux inspiré en recherchant les moyens de secourir la classe indigente dont la misère était grande. Le pain était taxé à 0 fr. 35 et 0,30 la livre suivant qualité et dans plusieurs villes les maires avaient dû requérir la troupe pour protéger les marchés. Ainsi celui de St-Pierre ayant été pillé le 1er mai, le préfet envoya le surlendemain un détachement de 15 cuirassiers Dauphin de la garnison de Nevers pour arrêter les principaux auteurs.

Les mêmes scènes de désordre s'étant reproduites le 3 à La Charité, le 7 arrivèrent 20 cuirassiers que la municipalité mit en garnison chez les habitants les plus compromis.

Depuis le 1er mars, l'exercice de la profession de boulanger était réglementé. Le maire les avait répartis en deux classes qui devaient avoir constamment chez eux : ceux de la première, un approvisionnement de 80 doubles décalitres de farine et ceux de la deuxième, 60.

La fameuse question de la translation à La Charité des sièges de la sous-préfecture et du tribunal que l'on croyait résolue définitivement fut agitée à nouveau en septembre 1817 par le sous-préfet lui-même qui vint proposer au Conseil, au cas où la ville consentirait à supporter les charges de

---

(1) Ces arbres (170 ormes et 4 peupliers) ne furent en effet adjugés qu'en décembre 1820 à un sieur Menuet pour la somme de 3.750 fr.

(2) *Archives de la mairie.*

cette installation, « d'émettre un vœu fortement motivé et très détaillé » en indiquant en même temps les bâtiments dont elle pourrait disposer.

Le Conseil répondit à cette avance en offrant pour la sous-préfecture les bâtiments et le jardin des ci-devant Récollets qui avaient servi précédemment à l'administration du district ; et, pour le tribunal, la plus belle partie du couvent des ci-devant Bénédictins.

Une souscription publique avait même été ouverte à ce sujet. Donzy, de son côté, postulait aussi pour obtenir le tribunal, mais ces diverses propositions n'eurent aucune suite.

Les opérations du cadastre commencèrent à la fin de mai 1818. La population de la ville n'était plus alors que de 4.011 habitants.

Le duc d'Angoulême qui se rendait à Vichy pour y faire une cure passa à La Charité quelques jours après. Les autorités civiles et militaires auxquelles étaient venus se joindre le lieutenant général commandant la 21e division ; le marquis de Villeneuve, préfet du Cher et le capitaine de gendarmerie de Bourges, attendaient à la porte de Paris la venue de son Altesse qui n'arriva qu'à 6 heures 1/2 du soir. Les rues avaient été sablées et les maisons pavoisées de drapeaux blancs fleurdelisés.

Après les compliments d'usage, le duc fut conduit chez M. Grasset où il trouva dans son appartement une table somptueusement dressée qui l'attendait et à laquelle il invita à prendre place le duc de Damas, pair de France, lieutenant général, gouverneur de la 23e division militaire, le lieutenant général Rey, commandant la 21e division, le préfet du Cher, le vicomte de Levis son aide de camp et le vicomte de Laporte, maire.

Au dessert, le duc voulut bien permettre aux nombreux badauds qui se pressaient aux portes de la salle de circuler autour de la table.

Son altesse royale repassa le 16 et la duchesse le 30. Pour témoigner sa satisfaction de la réception que les habitants lui avaient faite, le duc chargea le 5 octobre M. de Damas de remettre en son nom, au maire de la ville, une somme de 500 fr... pour les réparations de l'église.(1)

_____
(1) Le conseil municipal accorda la même année une subvention de 1.400 fr. pour le même objet, et en 1820, une de 4.000 fr.

Le maire y fit célébrer le 21 janvier 1820 un service expiatoire pour le roi Louis XV, et pour attirer une plus grande affluence de monde, il fit publier en ville « qu'il serait fait ce jour là une distribution extraordinaire de pain, de viande et de bois aux pauvres et aux prisonniers qui auront assisté à la cérémonie. »

Ah ! l'heureux temps pour les contribuables ! où le rôle des contributions directes ne s'élevait pour toute la commune qu'à la somme de 41 932 fr. 81 et qui a plus que triplé depuis. Cette augmentation hors de raison est imputable pour la plus grande part au gouvernement de Napoléon III qui, d'une France forte et prospère qu'il avait trouvée, laissa un pays ruiné et mutilé par la perte de deux de ses plus chères provinces.

La naissance du duc de Bordeaux — l'enfant du miracle, comme on l'appelait, — fut annoncée à la population par une salve de douze coups de canon. A l'occasion de cet « heureux événement, » le Conseil envoya une adresse à Sa Majesté et fit faire une distribution extraordinaire de 500 livres de pain.

Le baptême eut lieu le 1er mai 1821. Le maire adressa à ce sujet la proclamation suivante où il laisse déborder toute sa joie.

Le Maire de La Charité à ses concitoyens

Habitants de la ville de La Charité

« Le roi a fixé au 1er mai le baptême du duc de Bordeaux. Roi très chrétien, il a voulu donner plus d'éclat à la Religion de l'Etat en réunissant autour de Lui les pairs, les députés et des envoyés des bonnes villes pour cette Auguste cérémonie. Les Français ont vu dans ce rejeton miraculeux d'un prince justement regretté, le terme de leurs malheurs et *la fin de la Révolution.*

« C'est avec la plus grande satisfaction que je viens vous rendre la justice qui vous est due en déclarant que toutes les clameurs, toutes les diatribes des anarchistes n'ont fait aucune sensation sur vous et que vous êtes restés fidèles à Votre Dieu et à Votre Roi et que vous avez écouté la voix de vos magistrats.

« La France entière va célébrer le baptême de S. A. R. Monseigneur le duc de Bordeaux ; la ville de La Charité n'est jamais en arrière pour exprimer son respect et son dévouement à l'auguste dynastie des Bourbons.

« A l'exemple du roi et de nos princes dont la bienfaisance préside dans chaque solennité, nous allons soulager les malheureux et nous réjouir.

« Vive le roi !... Vivent les Bourbons ! »

Au lever du soleil, des salves d'artillerie annoncèrent le commencement de la fête. Les rues ornées de mâts et de guirlandes, les maisons pavoisées de drapeaux blancs fleurdelisés, présentaient un coup d'œil ravissant. Malheur au commerçant qui n'aurait pas pavoisé ! La municipalité avait fait distribuer dans la matinée 600 livres de pain, 250 livres de viande, le vin et les volailles que des personnes généreuses avaient envoyés. A la messe, à laquelle assistaient toutes les autorités, le maire a présenté et tenu sur les fonds baptismaux au nom de la ville, l'enfant d'un malheureux manouvrier nommé Claude Chauveau, né le 24 avril dernier à La Charité, auquel il donna les prénoms du prince : *Auguste-Ferdinand-Henri.*

La ville offrit un beau trousseau pour le nouveau-né et fit donner à la mère les soins que comportait son état.

A l'issue de la messe, une deuxième distribution de vin eut lieu sur la place de la mairie, puis d'autres encore dans l'après-midi. Des danses gratuites s'organisèrent ensuite pour le menu peuple sur la place royale, tandis que le petit commerce se livrait aux mêmes ébats dans la grande salle du Tivoli.

Enfin, à l'Hôtel de Ville « un bal charmant donné par la ville et où la société la mieux choisie avait été invitée, a terminé cette heureuse journée. »(1)

Il avait été tiré 24 coups de canon.

La note à payer s'éleva à la somme de 681 fr. 55, plus une autre de 300 fr. votée le 25 février 1821 pour participation de la ville à l'acquisition du domaine de Chambord « que la France voulait en offrir en apanage à Monseigneur le duc de Bordeaux comme un gage de son amour et de son dévouement. »

Nommés par ordonnance royale du 4 juillet 1821 Maire et adjoints pour une nouvelle période de cinq ans, MM. le vicomte de Laporte, Regnard et Buffault ne furent toutefois installés officiellement que le 20 novembre par le sous-préfet de Cosne, le chevalier de Houdetot.

(2) *Archives de la ville.*

L'avénement de Charles X succédant à son frère en 1824 fournit encore au maire une occasion de manifester ses sentiments.

Le Conseil, à son tour, décidait l'envoi d'une adresse à Sa Majesté et en janvier 1825 votait par acclamation une subvention de 100 fr. « pour le monument consacré à perpétuer le souvenir des victimes de Quiberon. » (1)

Nommé juge de paix de La Charité en 1827, le vicomte de Laporte fut remplacé en 1828 dans ses fonctions de maire par M. Duminy, 1er adjoint.

Le règne de Charles X ne fut pas de longue durée. Plusieurs lois impopulaires vivement attaquées par la presse avaient suscité une opposition très vive, que les élections de 1828 où les libéraux avaient remporté un grand succès étaient venues encore accentuer.

M. de Villèle qui occupait le ministère depuis 1821 dut alors se retirer. M. de Martignac lui succéda. D'idées plus libérales que son prédécesseur, mais soutenu à peine par ceux qui auraient eu intérêt à le conserver, il ne put se maintenir au pouvoir et fut remplacé l'année suivante par M. de Polignac qui, partageant toutes les idées politiques du roi, choisit ses collègues parmi les plus ultra-royalistes.

Hostile au nouveau ministère, la Chambre des députés fut dissoute. Les électeurs ayant renvoyé les mêmes députés, le roi et ses ministres commirent la faute de publier le 26 juillet 1830 les fameuses *Ordonnances* qui supprimaient la liberté de la presse et dissolvaient la Chambre nouvellement élue avant qu'elle se fût réunie.

Ces mesures eurent pour effet de soulever la population de Paris qui s'insurgea et, après trois jours de combat — *les Trois glorieuses* — renversa le gouvernement.

Charles X prit le chemin de l'exil. Son cousin Louis-Philippe d'Orléans fut quelques jours après proclamé roi par la majorité des deux chambres sous le nom de *Louis-Philippe Ier*.

Partout en France, la grande majorité des Français avaient accueilli avec joie l'avénement du nouveau roi qui s'était fait sous la Restauration la réputation d'un prince libéral, mais il avait aussi contre lui une minorité bruyante composée de plusieurs sortes d'ennemis : les *légitimistes*,

(1) *Archives de la ville.*

les plus fidèles soutiens du gouvernement tombé, les *impérialistes* qui auraient voulu la restauration au profit de leur parti, et les *républicains* fidèles à la Révolution.

Le curé de La Charité qui par son attitude agressive s'était mis à dos toute la population avait pris la fuite. Son retour provoqua le 18 août des troubles qui dégénèrent bientôt en émeute. Le maire dut requérir le commandant de la garde nationale d'envoyer immédiatement un piquet de 25 à 30 hommes pour garder la maison de ce mauvais prêtre.

« L'ordre fut exécuté de suite, et après que le dit sieur Lombard qui s'était muni d'un passeport pour St-Flour, cédant à nos conseils, eût pris vers midi la résolution de partir, le détachement de la garde nationale servit d'escorte à la voiture dans laquelle il était monté jusqu'en dehors de la ville. M. Dupont, commandant la garde nationale et M. Usquin l'aîné, major de la dite garde, étaient montés dans la voiture et la conduisirent plus loin, quoique les citoyens de toutes classes qui accompagnaient la voiture n'aient pas dépassé la promenade de la place Misère, où, rentrés en ville, les groupes se dissipèrent d'eux-mêmes sans invitation ni injonction de notre part.

« Il fut accompagné jusqu'à sa sortie de la ville par de nombreux cris de : *A bas Lombard ! A bas les jésuites !* proférés par un assez grand nombre de citoyens. »(1)

Le Conseil se réunit aussitôt après. Sa délibération porte : « Les causes de ce désordre étaient dans l'impopularité dont le prêtre Lombard était l'objet depuis longtemps et aussi l'on peut dire dans la haine que lui portaient les citoyens qu'il avait froissés dans bien des circonstances par son intolérance, par la violence de ses prônes dans lesquels il désignait par leurs noms les personnes qu'il prétendait peu zélées pour la religion catholique et qu'il voulait atteindre, et que, pour une foule d'autres raisons, il s'était mis en opposition ouverte *avec toutes les classes de la société.*

« La volonté de chacun était donc formellement opposée à ce que le prêtre Lombard reparût en ville, surtout après les récents événements politiques qui ont provoqué son

(1) Procès-verbal dressé par le maire, M. Duminy.

premier départ, et que les cris : *A bas Lombard! A bas les jésuites!* qui l'avaient accompagné, *étaient la conséquence de ce que cet ecclésiastique se vantait ouvertement d'être de cette secte, et qu'il emploierait tous les moyens pour la faire triompher.* »

Quel charmant homme que ce ministre de paix !

Le procès-verbal termine ainsi : « le Conseil se considérant comme l'organe de la population entière de La Charité, est d'avis unanime que le curé Lombard ne peut plus exercer ses fonctions dans l'église de la ville de La Charité, *qu'il convient qu'il soit révoqué, ou qu'il lui soit donné immédiatement un successeur.* »

L'avénement de Louis-Philippe avait été salué en ces termes par le Conseil municipal :

Sire,

« Organes des sentiments, du respect et du dévouement des habitants de cette ville pour Votre personne, nous venons vous prier d'en recevoir la respectueuse expression.

« Nos concitoyens, fiers de l'Ordre et de la Paix qui les unissent, ont salué d'une unanime allégresse le beau jour de Votre avénement au Trône ; il a fait naître la confiance dans tous les cœurs et de même qu'il promet le bonheur et la puissance à notre chère patrie, de même l'amour et la fidélité des Français vous assurent un règne long et glorieux.

« Désormais, le cri de ralliement des français sera : *Vive Louis-Philippe! Vive la Liberté!* »

Démissionnaire le 24 août, M. Duminy fut remplacé le 19 septembre par le docteur Pillien qui, le 6 janvier 1831, dans une réunion du Conseil, après avoir rappelé les incidents tumultueux provoqués par le curé Lombard, déclara « que pour éviter des clameurs et même des attroupements qui pouvaient compromettre la tranquillité publique, » il ferait enlever « avec toutes les précautions et la décence convenable la croix de la mission exposée sur la voie publique,(1) ainsi que des croix vertes qui étaient sur le clocher de cette ville et signalées *comme signe caractéristique de Jésuitisme.* »(2)

(1) Cette croix a été déposée dans la chapelle de l'hôpital.
(2) *Archives de la Mairie.*

Dans cette même séance, M. Lerasle Louis-Etienne installé comme conseiller en remplacement de son père, prêta le serment prescrit par la loi : « *Je jure fidélité au roi des Français, obéissance à la Charte constitutionnelle et aux lois du royaume.* »

Ce fut le dernier conseiller municipal nommé par le préfet.

CHAPITRE XII

Loi du 21 Mars 1831. Construction d'un pont suspendu et de l'abattoir. Les banquets réformistes. La révolution de 1848. Le coup d'État. — L'Empire.

La loi du 21 mars 1831 restituait enfin aux communes la nomination de leurs conseils municipaux. Seuls, les maires et adjoints étaient nommés par le roi dans les chefs-lieux d'arrondissement et dans les communes de 3.000 âmes et au-dessus, et par les préfets dans les communes au-dessous. Toutefois les officiers municipaux devaient être choisis parmi les membres du conseil.

Les conseillers étaient nommés eux-mêmes par des assemblées d'électeurs communaux composées des citoyens âgés de 21 ans *les plus imposés* aux rôles des contributions directes, de là leur nom d'*électeurs censitaires*. Leur nombre variait suivant la population ; égal au dixième dans les communes de 1.000 âmes et au-dessous, il s'accroissait dans des conditions variables de 5 par 100 habitants en sus dans les communes de 1.000 à 5.000, de 4 de 5.000 à 15.000, et de 3 par 100 seulement pour les communes dont la population excédait 15.000 âmes.

Le nombre des électeurs était donc fort limité, et à La Charité, en prenant pour base le dernier recensement, il n'était guère que de 300. Il s'augmentait parfois de quelques autres électeurs, qu'on appelait *électeurs adjoints*, choisis dans d'autres catégories de citoyens domiciliés dans la commune, tels que les membres des tribunaux, les anciens fonctionnaires et officiers en retraite.

Les conseils municipaux se renouvelaient par moitié tous les trois ans; les membres sortants étaient rééligibles.

Les élections eurent lieu les 30 juin et 4 juillet. La ville avait été divisée en trois sections : section du Nord, section du Centre et section du Sud. Les nouveaux élus ne furent installés qu'à la fin d'octobre.

A leur première réunion, ils adressèrent une demande à l'Etat à l'effet d'obtenir la construction d'un pont en pierre sur le bras gauche de la Loire en remplacement du pont de bois élevé à la suite de l'hiver de 1788 et qui tombait en ruines. Il n'avait été établi là du reste que provisoirement et à côté des culées de l'ancien pont.

Cette demande fut renouvelée en mai 1832. MM. Pillien, maire, Lerasle et Duminy furent chargés de faire des démarches auprès de MM. Jaubert, Duvergier de Hauranne, Servois et Métairie pour les prier de joindre leurs efforts à ceux du Conseil général de la Nièvre.

Les Conseils généraux de la Nièvre et du Cher ayant donné un avis favorable, une enquête de *commodo* et *incommodo* avait même été ouverte en 1835 pour le remplacer par un pont suspendu avec un péage établi au profit de l'Etat. Est-il bien nécessaire d'ajouter que, sur ce dernier point, l'enquête fut défavorable ? et devant les protestations unanimes des populations, l'Etat abandonna ses prétentions. Les travaux furent entrepris peu après à M. Ferdinand Ruiz. Commencé en 1838, le pont fut inauguré en 1841, le jour de la fête du roi.

La reconstruction de l'Hôtel de Ville (1) s'imposait aussi depuis longtemps ; d'autres travaux étaient non moins urgents, tels que la construction d'un abattoir, adoptée déjà en principe depuis plusieurs années ; l'aménagement d'un nouveau cimetière qui fut effectué en 1832, et enfin la reconstruction de l'école, de la justice de paix et de la caserne de gendarmerie.

Ces divers travaux étaient évalués ensemble à 80.000 fr.

(1) Sa reconstruction fut donnée en adjudication le 10 juillet 1836 à M. Magny qui avait fait un rabais de 5 o/o. Son rabais déduit, la dépense s'élevait encore à 40.000 fr. auxquels vinrent s'ajouter en 1837 pour 11.140 fr. de travaux supplémentaires. Les plans et devis en avaient été dressés en 1834, par M. Paillard, architecte à Nevers, et approuvés par le Conseil la même année.

Soit pour l'abattoir........................... 40.000
— le collège....................... 25.000
et l'Hôtel de ville................. 15.000
                                                80.000

La dépense était couverte au moyen des ressources suivantes :

Vente de 2.210 fr. de rente 5 o/o devant produire 48.000
Produit éventuel de la vente de plusieurs maisons (1)............................... 14.000
Fonds disponibles en caisse................ 15.000
                                                77.000

Renommé maire le 1ᵉʳ mars 1835, M. Pillien mourut le 17 octobre suivant. Le roi lui donna le 26 novembre pour successeur M. Gournot, premier adjoint, qui ayant décliné ces fonctions, fut remplacé le 23 février 1836 par M. Choumery.

C'est à l'administration ferme et prévoyante de M. Pillien qu'est due la création de l'abattoir et l'aménagement du nouveau cimetière. Sur sa tombe, le Conseil fit élever un modeste monument surmonté de son buste avec une inscription rappelant les services rendus à la ville par cet honorable magistrat.

Un projet passionnait en ce moment une partie de la population : celui du changement de direction de la route royale n° 7 de Paris à Antibes dont le tracé par les quais, nuisait considérablement au commerce local. Le Conseil s'était élevé vivement contre ce projet et en avait proposé un autre qui, partant de la vallée Bégat et traversant le château, se raccordait ensuite à la route actuelle à l'entrée de la rue des Hôtelleries. Il faisait disparaître ainsi une partie des inconvénients signalés par l'ingénieur dans la traversée de la ville, mais en laissait subsister d'autres qui le rendaient impraticable.

En 1839, La Charité conçut encore une fois le fol espoir de devenir le chef-lieu de l'arrondissement par suite du refus de la ville de Cosne de subvenir plus longtemps aux charges qui lui incombaient.

(1) Les immeubles à aliéner consistaient en :
1° L'ancien collège, rue Ste-Anne.
2° Les bâtiments des Récollets, dits le Collège.
3° Une maison, sur la place royale.

La Charité s'empressa de profiter de cette circonstance et offrit sans indemnité aucune tous les locaux nécessaires ; son intervention n'eut d'autre résultat que d'amener Cosne à capituler.

*
* *

Le gouvernement de Louis-Philippe n'avait pas réalisé les espérances qu'avait fait concevoir son avénement. Hostile à toute réforme, il avait refusé d'étendre le droit électoral à un plus grand nombre de citoyens, droit que possédaient seuls les privilégiés de la fortune. L'opinion demandait l'*adjonction des capacités*, c'est-à-dire des hommes ayant la connaissance suffisante pour s'occuper des affaires publiques. Le roi et le ministère n'ayant point voulu y consentir, entre eux et le pays la situation resta tendue et grosse de périls.

Au malaise politique, vinrent s'ajouter bientôt les plaintes du commerce ; celles de nombreux ouvriers qui ne trouvaient plus à employer leurs bras. Le gouvernement avait bien distribué quelques secours à employer en travaux ; ainsi La Charité avait reçu en avril 1845, 5.000 fr. ; l'hôpital, 3.000, mais ces faibles ressources ne pouvaient qu'atténuer les misères du présent.

En 1847, la situation n'avait fait qu'empirer ; l'agitation devint plus vive, et l'opposition profitant habilement de cet état des esprits, organisa partout des banquets, dits *réformistes* pour protester contre le gouvernement qui avait refusé d'étendre le droit de suffrage.

La ville de La Charité en avait organisé un qui eut lieu le 17 octobre dans les bâtiments du château sous la présidence de M. Duvergier de Hauranne, député du Cher, et auquel les notabilités du parti libéral des deux départements de la Nièvre et du Cher avaient été invitées. La musique de la garde nationale de Nevers était venue prêter son concours à cette manifestation qui fut des plus imposantes.

Une brochure relatant toutes les phases et les incidents de ce banquet mémorable fut offerte en novembre à la ville, par M. Duvergier, « comme témoignage pour la vive et éclatante sympathie qui lui a été manifestée par ses habitants. »

Cette brochure fut déposée aux archives.

Ce fut un de ces banquets organisés par l'opposition et qui devait avoir lieu le 22 février 1848 à Paris et que la police interdit qui fut cause de la chute du gouvernement de Louis-Philippe.

L'agitation commença aussitôt qui bientôt dégénéra en émeute. Le 23, le roi sacrifia M. Guizot qu'il remplaça le jour même par M. Molé ; mais il était trop tard, il y avait déjà des victimes.

Le 24, Paris se couvre de barricades. Louis-Philippe remplace M. Molé par M. Thiers ; effort inutile, l'insurrection gagne du terrain

Enfin, jugeant toute résistance impossible, Louis-Philippe abdique au profit du comte de Paris, son petit-fils, mais les insurgés, déjà victorieux sur d'autres points, envahissent la Chambre des députés et acclament un Gouvernement provisoire.

La famille royale affolée parvint, sous des déguisements, à se réfugier en Angleterre.

Un des premiers actes du gouvernement fut d'accorder le droit de vote à tous les Français. La loi du 3 juillet 1848 abolit le suffrage restreint et le remplaça par le suffrage universel direct. Pour la nomination des conseils municipaux, la loi de 1831 fut maintenue dans la plupart de ses dispositions. Les communes au-dessus de 6.000 âmes nommaient elles-mêmes leur maire et leurs adjoints, le pouvoir exécutif s'était réservé le droit de les nommer dans les communes au-dessus et dans les chefs-lieux d'arrondissement.

Les événements de Paris avaient eu de suite leur contrecoup dans toute la France. La Charité n'avait pu y rester indifférente, et le 27 février, un groupe de citoyens — dont plusieurs conseillers municipaux — s'emparaient de la direction des affaires municipales et faisaient ratifier leur prise de possession par le peuple assemblé sur la place de la mairie.

Un arrêté du commissaire du gouvernement provisoire, en date du 10 mars, pris en vertu des pouvoirs qui lui avaient été conférés par le ministre de l'Intérieur le 29 février dernier, vint ratifier le choix de la population en nommant M. Massé, maire ; MM. Raillard et Martignon, adjoints, en remplacement de MM. Choumery, Bressolles et Picardeau, démissionnaires.

La nouvelle administration fut dès lors légalement constituée.

Elle prit officiellement possession de ses fonctions le jour de l'inauguration sur la place de l'Hôtel de Ville d'un *Arbre de la Liberté*, figuré par un épicéa de 12 mètres de hauteur que l'on entoura d'une enceinte circulaire en maçonnerie surmontée d'une grille en fer avec une porte (1)

L'Assemblée constituante élue le 23 avril se réunit à Paris le 15 mai. Le gouvernement provisoire remit alors ses pouvoirs à une commission de cinq membres, parmi lesquels le général Cavaignac.

Pendant les terribles journées de juin, où comme chef du Pouvoir exécutif il eut à lutter contre une partie de la population ouvrière de Paris, 63 gardes nationaux de La Charité partirent volontairement pour aider à rétablir l'ordre. Lorsqu'ils arrivèrent à Paris, l'insurrection était réprimée. Leurs frais de voyage et de séjour s'élevèrent à la somme de 989 fr. 80.

Après l'élection de Louis-Napoléon Bonaparte à la présidence de la République,(10 décembre 1848) l'administration municipale qui avait manifesté ouvertement ses sentiments en appuyant la candidature du général Cavaignac, ayant donné sa démission, fut réélue en entier.

L'Assemblée Constituante fut remplacée en 1849 par la Législative. Un vent de réaction commença alors à souffler sur le pays. Le Président de la République entra bientôt en lutte contre cette Asssemblée, malgré les protestations de dévouement qu'il avait prodiguées au pays avant son élection. De nouveau, les républicains sont chassés des fonctions publiques. Suspendu le 4 juillet, M. Massé, maire, est révoqué le 16 ; les adjoints le furent quelques jours après.

Le Conseil était profondément divisé; au mois d'août 1850, la session ne put avoir lieu par suite de l'abstention voulue de la plupart de ses membres.

Le Conseil municipal fut dissous(2) et remplacé au commencement de 1851 par une commission administrative présidée par M. Lalande.

(1) Offert à la ville par M. Buriat, pépiniériste.
(2) La garde nationale avait été dissoute par décret du 11 janvier.

La fin de l'année fut marquée par le coup d'Etat du 2 décembre. Le prince-président dissout la chambre et se fait élire président pour dix ans. De nombreuses arrestations ont lieu à Paris et en province et partout les défenseurs de la loi sont traqués comme des bêtes fauves. 55 citoyens de La Charité appartenant à toutes les classes de la société, désignés comme suspects, sont arrêtés dans la nuit du 7 décembre, conduits à Cosne comme des malfaiteurs et de là dirigés sur Bourges où ils furent incarcérés en attendant qu'on statuât sur leur sort.

Louis-Napoléon apporta une modification à la législation existante, en attribuant par la Constitution du 14 janvier 1852 la nomination des maires au Pouvoir exécutif, avec faculté de pouvoir les prendre en dehors du conseil municipal. La nouvelle Constitution établissait deux chambres : le *Sénat* et le *Corps législatif* ou *Chambre des députés*.

Les élections pour le renouvellement des conseils municipaux se firent dans le courant de septembre sous l'empire de la plus profonde terreur. En effet, du 16 décembre au 16 avril 1852 la ville avait été occupée militairement par des détachements du 18e et du 41e de ligne.

Installé le 10 octobre, le Conseil envoya le même jour à Louis-Bonaparte son adhésion au coup d'Etat.

Le rétablissement de l'Empire, sanctionné par un nouveau plébiscite, fut annoncé par le maire du haut du perron de l'Hôtel de Ville, le 5 décembre, à midi, et le buste de Napoléon III placé ensuite dans la salle des délibérations. On avait aussi pour la circonstance organisé quelques réjouissances qui n'eurent pas grand succès dans une ville décimée par tant d'arrestations arbitraires.

En 1855, après le vote de la Chambre de la loi sur l'organisation municipale qui, à part un petit nombre de dispositions nouvelles, maintenait en les coordonnant la plupart de celles de la législation antérieure, de nouvelles élections eurent lieu qui ne modifièrent pas sensiblement la composition du Conseil. Ce n'est qu'à la chute de l'Empire qu'on réussit à y introduire des éléments nouveaux.

En 1870, au moment de la déclaration de guerre, l'empereur qui ne se sentait nullement rassuré par les résultats tronqués du plébiscite du mois de mai,(1) fit procéder au

(1) A La Charité, il y eut 680 *oui* et 507 *non*.

renouvellement des conseils municipaux. Les élections se firent les 6 et 13 août au milieu de l'émotion causée par nos premiers revers. Le 4 septembre, la République est proclamée à Paris ; l'Empire tombe sous la réprobation générale sans qu'une voix s'élève pour protester, sans qu'une main se tende pour amortir sa chute.

La défense s'organisait dans tous les départements. Le Conseil général de la Nièvre avait voté le 1ᵉʳ novembre un emprunt de 1.485 519 francs pour les dépenses de la garde nationale ; le Conseil municipal prit à sa charge l'habillement de douze gardes nationaux mobilisés.

A l'époque troublée qui suivit les préliminaires de paix, au commencement du règne odieux de la Commune qui, sous les yeux de l'étranger foulant encore son sol, ne craignit pas de provoquer la guerre civile et d'ensanglanter Paris, le Conseil envoya le 24 mars l'adresse suivante au gouvernement :

« *Le Conseil déplore les événements qui troublent Paris et qui réagissent sur la province d'une manière funeste ; il ne saurait mieux faire que d'affirmer la République comme étant la seule forme de gouvernement qui puisse assurer dans le présent et dans l'avenir la tranquillité et la prospérité de la France.*

« *En protestant de ses sympathies pour la forme du gouvernement républicain, le Conseil espère que l'Assemblée nationale prendra les mesures nécessaires pour rendre à la France le repos dont elle a le plus grand besoin.* »

Vive la République !

Les mesures ! on sait celle que prit l'Assemblée ! ce fut une répression terrible, impitoyable, aussi impitoyable que l'avait été la Commune.

Nous terminerons ici notre ouvrage, quoique depuis 1848 la période contemporaine en soit à peine ébauchée : c'est que nous avons jugé que le moment n'était pas venu de faire le récit d'événements où tant de personnes qui vivent encore ont été mêlées. Au Temps, notre grand maître à tous, le soin d'achever son œuvre !

FIN.

ANNEXES

OFFICES MUNICIPAUX
Maires, échevins et conseillers.

1572. Jérôme Jogant.

1615. Sébastien Cuvillier; Gilbert Chappus; Louis Bernot et Estienne Delafaye.

1624. Estienne Delafaye; Estienne Joully; Louis Bernot et Jean Roussel.

1665. Joully et Destrappes; Pinot, procureur du fait commun.

1680. Pierre Destrappes, notaire royal; Claude Ragueau, marchand; François Resmon, marchand et Jacques Dasuin, procureur au bailliage; Louis Taupin, marchand, procureur du fait commun.

1681. Pierre Destrappes; Jacques Dasuin; Jacques Jousselin et Jacques Petibon.

1682. Jacques Jousselin; Jacques Petibon; Michel Marquis et Pierre Goyre, procureur général fiscal au bailliage de cette ville; Louis Taupin, procureur du fait commun.

1683. Michel Marquis; Pierre Goyre; Jacques Millin des Escots et Louis Ducrocq; Guillaume Raby, procureur du fait commun.

1686. Pierre Joully, 1er échevin; Jacques Pagnon, procureur du fait commun.

1690. Pierre Maillard, bailli de la Châtellenie de Narcy; Paul Triboudet, bourgeois; François Bagnayt, docteur en médecine et Pierre Dasuin, marchand; Joachim Théveneau, apothicaire, procureur du fait commun.

1694. François Resmon, marchand (nommé échevin par le seigneur prieur de La Charité).

1396. Gabriel Melin, nommé par le seigneur et Jacques Durand, sieur du Pont, conseiller du roi, président du grenier à sel, par la communauté.

1697-1698. François Hotte, par le seigneur; Guillaume Perreau, docteur en médecine et Pierre Gueneau, marchand, par les habitants, en remplacement de Gabriel Melin, Pierre Caullet et François Resmon.

1699-1770. Pierre Goyre, sieur du Lac, lieutenant

assesseur au bailliage, par le seigneur ; Jacques Pagnez et Antoine Grasset, par les habitants, en remplacement de François Hotte, Guillaume Perreau et Pierre Gueneau.

1701. *Maire* : Bernot de Charant. *Echevins* : Goyre du Lac, Pierre Dasuin et Rousselin, par les habitants, et Pierre Dasuin, par le seigneur. *Procureur du roi*: Bouziat. *Contrôleur* : Bagnayt, *Greffier* : Raisonnier.

1702-1703. *Echevins* : Jean Jolly, président du grenier à sel, par le seigneur, et Hylaire Jars, notaire royal, par les habitants, en remplacement de Pierre Goyre et de Pierre Dasuin.

1703-1704. Jean Mineau, par le seigneur, et Jean Goyre, par les habitants (en remplacement de Roussignol et Jousselin).

1705. Jacques Charron, marchand, par le seigneur, et Joseph Taupin, par les habitants, (en remplacement des sieurs Mineau et Goyre).

1706-1707. Claude Larrivé, par Monseigneur, et Estienne Pithouzeau, par les habitants (en remplacement des sieurs Bellot et Goth).

1707-1708. Jacques Lepage, tanneur, par le seigneur, et Louis Ducrocq, procureur au bailliage, par les habitants (en remplacement des sieurs Charron et Taupin).

1708-1709. Pierre Théveneau, tanneur, par le seigneur, et Robert Melin, par les habitants (en remplacement de Larrivé et Pithouzeau.

1709-1710. Louis Darmoy, par le seigneur, et Joseph Lalande, par les habitants.

1710-1711. Claude Denis et Jacques Ogier, par les habitants, en remplacement de Theveneau Pierre et Robert Melin.

1711-1712. Jean Ragueau, par Monseigneur, et Sevault, par les habitants (en remplacement de Louis Darmoy et Joseph Lalande.

1712-1713. Jean Gobert, directeur des postes, par le seigneur, et Eloy Theveneau, apothicaire, par les habitants (en remplacement de Claude Denis et de Jacques Ogier).

1713-1714. Claude Berger jeune, nommé 1er échevin par le seigneur, et Sordet, par les habitants, (en remplacement des sieurs Ragueau et Seyault.

1714-1715. Jean Cardot, par Monseigneur, et François Gandat, par les habitants.

1715-1716. Jacques Chastignier, par la communauté, et Pierre Dalligny, notaire, par Monseigneur (en remplacement de Dubois et de Sordet).

1717-1718. Claude Berger, marchand, nommé 1er échevin par Monseigneur, et le sieur de La Prée, 2e échevin, par la communauté (en remplacement de Dalligny et de Jacques Chastignier).

1719-1720. Henri de Lespinasse du Pavillon, conseiller du roi, grenetier au grenier à sel, nommé 1er échevin par le seigneur, et Jean Paillard, tanneur, 2e échevin, par la communauté (en remplacement des sieurs Berger et Laprée.

1720-1721. Pierre Joully, avocat à la cour, lieutenant assesseur au bailliage, 1er échevin, par le seigneur, et Jean Jolly, marchand de fer, par les habitants.

1721-1722. Alexis Louzeau, notaire et procureur du bailliage, par Monseigneur, et Henri de Lespinasse de La Grange, par la communauté.

1722-1723. Guillaume Guillerault, procureur du roi au grenier à sel, par le seigneur, et Caullet, par les habitants (en remplacement de Pierre Joully et Jean Jolly).

1723. Rodolphe Jolly, nommé *maire entier et mytriennal* (édit d'août 1722).

1723-1724. Jacques Charron et Jacques Barberaud.

1724-1725. Jean Dargent et Jean-Baptiste Grasset.

1725-1726. Eustache Blondeau, marchand, par le seigneur, et André Chastignier, par les habitants (en remplacement de Charron et Barberaud).

1732. Les échevins étaient : Jacques Jolly, Toussaint Baudot, Jean Lasné et Jean-Baptiste Jousselin.

1733. Jean Lasné, *dit de Ville*; J.-B. Jousselin, François Potier et Ignace Héron.

1734. François Potier, Ignace Héron, Jean Bourcier et François Perreau.

1736. Les deux premiers remplacés pour 1736 par Pluvinet Louis, conseiller du roi, contrôleur du grenier à sel et Henri Thoulet, bourgeois.(1)

---

(1) Ils avaient reçu commission royale du 22 novembre 1735 et Bernot de Charant, subdélégué, avait été commis pour recevoir leur serment (édit de novembre 1733).

1737. François Perreau et Henri Thoulet.

1738. Michel Delalande et Joseph Jarry (*nommés par l'intendant sur une liste de présentation établie par la communauté, en remplacement de Bourcier Jean et Pluvinet Louis*).

1739. Claude Bourcier et Henri Brotot.

1740. Henri Brotot et Michel Courtois.

1741. Michel Courtois, Jacques Chastignier et Jacques Jolly.

1743. (26 juillet) ordonnance royale nommant Pierre Guenot, conseiller du roi, échevin ancien mytriennal aux gages de 40 livres 10 sols par an.

1748. Jacques Butet ; Pierre Guenot ; Guillaume Guillerault et Sylvain Melin.

1749. Guillaume Guillerault ; Sylvain Melin et Pierre Baudot.

1750. Guillerault ; Baudot ; François-Philbert Berger de Montigny et Charles Bagnayt de La Chaume.

1751. Berger de Montigny ; Bagnayt de La Chaume ; Jean-Baptiste Grasset et Jacques Roger.

1752. Grasset ; Roger ; André Chateignier et Pierre-Etienne Chair.

1753. Chateignier ; Chair ; Jean-Louis Delafaye et Louis-Augustin Guillerault.

1754. Delafaye ; Guillerault ; Edme-François Gandat et Pierre Lajoye.

1755. Gandat ; Lajoye ; Etienne Dargent et Marcou-Roger.

1756. Dargent ; Marcou-Roger ; Jacques-Michel Bagnayt de Presle et Jean Bourgeois.

1757. Jean-Etienne Jolly, marchand et Guillaume Duranger, apothicaire.

1758. Bagnayt de Presle, par Monseigneur ; Jacques Chastignier, par la communauté.

1759. *Maire :* Jean-Etienne Jolly, ancien 1er échevin. *lieutenant de maire :* Jacques Chastignier. *Echevins :* Guillaume Duranger, apothicaire. *Procureur du roi :* Jacques Jouly, ancien receveur de la marque des fers.

Ordonnance de l'intendant du 24 mars, nommant les sieurs Loison ; Etienne Bourgeot et Pierre Lesfilles-Héron, marchands, échevins, en remplacement des sieurs Jolly, Duranger et Chastignier, destitués.

1763. *Prudhommes :* Courtois le jeune, bourgeois ; de Lespinasse, officier en l'élection ; Guillerault le jeune, marchand ; Gandat, greffier au bailliage ; Bagnayt de La Chaume, procureur du roi au grenier à sel ; Theveneau, tanneur ; Beaufils-Buchet, marchand ; Bourgoin, tanneur ; Paichereau, procureur du roi en l'élection ; Guesde l'aîné, marchand et Leblanc, bourgeois. Les sieurs Paichereau et Leblanc ayant décliné le mandat, furent remplacés par les sieurs Louis-Marie Maugues, chirurgien et Pierre Lajoye fils, marchand.

1764. *Maire :* Jean-Antoine de Lespinasse, officier en l'élection. *Echevins :* Pierre Gély, maître de poste, nommé prudhomme quelques jours avant ; et par Monseigneur, Courtois-Dubuisson (en remplacement des sieurs Duranger et Taupin). *Prudhommes :* Pluvinet, officier au grenier à sel, Paillias le Jeune et Leblanc.

1765. Edit de mai 1765 (page 142).

1766. *1er et 2° échevins :* de Lespinasse et Beaufils-Buchet, en remplacement des sieurs Pluvinet et Guillerault.

1767. *Echevins :* Jolly, ancien maire et Berger, bourgeois ;

1770. *Echevins :* Michel-André Paichereau, conseiller du roi et procureur du roi en l'élection et Jean-Baptiste Louault, notaire royal et procureur au bailliage.

1772. *Echevins :* les sieurs Charron et Chair, marchand.

1773. *Echevins nommés par le roi*(1) : Charron, Chair, Baudot et Lesfilles-Héron. *Conseillers :* Héron, curé de Ste-Croix, de Bussy et Jousselin.

1774. *Notables :* Musson, curé de St-Pierre ; Dargent, avocat ; Duminy père ; Bourgeot l'aîné ; Pinsin, Julien et Guesde, marchand.

1775. *Conseiller :* Musson, curé de St-Pierre. *Notables :* Gandat et Guillobel.

1779. *Echevins :* Baudot et Lesfilles-Héron ; Jolly de Bussy, avocat en parlement, conseiller du roi, élu en l'élection de cette ville et Jousselin, notaire royal. *Conseillers :* Sordet, Julien et Gandat. *Notables :* Charron, 1er échevin sortant ; Berger de Montigny, président à l'élection ; Lalande, bourgeois ; Bagnayt de Bois-Griffon, bourgeois ; Bourgeot le jeune, marchand ; Tallard, boulanger ; Poi-

(1) Voir page 151.

gnant, tanneur et Loison, marchand. *Secrétaire-greffier* : Lécuyer. *Receveur* : Dargent fils. *Echevins* : Héron, curé de Ste-Croix et Gandat, procureur. *Conseillers* : Roger, docteur en médecine et Lalande. *Notables* : Duminy père ; Pinsin ; Guesde ; Butet père ; Gestat, marchand et Charron de Champmartin. *Conseillers honoraires* : Charron et Baudot, anciens échevins. *Procureur du fait commun* : Pluvinet aîné, conseiller du roi, contrôleur du grenier à sel.

1781. *Echevins* : Berger de Montigny et Edme-Claude Lalande, maître de forges. *Conseillers* : Butet père, Charron jeune, Pinsin et Bagnayt de Bois-Griffon, notaire. *Notables* : le curé de St-Jacques, Butet fils, bourgeois ; Duminy et Pluvinet du Colombier, bourgeois.

1782. *Echevins* : Butet père, Bagnayt de Bois-Griffon ; Taupin, docteur en médecine, médecin du roi et président du grenier à sel et Duminy père, négociant. *Conseillers* : Poignant, marchand tanneur ; Guesde père, marchand ; Pluvinet du Colombier. *Notables* : Guillaume Hyde, ancien maître de forges à Cramin, « écuyer secrétaire du roi, couronne de France et de ses finances, » Paillard ; Lallemand et Turquet, chirurgien.

Maire : Taupin en remplacement de M. Butet père, 1er échevin, décédé (pour 4 ans à compter du 11 novembre 1781). Remplacé comme échevin par le sieur Jolly, ancien maire, avec préséance dans les assemblées et cérémonies sur le sieur Duminy aîné.

A la fin de l'année 1782, et sur l'avis conforme de l'intendant, retour au règlement du 8 juillet 1760 qui accordait à la ville de La Charité un maire, quatre échevins, douze prudhommes et six notables.

1783. (voir page 162).

1784. *Maire* : Jean-Charles Taupin, conseiller du roi, son médecin ordinaire. *Echevins* : Jean Butet ; Jean-Jacques Bagnayt de Bois-Griffon ; Guillaume Hyde et Claude Duminy.

1785. *Echevins* : Jean-Baptiste Louault, greffier en chef de l'élection et Nicolas Pinsin, ancien chirurgien des armées du roi et chirurgien en chef de l'Hôtel-Dieu. *Procureur-syndic* : Pluvinet du Colombier, bourgeois.

1786. *Maire* : Jean Butet, négociant. *Echevins* : Simon Bardet, trésorier de France au bureau des finances et Claude-Pierre Charron le jeune, bourgeois.

1788. *Echevins* : Paichereau l'aîné, conseiller du roi et procureur en l'élection et Louis-Etienne Bourgeot l'aîné. *Secrétaire-greffier* : Louault le jeune, notaire royal et procureur. *Receveur* : Lallemand, marchand apothicaire.

— x —

1789, 14 décembre. Décret de l'Assemblée nationale pour la constitution des nouvelles municipalités. Élections du 3 février 1790. 687 électeurs citoyens actifs inscrits. Le citoyen Paichereau élu *maire ;* Massüe-Durie, *procureur de la commune. Officiers municipaux* : Ferré, serrurier ; Beaufils de St-Vincent ; Gély ; Massüe Pierre-Thomas; Jacques Roy, tonnelier ; Dreux ; Jousselin et Mollet l'aîné. *Notables* : (voir page 293). *Secrétaire-greffier* : Bertoin.

1790, 11 août. *Maire* : Beaufils de St-Vincent, en remplacement de Paichereau élu membre du Directoire du département.

1791. *Maire* : Picart de la Pointe. *Procureur de la commune* : Arnaud le jeune.

Bureau municipal : Picart, maire ; Maugue et Poignant, officiers municipaux (pages 262 et 263).

1792. *Loi du 20 septembre sur l'état civil des citoyens. Officiers de l'état civil* : Maugue et Louault.

2 décembre. *Élections pour le renouvellement de la municipalité. Maire* : Charles Picart, de la Pointe. *Procureur de la commune* : Pierre Perrève. *Officiers municipaux* : Louet ; François Cliquet ; Charles Boullée ; Jean-Guillaume Lajonquière ; Joseph Auger-Legrand ; Etienne Loiseau ; Mathieu Guesde l'aîné et Lison fils. *Secrétaire-greffier* : Louis-Hubert-François Bertoin. *Officiers de l'état civil* : François Cliquet et Turquet. *Bureau municipal* : Picart, maire ; Boullée et Loiseau, officiers municipaux (pages 281 et 282).

1793, 23 brumaire an II. Arrêté du représentant du peuple Fouché reconstituant la municipalité (page 301.)

28 brumaire. Beaufils le jeune élu *maire*, refuse. Bagnayt de Bois-Griffon et Gély refusent aussi ; enfin le citoyen Héron accepte. Il donne sa démission le 10 nivôse et est remplacé le 10 ventôse par Picart que Fouché avait révoqué.

11 ventôse. Arrêté du représentant du peuple Le Fiot renouvelant toutes les administrations (page 308).

1795, 16 pluviôse an III (janvier 1795). Arrêté du

représentant Guillemardet reconstituant la municipalité (page 313).

1795, 21 floréal an III. Reconstitution de la municipalité par le représentant du peuple Laurenceau (page 319).

Administration cantonale créée par le Directoire

An V, 10 brumaire. *Président* : Picart, maire de La Charité. *Commissaire provisoire du Directoire exécutif* : Charles Dumas, nommé par arrêté du département. *Agents et adjoints* : Loiseau et Bourgeot-Leblanc pour La Charité (page 324).

An VI (1797). *Président* : Née de La Rochelle. *Commissaire du Directoire* : Lebault. *Secrétaire* : Bagnayt (page 325).

An VII (1798). *Président* : Paichereau le jeune, ensuite Née de la Rochelle.

An VII (1799), 1er floréal. *Président* : Née de la Rochelle. *Commissaire du Directoire* : Beaufils le jeune. *Secrétaire* : Bagnayt (page 331).

Loi du 28 pluviôse rétablissant les municipalités
(21 *messidor an VIII*)

An VIII (1800). *Maire* : Paichereau le jeune. *Adjoints* : Devernines Jean-Baptiste et Guillemin l'aîné (page 236).

An XII, 4 nivôse. *Maire* : Grasset Claude-Joseph.

1807. *Maire* : Grasset Claude-Joseph. *Adjoints* : Binet Louis-Joseph et Guillemin. (Ce dernier remplacé en 1809 par M. Devernines).

1811-1812. *Maire* : Provost Gabriel fils, en remplacement de M. Grasset, démissionnaire, 2° *adjoint* : Goblet Jean-Baptiste, maître de forges. (Arrêtés du préfet M. de Bréteuil, baron de l'Empire, des 5 janvier 1811 et 23 janvier 1812).

1814, 30 décembre. Ordonnance royale portant le nombre des conseillers à 30. Au retour de l'île d'Elbe, le maire M. Provost fils est révoqué et remplacé par M. Grasset.

1815, 8 juillet. M. Provost reprend ses fonctions de maire avec MM. Binet et Goblet, adjoints.

18 décembre. *Maire* : Vicomte René de Laporte, cheva-

lier de l'ordre royal et militaire de St-Louis (ordonnance royale).

1816. *Maire* : de Laporte. *Adjoints* : Regnard François-Adrien et Duminy l'aîné (ordonnance royale du 18 juin).

1817. *Conseillers* : MM. Champresle Adolphe, Jarouflet François, Auger Charles et Brault Henri (ordonnance royale du 27 mai).

1818. *2° adjoint* : Buffaut Vincent, notaire, en remplacement de M. Martignon, démissionnaire (ordonnance royale du 27 mai.

1819. *Conseillers* : Guesde Pierre-Mathieu, pharmacien ; Lallemand aîné, pharmacien; Maugue Hugues-Marie-Louis, chirurgien ; Guy père Claude, propriétaire ; Léchaudé Louis, directeur du dépôt de mendicité ; Monin père Guillaume, propriétaire ; Binet Joseph-Marie, notaire ; Méquin Etienne, chirurgien ; Picardeau Jean, marchand de bois (ordonnance royale du 18 août).

1826. *Conseillers* : MM. Paichereau, Rameau, Brodu, Auger, Métairie, Deschamps(1) et Goblet. Les autres conseillers étaient : MM. de Laporte, maire ; Regnard et Buffault, adjoints ; Née de la Rochelle, Méquin, Guillerault-Ragon, Lallemand aîné, Binet, Charron-Vallière, Grasset père, Caillat, Mathieu, Léchaudé, Fabre, Habert, Lalande, Gariel, Lerasle père, Martignon, Duranger père, Champesle, Picardeau et Jarouflet.

1827. *Maire* : M. Duminy, 1er adjoint, en remplit les fonctions par intérim. Il est nommé en 1828 et démissionne après les journées de juillet 1830.

1830. *Maire* : M. Pillien, docteur en médecine. *Adjoints* : Lalande et.....

Loi du 21 Mars 1831

Les conseillers sont élus par les électeurs censitaires et renouvelés par moitié tous les trois ans ; les maires et adjoints sont pris dans leur sein.

Elections du 30 juin et 4 juillet. Pillien, maire ; Duminy, propriétaire; Guillard, pharmacien ; Magny, entrepreneur ;

(1) Ce M. Deschamps était à la tête d'une manufacture de quincaillerie qu'il venait d'établir au faubourg de Loire sur le quai de l'Oarth, sous la raison sociale : Paul Deschamps et Cie. Depuis de Deschamps on avait fait de Champs.

Ribert jeune; Normand; Gournot, notaire; Tilloux ; Choumery ; Dupont, chef de bataillon en retraite, légionnaire ; Raillard, marchand; Deschamps, négociant; Fauveau ; Cassiot; Charron-Vallière, propriétaire, légionnaire; Moutot jeune, marchand ; Guillerault-Chamery, limonadier ; Paichereau-Champreuil ; Rameau, notaire; Pinot, propriétaire; Michot; Lerasle fils, juge de paix et Bitard-Pasquet, entrepreneur de bâtiments.

1834. *Composition du Conseil* : MM. Duminy, Pillien, Magny, Raillard, Normand, Cassiot, Tilloux, Dechamps, Choumery, Fauveau, Guillard, Méquin, Paichereau, Charma, Maugue, Picardeau, Gournot, Ribert, Chol, Pinot, Michot et Thomas. *Elections complémentaires des 22, 23 et 25 février* : MM. Guesde-Perrier, Cornet Bernard et Clément Luc-Hylaire.

1835. *Maire et adjoints* : MM. Pillien, maire; Gournot et Choumery, adjoints (ordonnance royale du 1er mars). *Elections complémentaires du 2 août* : MM. Gariel, Buffault et Lerasle en remplacement de MM. Pillien, maire, Charma et Ribert, décédés.

Elections complémentaires d'octobre : MM. Chesneaux, Gogot, Bonnet Armand et Billebault.

Maire et adjoints : MM. Gournot, 1er adjoint, *maire* en remplacement de Pillien, décédé ; 1er *adjoint* M. Bonnet (ordonnance royale du 26 novembre).

1836. *Maire* : M. Choumery en remplacement de M. Gournot, non acceptant. 2º *adjoint* : Guillard Charles-Alexandre (ordonnance royale du 23 février. *Elections complémentaires d'août* : MM. Lerasle Etienne, Gariel Dominique et Buffault Jacques.

1837. *Composition du Conseil* : MM. Cassiot Alexis, propriétaire; Guillard Alexandre, pharmacien ; Picardeau-Gallié Jean; Maugue Hugues, chirurgien; Gournot Antoine, juge de paix, ancien notaire; Chol Antoine, officier de cavalerie retraité; Choumery Antoine, propriétaire, maître de poste; Gogot Joseph, propriétaire; Billebault Jean-Baptiste, propriétaire; Bonnet Armand, docteur-médecin ; Lerasle Etienne ; Clément Luc-Hylaire, huissier ; Thomas Jean-Baptiste, menuisier ; Auger Charles-Frédéric, lieutenant-colonel en retraite, chevalier de la Légion d'honneur ; Tilloux Claude, maître marinier ; Chesneaux Amable, conducteur des ponts et chaussées; Buffault Jacques-Vincent, notaire; Magny Pierre entrepreneur: Gariel Dominique, marchand de drap; Boissallier Charles, marchand de bois; Quillier Pierre-Edouard, marchand de nouveautés; Soudan Pierre-François, notaire, et Michot Jean Larose, limonadier.

Maire : M. Choumery. *Adjoints* : MM. Bonnet et Guillard (ordonnance royale du 12 août 1837).

1840. *Tableau du Conseil* : MM. Picardeau-Gallié; Lerasle; Choumery; *Goigou J.-Baptiste. limonadier ;* (1) *Gogot Etienne ;* Clément Luc; Bonnet Armand; Auger Charles; Tilloux Claude; Cassiot Alexis; Guillard Alexandre; *Piégoy-Roy, marchand de vins en gros;* Buffault, conseiller d'arrondissement; Chesneaux; Magny; Boissallier; Quillier Pierre; *Martignon François-Edouard, notaire ;* Raillard Antoine; Soudan; *Maringue-Larose, boulanger* ; *Guesde-Rameau, lieutenant de cavalerie retraité,* chevalier de la Légion d'honneur, et *Bitard-Mouton,* aubergiste et boulanger.

Maire : M. Choumery. *Adjoints* : MM. Bonnet et Martignon (ordonnance royale du 30 août).

1843. *Tableau du Conseil* : MM. *Massé J.-Bap.-Alfred, notaire ; Lalande Louis-Ferdinand,* notaire ; Boissallier ; *Champagnat Jean,* mercier ; Choumery, Bitard-Mouton ; Chesneaux ; Tilloux Claude ; *Morin Jacques ; Picault,* aubergiste ; Picardeau-Gallié ; Lerasle ; *Bressolles Amable,* docteur en médecine ; *Maujonnet Antoine, aubergiste ;* Gogot Etienne ; Bonnet Armand ; Guillard Charles ; *Boulay Pierre-Joseph,* juge de paix ; Piégoy-Roy ; Buffault Jacques ; Martignon Edouard ; Raillard Antoine ; Maringue Larose et Guesde-Bonne.

Maire : Choumery Antoine. *Adjoints* : Bressolles et Massé (ordonnance royale du 27 août 1843).

1846. *Tableau du Conseil après les élections de 1846* : MM. Raillard Antoine, Picardeau Jean, Bonnet Armand, Lerasle Louis, conseiller général ; Boulay, Massé, Lalande, Boissallier Charles, Gogot Etienne, Champagnat Jean, Choumery Antoine, chevalier de la Légion d'honneur ; Bitard-Mouton, Tilloux Claude, Guesde Pierre, tanneur ; *Tellier Pierre,* agent d'affaires ; *Morin-Brault Jacques,*

(1) Les noms des nouveaux membres sont en italiques.

aubergiste ; Bressolles, Maujonnet, Martignon, Minet Jacques-Louis, marchand de fer ; Maringue-Larose ; *Mathieu Auguste*, docteur-médecin et *Guillerault Pierre*, rentier.

1848. *Maire* : M. Massé. *Adjoints* : MM. Raillard et Martignon (arrêté du commissaire du gouvernement de la République en date du 10 mars).

Les conseillers sont nommés par le suffrage universel

1848. *Elections des 30 et 31 juillet.* MM. Martignon, notaire ; Picardeau-Gallié ; Massé Alfred ; Lalande, notaire ; Buy, négociant ; Raillard Antoine ; Masson Firmin, négociant ; Pactat Gilbert, notaire ; Dalbret Pierre, négociant ; Gogot-Leroy ; Cassiot, piqueur des ponts et chaussées ; Gravelle, pharmacien ; Maujonnet Antoine ; Las Barrières, huissier ; Moutot-Piégoy ; Lerasle ; Champagnat, négociant ; Nicard Claude, marinier ; Raiga, négociant ; Dumas, entrepreneur ; Chesneaux, conducteur des ponts et chaussées ; Bitard-Picardeau, entrepreneur et Tellier, agent d'affaires.

1848, 12 août. *Maire* : M. Massé. *Adjoints* : MM. Raillard et Las Barrières.

20 décembre. *Réélection de la municipalité démissionnaire.* *Maire* : M. Massé. *Adjoints* : MM. Raillard et Las Barrières.

1849, 9 août. *Maire* : M. Massé. *Adjoints* : MM. Raillard et Las Barrières.

1850. M. Lalande est nommé administrateur provisoire de la ville de La Charité par arrêté du préfet du mois de juillet.

1851. *Commission administrative* : MM. Lalande, président ; Lerasle et Nicard.

Maire : Lalande Ferdinand. *Adjoints* : MM. Bonnet Armand et Maujonnet Antoine (décret du président de la République en date du 24 juillet). Il n'y avait plus de conseil municipal.

1852, 10 octobre. *Installation du Conseil récemment élu* : MM. Nicard Claude, propriétaire ; Bonnet Armand, médecin ; Buffault, notaire honoraire ; Lalande, notaire ; Boulay Pierre, juge de paix ; Magny Pierre, propriétaire ; Maujonnet Antoine ; Mathieu Auguste, médecin ; Jourdain-Micalef, négociant ; Roger de Belloguet, propriétaire, légionnaire ; Tassy Louis, ancien officier d'infanterie légère ; Rodier Claude, cordier ; Dumay François, entrepreneur ; Crochet Louis, serrurier, légionnaire ; Molière, aubergiste ; Dufrêne, menuisier; Rémond Edme, boulanger; Lemoine Jean, épicier ; Couloy Jean, cabaretier ; Duchalet Pierre, charcutier ; Laporte François, vigneron, et Turlin Pierre, matelassier.

M. Lerasle, élu, avait déclaré ne pas accepter.

1855. *Maire* : M. Bonnet. *Adjoints* : MM. Maujonnet Antoine et Tardy Nicolas (décret impérial du 14 juin).

Composition du Conseil : Buffault Jacques ; Mathieu ; Bonnet ; Tardy Nicolas, ancien percepteur ; Maujonnet ; Lalande, juge de paix ; Jourdain-Micalef ; Mulon père ; Tassy, Crochet, Demay, Rodier, Laporte, Turlin Pierre, Rémond, Couloy, Lemoine, Duchalet, Dufrêne, Forqueray Henri, notaire ; Debrie Claude-Armand, notaire, et Ferrier-Lison, ébéniste.

1860. *Maire* : M. Bonnet. *Adjoints* : MM. Tardy et Minet-Gallié (décret du 14 juillet).

Tableau du Conseil nommé le 18 août et installé le 10 septembre. MM. Pactat, notaire ; Buy ; Gravelle, pharmacien ; Tardy ; Minet-Gallié ; Bonnet ; Juvigny Alexandre, notaire ; Raillard Eugène, propriétaire ; Nicard-Job ; Gourgeois, juge de paix ; Debrie, ancien notaire ; Mathieu ; Buffault ; Rodier-Legros ; Forqueray ; Fournier Léon, notaire ; Picardeau-Gallié ; Ferrier-Lison ; Faye-Renault ; Couloy ; Pierre de Champrobert Paulin, ancien soldat, médaillé de Ste-Hélène, homme de lettres, ancien secrétaire de la cour de cassation ; Bernot Auguste, négociant, et Bitard-Lesimple, entrepreneur.

1864. *Maire* : M. Juvigny, en remplacement de M. Bonnet, démissionnaire (décret du 2 novembre).

1865. *Elections des 22 et 29 juillet.* Juvigny, ancien notaire ; Lajoye, propriétaire ; Pactat, notaire ; Raillard ; Gravelle ; Vaillant, juge de paix ; Blin, conducteur des ponts et chaussées ; Pierre de Champrobert ; Buy ; Bitard-Lesimple; Marion, pharmacien ; Mathieu; Nicard; Tellier, banquier ; Tardy ; Picardeau-Gallié ; Debrie ; Bonnet, chevalier de la Légion d'honneur ; Lasné du Colombier Jules ; Malifaud Léonard, entrepreneur ; Mathieu-Lallemand, greffier de paix ; Picardeau-Boissallier et Monin Pierre.

Maire : M. Juvigny Jules-Joseph-Alexandre. *Adjoints* : MM. Tardy Nicolas et Lajoye Théodore (décret du 26 août).

1869. *Elections partielles des 11 et 23 janvier*: MM. Debrie, Minet-Gallié, Denis-Dalbret, propriétaire ; Fournier Léon, Delorme-Carrouée, négociant, et Demay-Faye, entrepreneur.

1870. *Elections des 6 et 13 août* : MM. Buy; Juvigny;Pactat; Tardy; Blin; Delorme-Carrouée; Buriat Emile,pépiniériste; Malifaud; Bitard ; du Colombier ; Lallemand ; Picardeau-Boissallier, Tellier, Mulon Isidore, propriétaire ; Raillard Eugène, Monin, Godichon, tourneur ; Blancheton, brasseur; Prudot, sous-inspecteur des forêts ; Fils Antoine, bourrelier, Morand Léon, négociant ; Piégoy, dit *Russe*, et Millet Magloire, ébéniste.

Maire : M. Juvigny. *Adjoints* : MM. Tardy et Blancheton.

1871. *Elections des 30 avril et 7 mai* : MM. Juvigny, Monin, Godichon, Millet, Tardy, Delorme, Fils, Buy, Covillot Théodore, ancien horloger ; Raillard, Buriat, Blancheton, Malifaud, du Colombier, Fournier aîné, Morand, Mollet-Perrotat, cordonnier; Beaupin Francis, négociant; Bouquet, vigneron ; Picard René, tonnelier ; Prudot, Pactat et Blin.

Maire : M. Juvigny. *Adjoints* : MM. Tardy et Blancheton.

1872. *Elections partielles des 5 et 12 mai* : MM. Moutot-Girault et Champagnat-Raisonnier.

17 *mai*. *Maire* : M. Tardy, en remplacement de M. Juvigny, décédé. *Adjoints* : MM. Fournier et Buriat.

1874. *La municipalité est maintenue par décret du président de la République de Mac-Mahon; de Broglie, ministre de l'Intérieur; Sazerac de Forge, préfet.*

Elections du 22 novembre : Buriat, Buy, Fournier, du Colombier, Potevin, carrossier ; Blancheton, Morand, Jeannet Joseph, négociant; Beaupin, Godichon, Champagnat, Morin-Minchin, Raillard, Krieger, négociant; Brault, négociant ; Bourgeot Emile, propriétaire ; Bouquet, Picardeau Léonard, entrepreneur; Moutot, Pactat, Tardy, Faye Henri, négociant ; Picard René.

1878. *Elections des 6 et 13 janvier* : MM. Buy, Buriat, Jeannet, Potevin, Morand, Godichon, Brault, Champagnat, Blancheton, Delorme-Carrouée, Bouquet, Monin, Bourgeot,

Renaud-Augendre, vigneron; Bernot-Sajot, négociant; Lebœuf Louis, horloger; Maitron Simon, cordonnier; Kriéger, Mollet-Perrotat, Marion Achille, négociant ; Bourrasset, menuisier et Malifaud Léonard.

Maire : M. Buy. *Adjoints* : MM. Buriat et Jeannet (décret du président de Mac-Mahon du 11 février — de Marcère, ministre de l'Intérieur.

1881. *Elections des 9 et 16 janvier* : MM. Jeannet, Godichon, Buy, Morand, Renaud-Augendre, Delorme, Lebœuf, Champagnat, Malifaud, Bourgeot, Bourrasset, Bouquet, Bernot-Sajot, Lafaure Michel, rentier; Mignon, banquier ; Girault, marchand de vins en gros ; Bazelin, chapelier ; Bouteau, sabotier; Moreau, maréchal ; Roblin Etienne, vigneron; Lebrave Louis, vigneron ; Mariette, menuisier et Roy-Dupuis, vigneron.

Maire : M. Buy. *Adjoints* : MM. Jeannet et Lebœuf Louis (décret du 23 février, signé Jules Grévy — Constans, ministre de l'Intérieur.

1882. *Election du 16 avril* : M. Corté en remplacement de M. Lafaure, démissionnaire.

Maire : M. Buy. *Adjoints* : MM. Jeannet et Godichon (ce dernier remplacé le 6 août par M. Mignon).

1884. *Elections des 4 et 11 mai*. MM. Godichon, Delorme, Morand, d^r Corté, Jeannet, Chizalet, Malifaud, Girault, Mignon, Champagnat, Picardeau Léonard, entrepreneur ; Buy père, Maitron fils, Monin Gustave, négociant; Brault-Moreau, Bazelin, Bouteau, Lebrault, charpentier; Renaud-Augendre, Bourgeot, Lebœuf, Lebreton et du Colombier.

Maire : M. Buy. *Adjoints* : MM. Jeannet et Mignon.

1885. *Elections complémentaires du 5 juillet*. MM. le docteur Raillard, Beaupin et Achille Marion.

12 juillet. *Maire* : M. Jeannet, 1er adjoint, en remplacement de M. Buy, décédé. 2e *adjoint* : Picardeau Léonard, entrepreneur.

1887, janvier. *Election partielle*: MM. Laurent, Lhuissier, Rochet et Minot.

1888. *Elections des 6 et 13 mai*. MM. Godichon, Renaud-Augendre, Michot, ancien notaire, à St-Lazare, Minot, docteur Corté, Champagnat, Morand, d^r Raillard, du Colombier, Augendre Antoine, vigneron; Lebœuf, Radureau, Dalbret-Bouy, cordonnier; Moreau-Mollet, Mollet-Bureau,

Billard, boucher ; Chizalet ; Lecompte, ingénieur en retraite, chevalier de la Légion d'honneur ; Narcy Joachim, ancien négociant ; Laurent ; Pannetrat ; Rochet et Poirier. *Maire* : M. Morand. *Adjoints* : MM. Chizalet et Narcy.

1892. *Elections des 1er et 8 mai*. MM. d^r Corté ; d^r Raillard ; Lebœuf ; Radureau ; Godichon ; Chizalet ; Renault-Thévin, négociant ; Laurent ; Lecompte ; Morand ; Clément Armand, négociant ; Champagnat ; Minot-Lafarge ; Moreau-Mollet ; Dircksen, pharmacien ; Poirier ; Billard ; Narcy ; Renault-Augendre ; Mollet-Bureau ; du Colombier ; Rochet et Pannetrat.

Maire : M. Morand. *Adjoints* : MM. Chizalet et Narcy.

1896. *Elections des 3 et 10 mai*. MM. d^r Corté ; Algré, ancien négociant ; Godichon ; Dervant Prosper, entrepreneur ; Renault-Thévin ; Dircksen ; Clément ; Lebœuf ; Minot-Lafarge ; Percy Désiré, négociant ; Ganon Louis, comptable ; Bitard Léon, entrepreneur ; Ferré fils, marchand de fer ; Laurent ; Quénault, entrepreneur aux Etiveaux ; Moreau-Augendre, vigneron ; Lemaitre Pierre, vigneron ; Radureau ; d^r Raillard ; Bernot Léonce, marchand de bois à Gérigny ; Loiseau, négociant ; Cordier, quincaillier et Maujonnet, rentier.

Maire : M. le docteur Corté. *Adjoints* : MM. Louis Lebœuf et Renault-Thévin.

BÉNÉDICTINS

Les bénédictins de La Charité étaient de l'étroite observant de l'ordre de Cluny. Fondé en 1056 par Gérard, disciple de St-Hugues, le monastère fut supprimé par la Constituante en 1790.

Robert d'Auxerre qui vivait au XIIIe siècle fait mention dans sa chronique que « dans les centrées de Bourgogne une noble et fameuse église a esté bastie l'an 16e de seigne de l'Empereur Henri III. »

Déjà sous Pierre le Vénérable des religieux de La Charité allaient enseigner la philosophie dans l'abbaye de Sainte-Colombes à Sens.

Une des premières, la maison des bénédictins de La Charité a blâmé le relâchement qui s'était introduit dans les ordres religieux. En 1617, le prieur claustral Passelaigue avait même établi un commencement de réforme en faisant venir de St-Pierre-le-Moutier dom Mauvielle.

Lorsque le pape Grégoire XV eût fait expédier en 1623 des bulles au cardinal de La Rochefoucault pour parvenir à la réforme des ordres de Cluny, St-Benoît, St-Augustin et Citeaux, le prieur de La Charité fut un des plus empressés à y acquiescer. Le sous-prieur Mauvielle voulut s'en tenir au plan de réforme dressé en 1617 et éprouva de sérieuses difficultés de la part des religieux ; les uns voulant bien s'y soumettre volontairement, et les autres n'y voulant point consentir. Les religieux réformés furent même à un moment donné obligés d'implorer le bras séculier pour contraindre les autres religieux à leur fournir les aliments nécessaires à leur subsistance. La paix ne fut rétablie qu'en 1625, et deux ans après, Mauvielle toujours occupé de ses projets, obtint de l'abbé de Cluny des lettres de confirmation de la réforme pour le prieuré de La Charité. Ces lettres portaient que dorénavant aucuns novices ne seraient reçus pour la maison de La Charité que pour vivre suivant la réforme et étroite observance de la règle.

En 1630, le prieur obtint du cardinal de Richelieu, abbé de Cluny, de faire venir des religieux d'une abbaye de Verdun pour les y inciter. La plupart des religieux embrassèrent la réforme, et ceux qui, alors, ne voulurent point s'y soumettre, l'approuvèrent au moins tacitement, car ils abandonnèrent leurs droits sur les revenus et bâtiments du monastère, se réservant seulement une pension alimentaire et leur logement dans une partie de la maison, suivant une transaction intervenue en 1634.

C'est dans la maison de La Charité qui s'est tenu en 1645 le premier chapitre des bénédictins réformés.

La maison conventuelle ; celle du prieur ; les cours, pressoirs, jardins et enclos situés sur la commune de La Charité furent vendus le 28 frimaire an V (1797) par les administrateurs du département après une première adjudication tentée sans résultat le 12 du même mois.

C'est le citoyen Pierre-François Paichereau-Champreuil qui s'en rendit acquéreur en bloc au nom et pour le compte de divers particuliers, pour la somme de 122.000 livres.

Étaient compris aussi dans la vente les bestiaux garnissant le domaine ainsi que les harnais et instruments aratoires que le fermier devait laisser à sa sortie.

Le 5 messidor an V, la bibliothèque des bénédictins qui était fort belle, fut transportée dans la maison des Récollets. Nous ignorons ce qu'elle est devenue depuis.

* *

La donation faite par Humbault le Blanc en 1095 de ses terres de Pouilly et de Charenton avait eu pour témoin du côté des moines « *ex parte monachorum..... Adelelmus, prepositus de Charitate, etc... (Cartulaire de La Charité).*

Exempte des impositions des guerres, l'église de La Charité avait contribué quelquefois aux taxes exceptionnelles : « A la croisade de 1190, la taxe de treize mille sous fut supportée par le prieur et par les religieux sans distinction (*prior et fratres*). Lors du rachat du roi Jean, la somme de trois mille francs d'or fut répartie entre le prieur, les religieux et les bourgeois de la ville. » Quittance de Berthélemy Spifame, bourgeois de Paris, du 18 février 1377. *Cartulaire de La Charité.* René de Lespinasse.

En 1387, l'étang de Raveau rapportait 250 livres par an; la chute d'eau à la suite pour faire marcher une forge, 15 livres et 3 septiers de froment. En 1399 et en 1664, la forge rapportait 800 livres.

Depuis 1529, la verrerie de Cramain — d'après le contrat de vente de la verrerie de Dompierre par Pierre de la Bussière à Philbert Grenet — était grevée d'un cens de 6 livres 13 sols 4 deniers, d'une douzaine de verres et de deux aiguillères envers le prieur de La Charité.(1)

Le petit couvent donné à ferme à Guillaume Godin le 1er juillet 1559 rapportait 1850 livres par an; en 1574, le bail du revenu des religieux en rapportait 700. (2) Les moulins de La Charité avaient été affermés le 12 mai 1622 par François Helyot à Léonard Devange moyennant « 15 septiers de blé, froment et mouture. »

Le 15 janvier 1627 « le dixme du vin » fut donné à bail à Jean Lamy et Claude de la Barre moyennant 17 tonneaux de vin par an.

(1) *Cartulaire de La Charité.* De Lespinasse.
(2) Bail du 19 juillet à Jean Creuset.

En 1632, le bail du prieuré s'élevait à 11.500 livres (1); en 1635 à 13.000 (2); de 1667 à 1687 à 21.500(3); à 19.500 en 1689; à 15 100 en 1690. Il en rapportait 25.000 au moment de la Révolution.

Le rang des dignitaires du prieuré était établi de la façon suivante : Le sous-prieur et les trois moines, le chambrier, le cellerier, l'aumônier, l'infirmier, le boursier, le sacristain, le grenetier et cuisinier ou pitancier, le maître des novices et le sous-sacristain.

Pour se faire une idée de la puissance et de la richesse du prieuré de La Charité, nous donnons ci-dessous la liste des églises et couvents dont il avait le patronage.(4)

Eglises paroissiales à la collation du prieur de La Charité avec le chiffre de leur revenu

Diocèse d'Auxerre

L'église paroissiale de Ste-Croix de La Charité (*ecclesia seu altare parrochiale sanctæ crucis in navi majori ecclesiæ prioratus.*).......................... 1.200 livres.

Eglise St-Jacques de La Charité.........	1.000	—
— St-Pierre —	800	—
— St-Pierre de Pouilly.............	1.800	—
— St-Julien de Mesves.............	1.200	—
— St-Marcel de Narcy.............	600	—
— St-Martin de Varennes près Narcy.	500	—
— St-Martin à Bulcy.............	400	—
— St-Martin à Garchy(dépendant de St-Laurent....................		
— St-Symphorien de Châteauneuf (*castro novo*)...................	1.500	—

(1) Bail du prieuré par Duplessis de Richelieu, cardinal, prieur, à Estienne Gambin du 19 mars 1632.
(2) Bail à Pierre Delafaye du 28 mai 1835.
(3) Bail par Nicolas Colbert à Pierre Fontaine du 11 septembre 1667.
(4) Inventaire général dressé en 1694 par M. Louis-Joseph Bernot, sieur de Charant, conseiller du roi, maire de la ville de La Charité, lieutenant particulier au bailliage de la dite ville, et Edme Bouziat, conseiller procureur du roi et du seigneur prieur en la dite ville et bailliage.

Eglise St-Symphorien à Chasnay........	1.000 livres.
— St-Aignan (*sancti Aniani*) à Nannay	
— St-Symphorien à Suilly (avec sa succursale de St-Germain de *Vergeriis*).....................	1.000 —
— de St-Colombe.................	
— d'Arbourse (*arida bursa*)........	1.000 —
— de St-Pierre à Dompierre-s-Nièvre (*Domno Petro*)................	400 —
— de la Celle-sur-Nièvre............	1.000 —
— de St-Martin à Murlin............	400 —
— de Raveau-les-Forges............	400 —
— de Notre-Dame à Perroy..........	

Diocèse de Nevers

Eglise de St-Sulpice-le-Chatel..........	800 —
— de St-Léger-le-Petit (*sancti Leodegarii parvi*).................	500 —
— d'Argenvières.................	500 —
— de St-Marcel à Munot............	500 —
— de Corvol l'Embernard............	
— de Chaulgnes.................	
— St-Aignan (*sancti Aniani*) de Sichamps.....................	700 —
— de Rouy.....................	

Diocèse de Bourges

— de Ste-Montaine...............	600 —
— d'Argent.....................	700 —
— de St-Capraix (*sancti Caprasii*)...	600 —
— de St-Florent.................	500 —
— de Lugny.....................	
— de Villabon...................	500 —
— de Lady, du diocèse de Sens......	
— de St-Juste, du diocèse de Troyes.	
— de Bagneux,	

Chapelles à la collation du prieur

Chapelle de St-Lazare, près de La Charité, diocèse d'Auxerre.

Chapelle de Notre-Dame d'Ouanne (*de domina dona*), diocèse d'Auxerre.

Chapelle de St-Sylvain, près de Narcy, diocèse d'Auxerre.

Chapelle de St-Jean-Baptiste, St-Jean l'évangéliste et St-Jacques, en l'église du prieuré de La Charité, diocèse d'Auxerre.

Chapelle de St-Jean-Baptiste, dans l'église paroissiale de St-Capraix, « à laquelle il est nommé par l'archevêque de Bourges sur la présentation du prieur. »

Eglises paroissiales auxquelles il est pourvu sur la présentation de l'infirmier et du camérier

Prieuré de Beaugy (*ratione infirmarii*)

Eglise de Beaugy, avec sa succursale de Montfaucon, depuis Villequiers, du diocèse de Bourges.

Eglise de Précy, du même diocèse.

— de Sevry —

Prieuré de Bisches (*à la nomination du camérier*)

Eglise de Bisches, du diocèse de Nevers.
— de Tintury —
— de Limenton —
— de Ste-Foi de Popgues (*Poulliaco*), diocèse de Nevers.

Eglise de l'Oratoire, du diocèse de Bourges de « *Nigra unda* »

Eglise de Sancoins.

DROITS DE PATRONAGE

Diocèse d'Auxerre

Saint Aignan de Cosne............... 40 livres par an.
Prieuré de Jeuilly................... 6 —
Prieuré de St-Pierre et St-Paul de Bonny.
La Chapelle St-Sylvain-lès-Narcy.
Prieuré de Notre-Dame d'Ouanne.
Prieuré de St-Nicolas-des-Ponts à La Charité.
Chapelle St-Jean et St-Jacques en l'église Notre-Dame de La Charité.

Patronage des trois cures de La Charité (Ste-Croix 4 livres 13 sols 4 deniers).

Cure de Pouilly...................	18	livres par an.
— Garchy.....................	6	—
— Varennes-les-Narcy.........	6	—
— Murlin.....................	6	—
— Raveau....................	4	—
— Perroy....................	6	—
— Dompierre.................	6	—
— La Celle...................	8	—
— Narcy.....................	4	—
— Mesves....................	4	—
— Châteauneuf...............	12	—
— Bulcy.....................	3	—
— Sully-la-Tour..............	15	—
— Sainte-Colombe des Bois....	1	—
— Arboursé..................	8	—
— Chasnay,..................		

Diocèse de Bourges

Prieuré de Valigny-le-Monial.........	30	—
— de Sancoins.................	95	—
— de Menetou-Ratel............	30	—
Berry et l'infirmerie 3 muids 1/2 de froment ou..............................	40	—
Prieuré de St-Céols 22 septiers de blé ou	10	—
— d'Ourouër...................		
Cure de Ste-Montaine...............	6	—
— St-Capraix.................	6	—
— St-Florent.................	6	—
— Argent....................		
— Villabon...................	6	—

Diocèse de Nevers

Prieuré d'Aubigny-sur-Loire.........	3	—
— de St-Sulpice-le-Chatel.......	10	—
— de St-Victor de Nevers,......	10	—
— — de Bisches.......		
— de Patinges................	10	—
— de Jailly..................	10	—
— de St-Honoré-en-Morvan.....	15	—
— de Coulanges..............	30	—

Cure de St-Léger-le-Petit............ 7 —
— Corvol d'Embernard......... 6 —
— Sichamps................ 6 —
— Chevannes-sous-Montenoison.
— Argenvières............. 6 —
— la Chapelle-Monlinard....... 5 —
— Munot................. 5 —

Diocèse de Sens

Prieuré de Château-Renard,.......... 40 —
— de Courtenay............. 15 —
— de Venisy.............. 10 —
— de Joigny.............. 60 —
— de St-Sébastien de Dye....... 10 —
— de St-Cidroïne............ 50 —
Cure de Dye...................... 6 —
Prieuré du Charnier...............

Diocèse d'Autun

Prieuré de Montambert............. 25 —
— de Vanoise.............. 15 —
— de St-Roch............. 15 —
— de Brassy..............

Diocèse de Troyes

— de St-Julien de Sézanne (1). . 40 —
— du St-Sépulcre.......... 20

Diocèse de Chartres

Prieuré du Petit-Beaulieu......... 13 —

Diocèse de Châlons

Prieuré de Notre-Dame de Montmort . 30 —

Diocèse de Beauvais

Prieuré de St-Christophe-en-Halatte . 50 —

---

(1) L'église paroissiale de Sézanne, dédiée à St-Julien, fut donnée aux religieux de La Charité par le comte de Champagne, Etienne-Henri, fils de Thibault-III, avec toutes ses dépendances, fief, offrandes, dîmes, sépultures, terres et vignes.
En 1179 (24 avril), le pape Alexandre III confirme les donations faites au prieuré de St-Julien de Sézanne, entre autres les prébendes et dîmes des églises d'Eclavolles, Buzancy, St-Remy, etc... (Cartulaire de La Charité) — de Lespinasse.—

Diocèse de Meaux
Prieuré de Reuil-en-Brie(1)................ 60 livres

Diocèse d'Orléans
Prieuré de St-Laurent des Orgerils.......... 40 —

Diocèse de Rouen
Prieuré de Ste-Foi de Longueville.......... 60 —

Diocèse de Tours
Prieuré de St-Michel de La Guierche, uni aux oratoriens de Tours..................... 100 sols par an.

Diocèse de Soissons
Prieuré de Montigny...............
— de St-Quentin de Villiers, près de Soissons........................ 100 sols —
Prieuré de St-Rémy de Braisne....... 20 liv. —

Prieurés, paroisses et chapelles sous la dépendance de celui de La Charité

Prieuré de Ste-Foi de Longueville, diocèse de Rouen.
— de St-Pierre et St-Paul, diocèse de Meaux.
— de St-Pierre et St-Paul à Bonny, diocèse d'Auxerre
— de St-Aignan de Cosne —
— de Notre-Dame d'Ouanne —
— de Notre-Dame de Jeuilly(2) —

(1) Dans sa bulle du 26 septembre 1184 confirmant les possessions de ce prieuré, Luce III donne la liste des localités où elles étaient situées, avec l'importance et la nature des biens, etc.
Il y est question notamment de Condé-St-Libiaire (canton de Crécy); La Ferté-sous-Jouarre; Chamigny; Luzancy; Marnoue-les-Moines (commune d'Acquerre); Chailly-en-Brie; Boissy (commune de Chenoise); Sainte-Aulde; Ussy-sur-Marne; Saint-Faron, abbaye de Meaux; Crépoil et Vendrent; Gesvres; Villiers-les-Rigaux (commune de Congy); Savigny; Le Plessis-Pacy; Congy; Etrepilly; Fontains; Chessy; Fresnes et Preuilly (commune d'Egligny) dans le département de Seine-et-Marne, et plusieurs autres possessions dans les départements de la Marne, de l'Aisne et de l'Aube. *Cartulaire du prieuré.*
(2) Commune de S¹-Aubin-Châteauneuf (Yonne). Ce prieuré relevait de celui d'Ouanne.

Prieuré de St-Nicolas-des-Ponts (*supra*) de La Charité, diocèse d'Auxerre.
Prieuré de Notre-Dame à Joigny, diocèse de Sens.
— de St-Pierre et St-Paul à Courtenay, diocèse de Sens.
— de Notre-Dame du Charnier (*hors des murs de la ville de Sens*)
Prieuré de St-Cidroine, près de Joigny, diocèse de Sens.
— de St-Nicolas à Châteaurenard et de Montbéon(1), diocèse de Sens.
Prieuré de St-Sébastien à Duye, diocèse de Sens.
— de St-Pierre à Venisy —
— de St-Christophe-en-Halatte, diocèse de Beauvais.
Prieuré de St-Laurent des Orgerils (près et en dehors des murs d'Orléans).
Prieuré de St-Martin de Sancoins, diocèse de Bourges.
— de Notre-Dame de Menetou-Ratel —
— de Valigny-le-Monial —
— de Notre-Dame de Beaugy(2) —
— de Louroux-Odemant (3) —
— d'Ourouër (dépendant du camérier de La Charité) diocèse de Bourges.
— de St-Céols ou St-Celse, près des Aix, diocèse de Bourges.
— de Notre-Dame de Coulonges, diocèse de Nevers.
— de St-Aignan (*Aniani*) d'Aubigny-sur-Loire, diocèse de Nevers.
— de St-Sulpice-le-Chastel, diocèse de Nevers.
— de Bisches (dépendant de l'office du camérier de La Charité), diocèse de Nevers.
— de Rouy (dépendant du même office), diocèse de Nevers.
— de St-Honoré, diocèse de Nevers.
— de St-Victor à Nevers, diocèse de Nevers.
— de Jailly —
— de St-Martin de Patinges —

(1) Monteboyio, Montbéon, (commune de St-Aignan, Yonne). *Cartulaire de La Charité*, de Lespinasse.
(2) Dépendant de l'office d'infirmier de La Charité.
(3) Canton d'Hérisson (Allier), dépendant aussi de l'office d'infirmier de La Charité.

Prieuré de St-Pierre à Montambert, diocèse d'Autun.
— de St-Racho (St-Roch, proche et en dehors des murs d'Autun).
— de Brassy, diocèse d'Autun.
— de Mont-s-Yon-sous-Montlhéry, diocèse de Paris.
— de Notre-Dame de Villenauxe, diocèse de Troyes.
— du St-Sépulcre —
— de Notre-Dame à Montmort, diocèse de Châlons-sur-Marne.
— de Notre-Dame du Petit-Beaulieu (1), diocèse de Chartres.
— de St-Michel à Tours (2) (réuni à la congrégation de l'oratoire), diocèse de Chartres.
— de St-Rémy à Braisne, diocèse de Soissons.
— de St-Quentin à Villiers-aux-Corneilles, près Coincy, diocèse de Soissons.
— de St-Pierre à Montigny-le-Château, diocèse de Soissons.

A l'étranger

Prieuré de Ste-Croix à Venise en Italie.
— de Civitot, dans les faubourgs de Constantinople.
— de Notre-Dame de Ratis en Portugal.
Monastère de Bermandsey (faubourg de Londres), en Angleterre.
Prieuré de Venclot (3), près Porthsmouth, en Angleterre.
— de Narenthon (4)
— de Ponfract (5)

Prieurés relevant immédiatement des prieurés de Reuil (Radolio)

Prieuré d'Huisy, (Duysiaco), diocèse de Meaux.

(1) *De Parvo Belliloco, prope Carnotum.*
(2) *S. Michaelis de Guerchia in urbe Turonensi, unitus congregationi de Oratorio.* René de Lespinasse.
(3) Venlock, ville du Shropshire.
(4) Ville du Comté de Northampton.
(5) Id. *Cartulaire de La Charité.* De Lespinasse.

Un ancien pouillé du monastère porte au nombre de 400 ces obédiences ou bénéfices ecclésiastiques. Tous devaient un droit de patronage ou de supériorité au prieur de La Charité, payable le 22 janvier de chaque année.

Prieuré de St-Laurent de Luzancy, (Liziaco), diocèse de Meaux.
— de St-Martin de Condé, (*Condeiaco; Condé St-Libiaire*), diocèse de Meaux.
— de Ste-Marie-Madeleine, près de Chamigny, (*Chaminiacum*), diocèse de Meaux.

Titres et fiefs dépendants de La Charité

Fief de la Maison-Fort, paroisse de Munot et dixme du lièvre, près de la ville de La Charité.
Fief de Révérien, en la dite ville de La Charité.
— de Gérigny, paroisse de St-Pierre de La Charité.
— d'Ouche, — de Raveau.
— de Mignard, — de Narcy.
— de Ville, — —
— de Maurepoux, — —
— de Bulcy, — de Bulcy.
— des Roches, — d'Aubigny.
— du Clos d'Estroches, paroisse de Laché, en Nivernois.
— du Petit-Charly, — de Chaulgnes.
— de Froidefonds — de Sancoins.
— Dixme de Passy, — de Narcy, (la 8e partie).
— de Mannay (Vielmanay)
— de la Boullaye, paroisse de Perroy.
— de la Pointe, près de La Charité.
— de la Grande Maison de Raveau.
— de la Métairie à l'âne.

Prieurs de La Charité avec leurs armes

1. Gérard, de 1056 à 1085. Bourse ouverte en champ d'azur.
2. Vuilencus ou Vilencus, de 1085 à 1107.
3. Odes Arpin, de 1107 à 1130; d'or à la bande de gueules chargée de trois étoiles d'or.
4. Imarus (cardinal), de 1130 à 1138; à la bande fascée d'azur, chargée d'une croix ancrée d'or au champ d'argent.
5. Pierre de Paule, de 1138 à 1143; d'azur à une gerbe de blé sur laquelle est un paon à la queue épanouie d'or, au chef d'argent chargé de trois étoiles de gueules.

6. Guy ou Guillaume, de 1143 à 1150.
7. Thurdart ou Théodart, de 1150 à 1154.
8. Raynaud, de 1154 à 1162.
9. Humbault ou Humbaud, de 1162 à 1165.
10. Rodolphe de Sully, de 1165 à 1173.
11. Geoffroi I, de 1173 à 1175.
12. Odes II, de 1175 à 1179.
13. Guy de La Charité, de 1179 à 1192; échiquier d'argent et de gueules au chef d'azur chargé de trois tours d'argent, crénelées et maçonnées de sable (armes de la ville).
14. Savary, de 1192 à 1198.
15. Guillaume II (de Gaucourt), de 1198 à 1209 ; d'argent à 2 barres ou poissons-adossés chargés d'hermines.
16. Geoffroy II, de 1209 à 1212.
17. Guillaume III, de 1212 à 1215.
18. Hugues de Bourbon(1), de 1215 à 1218.
19. Élie, de 1218 à 1225.
20. Etienne, de 1225 à 1235.
21. Landry, de 1235 à 1237.
22. Thibault, de 1237 à 1240.
23. Guillaume IV, de Pontoise de 1240 à 1244 ; de France au lambel d'hermines.
24. Jean de la Rivière, de 1244 à 1262 ; d'or à la branche tranchante de gueules.
25. Milon de Vergy, de 1262 à 1274 ; de gueules à trois quintes feuilles d'or.
26. Simon d'Armentières (cardinal), de 1274 à 1294 ; de gueules à la croix potencée d'argent, contournée de 4 besants de même au chef cousu d'azur chargé de 4 pals d'or.
27. Bertrand de Colombiers, de 1294 à 1296; d'azur à trois pigeons d'argent, deux en chef et un en pointe.
28. Pierre de Beaujeu, de 1296 à 1333; d'or au lion de sable, armé et lampassé de gueules au lambel de même à cinq pendants.
29. Jean de Mazières, de 1333 à 1336; d'argent au chevron chargé de trois molettes d'éperon de sable.
30. Guillaume V, de Poitiers de 1336 à 1342; d'azur à six besants d'argent au chef d'or.
31. Othon de Poitiers (son neveu), de 1342 à 1350 ; d'azur à six besants d'argent au chef d'or.

(1) *Cartulaire de La Charité*. René de Lespinasse.

32. Pierre du Puy-Ischer ou du Puy-Septier, de 1350 à 1364.
33. Bernard du Puy-Cendrat, de 1364 à 1394.
34. Valentin du Puy (son neveu), de 1394 à 1420.
35. Jehan de Vinzelles, de 1420 à 1426.
36. Thibault de Doix de Grivelles, de 1426 à 1439; d'argent à la bande de gueules crénelée.
37. Jehan Chambellan, de 1439 à 1470; d'or partie d'azur à la cotice de gueules brochant sur le tout.
38. Philbert de Marafin, de 1470 à 1486 ; de gueules à la bande d'or chargée envers le chef d'un croissant de sable accompagné de six étoiles d'or.
39. Charles de Bourbon, cardinal, 1er prieur commendataire, de 1486 à 1488 ; de France à la cotice de gueules brochant sur le tout.
40. Antoine des Roches, de 1488 à 1504 ; de gueules au chevron d'or chargé vers la pointe d'une coquille de sable et d'une étoile d'or en pointe de l'écu.
41. Dom Jehan de la Magdelaine de Ragny, de 1504 à 1538 ; d'hermine à trois bandes de gueules chargées de douze coquilles d'or.
42. Robert de Lenoncourt (cardinal), de 1538 à 1564 ; de gueules à la croix engrelée d'argent.
43. Philippe de Lenoncourt, de 1564 à 1592; mêmes armes.
44. Benoît Jacquis, de 1592 à 1598 ; de gueules à trois coquilles d'argent.
45. Louis de Clèves, de 1598 à 1607 ; écartelé au premier et quatrième de gueules à l'escarboucle fleurdelisée d'or qui est de Clèves ; parti de la Marck qui est d'or, à la face échiquée d'argent et de gueules ; de trois traits aux deux et trois de Bourgogne moderne qui est de France, à la bordure d'argent et de gueules, le tout brisé d'une barre de sable appelée *filet de bâtardise*.
46. Jean de Clèves, de 1607 à 1619 ; mêmes armes, moins le filet de bâtardise.
47. Charles de Gonzague de Clèves, fils du duc de Nevers, de 1619 à 1625 ; écartelé en premier d'argent à la croix ancrée de gueules, cantonnée de quatre aigles de sable couronnés de gueules qui est de Gonzague; aux deux, de France à la bordure de gueules besantée d'argent, qui est d'Alençon ; au troisième de Bourgogne moderne, et au

quatrième et dernier, de Clèves, parti de la Marck, comme ci-dessus.

48. Dom Jean Passelaigue, de 1625 à 1629 ; d'argent au chevron de gueules, deux cœurs unis en chef chargés d'un nom de Jésus d'or et un navire de sable mis en pointe, équipé, voilé de gueules, flottant sur des ondes de sinople.

49. Alphonse Duplessis de Richelieu, de 1629 à 1646; d'argent au chevron de gueules de trois pièces.

50. Pierre Payen-Deslandes, de 1646 à 1663 ; d'azur à trois pains d'or, deux en chef et un en pointe.

51. Jacques Martineau (son neveu), de 1663 à 1664.

52. Nicolas Colbert, évêque de Luçon, de 1664 à 1665 ; d'or à une couleuvre d'azur uni en pal ondé.

53. Jacques-Nicolas Colbert, fils du grand Colbert, (son neveu) de 1665 à 1707; mêmes armes.

54. Jacques-Frédéric-Constantin de la Tour d'Auvergne, de 1707 à 1732. Au premier et quatrième semés de France à la tour d'argent maçonnée de sable, qui est de la Tour ; aux deux, d'or à trois tourteaux de gueules, deux et un, qui est de Boulogne ; au troisième coticé d'or et de gueules de huit pièces qui est de Turenne, et sur le tout, d'or au gonfanon de gueules qui est d'Auvergne, party de gueules à la face d'argent qui est de Bouillon.

55. Frédéric-Jérôme de Roye de La Rochefoucault, archevêque de Bourges, de 1732 à 1748.

56. Dominique de La Rochefoucault, archevêque d'Alby, de 1748 à 1757.

57. François-Joachim de Pierre de Bernis, dernier prieur, de 1757 à 1790.

BÉNÉDICTINES

Maison fondée en 1624 par les dames de Château-Baudon et de Rochechouart, religieuses de Charenton, auxquelles un sieur du Broc du Nozet et sa femme, bourgeois de La Charité, firent don d'une vaste maison avec un terrain y attenant pour en faire le siège de leur établissement. Cette donation reçut l'approbation du prieur, des religieux et des habitants. La dame de Château-Baudon étant revenue sur sa détermination, la dame de Rochechouart resta seule donataire. Après avoir obtenu l'agrément de l'évêque d'Auxerre, elle profita du passage du légat du pape en France, le cardinal Barberini, pour obtenir par son entremise une bulle de confirmation de création du monastère pour douze dames du Mont-de-Piété sous l'étroite observance de la règle de St-Benoit. M{de} de Rochechouart demanda alors des religieuses à l'archevêque de Paris qui lui envoya de l'abbaye du Val-de-Grâce quatre religieuses de chœur et une sœur converse qui vinrent en 1626. La dame d'Arbourse qui était du nombre, en fut la première prieure.

Malgré tout l'intérêt qu'ils portaient à ces dames, les habitants les contraignirent en mai 1658 à faire établir une rue « descendant de l'église St-Jacques à la rue de la Porte de la Marche, »(1) en échange d'une autre qu'elles avaient prise.

Supprimé à la Révolution et vendu comme bien national, le couvent servit ensuite de collège. En 1817, M{de} de Damas de Crux le racheta pour y fonder un couvent de Visitandines qui fut transporté à Nevers en 1854.

La commission administrative de l'hôpital se rendit alors acquéreur de cet établissement.

RÉCOLLETS

Religieux mendiants de l'ordre de St-François. La fondation de leur couvent remonte à l'année 1601 où les échevins achetèrent sous le nom de l'un d'eux des vieux bâtiments et un terrain situés sur la place du Pilori(2) et sur l'emplacement desquels on construisit l'église et une partie du couvent. Les Récollets en prirent possession en 1603 en exécution d'une délibération du général des habitants, et du consentement de l'évêque d'Auxerre, de l'abbé de Cluny et du prieur seigneur de la ville. Ils avaient obtenu en septembre 1602, du pape Clément VIII, une bulle pour l'établissement de leur maison sous le vocable de St-Martin, et le 26 octobre de la même année, du roi Henri IV, des lettres patentes confirmant cette fondation ainsi que les acquisitions déjà faites et celles qu'ils pourraient faire. Les nombreuses aumônes qu'ils recevaient

(1) Les quatre-vingt-quatre.
(2) Aujourd'hui Place du Marché. Dénommée après l'établissement du couvent : Place des Récollets.

les mirent bientôt en état d'acquérir d'autres maisons et des jardins pour agrandir leur enclos.

En 1650, les habitants leur accordèrent l'autorisation d'établir un ponteau pour communiquer du couvent à leur jardin.

A la suite d'un différend avec les directeurs de l'hôpital de Bourges, réglé par un arrêt du Conseil, les échevins et le syndic des pères Récollets avaient adressé une requête à l'intendant de la généralité du Berry, tendant à ce que « des grains et autres choses dont les dits prieur et religieux fesaient don et distribution aux dits pères Récollets et aux habitans nécessiteux, il soit distrait moitié par les pères Récollets, et que l'autre moitié appartienne à l'hôpital général de Bourges, tant que la déclaration du Roi aura effet. »

L'Intendant rendit le 8 mars 1726 une ordonnance portant « que l'aumône dont sont tenus les prieur et religieux de La Charité qui a été réunie à l'hôpital général de Bourges en vertu de l'arrêt du Conseil du 10 avril 1725, distraction soit faite de la quantité de 192 boisseaux de tous bleds, par tiers froment, seigle et orge qui sera délivrée annuellement suivant l'ancien usage par les prieur et religieux bénédictins aux Récollets de la dite ville. »

Il y avait encore, dans les environs, un couvent de chartreux à Bellary, et des Bernardins à Bourras.

ÉGLISE

L'église paroissiale de La Charité, *Notre-Dame*, ancienne église des bénédictins qu'il ne faut pas confondre avec celle de Ste-Croix qui fut créée beaucoup plus tard dans ses dépendances, a été bâtie sur les plans du prieur Gérard en 1056. Consacrée en 1106 par le pape Pascal II, elle fut achevée l'année suivante par Vuilencus, qui avait succédé à Gérard en 1085.[1] De ses deux tours, celle qui reste (tour Ste-Croix), aurait, d'après quelques historiens, servi de point de repère à Cassini pour dresser sa carte de France. Il est présumable qu'ils auront confondu cette

---

(1) Église des bénédictins, page 9.

église avec celle de St-Jacques placée sur un des points les plus élevés de la ville et dont le clocher en forme de tour s'apercevait d'une distance considérable; tandis que celle de Ste-Croix, située dans la partie la plus basse, et qui, à l'époque, n'avait plus de clocher, ne pouvait guère être vue de l'extérieur que du côté du Berry.

On montait autrefois à la tour Ste-Croix par un escalier en pierre qui se trouvait dans celle qui a été détruite et dont l'emplacement s'est trouvé englobé par la suite dans un terrain « anticipé ou concédé »(1) sur le cimetière Ste-Croix et sur une partie duquel Mme veuve Raiga a fait construire vers 1806 une grange. Cet escalier s'est donc trouvé et est resté longtemps renfermé dans la cour placée au fond et entre la grange et la maison de Mme Raiga qui le fit démolir. Depuis on montait au clocher par un autre escalier en bois auquel on ne pouvait arriver qu'en passant par sa maison. En 1826, lorsqu'on éleva la couverture, Mme Raiga avait offert à l'entrepreneur Lambert, charpentier, de passer par une échelle, mais ce dernier persista à vouloir se servir de l'escalier et l'emprunta pendant toute la durée de ses travaux.

La grange en question est appuyée contre le mur de l'escalier, empiétant de deux mètres au moins sur la galerie qui existe au-dessus du portail et qui faisait communiquer les deux tours. A l'époque où Lambert faisait ses travaux, il y avait même encore une porte qui ouvrait sur cette galerie ainsi que deux ou trois marches de l'ancien escalier.

A différentes reprises, la commune en avait contesté la propriété à Mme Raiga ainsi que celle de la cour où il prenait naissance.

Que celle-ci en fût propriétaire ou non, la servitude de passage pour aller au clocher n'en existait pas moins, et en admettant que les prétentions de la commune fussent fondées, l'escalier restitué aurait été d'un usage incommode et gênant puisqu'il n'aurait pas eu d'issue sur la voie publique et que les inconvénients du droit de passage par la propriété de Mme Raiga auraient subsisté comme auparavant.

D'un côté comme de l'autre, on ne put produire de titres établissant cette servitude.

(1) *Archives de la ville.*

La solution de cette affaire tarda longtemps. Elle fut enfin réglée d'une façon définitive le 26 juin 1832 par une transaction amiable aux termes de laquelle la municipalité s'engageait à faire construire un autre escalier dans l'angle formé par le mur du portail de la tour et celui de la grange de Mme Raiga, et qui pourrait s'étendre de 1 mètre 95 le long du mur de sa grange.

Mme Raiga, de son côté, faisait élever à ses frais un mur de l'est à l'ouest pour séparer la galerie au-dessus du portail, et contribuait à la dépense de construction de l'escalier pour une somme de 200 fr., moyennant quoi elle se trouvait libérée de toute servitude.

L'église Ste-Croix qui a laissé son nom à la tour, était comme nous l'avons dit plus haut, dans les dépendances de l'église du prieuré abandonnées sans doute à la suite de l'incendie de 1204. (1) Elle s'étendait depuis le portail jusqu'à la porte d'entrée de l'église Notre-Dame dont la nef fut refaite en entier par le prieur Colbert en 1695.

Dans la nuit du 6 au 7 août 1633, il advint un si grand orage qu'il fit tomber deux des tourelles de pierre du clocher de la tour Ste-Croix.

En 1645, un autre orage renversa le coq, la croix et la pierre qui terminaient la pyramide. On trouva dans la pierre une cavité dans laquelle il y avait un coffret contenant des parcelles de reliques des apôtres St-Pierre, St-Paul, St-Jacques, St-Mathieu, St-André, St-Juvinien, martyr, des onze mille vierges, des saints Innocents, St-Denis, ses compagnons, etc., ainsi que des vêtements du St-Sépulcre. A tout cela était joint un billet portant cette inscription : « *Fulminis ictu conquassatum me restaurari fecit domnus J. de Magdalena, ustrius que juris doctor, hujus monasterii prior, anno Domini 1505, die quinta mensis novembris.* »(2) Frappé par la foudre, il avait donc été déjà réparé à cette époque par le prieur Jean de la Magdelaine.

«Le 18 septembre 1760, Monseigneur l'évêque (Caritat de Condorcet, évêque d'Auxerre), célébra la messe en

---

(1) Erection de trois paroisses, 6 février 1200. Voir page 18, note 2.

(2) Mémoires sur le département de la Nièvre, par Née de la Rochelle. 1827.

l'église paroissiale de Ste-Croix... après quoy, ledit seigneur évêque étant revenu chez les révérends pères bénédictins par l'église par où il avait été à Ste-Croix, etc... »

En 1789, la cure était rue du Pont, maison Tellier.

PONTS

Le pont de pierre de La Charité a été construit en 1520 par les habitants pour remplacer un pont de bois en mauvais état sur lequel il y avait un moulin donné aux bénédictins par le prieur Thibault de Doye de Grivelles en 1438. Ce pont avait onze arches, dont une fut supprimée du côté de la ville lorsqu'on construisit les quais.

Il existait aussi à la même époque un autre pont en bois à l'usage des piétons, sur un des bras de la rive gauche de la Loire, et que reproduit plus ou moins fidèlement une vieille gravure de Chastillon de 1640.(1) En 1566, il était en bien mauvais état, comme en témoignent les pièces suivantes :

Extrait du procès-verbal d'information du lieutenant-général au bailliage de St-Pierre

« ..... Arrivé au logis où pend pour enseigne *Le Mouton*, assis au faux bourg du pont de Loire prochain du lieu où les dits habitans entendent faire les réparations au pont mentionnées par la ditte requeste..... le 12 décembre sont comparus..... assistés de M....., avocat fiscal au bailliage du dit lieu, leur conseil, et par la voix duquel nous ont fait dire et remontrer que par la ditte requeste ils ont fait entendre au Roy..... qu'il est nécessaire de faire les réparations de leurs grands ponts de bois, pour réparer

(1) Sur cette gravure, La Charité est représentée vue en amont du pont, sur la rive gauche de la Loire. Le faubourg n'est pas protégé contre les crues. Le pont de pierre a ses onze arches avec corps de garde aux deux extrémités. La Loire battait les murs de l'enceinte percée de meurtrières. Il y avait une tour ronde à l'angle nord-ouest ; une autre grosse tour ronde en montant de là à la porte de Paris, et beaucoup d'autres carrées; une ronde également à l'angle du quai à la porte de La Marche. L'église actuelle est figurée avec la tour Ste-Croix et son clocher en pierre en forme de pyramide, flanqué de clochetons aussi en pierre placés aux quatre angles.

lesquels se trouvent plus d'arbres au pays assez grands et propres pour en faire, tellement qu'il seroit besoin de faire construire quinze ou seize petites arches de pierre qui seroient tant pour la commodité des habitans de la ditte ville que de tous ceux de tous les pays de Berry, Auvergne et Bourbonnois qui ont ordinairement à venir en la ditte ville pour vendre du bled et autres marchandises ou pour achepter du fer ou autres choses, mais aussi pour tous les marchands acheptant et amenant de tous pays d'Auvergne, Berry et Bourbonnois bétail tant..... que blanc ; à ces causes ont supplié le Roy..... et, en ce fesant, ceux qui aborderont en icelle ville auront toute commodité pour le dit passage, lequel à faute d'y être pourvu, apporteroit telle incommodité qu'il faudroit passer toutes choses en bateau..... nous requérons à cette cause, avant que procéder à la ditte information qu'il nous plût nous transporter sur les dits grands ponts de bois.....

« Le 12, sont comparus.....; lesquels nous ont fait dire et remontrer que par la ditte requeste ils ont fait entendre au Roy que les chemins qui sont proches à l'entour de la ville, tant du costé de Lyon que de Paris, sont si rompus qu'ils ont besoin d'être réparés, même ceux du costé du dit Lyon, lesquels les grandes eaux et crues d'icelle minent et gagnent si fort, que dans si peu de tems l'on n'y pourvoit il ne sera plus possible d'y passer.....; à ces causes..... et par même moyen, faudroit réparer les dits chemins..... nous requérant qu'il nous plût nous transporter.....sur les brèches et endroits par lesquels la rivière de Loire flue et passe..... Nous nous sommes transportés sur une brèche étant le long du chantier de la rivière de Loire, du costé de la maison d'Espagne..... et d'icelle jusqu'à une autre grand'brèche tendant jusqu'à la teste à Lours du costé du faux bourg du pont de Loire allant au Berry ; nous ont iceux experts dit contenir 281 toises desquelles faut retrancher pour le cours de l'eau, à raison de ce que les ponts de pierre de la ditte ville ne pourroient contenir et porter les grandes eaux quand elles adviennent..... »

Ce pont était établi sur chevalets. Le 15 février 1658, les glaces en emportèrent la plus grande partie. Le prieur Jacques-Nicolas Colbert décida de le remplacer par un pont en pierre de dix arches dont la première pierre fut posée en grande pompe le 29 août 1673 par le sieur Bernot de Charant, premier échevin, assisté des autres échevins en robe et des Corps de justice.

Miné par la crue de 1711, il fut reconstruit en entier en 1731 et détruit par les glaces dans la nuit du 17 janvier 1788.

HOPITAL

Si nous en croyons d'anciens titres, il existait déjà en 1619, à La Charité, une maison où l'on donnait des soins aux malades nécessiteux. En effet, par une délibération du 13 février de cette même année, le général des habitants avait décidé que l'Hôtel-Dieu paierait la moitié de la somme destinée au chapelain de St-Lazare, à cause d'un lépreux. Un peu plus tard intervint en 1624 un traité avec Suzanne Billenart pour le gouvernement de cette maison.

L'hospitalier jouissait seul du privilège de crier la vente du vin dans la ville.

La fondation de l'hôpital actuel remonte à l'année 1639. *Il a été fondé par les habitants*, et non par les bénédictins ou par le seigneur-prieur comme on l'a cru longtemps à tort; l'acte passé entre les échevins et la sœur Médard Varlet de l'ordre de St-Augustin, le 26 février de la même année, reçu par maîtres Guyon et Le Roy, notaires à Paris, est suffisamment explicite pour qu'il ne subsiste aucun doute sur l'origine de cet établissement.

Il fut confirmé par des lettres patentes du roi Louis XVI données à Paris au mois de juillet 1643, et signées : «*Louis le Juste ; par le Roy, la Reyne-régente sa mère ; en présence de M. de Laumesnil, scellées au grand sceau sur lacs de soye rouge et verte.* »(*1*)

Ce sont des sœurs hospitalières du même ordre dont la maison-mère est à Etampes qui le desservent encore aujourd'hui.

L'institut est de faire quatre vœux par lesquels elles promettent à Dieu : perpétuelle pauvreté, chasteté et obéissance selon le règlement de St-Augustin et conformément aux canons de l'église et de la bien servir ainsi que les pauvres malades, sous l'obéissance de l'évêque diocésain.

(1) *Archives de la maison.*

Les bâtiments du nouvel Hôtel-Dieu furent édifiés d'abord dans la rue des Chapelains. Un titre du 16 mai 1659 porte que les recteurs firent aussi à cette date l'acquisition d'une maison rue du Pont, pour y construire une chapelle à joindre à cet établissement.

Devenu bientôt insuffisant, les directeurs achetèrent en 1680 à un sieur Cornu, pour la modique somme de 300 livres, une maison et un jardin en vue de la Porte de La Marche pour y transporter les malades. La délibération prise à ce sujet constate que *l'emplacement a été acquis par la communauté des habitants, et que les bâtiments qui y ont été élevés, l'ont été aussi par elle* avec le concours du prieur Jacques-Nicolas Colbert qui y contribua pour plus de 10.000 livres.

La première pierre en fut posée le 24 juillet 1681 comme l'établit le procès-verbal suivant :

« En conséquence de l'assemblée générale des habitans de cette ville, par-devant le lieutenant, portant résolution prise de faire construire un nouvel Hostel-Dieu pour la demeure des pauvres malades et des religieuses hospitalières de la ditte ville à la porte de La Marche et au long du Val de la Loire, aux lieu et place de celui qui existe qui a été construit mal sain, infect et incommode. raisons portées par la ditte assemblée qui n'a esté convoquée que sous le bon plaisir de Monseigneur l'Illustrissime et Révérendissime Messire Jacques-Nicolas Colbert, patriarche archidiacre de Carthage, coadjuteur de Rouen, abbé de l'abbaye de Bec-sur-Loing, prieur seigneur de cette ville, laquelle résolution Sa Grandeur avait non seulement agréée, mais encore sa piété auroit donné encore de quoy commencer la construction des bâtiments.

« Comme directeurs de l'Hostel-Dieu: Pierre Destrappes, notaire royal ; Jacques Dasuin ; Jacques Jousselin, procureur du bailliage ; Jacques Petibon, bourgeois, et Louis Taupin, marchand, procureur du fait commung.

« Déposé la première pierre sur des pilotis pour plus grande sûreté des fondements. Après quoy nous nous serions transportés en corps au bastion de Soury, pour prier Messire Alphonse Béelin, prieur au dit Soury, prieur claustral et grand vicaire de Monseigneur seigneur en son prieuré, de vouloir venir exposer, ce que nous auroit accordé Iceluyci. S'étant transporté en l'église St-Jacques de cette ville, paroisse de l'endroit où se doit construire le nouvel Hôtel-Dieu, et un peu après en estant sorti la Croix devant, accompagné de M. Ligon, M° ès-arts, prêtre curé de la ditte église ; de M. Estienne Guillerault, prêtre curé de Pouilly, archiprêtre, bachelier en droit canon ; Honoré Chappotot, prêtre curé de l'église St-Pierre de cette ville ; Estieune Rabilliau, prêtre curé de Narcy ; Jean de La Forge, prêtre ; Destrappes, prêtre, docteur en droit, bachelier en théologie de la faculté de Paris, tous revêtus des habits sacerdotaux. Suivis de Nobles Gilbert-Coquelin, lieutenant particulier au bailliage,... Louis, procureur général fiscal ; Pierre Maillard ; Pierre Mouchet et Gabriel Melin ; Jean Ogier ; Louis Ducroq, procureurs, revêtus de leurs robes, et Nous, échevins et procureur du fait commung et administrateurs du dit Hostel-Dieu, et quantité de personnes et notables de l'un et l'autre sexe, se sont cheminés processionnellement au lieu destiné pour la nouvelle construction, où, étant, auroit esté posée une croix, et ayant été apportée une grande pierre carrée ou estoit gravée une croix, les assistants ; curé de St-Martin ; d'Argenvières, maître ès-arts de la faculté de Paris ; le nom et les armes de Monseigneur, la présente année 1681, et au bas le nom de Monseigneur le grand vicaire avec trois cœurs, laquelle avoit esté bénie par les prières et oraisons dans leurs églises, posée et sablée par Monseigneur le grand vicaire, etc.

« Le procès-verbal est signé de tous ces noms et de celui de « Dorothée Chabron, gardien des Récollets, relligieux. »(1)

Les travaux durèrent près de neuf années. La plus grande partie des matériaux employés à la construction provenait de la démolition du temple du Crot-Guillot confisqué par le roi à la révocation de l'Edit de Nantes et dont il avait fait abandon aux directeurs de l'Hôtel-Dieu pour en disposer à leur gré.

Le prieur Jacques-Nicolas Colbert, fils du grand ministre, donna à son avènement au prieuré en 1665, une subvention

(1) *Archives de la ville.* — —
(2) Brevet sur parchemin, signé Louis XIV, et contre-signé Colbert, faisant don de l'emplacement du Temple et cimetière de la R. P. R. du Croq Guillot, pour l'Hôtel-Dieu de La Charité, du 17 décembre 1686. (*Archives de l'hôpital*).

de 300 livres à cet établissement et il la lui continua jusqu'à sa mort qui survint en 1707.

La translation dans les nouveaux bâtiments se fit en 1690. Le 24 novembre, André Colbert, évêque d'Auxerre, sur la requête des échevins, commit le curé de Pouilly, archiprêtre de Varzy, pour dresser procès-verbal de l'ancien et du nouveau local. Le 27, dom Charles de La Motte, prieur claustral, délégué par monseigneur, procédait à la bénédiction du « dôme » qu'il trouva en « état décent » pour dire la messe. L'autel de bois de l'ancien Hôtel-Dieu avait été transporté aussi dans le nouveau. Il a été vendu pour une somme dérisoire il y a seulement quelques années. Le procès-verbal de translation est signé : » Charles de La Motte, prieur claustral; fr. Thomas Caneau, soulz-prieur; fr. Ferdinand Bouhevier; fr. Charles Jannot; fr. Piednuz; fr. P. Gibouvet; fr. Gobillot; fr. Pierre Fauthier; fr. Nicolas Fausser; fr. Joseph Janitte; fr. F. Devenise; fr. Pierre Dujour; fr. Claude Foucher; fr. Odille Guignory; fr. Louis Thevenet; fr. Estienne Triboudet; fr. Pierre Hasté; fr. L. P. Carpentier; fr. Eauris, secrétaire.

« Sœurs Henriette Laloy; Marie Jeannin; Catherine Prichon; Marie Veulé; Reine Hincelin et Maria-Marthe Taupin. »

Le 19 août 1694 les membres du clergé de la ville procédèrent cérémonieusement à la pose de la première pierre du nouveau cimetière « sur un terrain proche et hors l'enceinte de la ville à la porte de La Marche ». Pierre Tingot, maçon, tira les alignements et posa la première pierre « au coin faisant l'angle du côté du soleil couchant et regardant les ponts et faux bourgs », en présence de « Louis-Joseph Bernot, sieur de Charant, conseiller du roy, maire; Jacques Robert, conseiller du roy, contrôleur au grenier à sel; Claude Berger, contrôleur des domaines du roy; Pierre Durand, conseiller procureur du roy au grenier à sel; Gabriel Melin, procureur au bailliage, échevins, et de Edme Bouziat, conseiller procureur du roy, directeur de de l'Hôtel-Dieu. »

La translation des malades se fit le 8 décembre, et, le même jour, le prieur claustral, dom Charles de la Motte, délégué par l'évêque d'Auxerre, procéda à la bénédiction du cimetière. En 1789, il fut transporté dans les fossés de la ville, dans la partie des *Baronneries* appelée encore aujourd'hui l'ancien cimetière, et celui de la porte de La Marche fut aménagé alors en promenade publique à laquelle on donna le nom de *Place Miserere* ou *Misère*, parce que c'était là qu'on enterrait les *miséreux*.

La commission administrative de l'hôpital se rendit acquéreur en 1854, pour la somme de 40.000 fr. du couvent des Visitandines pour y loger ses malades, et dans les dépendances de l'ancien établissement la municipalité fit percer une rue qui reçut le nom d'une illustration du pays, M. Hyde de Neuville, ancien ministre de la marine. Le surplus et les bâtiments furent vendus en plusieurs lots.

L'hôpital de La Charité est desservi par cinq religieuses qui, malgré l'état de délabrement des salles, parviennent néanmoins à y entretenir la plus grande propreté. Une allocation de 20.000 fr. accordée par le Ministre sur les fonds du « Pari Mutuel » permettra de faire les réparations les plus urgentes aux bâtiments et d'améliorer dans une certaine mesure les divers services de cet établissement.

La commission administrative est composée de : MM. le docteur Corté, maire, président-né ; Brault-Moreau, vice-président ; Lebœuf, premier adjoint et Godichon, délégués du conseil ; d^r Juvigny ; Fournier, notaire, et Laurent, négociant, nommés par le préfet.

C'est M. le docteur Emile Raillard qui en est médecin en chef.

On y reçoit gratuitement les malades indigents de La Charité et depuis la loi du 15 juillet 1893 sur l'assistance médicale gratuite, un assez grand nombre de communes de la Nièvre et du Cher y sont rattachées pour l'hospitalisation de leurs malades.

NOTES DIVERSES

An II, thermidor (août 1794). Acquisition par le citoyen Duminy des domaines de la Maison-Fort et de Bulcy ; par Lallemand du domaine d'Ouche et de la tuilerie de Raveau ; par Lalande du domaine de Dompierre ; par Lasné, de celui de Rochefort, et par Gestat, de celui des Bertignots. Tous ces biens vendus comme *biens nationaux* provenaient du prieuré ou des bénédictins. La plupart étaient compris dans l'adjudication faite par la Convention à la C¹ᵉ Marotte par décrets des 25 août 1793 et 26 frimaire an II. Par un nouveau décret du 7 ventôse an III (1795), la Convention avait rétabli dans leurs droits tous les adjudicataires des domaines provenant du prieuré et des bénédictins, attendu que ces biens adjugés à Isaac Marotte et C¹ᵉ par le décret du 26 frimaire an II pour l'établissement d'un arsenal et d'une manufacture d'armes qui n'ont point été effectués, non plus que le paiement du tiers du prix d'acquisition auquel ils étaient obligés, ont donné lieu à l'éviction prononcée contre eux par le susdit décret de ventôse.

En 1797, le domaine d'Ouche, commune de La Marche, qui comprenait en tout 930 boisselées (77 hectares 50 ares) appartenait au citoyen Pierre Lesfilles-Héron de La Charité.

En 1811, la terre de La Pointe appartenait au vicomte de Laporte; celle du Puits-Charles à M. Barbier; le domaine de Gérigny à M. Beaufils, dit de St-Vincent; la manœuvrerie de St-Lazare à M. Badouleau; la Plauderie à M. Née de La Rochelle; le domaine de la Grange-Jouadat à M. Champesle, et celui de Volurais à M. Joudeau.

Le plan général d'alignement ordonné par le décret du 27 juillet 1808 fut dressé par M. Lebault et arrêté définitivement le 29 novembre 1811.

Le tableau des chemins ruraux arrêté par le conseil le 9 août 1867 comprend 51 chemins.

TIR DE L'OISEAU

1615. — Lettres patentes données par S.M., sous forme de charte, aux jeunes gens de cette ville, leur reconnaissant le droit de s'assembler en armes le 1ᵉʳ mai de chaque année pour tirer l'oiseau nommé *Pélican*, et que celui d'entre eux qui l'abattrait jouirait des privilèges énoncés dans les dites lettres.

1619, 15 février. — Tenue d'une assemblée qui confirme au *Roi de l'oiseau* ses anciens privilèges et décide que l'on donnera un prix aux dépens de la ville pour exercer les habitants à faire des armes. (Notes de M. Lerasle).

FOIRES

Les quatre plus anciennes foires de La Charité avaient été créées en décembre 1543 par lettres patentes de François Ier, et fixées aux dates suivantes : 7 janvier, 1er avril, 4 juillet et 2 octobre. Plus tard, elles furent reportées aux vigiles des fêtes de la Vierge (*La Bonne-Dame*.) Le 28 juin 1696, on signifia à la communauté des habitants un extrait du rôle qui fixait à 500 livres la finance qu'ils avaient à payer pour être maintenus à perpétuité en la possession et jouissance de leurs foires et marchés.

Les foires de La Charité étaient autrefois très fréquentées. Elles ont été remplacées il y a environ douze ans, par des foires fixées au dernier samedi de chaque mois et qui sont loin de donner les résultats que leurs auteurs en espéraient.

VALEUR DES BOIS EN 1798

An VI, 4 nivôse. — Vente de la coupe et superficie de 84 arpents 10 perches de bois taillis (taillis de la Vache, commune de Raveau) comprenant la vingtième coupe de bois provenant du ci-devant prieuré de La Charité, adjugée à Riondel à 115 livres l'arpent, plus 2 sous par livre.

Le traitement des gardes-forestiers était de 500 livres par an.

NOMS DE RUES AU 14e ET 15e SIÈCLES

Rue de la Sabotée, (comprenant les rues entre le Quai-Neuf, la rue des Chapelains et la rue du Pont). *Des Abanais*, (de la Corneille) ; *des Aulx*, (marché à l'ail ; de *Notre-Dame de l'Aumône ; des Barbeaux*, (Ste-Anne) ; de *l'Ecart*, puis des *Engins*, (ruelle du Nord) ; du *Lyon-d'or*, (de la Verrerie) ; *Mauvachin*, (1) (du Petit Rivage) ; de la *Panneterie*, (du Pavillon) ; *St-Révérien*, (du Collège); *St-Martin*, (des Récollets, aujourd'hui disparue par suite de

(1) C'est par cette rue qu'on accédait au port où se déchargeaient les bateaux. Il y avait là, un corps de garde, et une tour à l'extrémité de la rue.

l'agrandissement de la place); de la *Pelleterie*; des *Fumiers*,(rue du Nord); *Grande-Rue*(1); rue de *Chevelruye et Grande-Rue du Pont*, dans le faubourg.

Rues du *Marché*, du *Pilory*, de *Cuffy*, de l'*Abreuvoir*, des *Toilles*, des *?yes*, (des *Oisons*), de la *Vauguyon* (par corruption, de la Vauyon); des *Charrons*, (du Puits des Aix); des *Grands-Glas*,et non des *Glinglas*,(rue des Ecoles).

PLACES & MARCHÉS

De la Croix-Berlignolle, (au-dessus de la porte St-Pierre); de *l'Orme*, ou de *La Chaume aux moutons*, (de la halle au fossé de la ville); du *Pilory* (place de la mairie); des *Pêcheurs*, (2) (marché au poisson); de la *Verrerie*; marché aux porcs; la *Revenderie*.

PORTES & TOURS

Tour du Prévôt, près de la Chaume aux moutons (maison Juste Xavier); *Tour Ste-Bobine*, entre l'église St-Pierre et la porte de Paris. *Tour carrée*, et *tour ronde*, dite des *Espagnols*, dans le clos du prieuré; *Tour de la porte de La Marche*; *Tour Mauvachin*, au bout de la rue du même

---

(1) Percée en 1578 sur l'emplacement du cimetière des bénédictins. En 1771, il y avait dans cette rue une manufacture de tricot échangée à la communauté par les Récollets qui avaient reçu en retour la petite rue St-Martin qui prit dès lors le nom de rue des Récollets. Le four banal qui appartenait au seigneur, était dans la Grande-Rue.

(2) Délibération du 7 ventôse an V, sur la pétition de Lemou ou Lemon, propriétaire d'une maison située près le Château et ayant son aspect sur la place du marché à la volaille et sur la rue des Chapelains (auberge de la « Poule Noire »).

«L'administration municipale du canton; considérant qu'il résulte des titres présentés par le pétitionnaire que les caves sur lesquelles il demande à construire lui appartiennent, *mais non pas le terrain sous lequel elles sont construites*;

« Qu'il est prouvé au contraire par ces titres et par les jontes qu'ils donnent de la maison du pétitionnaire *que ce terrain est une dépendance de la place publique*, dite la place des Pêcheurs;

« Que tant qu'il ne justifiera par des titres qui lui accordent la possession de ce terrain, l'administration ne peut lui permettre d'y bâtir;

« Arrête qu'il n'y a lieu à délibérer. » (*Archives de la mairie*).

nom(1); *Tour du Pont; Tour de Cuffy*, au lieu dit la Sabotée, en face la maison Nicard, Quai-Neuf.

Porte de Paris, démolie en 1759 ; *Porte St-Pierre*, en 1786 ; et *Porte de La Marche*, en 1789.

CIMETIÈRES

Le cimetière de l'hôpital était dans son enclos, entre la rue des Chapelains et la Loire. On y accédait par une petite rue, dite, *rue du cimetière*, coupée par la rue de la Sabotée.

Il y en avait un autre en dehors de la porte de Paris, et qui n'étant pas clos, fut interdit par l'évêque d'Auxerre en 1693.

Le cimetière des bénédictins sur l'emplacement de la Grand'Rue ; accès par le passage de la Magdelaine (du nom du prieur qui le fit construire (1504 à 1538).

Cimetière de la paroisse Ste-Croix, sur la place de ce nom et sur la place des Pécheurs.

Cimetière de la paroisse St-Jacques, autour de l'église(2), (ancienne propriété Champrobert).

Cimetière de la paroisse St-Pierre, en dehors des murailles de la ville à la Croix-Bertignolle.

Par suite de la réunion des trois paroisses, le cimetière de l'ancienne église St-Pierre fut seul conservé et agrandi (délibération du 18 janvier 1792). Il s'étendait depuis la place au Glui, (maison Thomas-Marnier) jusqu'à la ligne de chemin de fer et fut transporté en 1832 à l'endroit dit *la Queue de Mouton*, d'où l'expression populaire quand une personne vient à décéder : «*Elle est partie à la queue de mouton.*»

---

(1) Rue du Petit-Rivage.
(2) La maison curiale est occupée aujourd'hui par M. Léon Fournier.

Tableau des Fourneaux forges et fenderies

Situés dans le district de La Charité avec les noms des propriétaires, dressé en 1791 à l'appui d'un projet d'un établissement d'artillerie à La Charité-sur-Loire.

Paroisses où sont situées les usines	Noms des usines Ancien Nivernois	Noms des propriétaires
Raveau	La Grande Maison La forge du milieu La forge neuve La forge d'en haut Raveau La Vache Les Trains et Mouchy	A la Nation(1) au Roi(2) M. de Vergennes
Narcy	Marteau-Neuf La Grande Ronce	au Roi au sieur Roy
Mesves	Mesves	M. Hyde
Buley	Martinet et Molière	
Mannay(3)	Petite Ronce Genlard Les Pivotins	M. de la Chaussade les héritiers Bourcier M. Paillasse
Ste-Colombe	Chandoux	M. de Nevers
Sully	Verger Chailloy	A la Nation M. Chambrun
Murlin	Les Limosins Saint-Vincent Le Boulay Belair	A la Nation Beaufils le jeune M. de Montifault M. Paichereau
Chasnay	Cramain La Vernière	M. Paichereau M. de Montifault
Nannay	Guichy	M. de la Chaussade
Beaumont	Beaumont Sauvage-deux-Feux(4) Bourgneuf et Densus	— M. Chailloux —

(1) Les articles annoncés comme appartenant à la Nation, proviennent des biens du Clergé, et, pour la plus grande partie, des Bénédictins de La Charité.

(2) Ceux au roi, des anciennes forges de la Chaussade.

(3) Aujourd'hui Vieilmanay.

(4) Les forges de Sauvage, près Beaumont, étaient, après les forges nationales, les plus importantes du département. La fabrication annuelle s'élevait alors à près d'un million de fer ou acier. Les fers y étaient de première qualité et employés en grande partie pour le service de la marine. On y fabriquait aussi des lames à canon et des aciers pour la guerre ainsi que des instruments aratoires.

Dompierre	Dompierre	La Nation
	Grenant	M. de la Chaussad[e]
St-Aubin	Forge basse de Chamilly	au Ro[i]
	La vallée et le gué de La Chaise	—
	Les trois forges s'app. la Douée	M. Grasse[t]
St-Bonnot	Lemet et Barbleue	M. Darbours[e]
	Chaume	M. Goble[t]
Guérigny	Poilonnerie, Villemenant	au ro[i]
	Demeure, Legreux	—
Parigny	Bizy	M. de Berthie[r]
	Forge neuve et Dinon	—
Prémery	Prémerie	La Natio[n]
	Forge de la ville	M. Peti[t]
	La Place	M. Setie[r]
Sichamp et Poiseux	Poisson et le moulin Bilourd	M. de Prunevaux
	La Moerie	M. Longueville
	Chaillan et La Blouze	M. de Poiseux
Champlémy	Narcy, fourneaux	
	La Faranderie	M. de Pon[t]
	Font-Bardet	—
Bagnaux	Lepaux	M. de Villate
Donzy	Le Mineur et Bailly	M. de Nevers
Cessy	Chavigny et Chevenet	M. de Chevenet
Urzy	Le Sauvage	Mde de Bethun[e]
	Gué d'Heuillon	—
	Les quatre Pavillons	—
	Chantemerle	au roi

Toutes ces usines produisaient des fontes, du fer et de l'acier.

Les minerais des usines avoisinant La Charité étaient tirés des mines, alors riches et abondantes, de La Plauderie, de Sourdes, de Vilatte, de Carcot, des Alliots, et jusqu'aux portes et fourneaux de Raveau et de La Vache.

Dans le nombre de ces usines situées, les plus proches, à une et deux lieus de La Charité ; la plus éloignée à six, il y avait huit fourneaux, vingt forges et une fenderie à la disposition de la Nation, savoir : trois fourneaux, dix forges et la fenderie provenant des biens du Clergé ; et deux fourneaux et dix forges dépendant des établissements connus sous le nom de forges de La Chaussade.

Les plus renommées pour la qualité du fer, étaient celles de Raveau et La Vache.[1]

FIN

[1] Mémoire présenté au ministre de la guerre le 9 juin 1791 par les députés extraordinaires de La Charité, Picart, Beaufils le jeune et de Lespinasse.

TABLE DES CHAPITRES

PREMIÈRE PARTIE

Chapitre premier

La Charité. — Son origine. — Fondation de la ville et du prieuré 1

Chapitre II

Contestation entre l'évêque et le prieur. — Consécration de l'église. — Concessions aux habitans. — Les moines seigneurs temporels 6

Chapitre III

Rivalité entre les maisons de Nevers et de Donzy. — Création du bailliage royal de St-Pierre. — Incendie de l'église et du prieuré. — Le prieur Geoffroy. — Procès avec les habitants 14

Chapitre IV

Prise de la ville par les capitaines du roi de Navarre. — Arrivée des troupes royales. — Nouveau procès entre le prieur et les habitants 23

Chapitre V

La Charité tombe au pouvoir du duc de Bourgogne. — Jeanne d'Arc essaie de la reprendre. — Perrinet-Grasset, gouverneur 27

Chapitre VI

Le premier prieur commendataire. — Incendie du quartier St-Jacques. — Construction du pont de pierre. — Incendie du couvent et de l'église Notre-Dame 30

Chapitre VII

Guerres civiles. — Pillage du monastère. — Capitulation de la ville prise tour à tour par les catholiques et les protestants. 35

Chapitre VIII

Paix conclue à Longjumeau. — Reprise des hostilités. — Siège et prise de La Charité par les protestants et les troupes allemandes du duc des Deux-Ponts. — Nouveaux massacres. — Pillage de la ville et du monastère . . . 41

Chapitre IX

Siège de la ville par le maréchal de Sansac. — Son échec. — Elle est concédée pour deux ans aux protestants en garantie de la paix. — À l'expiration elle est remise au roi . . 43

TABLE DES CHAPITRES

Chapitre X
Les suites de la St-Barthélemy. — Épisode du siège de Sancerre. — La Charité remise à nouveau aux protestants. 47

Chapitre XI
Jacques de Morogues, sieur des Landes, est nommé gouverneur par le duc d'Anjou. — Il refuse ensuite de lui remettre la ville. — Siège et capitulation. — Vengeance du duc de Nevers. — Helyot; ses agissements, sa fin 50

Chapitre XII
Investissement de la ville. — Retraite des troupes allemandes — Le Béarnais. — Fondation du couvent des Récollets. — Démêlés entre le cardinal de Guise et le duc de Nevers. — Fondation du couvent des Bénédictines. — Fondation de l'hôpital 58

Chapitre XIII
Le siège présidial de St-Pierre-le-Moutier. — Son transfert à La Charité, puis à Nevers. — Sa réinstallation à Saint-Pierre 66

Chapitre XIV
La Charité prend parti pour la Fronde. — Elle est remise sous l'autorité du roi par Bussy-Rabutin qui commandait dans le Nivernois. 68

Chapitre XV
Le prieur Jacques-Nicolas Colbert. — La communauté de La Charité. — Les échevins. — Attributions des intendants . 70

Chapitre XVI
Fêtes en l'honneur de la naissance du duc de Bourgogne. . 72

Chapitre XVII
Réception de l'archevêque de Rouen, prieur de La Charité — Nouvelles contestations avec les officiers du bailliage seigneurial; avec le receveur des tailles de Gien. — Fêtes en l'honneur des victoires de l'armée française 75

Chapitre XVIII
Création d'offices de procureur du roi et de secrétaire-greffier. Budget de la communauté 80

Chapitre XIX
Création de charges de maires perpétuels et d'assesseurs. — Compromis avec le prieur pour la nomination des échevins. Reconstruction de la nef de l'église Notre-Dame . . . 84

Chapitre XX
Acquisition d'une maison pour servir d'Hôtel de Ville. — Séjour du duc de Bourgogne et du duc de Berry. — Arrivée du roi et de la reine d'Angleterre 89

Chapitre XXI
La Charité, siège de subdélégation. — Mort de l'archevêque de Rouen. — Remboursement des charges de maire et de lieutenant de maire. — Situation financière de la communauté 91

Chapitre XXII
Incendie dans le quartier St-Jacques. — Edit d'août créant de nouveaux offices vénaux. — Reconstruction du pont du faubourg. — Le prieur de Roye de La Rochefoucault, archevêque de Bourges. — Reconnaissance que les échevins lui consentent 96

Chapitre XXIII
Offices non rachetés. — La Taille. — Fabrique de boutons en métal. — La corporation des bouchers. — Contestations avec le nouveau prieur, le cardinal de Bernis 113

Chapitre XXIV
Nouvelle imposition dite du *don gratuit extraordinaire*. — Nouveau conflit au sujet de la nomination des échevins. — Règlement spécial à la ville de La Charité pour la composition des assemblées communales. — Origine du Conseil municipal 121

Chapitre XXV
Réception de l'évêque d'Auxerre. — Réception du prieur et seigneur de La Charité, le cardinal de Bernis 133

Chapitre XXVI
Nouvelles contestations au sujet de la police. — Les gardes-vignes. — Prorogation des droits dits du *don gratuit* . . 135

Chapitre XXVII
Edit de 1764 sur les municipalités. — Budget de la ville pour 1785. — Procès avec le propriétaire du domaine de La Chapelle au sujet de la deuxième herbe 141

Chapitre XXVIII
Retour à la vénalité des charges municipales. — Leur rachat par la communauté. — Pacages communaux. — La corvée 151

Chapitre XXIX
Constitution de la municipalité. — Nouveau procès avec le seigneur au sujet du tribunal de police. — Atelier de charité. — Eclairage des rues 159

DEUXIÈME PARTIE

Chapitre premier
Réunion des Corps et Corporations en vue de la convocation des Etats généraux. — L'hiver de 1788-1789. — Le pont du faubourg 167

Chapitre II
Election des députés des Corps et Corporations. — Cahier de doléances de la ville de La Charité. — Election des députés au bailliage de St-Pierre-le-Moutier 175

Chapitre III
Cahier de doléances du bailliage de St-Pierre-le-Moutier. — Réunion des Etats généraux 186

Chapitre IV
Troubles dans la halle aux grains. — Abolition du régime féodal. — Décrets de l'Assemblée. — La Charité fait partie du département de la Nièvre. — Emeute au grenier à sel . . 217

Chapitre V
Election de la municipalité. — Démission du citoyen Beaufils, officier municipal. — Fête de la Fédération. — Nomination de députés. — Beaufils est nommé maire. — Crue de la Loire (12 novembre 1790) 231

Chapitre VI
Vente des biens du clergé. — Déclaration des religieux. — Projet d'établissement d'un arsenal central à La Charité . 248

Chapitre VII
Election des juges. — Leur installation. — Nouvelle constitution civile du clergé. — Suppression des églises et des paroisses St-Pierre et St-Jacques. — Fin de l'Assemblée Constituante 253

Chapitre VIII
L'Assemblée législative. — Renouvellement de la municipalité. — Loi sur le recrutement de l'armée et réorganisation des gardes nationales. — Bénédiction des drapeaux. — Budget de la ville. — Conflit entre la municipalité et le chef de légion. — La Convention nationale. — Emeutes à La Charité 262

Chapitre IX
Loi sur l'état civil. — Délimitation de la commune. — Fête civique. — Renouvellement des tribunaux et des municipalités 279

Chapitre X
Levée de 300.000 hommes. — Création d'un Comité de surveillance. — Certificats de résidence et cartes de civisme. — Révocations de fonctionnaires ; protestation de la municipalité. — Le conventionnel Fouché. — Loi du maximum. — La Terreur 283

Chapitre XI
Le Directoire. — Suppression des assemblées communales. — Leur remplacement par une municipalité collective par canton. — Composition de la nouvelle assemblée. — Budget de la ville et du canton 323

Chapitre XII
Le Consulat. — Loi du 28 pluviôse an VIII (1800). — Réorganisation des municipalités. — Transfert du tribunal de La Charité à Cosne. — Création d'une chambre consultative des manufactures 333

Chapitre XIII
L'Empire. — Première restauration. — Les Cent jours. — La deuxième Restauration. — Séjour des troupes alliées. Démembrement de la France 338

TABLE DES CHAPITRES

Chapitre XIV
Fête de St-Louis. — Fondation du couvent des Visitandines. Baptême du duc de Bordeaux. — Les Trois Glorieuses. — Le curé Lombard 350

Chapitre XV
Loi du 21 mars 1831. — Construction d'un pont suspendu et de l'abattoir. — Les banquets réformistes. — La révolution de 1848. — Le coup d'État. — L'Empire 370

ANNEXES

Maires, échevins et conseillers. 378
Bénédictins 393
Bénédictines 407
Récollets 408
Église Notre-Dame 409
Ponts 412
Hôpital 414
Notes diverses 418
Foires. — Valeur des bois en 1708. — Noms de rues aux 14 et 15ᵉ siècles 420
Places et marchés. — Portes et Tours 421
Cimetières 422
Tableau des fourneaux, forges et fonderies en 1791 . . 423

ERRATA

Page 3, 5° ligne, au lieu de *démenbrement*, lire *démembrement*.

Même page, ligne 37, au lieu de *tous ses biens*, lire *tous ces biens*.(1)

Page 4, ligne 21 au lieu de *en Espagne*, lire *en Portugal*.

Même page, ligne 39, au lieu de *gouvernerner*, lire *gouverner*.

Page 6, ligne 16, au lieu de *ces successeurs*, lire *ses successeurs*.

Page 11, ligne 35, au lieu de *bannaux*, lire *banaux*.

Page 13, ligne 38, au lieu de *Geules*, lire *Gueules*.

Page 16, dernière ligne, au lieu de *Les baillis*, lire *Ces baillis*.

Page 20, ligne 22, au lieu de *élirent*, lire *élurent*.

Même page, ligne 26, au lieu de *entr'eux*, lire *entre eux*.

Page 22, note 1, au lieu de *Authog*, lire *Autog*.

Page 36, ligne 19, au lieu de *foubourg*, lire *faubourg*.

Page 38, ligne 19, au lieu de *fit son entrer*, lire *fit son entrée*.

Page 48, avant-dernière ligne, au lieu de *Edi*, lire *édit*.

Page 51, ligne 12, au lieu de *Tourraine*, lire *Touraine*.

Page 53, ligne 11, au lieu de *la pouvoir*, lire *le pouvoir*.

Page 57, ligne 11, au lieu de 1758, lire 1578.

Page 67, ligne 26, au lieu de *vint alor*, lire *vint alors*.

Page 78, ligne 34, au lieu de 1586, lire 1686.

Page 86, ligne 6, au lieu de *lui restât du reste*, lire *lui restât d'ailleurs*.

Page 90, note 1, au lieu de *la ville*, lire *sa ville*.

Page 97, ligne 18, au lieu de *auciennes*, lire *anciennes*.

Page 99, ligne 17, au lieu de 1763, lire 1733.

Page 100, ligne 29, au lieu de *Bataille*, lire *Batallier*.

Page 133, ligne 31, au lieu de *chapelle Ste-Cléophas*, lire *chapelle de*.

Page 135, ligne 15, au lieu de *Les finances*, lire *ses finances*, et ligne 20, au lieu de *encore que le passé*, lire *encore que par le passé*.

(1) La donation en fut faite régulièrement en 1039, mais la colonie de religieux en jouissait déjà en 1050.

Page 139, ligne 15, au lieu de *roi*, lire *offices*.
Page 161, ligne 20, au lieu de *Butel*, lire *Bulet*.
Page 197, lignes 6 et 7, au lieu de *qu'il jugera convenable*, lire *qu'ils jugeront convenable*.
Page 198, ligne 33, au lieu de *l'affranchissement les gens*, lire *l'affranchissement des gens*.
Page 208, ligne 26, au lieu de *il résultent*, lire *il résulte*.
Page 229, ligne 25, au lieu de *bourg d'Herry*, lire *bourg de Narcy*.
Page 230, ligne 15, au lieu de *domesti*, lire *domestique*.
Page 253, au lieu de *chapitre V*, lire *chapitre VII*
Page 262, au lieu de *chapitre VI*, lire *chapitre VIII*, et ligne 24, au lieu de *ancien député de*, lire *ancien député à*.
Page 264, ligne 33, au lieu de 160, lire 100.
Page 266, ligne 4, lire *les compagnies*.
Page 267, ligne 24, supprimer *immédiatement*.
Page 279, au lieu de *chapitre VII*, lire *chapitre IX*.
Page 283, au lieu de *chapitre VIII*, lire *chapitre X*.
Page 299, ligne 34, au lieu de *ci-devan*, lire *ci-devant*.
Page 311, ligne 15, au lieu de *emprunt*, lire *empreint*.
Page 317, ligne 19, au lieu de *les ayant rejetés*, lire *les ayant rejetées* et ligne 21, au lieu de *pour appeler sur elle*, lire *pour appeler sur elles*.
Page 323, au lieu de *chapitre VIII*, lire *chapitre XI*.
Page 324, ligne 31, au lieu de *qui leur étaient confiées*, lire *qui lui étaient confiées*.
Pages 333, lire *chapitre XII*, et 338 *chapitre XIII*.
Page 340, ligne 27, au lieu de *Turqnet*, lire *Turquet*.
Page 341, ligne 21, au lieu de *La Chariié*, lire *La Chârité*.
Page 345, 1re ligne, au lieu de *Bonrgeot*, lire *Bourgeot*.
Page 346, ligne 20, à *daignez-vous*, enlever le trait d'union.
Page 356, au lieu de *chapitre XI*, lire *chapitre XIV*.
Page 370, au lieu de *chapitre XII*, lire *chapitre XV*.
Page 372, ligne 18, au lieu de *qu'est due*, lire *qu'on doit*.
Page 386, ligne 5, au lieu de *Champresle*, lire *Champesle*.
Page 393, lignes 25 et 26, au lieu de *étroite observant*, lire *étroite observance*, et lignes 35 et 36, au lieu de *Sainte-Colombes*, lire *Sainte-Colombe*.
Page 407, ligne 19, au lieu de *aux deux*, lire *au deux*.
Page 413, ligne 15, au lieu de *nous requérous*, lire *nous requérant*.
Page 420, lire *noms de rues aux 14e et 15e siècles*, et trois lignes plus bas, au lieu de *Abanais*, lire *Albanais*.

www.ingramcontent.com/pod-product-compliance
Lightning Source LLC
Chambersburg PA
CBHW071111230426
43666CB00009B/1919